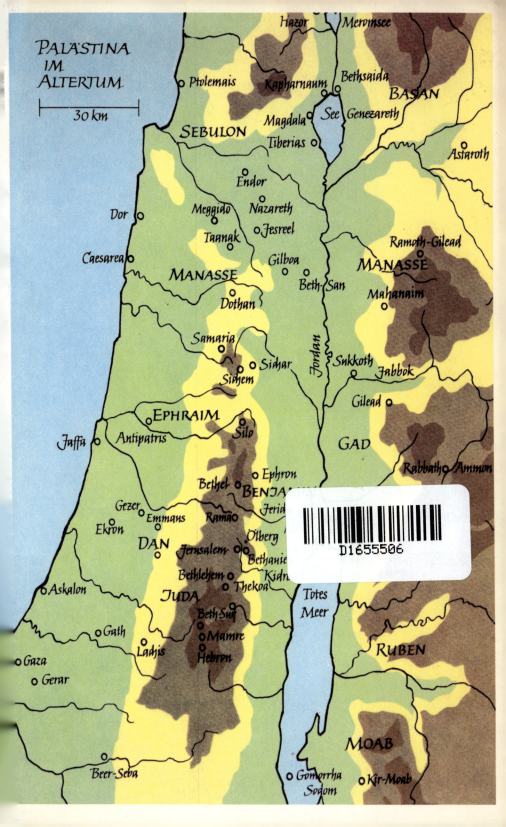

STEFAN ANDRES
Die Biblische Geschichte

STEFAN ANDRES
Die Biblische Geschichte

LANGEN MÜLLER

© by Albert Langen · Georg Müller Verlag GmbH, München · Wien
Alle Rechte vorbehalten
Umschlaggestaltung: Werner Rebhuhn, Hamburg unter Verwendung
eines Fotos von Jan Parik, München
Gesamtherstellung: Jos. C. Huber KG, Dießen am Ammersee
Printed in Germany 1983
ISBN 3-7844-1986-0

Die Biblische Geschichte

Im Anfang 9
Adam und Eva 10
Der Sündenfall 11
Die Vertreibung aus dem
   Paradies 13
Der erste Mord 15
Die Kunde von den
   Erzvätern............ 17
Die Sintflut 18
Der Turmbau zu Babel 21
Der Erwählte aus Ur 25
Der Gottesknecht 27
Fürst des Friedens 29
Sarai und Hagar 31
Die drei weißgekleideten
   Männer 32
Der Untergang von Sodom und
   Gomorrha 34
Freund Gottes 36
Brautschau des Elieser...... 39
Esau und Jakob 42
Isaak segnet seine Söhne 45
Jakob flieht vor Esau 47
Jakob dient Laban........ 49
Streit und Versöhnung 50
Jakob begegnet Esau 52
Der Versöhnungswein 55
Die Söhne Jakobs 58
Joseph in Ägypten 61
Josephs Erhöhung 64
Die Prüfung der Brüder 68
Die letzten Patriarchen 74
Die Fleischtöpfe Ägyptens ... 76
Der Sohn aus dem Nil 78
Mose und Aaron vor Pharao . 83
Die zehn Plagen 85
Der Auszug aus Ägypten 90
Der Durchzug durch das Rote
   Meer 92
Brot vom Himmel 94
Wasser aus dem Felsen, und in
   Jahwe ist Heil 95
Der Besuch Jethros 96
Das Volk am Berg Sinai..... 97
Die zerbrochenen Gesetzestafeln 100
Die neuen Tafeln 103
Mose geplagt vom Volk und
   den Seinen 105
Die Rotte Korah 110
Die eherne Schlange und der
   Brunnen der Fürsten 115
Die Siege Israels und Bileam .. 116
Der Tod des Mose........ 119
Die Kundschafter in Jericho .. 121
Der Schrecken des Herrn 123
Die List der Furchtsamen 124
Josuas Sieg über die vereinigten
   Könige und sein Ende 125
Ein neues Geschlecht 127
Ehuds Schwert und Samgars
   Stecken 128
Debora, eine Mutter in Israel . 129
Gideons Berufung........ 130
Gideon, der streitbare Held .. 132
König Dornbusch 136
Jephthah steht auf, Simson
   wird verheißen 138
Ruth 146
Die Geburt des Samuel..... 150
Die Söhne Elis 151
Die warnenden Stimmen.... 152
Das Gericht Gottes 153
Beulen und Mäuse 154
Israels Buße zu Mizpa 156

Israel will einen König haben	157	Jeremia kommt nach Jerusalem	229
Und als er vor das Volk trat	159	Das Verderben rückt näher	230
Saul in Nöten	162	Der Herr ist gerecht	233
Sauls Sieg und erneuter Ungehorsam	163	An den Wassern Babylons	237
		Der neue Atem	238
Davids Berufung	165	Nebukadnezar begegnet Gott	239
David und Goliath	166	Die Schrift an der Wand	242
Jonathan liebt David, Saul verfolgt ihn	168	Heimkehr	243
		Juda schafft sich seinen größten Feind	244
Die Schaubrote und Sauls Untat an den Priestern	171		
		Prophetenwort erbaut den Tempel	246
Gehetzt und gehegt	173		
Sauls Ende und Davids Klage	177	Esras Kampf gegen die Kinder der Heiden	247
Davids Stern steigt auf	179		
Die Eroberung Jerusalems	181	Mit Schwert und Kelle	249
Das Reich Davids	182	Die Juden sollen Griechen werden	251
Davids Sünde	183		
Absalom	187	Mattathias und seine Söhne	253
Davids Flucht	188	Judas, der Hammer der Feinde Gottes	254
Wehklage und Lobgesang	191		
Davids Tod	193	Jonathan, der Retter	257
Salomon	194	Simon, der Friedensfürst	260
Sulamith	196	Das Ende der Hasmonäer	262
Salomon, der König	198	Jannäus	264
Salomon, der Glückliche	200	Der König der Juden	266
Ende der Weisheit	201	Die Geburt Jesu	267
Die Teilung des Reiches	203	Die Magier aus dem Morgenland	268
Der Prophet Ahia	204		
Der große Abfall	205	Die Flucht nach Ägypten	269
Elia steht auf	206	Der Knabe Jesus im Tempel	269
Gott ist nicht im Sturm	209	Die Taufe Jesu	271
Könige und Propheten	210	Die Versuchung	271
Elia wird hinweggenommen	213	Die Zeit ist erfüllt	272
Jehu, der Rächer	213	Jesus in seiner Vaterstadt	273
Jezabels Tochter	215	Der Tod des Täufers	274
Der Tempel wird wiederhergestellt	216	Heilung und Sündenvergebung	275
		Jesus und die Sünder	276
Der Prophet Jona	218	Der Herr des Sabbaths	277
Amos	221	Die Stimme vom Berg	278
Das Ende des Nordreiches Israel	223	Die Speisung des Volkes	280
Jesaia	224	Jesus wandelt auf dem Meer	281
Manasse läßt Jesaia hinrichten	227		

Menschensatzung und Gottesgebot	282
Die Heiden	283
Die Nachfolge	284
Er stellt ein Kind in ihre Mitte	285
Das Reich Gottes	286
Der reiche Jüngling	287
Die fordernden Jünger	288
Gespräch mit der Samariterin	289
Aussendung der Siebzig	290
Der barmherzige Samariter	290
Die drei Gleichnisse vom barmherzigen Gott	291
Pharisäer und Zöllner	293
Zachäus	293
Die Steuermünze	295
Die Ehebrecherin	296
Die Salbung	296
Einzug in Jerusalem	298
Jesus predigt gegen die Pharisäer und Schriftgelehrten	299
Das letzte Abendmahl	300
Jesus verraten und gefangen	301
Jesus vor dem Hohen Rat	302
Als der Hahn krähte	303
Jesus vor Pilatus	303
Die Auferstehung	306
Emmaus	307
Die Wahl des Matthias	309
Das erste Pfingsten	309
Petrus und Johannes im Gefängnis	310
Die erste Verfolgung	312
Stephanus	314
Saulus	315
Das große Tischtuch	317
Nachwort	321

Im Anfang

Im Anfang war nichts da als Gott allein. Nichts war da: nicht die Lichter am Himmel, nicht das Wasser und nicht das Feste, nicht einmal der leere Raum war da, und nicht die Zeit. Aber Gott war da und in Gott das Bild der Welt, die er erschaffen wollte. Und als Gott sprach: »Jetzt!«, da war die Zeit da, und als er sprach: »Hier und dort und droben und drunten«, da war der Raum da.

Und Gott ließ das Wort, das er in sich hatte, in die Zeit und in den Raum. Das Wort schuf das Licht und die Finsternis, schuf die Sterne und schrieb ihnen ihre Bahn vor. Und Gott blickte auf einen ganz kleinen Stern, wählte ihn aus und nannte ihn ›Erde‹. Und er wählte einen großen, flammenden Stern aus und nannte ihn ›Sonne‹. Die Sonne leuchtete über der Erde und wärmte sie. Und Gott wählte einen winzigen Stern aus, den nannte er ›Mond‹. Der sollte um die Erde ziehen wie die Erde um die Sonne. Die Sonne aber machte auf der Erde mit ihrem Kommen und Gehen den Tag und die Nacht.

Und Gott blickte auf die Erde. Die war noch wüst und leer. Wasser bedeckte sie. Da ließ Gott seinen Geist über den Wassern brüten. Das Wasser wallte auf und schwebte in Wolken und Nebeln empor. Das feste Land stieg aus dem Flüssigen herauf. Gott nannte das große Wasser ›Meer‹, und das Feste nannte er ›Erdboden‹. Der Anblick des wogenden Meeres erfreute Gott. Aber der Erdboden war noch mit Schlamm bedeckt. Da erweckte das Spiel Gottes in dem nassen Boden das erste Grün. Gott freute sich an den Blättern und der sprossenden Samenkraft und nannte das Gebilde ›Pflanze‹. Aus der ersten Pflanze ließ er auf dem Erdboden vielerlei Kräuter und sodann Bäume entstehen, große und kleine, und auch das Gras; denn Gott dachte an die Tiere und deckte ihnen ihren Tisch, ehe sie da waren.

Als nun auf der Erde und auch im Meer die Pflanzen sich vermehrten und vielerlei Gestalt angenommen hatten, schuf Gott im Meer, wo es seicht war, die ersten Tiere. Sie sahen noch wie Pflanzen aus, aber das Auge Gottes konnte erkennen, daß es wirklich Tiere waren. Und aus den kleinen Tieren lockte Gott in seinem Spiel immer andere und immer größere Tiere hervor, bis sie hernach so gewaltig waren wie die Wogen des Meeres. Das dauerte lange, aber für Gott sind Jahrtausende wie ein Augenblick und Jahrmillionen wie ein Tag.

Und Gott rief aus dem Meer einige Tiere auf das Feste herauf, ließ sie eine Zeitlang im Seichten und in Tümpeln leben, bis sie sich an das Leben auf dem Erdboden gewöhnt hatten. Und es freute Gott, wie die Tiere im Tanz des Lebens ihre Formen änderten.

Nun war das Leben überall, im Feuchten und auf dem Festen, unter der Erde und über der Erde. Gott blickte um sich. Er hörte die Stimmen aller Kreaturen. Und der Schöpfer freute sich am Jubel ihres Lebens, und er spürte den Schmerz ihres Todes. Und Gott segnete die Tiere und sprach zu ihnen: »Ihr lieben Tiere! Seid fruchtbar und mehret euch in der Freude eures Schöpfers. Jedes von euch ist ein treues Abbild meiner Gedanken. Ihr leidet gehorsam den Tod und duldet die Schmerzen des Lebens, um meinetwillen, und ihr wißt doch nicht, warum. Darum schaffe ich nun den Menschen, ein Wesen wie ein Tier, das aber kein Tier ist. Denn der Mensch wird wissen, was ihr nicht wißt. Ich mache ihm ein Ohr, daß er meine Stimme hört. Und er kann mit mir reden und ich mit ihm, denn ich gebe mein Bild in sein Herz. Und der Mensch soll mein Sohn sein, wenn er auf meine Stimme hört und mein Bild in sich erkennt.«

Adam und Eva

So sprach Gott zu den Tieren, als er an den Menschen dachte. Darauf nahm er ein schönes Tier und sprach in sein Ohr hinein. Und Gott goß mit seinem Atem sein Bild in den Menschen und verwandelte den tierischen Leib. Da stand Adam vor Gott und blickte ihn an wie ein Sohn. Und Gott schuf dem Adam ein Weib. Adam nannte seine Frau ›Eva‹, das heißt: Mutter aller Menschen. Also vollendete Gott sein Werk. Er schaute alles an, was er gemacht hatte — es war alles sehr gut.

Und Gott lauschte dem Wallen und Schallen seiner Schöpfung. Es war ein gewaltiger Chor aus unendlich vielen Stimmen. Das Licht brauste, und die Sonne gab allen Sternen Antwort. Da schuf Gott die Stille — um der Pflanzen, der Tiere und um des Menschen willen. Denn alles, was Odem hatte, sollte in der Stille als in Gottes Schoß ruhen und sich erneuern. Und der Mensch sollte in diesem Schoße ruhen und träumen und nach innen lauschen. Damit der Mensch der Gottesstille nie entrate, machte Gott jeden siebenten Tag zu einer Insel in der Zeit. An diesem Tag sollten alle Kinder Adams sich ihrer gemeinsamen Herkunft erinnern und teilnehmen an der Freude Gottes über seine Schöpfung.

Und Gott ließ um die beiden ersten Menschen einen Garten wachsen und lenkte vier Flüsse um den Garten. Adam nannte den Garten ›Paradies‹. Gott zeigte Adam alle Dinge und Pflanzen und alle Tiere. Sobald ihm nun Gott einen Stein, eine Pflanze oder ein Tier zeigte, sprach Adam, als erinnerte er sich, sofort den Namen aus. Er sprach: »Das ist ein Kalkstein — ein Löwe — eine Zeder —«, alle Dinge wußte er zu nennen. Adam zitterte vor Freude, als er alles der Reihe nach beim Namen rief. Und er fühlte, wie er mit dem

Namen der Dinge ihre Bilder in sich aufnahm und wie er mit der ganzen Welt verwandt wurde. Da sprach Gott: »Das ist mein Wort in dir, nun kannst du sprechen und denken. Darum bist du erhaben über alle Pflanzen und alle Tiere. Alles sei dir untertan und soll dir dienen. Und du sollst nehmen von allem, so viel wie du brauchst.«

Und Gott führte Adam und Eva zu einem Baum, der mitten im Garten stand. Er war nicht groß und gar nicht auffällig, seine Früchte sahen wie Äpfel aus. Und Gott sprach: »Von allen Bäumen des Gartens dürft ihr essen, nur nicht von diesem!« — »Gehört er dir nicht?« fragte Eva, »oder warum sonst dürfen wir nicht davon essen?« Gott antwortete: »Es ist der Baum der Erkenntnis. Wer davon ißt, weiß zu unterscheiden zwischen Gut und Böse. Wenn ihr aber wißt, was das Böse ist, müßt ihr den Tod erleiden.« Adam und Eva wußten nicht, was das Wort Tod bedeutete. Da ließ Gott zwei weiße, große Vögel vor ihnen niederstürzen. Sie erschraken sehr bei dem Anblick der sterbenden Vögel, und beide versprachen Gott, gehorsam zu sein und nicht von dem Baum zu essen.

Der Sündenfall

Aber sooft sie Gott nicht sahen, gingen sie um den Baum herum und betrachteten ihn immer genauer. Eines Tages hörten sie aus dem dichten Laubwerk des Baums eine Stimme. Sie klang beiden bekannt. So nahm Eva an, es sei Adams Stimme, und Adam glaubte, Eva spreche zu ihm. Die Stimme aber fragte: »Warum eigentlich dieses Verbot? Die Früchte sehen aus wie die der andern Bäume. Man merkt ihnen das Verbot nicht an. Überhaupt: wenn diese Früchte nicht gegessen werden dürfen, warum hängen sie dann so lusterweckend da? Hätte Gott nicht besser den Baum verborgen? Wie er zum Beispiel den Baum des Lebens verborgen hat? Ja, wer von den Früchten des Lebensbaums ißt, kann nicht sterben. Das war ein Grund für Gott, ihn unsichtbar zu machen. Diesen aber, den Baum der Erkenntnis des Guten und des Bösen, stellt er mitten ins Paradies. Gott tut nichts ohne Bedacht. Er rechnet also wohl damit, daß diese Früchte gegessen werden. Eßbar sind sie auf jeden Fall, sonst wäre das Verbot sinnlos. Vielleicht auch ißt Gott selber von diesem Baum, heimlich, versteht sich, denn er weiß ja, was das ist: Gut und Böse! Diese Erkenntnis muß etwas ganz Gewaltiges sein.«

Da rief Adam: »Nein, nein, komm, Eva! Was redest du da?« Aber Eva sagte: »Du hast doch geredet, nicht ich!« Da blickten sie einander an und hörten aufs neue die Stimme. Sie tönte aus dem Baum, es war gar nicht ihre Stimme. Und doch: Sie kam ihnen so bekannt vor wie ihre eigenen Stimmen. »Lauft doch nicht fort!« lockte die Stimme, »seht euch doch so einen Apfel richtig und ohne diese dumme Furcht an. Und dann überlegt, ob das Wissen von Gut und Böse nicht für euer künftiges Leben notwendig ist. Ein einziger Bissen genügt. Und dann? Ich sage es euch: Die Augen gehen euch auf – und ihr fühlt euch wie Gott! Das ist ein großes Gefühl!«

Aber Adam hob abwehrend die Hände gegen den Baum. Und er rief: »Nein! Das hört sich alles sehr gut an, aber es geht hier nur um eins: Gott liebt uns. Und wenn er uns etwas verbietet, weiß er, warum. Du hast ja selbst gesagt: Gott tut nichts ohne Bedacht. Wer bist du überhaupt?«

Die Stimme aus dem Baum sagte in sehr bescheidenem Tonfall: »Ich? Das ist nicht wichtig. Ich bin auch ein Geschöpf Gottes. Und ich stand einmal vor derselben Frage wie jetzt ihr. Es ging da nicht um Äpfel, sondern um ein Kind. Es sah aus wie alle andern Kinder. Und Gott verlangte von mir, ich sollte es anbeten. Stellt euch vor: ein in Windeln gewickeltes Kind! Und ich, müßt ihr wissen, war einer, der sich seine Flügel mit den Sternen schmückte. Ich hatte Gedanken so tief wie die Welt. Und da zeigte mir Gott dieses Kind, so ein richtiges Würmchen. Er sagte zu mir: ›Das bin ich!‹ Und ich sprach zu Gott: ›Das ist Fleisch, ich bin Geist. Und das Fleisch ekelt mich.‹ So bekamen wir miteinander Streit, der Alte und ich, wegen dieses Kindes, das noch gar nicht geboren ist. Aber seit der Zeit weiß ich mehr. Ich habe von dem Baum der Erkenntnis gegessen! So, nun wißt ihr es. Und ich kann euch sagen: Das Gefühl gleich nach dem ersten Bissen ist – ah, es ist unaussprechlich. Man fühlt sich wie Gott! Und jetzt, kleine Eva, greif doch zu. Ich möchte gern dein süßes Gesichtchen sehen, wenn der Saft der Erkenntnis von Gut und Böse dich durchrinnt.«

Da hob Eva nach dem Apfel, der zunächst vor ihr hing, die Hand. Die Stimme aus dem Baum wurde eifrig: »Jetzt mußt du auch zugreifen, Eva. Oder willst du dein ganzes Leben in dieser Ungewißheit verbringen? Ihr beide könnt nicht sterben, und nun stell dir vor: Jeden Tag seht ihr diesen Apfel vor eurer Nase hängen, jeden Tag stellt ihr ihm dieselbe Frage, durch die Jahrhunderte, durch die Jahrtausende. Wißt ihr, wie lang das ist? Das hält niemand aus. Eines Tages werdet ihr also doch zugreifen. Warum dann nicht lieber sofort? Außerdem, und das solltet ihr euch einmal besonders gut überlegen: Ihr lernt ja nicht nur das Böse kennen, ihr wißt auch auf einen Schlag, was gut ist. Denn nur wer das Böse kennt, kann das Gute begreifen und tun.«

»Ja, ja«, sagte Eva schnell. Sie streichelte dabei den Apfel, der vor ihr hing, zärtlich und gierig. Plötzlich griff sie zu, riß ihn ab, biß hinein und reichte Adam den Apfel. Und schon kauend rief sie: »Da, schnell, wenn ich esse, mußt auch du essen.« Und Adam nahm den Apfel und aß.

Kaum daß sie den Bissen heruntergeschluckt hatten, sagte die Stimme im Baum: »Gut! Und wohl bekomm's!« Und die Stimme lachte, daß der ganze Baum davon zitterte und knisterte. Adam und Eva blickten einander an, da sahen sie, daß sie nackt waren. Und die immer noch lachende Stimme im Baum rief: »Ja, da sind euch die Augen aufgegangen! Wie steht ihr am hellen Mittag da. Schlimmer als die Tiere, die haben wenigstens Felle um oder Federn. Richtig unanständig, schämt euch!« Adam und Eva eilten zu einem Feigenbaum, der in der Nähe stand. Die Blätter dieses Baumes sind besonders groß. Und sie machten sich aus den Blättern Schürzen und gingen fort und verbargen sich im Garten, jedes für sich allein.

Die Vertreibung aus dem Paradies

Gegen Abend hörten sie Gottes Stimme: »Adam, wo bist du?« — »Hier!« rief Adam, »hier unter dem Baum.« — »Warum versteckst du dich vor mir?« fragte Gott. »Ich bin nackt«, rief Adam, »und ich schäme mich vor dir.« Darauf hieß sie Gott, zum Baum der Erkenntnis zu kommen. Sie erschienen, gebückt und die Hände vor dem Gesicht. Da fragte Gott: »Wer hat euch gesagt, daß ihr nackt seid?« Eva antwortete: »Die Stimme im Baum.« Da befahl Gott: »Nehmt die Hände vom Gesicht und schaut empor!« Sie gehorchten und blickten suchend ringsumher. Aber sie konnten Gott nicht mehr sehen, sie hörten nur noch seine Stimme, und die kam wie aus großer Ferne. Da weinte Adam. Und Gottes Stimme fragte: »Warum hast du das getan?« Adam rief: »Das Weib, das du mir beigesellt hast, gab mir den Apfel, und ich aß.« Und Gott fragte Eva: »Warum hast du das getan?« Eva wies auf den Baum der Erkenntnis und sagte: »Die Stimme im Baum betrog mich, und ich aß.« Da sprach Gott in den Baum hinein, alle seine Äste bebten wie in einem großen Sturm: »Ich habe deinen Lügen zugehört, Geist der Verführung, und ich habe dich ausreden lassen. Du hast das Paradies beendet und den Lauf der Geschichte eröffnet. Aber juble nicht, du alte Schlange, du wirst jeden Tag siegen und die Menschen verführen, aber du wirst deines Sieges nicht froh werden. Denn siehe, aus dem Schoß dieses Weibes wird dein Überwinder kommen, der wird dir den Kopf zertreten.«

Da stieß die Stimme im Baum einen gellenden Pfiff hervor, aus dem dunklen Geäst quoll der Leib einer sehr langen und dicken Schlange den Stamm herab und glitt davon.

Und Gott sprach zu Eva: »Weil du dieser bösen Stimme mehr geglaubt hast als deinem Gott, sollst du deinem Mann untertan sein, du und alle Weiber.« Und zu Adam sprach Gott: »Weil du deinem Weib gehorcht hast und nicht deinem Gott, schick' ich dich fort aus meinem Garten. Wenn du siehst, wie die Dornen und Disteln von selber wachsen, dein Korn aber harte Arbeit von dir fordert, dann denke zurück und frage dich, wie alles gekommen ist. Aber verzweifle nicht und höre nicht auf die Stimme der Verführung. Verkünde vielmehr deinen Nachkommen, wie schön es hier war. Und sie werden, wenn sie sich auf der Erde zurechtgefunden haben, selber Gärten anlegen: Orte der Ordnung, der Erinnerung und des Trostes! Und nun mußt du scheiden aus meinem Garten. Wenn du morgen an mich denkst, wirst du deine Stirn in Falten legen, solche Mühe kostet dich jeder Gedanke an deinen Gott. Deine Sünde hat deinen Geist finster gemacht, und finster wird es im Geist deiner Nachkommen sein. Sie werden Sterne anbeten, Steine, Bäume, Tiere, ja, sogar Menschen. Aber die Kunde vom lebendigen Gott wird nicht untergehen, sie wird wie eine kleine Lampe brennen, immer wird einer kommen und einen Tropfen Öl darauf gießen. Und die Flamme wird eines Tages jedem leuchten, der in diese Welt kommt und das Licht liebt.«

Adam hörte die Stimme Gottes in seinem Innern immer dünner werden, bis sie verschwand. Da blickte er sich, als alles schwieg, langsam um. Und er sah über den Wipfeln der Bäume die Engel stehen. Sie hielten Flammenschwerter in der Hand. Adam wußte: Sie werden den Garten verbrennen. Und er spürte seine Schuld so heftig, daß er sich niederwarf und den Boden küßte, er heulte wie ein Tier. Da schrak er auf. Evas Stimme weckte ihn, sie sagte: »Komm! Wir müssen rasch fort. Aber wie gelangen wir aus diesem Garten heraus?« In diesem Augenblick mähte ein roter Feuerstrahl über die Bäume hin. Adam und Eva bedeckten die Augen und bebten am ganzen Leib. Als sie nach langem Zagen die Hände sinken ließen und umherblickten, da standen sie inmitten einer weiten Ebene. Die Erde war grau, sie sahen Asche. Dornen und Disteln umdrängten sie. Da raufte Eva ihr Haar und schrie. Adam stützte sie und legte sie auf die Erde. Vom Himmel fiel die Nacht herab. Adam setzte sich neben Eva, zog die Schultern hoch, schloß die Augen und sagte leise: »So ist das, wenn man sich wie Gott fühlen will!« Eva klagte: »Adam, ich habe Angst!« Als er nichts zu antworten wußte, klagte sie weiter: »Und Hunger hab' ich auch, und kalt ist es mir! Und du bist mir so fern. Sag mir doch, wo wir sind!«

Da sah Adam einen Ast. Der glühte, als hätte er im Feuer gelegen. Er sprang empor, hob den Ast auf und schwang ihn voller Freude durch die Luft. Er wußte plötzlich: Der glühende Ast stammte aus dem verbrannten Paradies. Von der schnellen Bewegung begann der Ast zu brennen. Adam schwang ihn weiter. Dann legte er, wie es ihm sein Verstand sagte, Disteln und Dornen in die Flammen des Astes. Und er rief: »Eva, schau nur, ein Feuer!« Sie setzten sich dicht an die Glut, nährten sie sorgfältig und wärmten sich, bis der Morgen kam. Adam blickte in die Glut und wußte: Das war das letzte Geschenk, das aus dem Paradies stammte. Und er sagte zu Eva: »Dieses Feuer darfst du nie ausgehen lassen, es stammt aus dem Feuer, mit dem Gott seinen Garten zerstörte — unseretwegen!«

Der erste Mord

Adam und Eva hausten in einer Höhle unterhalb eines Berges. Eva hütete das Feuer und gab auf die Kinder acht, Adam bearbeitete mit hölzernen und steinernen Hacken seinen Acker. Die Dornen und Disteln brannte er nieder. Die Steine, die auf dem Acker lagen, räumte er fort und schichtete daraus eine Mauer um sein Erdreich. Kain half seinem Vater bei dieser harten Arbeit, er war stark und schweigsam. Adam erzählte ihm manchmal mitten in der Arbeit, wie schön es im Paradies war. Kain hörte zu und schwieg. Adam wußte nie, was der Sohn über seine Erzählungen dachte. In der Ferne stieg der Rauch des Feuers aus der Höhle. Oft blickte Adam, wenn er sich von den Schollen aufrichtete, zu dieser blauen Rauchsäule. Und er sagte zu Kain: »Schau, deine Mutter bereitet uns das Essen. Ist es nicht auch hier schön? Wie wir alle füreinander sorgen, wie einer dem andern hilft! Das hätten wir im Paradies nicht gehabt. Als du neulich mit deiner Keule den Löwen verjagtest, da war ich so glücklich über meinen ältesten Sohn.« Kain murrte: »Ja, du! Die Mutter sagte nur: Abel hat das mit der Schleuder viel besser gemacht.« Da mußte Adam vor sich hin lachen, er sagte: »Ja, der Abel! Der schwitzt nicht gern, deshalb erfindet er immer etwas!«

Abel war der zweitgeborene Sohn. Er wollte kein Ackerbauer werden. Von Jugend auf lief er hinter den wilden Herden her. Er belauerte sie und lernte ihre Lebensweise kennen. Die Schafe hatten bald mehr Vertrauen zu ihm als zu ihrem Leithammel. Sie ließen sich von Abel auf Weiden führen, die sie selber nicht gefunden hätten. Dafür gaben sie ihm ihre Milch und ihr Fleisch. Eva war sehr stolz auf diesen Sohn. Sooft er mit seiner Herde am Horizont auftauchte, ließ sie alle übrigen Kinder stehen und lief dem zweitältesten schreiend entgegen, fiel ihm um den Hals und küßte ihn. Kain nannte Abel einen Faulenzer und Herumtreiber. Abel lachte über Kains Worte, als wäre der ältere Bruder noch ein Kind.

Eines Tages, als Kain heimkam, saß Abel am Feuer und briet ein Böckchen. Die Höhle war von dem Duft des Fleisches erfüllt. Abel riß jedem ein Stück Fleisch ab. Alle aßen davon und priesen das gute Fleisch. Nur Kain aß nicht, er sagte: »Ich bin ein Ackersmann und esse nichts vom Tier.« Alle lachten über Kain, sogar die kleinen Geschwister. Abel stand auf und holte in einer getrockneten Blase Milch herein und gab allen zu trinken. Kain jedoch legte beide Hände vor den Mund. »Ich habe die Milch meiner Mutter getrunken«, sagte er, »wie sollte ich jetzt die Milch eines Schafs trinken«, und er schüttelte sich. Darauf sprang Abel in die Höhe und rief höhnisch: »Ich habe Gott Fleisch und Fett geopfert. Er hat es angenommen, der Rauch stieg kerzengerade in die Höhe. Als du das letzte Mal dein Kraut und deine Wurzeln auf den Altar legtest, was geschah da? Du weißt es selbst: Dein Feuer ging aus! Ein schönes Opfer! Und ich kann verstehen, wenn Gott der Geruch deines verbrannten Gemüses nicht angenehm ist.«

Da senkte Kain sein Gesicht. Seit dieser Stunde ging er umher und sprach mit niemand mehr ein Wort. Adam bemerkte die Veränderung an seinem Ältesten. Eines Tages fragte er ihn bei der Arbeit auf dem Feld: »Kain, was ist mit dir? Du siehst immer müde aus, du bist auch mager geworden!« Als Kain nicht antwortete, fuhr Adam fort: »Vergiß nicht, du bist mein Erstgeborener und darum meines Segens gewiß. Abel ist selten zu Hause, darum küßt ihn die Mutter so heftig und schreit vor Freude, wenn er kommt. Beneide deinen Bruder nicht, mein Sohn Kain, sonst wirst du immer trauriger. Und der Geist der Verführung lauert dir auf und treibt dich am Ende von uns allen fort.«

Kain wollte den Vater anblicken, aber plötzlich ging sein Blick an Adam vorbei, und er zeigte mit dem Finger in die Ferne. »Da – da kommt er schon wieder!« Am Horizont schwammen Abels Herden heran. Adam war über die Zahl der Tiere erstaunt. Die Herde bestand nicht nur aus Schafen, auch Ziegen und Rinder drängten heran, eine Flut. Und dann erblickten sie Abel. Er schwebte auf einer Staubwolke, er ritt – und das hatten Adam und Kain noch nie gesehen: Er ritt auf einem gewaltigen Rind. Adam hob beide Arme und murmelte, ohne auf Kain zu achten: »Gott ist mit Abel!« Und er lief seinem Zweitgeborenen entgegen.

Kain blieb stehen. Er wiederholte einmal die Worte seines Vaters, er sagte: »Ja, wirklich, Gott ist mit diesem Abel! Aber warum nicht auch mit mir?«

An diesem Abend sagte Kain zu seinem Bruder Abel: »Komm mit mir aufs Feld. Ich zeige dir unsere neue Quelle. Man kann vielleicht eine Mauer darum bauen, dann hast du auch hier eine Tränke für deine Herden.«

Sofort machte sich Abel mit seinem Bruder Kain auf. Als sie an die Stelle kamen, wo der Strahl entsprang, warf sich Abel auf den Boden, um das Wasser zu schmecken. Da ergriff Kain einen großen Stein und schleuderte ihn seinem Bruder auf den Kopf. Kain sah, wie das Blut Abels in die Quelle floß, wie das Wasser rot wurde, wie das Blut über das Feld hinausschwamm, hinunter bis zur Wohnstatt. Lange stand Kain unbeweglich da. Er wartete darauf, daß sein Bruder noch einmal das Gesicht zu ihm herumkehre. Aber Abel regte sich nicht mehr. Da war es Kain, als ob ihn eine eiskalte Hand im Nacken berührte. Er warf das Gesicht zum Himmel hinauf und erblickte in der ersten Dunkelheit den vollen Mond über dem Horizont wie ein großes Auge. Und er vernahm in seinem Innern die Stimme: »Was hast du getan, Kain? Das Blut deines Bruders läuft über die Erde und schreit zu mir.«

Da rannte Kain von der Stelle, wo das Blut geflossen war, mit großen Sprüngen fort. Aber die Stimme in seinem Innern rannte mit ihm. Und der Mond blickte ihn weiter an. Und die Stimme sagte: »Wohin du auch fliehst – das Blut Abels wird vor dir da sein!« Kain stöhnte. Seine Sünde lag ihm im Nacken wie ein Stein. Er dachte: Käm' doch ein Löwe oder ein Engel, mich zu töten. Statt dessen kam ihm sein Vater entgegen. »Wo ist Abel?« rief Adam. Er hob bei dieser Frage beide Arme und kam auf den Sohn zu. Aber Kain rannte an dem Vater vorbei. Als er an der Wohnstatt der Familie ankam, standen alle vor der Tür und schauten in das Wasser, das vorüberfloß. Endlich trat seine Mutter auf ihn zu und fragte: »Wie kommt in dies Wasser Blut? Wo ist Abel?« Kain sagte trotzig: »Wo soll er sein? Bin ich der Hüter meines Bruders?« Da ließ Eva ihre Stimme sinken, sie sagte: »Nein, du bist nicht sein Hüter.« Und sagte noch leiser: »Du bist sein Mörder!« Als Kain schwieg und den Kopf sinken ließ, schrie Eva: »Sei verflucht! Hinweg mit dir!«

Kain wandte sich ohne ein Wort und ging davon. Als er eine Stunde gegangen war, hörte er einen leichten Schritt hinter sich. Er blickte sich um und gewahrte im Mondlicht seine kleine Schwester. Sie lächelte ihn an und sagte: »Komm, Bruder, ich bleibe bei dir!« Er nahm sie bei der Hand, und sie gingen durch die Nacht und wanderten viele Tage und Nächte, bis die kleine Schwester »Nod« sagte – das heißt: »Es ist genug«. Darum nannte Kain die Gegend »Nod« und wohnte hier. Und die Sippe Kains breitete sich aus und erfüllte das Land Nod.

Die Kunde von den Erzvätern

Adam und Eva hatten außer Kain und Abel noch viele Kinder, Söhne und Töchter. Die Adamskinder mehrten sich, aus den Familien wurden Sippen, aus den Sippen im Laufe der Jahrtausende Völker. Sie lebten aus Angst vor den wilden Tieren und den Schrecken des Himmels dicht beisammen. Dann bekamen sie eines Tages miteinander Streit – wegen einer Frau oder einer Wasserstelle für die Herden. Oder die Sippe Jubal hatte beim Bau einer Stadt ein Erzlager entdeckt. Da kam die stärkere Sippe Jabal und trieb die von der Sippe Jubal kurzerhand davon. Diese Nachfahren Adams in den Städten wußten fast nichts mehr von Kain, aber auf das Totschlagen verstanden sie sich trotzdem.

Friedlicher als in den Städten ging es in den Steppen zu. Dort lebten die Hirten, die wie Abel ihre Herden weideten. Unter den Kindern Adams war Abels friedliche Klugheit nicht vergessen. So entstanden nach und nach viele Sippen, ja, ganze Stämme und Völker, die von ihren Herden lebten. Sie zogen von Weideplatz zu Weideplatz – ein ganzes Leben lang. Das war nicht leicht, denn sie mußten wissen, wo die guten Weideplätze lagen und wie man mit den Herden dahin fand. Den Weg konnte nur einer finden, der ihn schon oft gegangen war. Es mußte also ein alter Mann sein, der mit den Herden ein Leben lang unterwegs war und ein gutes Gedächtnis hatte. Dieser

Mann mußte überdies auch die Sterne kennen. Denn oft ist der Weg auf dieser Erde nur zu finden, wenn man in den Himmel schaut. Ein solcher alter Herdenführer mußte aber auch sonst noch vielerlei wissen: zum Beispiel, welche Gefahren von wilden Tieren, vom Wetter, von räuberischen Menschen drohten. Darum wurde in einem Stamm nur ein alter, weiser Mann zum Anführer bestimmt. Man nannte ihn Fürst oder König, und er hatte eine große Gewalt, nicht nur über die Herden, sondern auch über die Menschen. Sein Wort und Befehl kamen wie vom Himmel herab, und alle gehorchten.

Nachts bei ihren Herden aber blickten diese Hirten viel zu den Sternen hinauf, und sie erkannten die ewige Ordnung im Himmelsraum. Und in den Zelten erzählten die Alten von den großen Vätern, die sie Urväter nannten. Sie wußten genau, wer von wem abstammte und wie alt Mahalaleel geworden war, wie alt Methusalah. Und was für ein göttliches Leben der Urvater Henoch geführt hatte und wie Gott ihn nicht sterben ließ, sondern lebendig in den Himmel aufnahm. Viele Geschichten gingen abends an den Lagerfeuern um. Und der fromme Erzähler führte die Zuhörer über die Reihe der Urväter zurück noch weiter in die Vergangenheit. Diese Vorfahren waren alle sehr alt geworden. So erzählten die alten Stimmen von dem Urvater Seth, der den Ureltern an Stelle des erschlagenen Abel geschenkt worden war. Dann stand die schreckliche Tat des Kain vor ihren Augen, das Unglück der ersten Menschen, ihre Vertreibung aus dem Paradies, der Fluch Gottes — aber auch seine Verheißung. Ja, Gott hatte das Heil versprochen: Aus dem Schoß des Weibes soll einer geboren werden, der wird der alten Schlange das Haupt zertreten. Und die Stimmen der Alten versicherten: Die Kunde vom lebendigen Gott wird niemals untergehn.

Die Sintflut

Als Noah geboren wurde, sagte sein Vater Lamech: »Dieses Kind wird uns trösten in unserer Not!« Da dachten manche, Noah sei der von Gott Verheißene, und sie hofften, er werde den Fluch von der Erde abwenden und der alten Schlange den Kopf zertreten. Die Mutter und die Nachbarn an der Wiege dieses Kindes irrten sich: Noah war noch nicht der Verheißene. Vater Lamech hatte dennoch recht: Dieses Kind war von Gott erwählt, es sollte der zweite Stammvater des Menschengeschlechts werden.

In dem Land, wo Noah lebte, hatten sich die Menschen über die Maßen vermehrt. Die Erde war noch jung und unverbraucht, die Bäume bogen sich unter ihren Früchten, die Wasser wimmelten von Fischen. Und dreimal im Jahr wurde das Korn geerntet. So vergaßen die Menschen, daß auf der Erde Gottes Fluch lag. Noah aber führte ein Leben vor Gott und warnte die Menschen. Sie antworteten ihm: »Was heißt das: Gottes Fluch. Wir haben zu essen und zu trinken, soviel wir wollen. Unsere Betten sind weich, unsere Träume sind lustig. Alles geht uns nach Wunsch. Was belästigst du uns da mit deinem Gerede? Was ist das überhaupt — Gott? Und Fluch? Und wozu ist das alles gut?« Noah ertrug ihren Hohn und schalt sie Taube und Blinde. Denn er fürchtete, es werde ein großes Unglück über die Menschen kommen. In ihrem Wohlleben hatten seine Mitmenschen nicht nur keinen Platz mehr für Gott, sie waren auch blind geworden für das, was ihnen schädlich war. Und die Erde und der Himmel bargen viele und große Gefahren.

Noah wußte viel aus den Überlieferungen der Vorfahren. Aber er beobachtete auch selber und bemerkte eines Tages, wie das Wetter sich nach und nach veränderte. Die Berge schienen zu wandern, und Täler taten sich auf, wo zuvor ebenes Land war. Noah wies seine Mitbürger auf diese Wandlungen hin, aber sie lachten ihn aus. Eines Nachts nun lag Noah in seinem Bett. Sie wollen nicht hören, dachte er, und sie wollen nicht sehen und wollen nicht denken, und vor allem: Sie wollen nicht ihr Leben ändern. Da hörte er eine Stimme: »Das Ende allen Fleisches ist gekommen.« Noah war vor Schrecken ganz lahm. Allen Fleisches — was heißt das? Aber er brauchte nicht zu fragen, die Stimme sprach weiter zu ihm, unaufhörlich. Am Morgen wußte Noah: Jedes Lebewesen, das auf der Erde oder in der Luft wohnt, wird bald in einer großen Flut ertrinken. Darum war an ihn der Auftrag ergangen, den Menschen zu sagen, daß sie sich aus Baumstämmen Inseln oder Flöße bauten mit Kästen aus Holz darauf. Noah war immer unterwegs, überall sprach er von der Flut. Und er zeichnete mit Kohle das große Floßboot an die Wände der Häuser. Das Floß mußte sehr lang, sehr breit und von dicken Stämmen sein. Das Holzhaus darauf sollte drei oder vier Stockwerke haben. Und sie sollten ihre Tiere mitnehmen und viel Nahrungsmittel, denn die Flut werde lange dauern. Aber seine Zuhörer lachten nur. Manche hielten Noah für verrückt. Andere riefen voll Übermut: »Wenn die Flut kommt, steigen wir auf unsere Dächer.« Noah sagte: »Die Flut wird die Dächer bedecken.« Da sagten sie: »Dann steigen wir auf die Berge.« Noah sagte: »Die Flut wird auch die Berge bedecken.« Da brüllten sie vor Lachen.

Endlich sah Noah ein, daß die Menschen die göttliche Drohung nicht begreifen wollten. Die Sonne leuchtete so schön, der Tisch war gedeckt, und die Kinder spielten wie sonst. Noah aber begann mit dem Bau eines großen Floßbootes, das er ›Arche‹ nannte. Und tat alles, was ihm die Stimme Gottes befohlen hatte. Er ließ wilde Tiere in Käfige setzen und in die Arche tragen. Und er führte die zahmen Tiere in die Arche, von jedem ein Männlein und ein Weibchen. Und dann ging er selber mit seiner Frau und seinen Kindern in die Arche. Es war ein Tag wie alle andern. Die Leute schauten der Familie Noah zu, schüttelten die Köpfe, lachten und führten dumme Reden. An diesem Abend begann es zu regnen. Es regnete vierzig Tage und vierzig

Nächte. Die Brunnen der Tiefe flossen über, und der Himmel brach mit seinen Wolken herab. Die Wasser wuchsen und hoben die Arche auf und trugen sie über den Abgrund. Die Dächer der Häuser versanken in den Wogen, dann die Türme, die Wipfel der Bäume. Und weiter strömte das Wasser von unten und oben. Und die Flut stieg an den Bergen hinauf. Die letzten Gipfel der Erde sahen aus wie Inseln, dann waren auch sie in der Flut versunken.

Noah und die Seinen in der Arche lauschten auf das furchtbare Rauschen des Regens und das Tosen der Flut. Und sie wußten: Nun war das Ende allen Fleisches gekommen. Nur das Leben, das in der Arche aufgehoben war, und die Tiere, die schwimmen konnten, würden gerettet werden. Noah und die Seinen aber saßen in der Finsternis der Arche, lauschten in die Nacht und waren stumm vor Entsetzen. Die Tiere schrien vor Hunger und Durst, Futter und Wasser gingen zur Neige.

Eines Tages hörten sie, wie der Regen nachließ. Diese Stille war für sie die schönste Musik ihres Lebens. Noah öffnete die Fensterklappe im Dach und ließ einen Raben ausfliegen. Der Rabe flog über der Flut hin und her. Das Wasser sank, und wo die Bergspitzen herauskamen, fand der Rabe einen Platz zum Ausruhen und Aas zur Speise. Noah ließ sodann eine Taube aus der Arche fliegen, aber die Taube konnte auf dem Schlamm, der die Erde überall bedeckte, nicht ausruhen. So kam sie zurück, und Noah nahm sie auf seiner Hand herein. Nach sieben Tagen schickte er die Taube wieder auf Kundschaft. Als sie gegen Abend zurückkam, trug sie im Schnabel ein Ölbaumblatt. Alle in der Arche sahen das Blatt an, und sie weinten vor Freude. Nach abermals sieben Tagen ließ Noah das Taubenpärchen fliegen, es kam nicht mehr zurück. Da befahl Noah den Seinen, das Dach der Arche abzudecken. Sie hoben die Bohlen und sahen, daß das Floßboot auf dem Gipfel eines hohen Berges stand. Sie wußten nicht, wo sie sich befanden, und nannten das Land, in dem der Berg lag, Ararat. Noah entließ zuerst die wilden Tiere aus der Arche und wartete eine Zeitlang, dann zog er mit den Seinen und den zahmen Tieren den Berg hinab.

An einer Quelle mit gutem, klarem Wasser wuschen sich Noah und seine Familie den Schweiß der Angst und des Todes ab. Und sie bauten einen Altar und brachten Gott ein Dankopfer dar. Da hörten sie die Stimme des Donners. Als sie das Gesicht hoben, erblickten sie am nassen Himmel den Regenbogen. Er war schöner und gewaltiger, als sie ihn je zuvor gesehen hatten. Da vernahm Noah in seinem Herzen Gottes Stimme. Und er teilte den Seinen mit, was er vernommen hatte. Noah sprach: »Dieser Bogen am Himmel und sein Erscheinen sollen uns daran erinnern, daß Gott immer an seine Schöpfung denkt. Solange die Erde steht, wird keine Sintflut mehr kommen. Und Gottes Wille wird der Erde nah sein in Samenkraft und Ernte, in Frost und Hitze, in Sommer und Winter, in Tag und Nacht.«

Und zum zweiten Mal sprach Gott das Wort, das er im Anbeginn der Schöpfung zu Adam gesprochen hatte: »Seid fruchtbar und mehret euch und erfüllet die Erde mit Leben!« Und noch einmal, wie einst im Paradies, legte Gott die Macht über alle Tiere in die Hände des Menschen. Der Mensch sollte aber auch väterlich sorgen für die Tiere und nicht nur Nutzen von ihnen haben wollen. Gott segnete Noah und die Seinen. Die Söhne Noahs hießen: Sem, Cham und Japhet. Noah aber sprach zu den Seinen: »Wir müssen uns rühren und auch die Erde fruchtbar machen.« Und sie bebauten den Acker. Noah hatte zwischen den Stämmen der Arche eine Pflanze gefunden, die sah aus wie eine tote Schlange. Er steckte sie aus Neugier in die Erde. Als die Pflanze wuchs, kamen die Ziegen und fraßen von den Blättern und Trieben. Sie brachte im Herbst dunkelrote Früchte. Die hingen dicht beieinander, leuchteten wie runde Rubine und schmeckten süß. Noah war entzückt von den Früchten. In vielen Jahren zog er aus dieser gefundenen Pflanze Ableger und bepflanzte damit einen ganzen Acker. Als Noah nun in einem Herbst die Trauben gepflückt hatte, legte er die überreifen Früchte in einen großen Steinbottich. Da gebar die Tochter seines ältesten Sohnes ein Kind. Aus Freude vergaß Noah die Trauben. Als er zurückkam, fand er in dem Steinbottich einen roten Saft, der brodelte und duftete. Noah trank von dem Saft, der so gut schmeckte, daß er noch einmal probierte und noch einmal und wieder und wieder. Da ward Noah trunken und benahm sich wie ein Kind und tanzte und schrie. Darüber kam sein Sohn Cham herbei. Er lief sofort zu den Brüdern und beredete sie, mit ihm zu kommen. Nun verhöhnte Cham in ihrer Gegenwart den Vater. Noah aber lag da, schnarchte, schwer vom Trunk, und war von seiner Würde ganz entblößt.

Als Noah wieder nüchtern war, vernahm er, was sein Sohn ihm angetan hatte. Das vergaß Noah nie. Immer wieder sagte er zu Cham, und besonders, wenn die ganze Familie versammelt war: »Das weiß ich wohl: Wer seine Eltern verhöhnt, der hat auch keine Ehrfurcht vor Gott!«

Der Turmbau zu Babel

Die Familien Noahs lebten im Land Ararat. Sie wohnten rings um das Grab Noahs, bis sie zu zahlreich wurden und die Familien einander nicht mehr kannten. Da brachen sie auf und zogen gegen Süden, Ackerbauern und Hirten, Städter und Zeltbewohner. Sie kamen in eine große Ebene zwischen den Flüssen. ›Sumer‹ nannten sie das Land, das heißt: Asche aus dem Paradies. Einige fromme alte Männer sagten nämlich: »Hier hat das Paradies gelegen.« Darum beschlossen die Führer der Sippen und die Fürsten der Stämme, im Lande Sumer zu wohnen. Der Boden, der aus der Asche des

Paradieses bestand, war über die Maßen fruchtbar. Und so rasch wie die Früchte wuchsen auch die Familien. Bis zu dieser Zeit sprachen alle Nachkommen der Söhne Noahs dieselbe Sprache.

Das Bild Gottes war noch nicht verdunkelt in den Menschen. Auf dem Boden des Paradieses aber gab es keinen Stein. Darum stachen sie aus dem fetten Lehm rechteckige Blöcke und ließen sie in der heißen Sonne trocknen. In der Erde fanden sie die Reste aus den verbrannten Paradiesbäumen. Das war ein schwarzer Stoff, den sie Asphalt oder Erdharz nannten. Mit diesen Ziegeln und diesem Asphaltmörtel bauten sie Häuser und Städte. Und sie benutzten beim Aufrichten der Mauern Richtmaß und Lot. So kam es, daß die Mauern gerade standen und nicht mehr umfielen. Die Mauern der Städte liefen immer tiefer in die Einöde. Denn mit der Zahl der Kinder vermehrte sich auch die Zahl der Häuser. Weil es bald in einer Stadt zu viele Menschen und Häuser gab, bauten die Baumeister ein Haus auf das andere — immer höher und höher. Die Hirtenvölker aber hausten weit draußen in der Ebene in ihren Zelten. Kamen sie nun in die Städte, schüttelten sie beim Anblick der hohen Häuser die Köpfe und fragten: »Warum wohnt ihr wie die Ameisen? Die Erde ist doch groß.« Aber die Städter waren stolz auf ihre Häuser. Sie wollten auch dicht beieinander wohnen, weil sie Angst hatten vor der Weite jenseits der Mauern. Als aber die Menschen sich weiter vermehrten, wuchsen die Häuser immer höher in den Himmel hinauf. Wenn nun einer, der in den oberen Stockwerken wohnte, bei der großen Hitze auf die Straße hinunter mußte, wurde er von dem vielen Treppensteigen müde. Außerdem konnten die Übeltäter in den großen Städten zu leicht verschwinden. Und manchmal hatten die Leute in der Stadt nichts zu essen und nichts zu trinken, dann waren die Städte voller Aufruhr.

Darum beschlossen die Obersten der Städte, Kundschafter über die Erde zu schicken. Sie sollten neue Wohnplätze finden für die Städter ebenso wie für die Hirten. Die Häuptlinge unter den Hirten forderten nun, daß vor dem Abschied mitten im Land Sumer ein großer Altar gebaut werde. Der sollte an seinen Seiten Bilder tragen und die vorüberziehenden Menschen daran erinnern, daß auf diesem Boden das Paradies lag. Und daß hier Adam und Eva vor Gott lebten, selig wie Kinder, aber dem Geist der Verführung mehr gehorchten als Gottes Stimme.

Die Obersten der Städte und ihre Baumeister lachten über diesen Plan. Sie sagten: »Wir kennen kein Paradies, das Gott gemacht hätte. Wir kennen auch keinen Geist der Verführung. Wir wissen ohne Gott und ohne Geist der Verführung, was gut ist und was böse. Denn gut allein ist, was dem Menschen nützt, und bös, was ihm schadet. Und der Mensch allein schafft dieses Gute durch seine Klugheit und seine Arbeit. Und er hält das Böse ebenfalls allein ab durch seine Klugheit und seine Arbeit. Darum laßt uns, ehe wir auseinandergehen, inmitten unserer größten Stadt einen großen Turm bauen, der soll bis in den Himmel reichen. Alle, die einmal hier des Weges kommen, sollen sehen, wie groß der Mensch ist. Und der Turm soll so hoch werden, daß die Sterne ihm auf ihrer Bahn ausweichen müssen. Und die Himmel alle sollen es erfahren, wieviel der Mensch weiß und wieviel er vermag. Und jetzt schon wird überall bekannt, daß unsere Nachkommen einst alles wissen und alles vollbringen werden, was sie sich vornehmen.«

Als die Häuptlinge und uralten Herdenführer diese Rede vernommen hatten, zogen sie über Nacht mit ihren Herden und Sippen heimlich über den Horizont davon. Sie fürchteten sich davor, daß eines Tages der Schatten des Turmes auf sie und ihre Herden falle.

Als die Hirtenvölker fortgezogen waren, begann man im Land Sumer das Volk zu zählen. Wer kein sehr wichtiges Amt hatte, mußte seine bisherige Tätigkeit aufgeben, denn jedermann im ganzen Land sollte nun Ziegel streichen. Die Obrigkeit setzte über je hundert Mann einen Aufseher. Der erhielt eine Peitsche und durfte, ja, mußte jedermann schlagen, der nicht jeden Tag die festgesetzte Anzahl von Ziegeln ablieferte. Männer und Frauen mußten in der Frühe erscheinen und sich ihr Essen mitbringen. Während ihrer Arbeit wurden von Chorsängern unaufhörlich Lieder gesungen über die Größe des Turmes, über die Anzahl seiner Bogen, über die Zahl der Steine, über sein Höherwachsen Tag um Tag, ja, sogar über die Anzahl der Tragtiere, die auf der Straße rings um den Turm die Steine hinauftrugen. Die Vorsänger sangen auch davon, wieviel Steine der Oberbaumeister für jeden Tag forderte und wieviel Töpfe voll Asphalt geliefert werden müßten. Morgens und abends priesen alle zusammen die Klugheit des Oberbaumeisters und aller Obrigkeiten. Besonders fleißige Ziegelstreicher wurden zu Aufsehern ernannt, besonders träge oder auch schwache stürzten die Lanzenträger von irgendeinem Stockwerk des Turmes in die Tiefe. Der Turm wuchs und warf seinen Schatten weit übers Land. Und jeder, der diesen Schatten auf seinem Scheitel spürte, seufzte auf und sprach in seinem Herzen: »Wer rettet uns vor dem Werk unserer eigenen Hände?«

Da schaute Gott auf den Turm. Er lag vor ihm wie ein Maulwurfshaufen. Die Ziegelsteine darin aber waren groß vor Gott, weil soviel Arbeit und Not an ihnen hing. Ja, es war der einzelne Stein, der Gottes Blick herabzog — auf soviel Tränen und Schweiß und Blut. Da sprach Gott zu den Geistwesen, die um ihn waren: »Es ist nicht gut für den Menschen, allein zu sein, aber es ist auch nicht gut für ihn, wenn er zu zahlreich beieinander wohnt. Darum führt sie auseinander, einen jeden in seine Sprache, einen jeden in sein Land.«

Eines Tages nun stimmten die Vorsänger wieder das Lob der Obrigkeit an, ein neues Stockwerk war beendet. Die Hörner tönten, die Sänger priesen das Werk, das arbeitende Volk lauschte und schaute zu dem Turm hinauf. »Das siebenundzwanzigste Stockwerk ist beendet«, sang der Chor, »fünfzehn Meter sind wir den Sternen näher gekommen. Wir bauen weiter, Stockwerk um

Stockwerk, bis wir —«, und dann war kein Wort mehr zu verstehen. Zuerst sangen die Chöre mühsam weiter, doch sie waren erschrocken. Bald wurden sie zornig. Sie schrien einander an, der Nachbar den Nachbarn. Die Hörnerbläser brachen ihr Spiel ab, riefen den Sängern Fragen zu, schimpften und stießen mit den Hörnern gegen ihre Köpfe. Die Arbeiter in der Ebene drunten schauten immer erstaunter hinauf zu denen auf der Empore.

Da erhob sich der Oberstadtmann, winkte dem Herold und sagte ihm etwas. Der Herold war sehr groß und beleibt. Vor dem Mund trug er ein langes Sprechrohr. Er beugte sich zu dem Oberstadtmann, hielt die Hand ans Ohr und schüttelte den Kopf. Der Oberstadtmann wurde zornig und wiederholte seine Worte. Der große, dicke Herold bekam Glotzaugen und antwortete laut und vernehmlich: »Wuma? Wuma?« Da sprang der Oberstadtmann auf, riß dem Herold sein Sprechrohr aus der Hand und schrie hinein: »Koramta tàteti! Kruba, Kruta, o burtitùti —«, aber er konnte nicht weitersprechen. Der Oberbaumeister kam herbeigelaufen, rief: »Mata maténa?«, riß dem Oberstadtmann das Sprechrohr vom Mund und schrie übers Land: »Lani mani, lani sini! Batatoni betunki!« Aber seine Stimme ging unter in dem Getöse, das nun aus der Ebene stieg. Inzwischen hatten auch die Scharen der Zuhörer drunten bemerkt, daß nur noch Lachen und Weinen allen gemeinsam war. Wenn sie aber Fragen stellten, bekamen sie keine Antwort, oder sie hörten Worte, die sie nicht verstanden. Da packte sie tödlicher Schrecken. Ein jeder suchte nach seinen Angehörigen. Man rief unaufhörlich Namen, den Namen des Vaters, der Mutter. Die Eltern riefen nach ihren Kindern, und jedermann weinte vor Freude, wenn er ein Glied der Familie traf und die liebe, bekannte Stimme in der lieben, bekannten Sprache zu ihm redete. Denn jedermann nahm an, daß seine Sprache die alte, allgemeine Sprache sei. »Verstehst du mich, Kind?« rief die Mutter, und: »Sag doch etwas«, rief der Vater dem Sohn zu und hüpfte vor Freude, wenn der Sohn antwortete: »Was soll ich denn sagen, Vater?«

Langsam fanden die Menschen durch Fragen zueinander, die Familien und die Sippen. Man stand eng aneinandergedrängt und wußte zuerst nicht, was geschehen würde. Nur das eine wußten sie: Das Ziegelstreichen war zu Ende. Die Aufseher hatten ihre Peitschen über Nacht weggeworfen und trachteten, in ihren Familien zu verschwinden. Die zwanzig Baumeister auf dem siebenundzwanzigsten Stockwerk gingen seit einigen Tagen stumm aneinander vorüber. Es nützte ihnen nichts, wenn sie den Mund auftaten. Sie begannen zu reden, und bald schrien sie einander an, doch keiner verstand den andern. Da zeichneten sie im Sand auf den Boden ihre Pläne für den achtundzwanzigsten Stock. Aber täglich erschien einer weniger. Zuletzt kam nur noch der Oberbaumeister. Er wartete den ganzen Tag bis zum Abend. Indes — keiner seiner Untergebenen stellte sich ein. Er trat an einen der Fensterbogen und blickte übers Land. Da gewahrte er, wie über die braune abendliche Ebene dunkle Ströme flossen. Die Ströme aber bestanden aus Menschen. Sie zogen nach Süden und Norden und Osten und Westen. Der Oberbaumeister mußte sehen: Jedes Ziel war ihnen recht, wenn es nur weg von dem Turm führte.

In dieser Nacht stürzte sich der Oberbaumeister in die Tiefe, er fiel vom siebenundzwanzigsten Stockwerk auf das sechsundzwanzigste. Die ganze Nacht lag er mit seinen zerbrochenen Gliedern da und starrte zu den Sternen. Da entdeckte er, daß die Sterne viel höher standen, als er geschätzt hatte.

Der Erwählte aus Ur

Die Stadt Ur lag nur einige Tagereisen entfernt von dem Ort, wo die Ruine des Himmelsturmes einmal in die Höhe ragte. Der stolze Stufenbau war jedes Jahrhundert um etliches kleiner geworden, derart nagten Wind und Wetter an seinen Mauern.

Als der Turm nur noch die Hälfte seiner einstigen Höhe hatte, lebte in der Stadt Ur ein Mann namens Tharah. Er besaß eine große Herberge. Täglich kehrten Kamelreiter mit ihren Karawanen bei ihm ein. Zwischen den Ziegelsteinmauern hörte man viele Sprachen, Tharah verstand sie alle. Abends erzählten die Karawanenführer von ihren Reisen, von fremden Völkern und Ländern. Und jeden Abend saß da unbemerkt im Kreis der Alten der Sohn des Wirts. Es war ein Junge mit großen, schwarzen Augen, er hieß Abram. Er hörte den fremden Männern so gut zu, daß es aussah, als hätte er das Atmen vergessen. Was am meisten an ihm verwundern mußte: Mit zweimal sieben Jahren verstand er bereits verschiedene fremde Sprachen, Abrams Vater hätte nicht sagen können, wann sein Sohn sie erlernt hatte.

Als Abram älter wurde, hörte er abends in der Karawanserei den Männern nicht nur zu, er fragte sie auch. Diese Fragen waren immer dieselben. Tharah nannte sie: Abrams Fragen. So fragte der Jüngling etwa einen ägyptischen Kaufmann: Warum die Götter in Ägypten Tierköpfe hätten? Und einen Reisenden aus Kanaan fragte er: Ob es wahr sei, daß man in Kanaan den Göttern Kinder opferte? Und warum die Menschen sich von den Göttern Bilder machten? Und wie die Götter wohl aussähen: wie Menschen oder wie Sterne? Und ob ein Mensch verschiedene Götter haben könne, da er doch nur einen Vater habe? So lauteten die Fragen Abrams. Und wenn einer der fremden Männer so unvorsichtig war, auf diese Fragen einzugehen, dann kamen neue Fragen. Bald saß der Fremde in Abrams Fragen ganz eingewickelt da und konnte keine Antwort mehr geben. Der Jüngling aber stritt nie mit jemandem, er war friedfertig und stellte seine Fragen mit großen Augen und lächelndem Mund. Tharah liebte seinen Sohn und war mit ihm sehr vertraut. Er erzählte ihm alles, was er selbst von seinem Vater erfahren hatte: von der Erschaffung der Welt allein durch Gottes Wort, vom Paradies und dem Ungehorsam der ersten Eltern, von Kain und Abel. Sooft aber Tharah vom Turmbau in Babel erzählte, bat Abram jedesmal seinen Vater: »Warum reisen wir nicht hin, um den Turm zu sehen? Ist dieser Ort nicht heilig? Hat nicht Gott dort ein Zeichen gegeben?« Aber Tharah lachte nur über den frommen Eifer seines Sohnes. »Was denkst du dir, Abram«, rief Tharah eines Tages, »soll ich hier meinen einträglichen Besitz verkaufen und wie ein Hirte über die Erde ziehen, wie ein Heimatloser? Wer die festen Mauern seiner Stadt verläßt, der muß einen Engel zur Seite haben. Ich möchte nicht in meinem Alter von einer hungrigen Löwin gefressen werden.«

Aber Abram gab nicht nach. Schließlich sagte er zu Tharah: »Was du von dem Engel gesagt hast, Vater — ich glaube, es gibt einen Engel neben mir. Der hält meine Hand und zieht mich fort von hier.« Tharah war von diesen Worten seines Sohnes bewegt. Er begann nun, Abram zu beobachten. Was den alten klugen Mann sehr verwunderte: Abram war kein Träumer. War er ein Prophet? Mochte ein Engel ihn an der Hand führen, das hinderte diesen seltsamen jungen Mann nicht daran, mit der andern Hand gute Geschäfte zu machen. Abram handelte mit Kamelen, führte die Karawanen der Fremden durch einsame Gegenden bis zum nahen Meer hinab und brachte von dort allerlei Ware zurück nach Ur: vor allem Fische und Salz. Und Tharah sah, wie Abram mit allen Menschen auskam. Er war friedfertig, freundlich, jedermann hatte Vertrauen zu ihm. Vom unsichtbaren Engel zur Seite des jungen Handelsmannes erfuhren nur wenige. Denn selten geschah es, daß Abram sein Herz auftat und von all dem redete, was ihn immer mächtiger bewegte. Wenn er jedoch in der Nacht unter den Sternen einherritt oder wenn er am Meer stand, begann er plötzlich zu singen. Und er sang von dem einen und lebendigen Gott, von allen seinen Werken. Er sang von der Dunkelheit in der Nacht und vom Licht des Mondes und der Sterne. Von der Finsternis im Herzen der Menschen und vom Licht Gottes. Sobald er sich aber erinnerte, wo er war, verstummte sein Gesang.

Tharah dachte darüber nach, wie er seinen Sohn in Ur halten und ruhiger machen könnte. So führte er Abram das schönste Mädchen von Ur zu. Sie hieß Sarai und war eine Halbschwester Abrams. Der junge Prophet liebte sie sehr und heiratete sie, wie sein Vater Tharah es wollte. Aber Sarai bekam keine Kinder.

Eines Tages sagte Abram zu seinem Vater: »Mein Engel hat zu mir im Traum gesprochen: Geh fort aus Ur, und du wirst ein großer Vater werden.« Da gab Tharah nach, verkaufte alle seine feste Habe und zog fort aus Ur zusammen mit seinem Sohn Abram und dessen Frau. Mit ihnen war auch Lot, der jüngere Brudersohn Sarais. Sie reisten auf ihren Kamelen flußaufwärts und kamen bis nach Haran und wohnten in dieser Stadt.

Der Gottesknecht

Tharah war sehr alt geworden. Als er starb, hinterließ er seinem Sohn einen hochangesehenen Namen, große Herden und viel Gold und Edelsteine. Die Leute von Haran hatten Abram liebgewonnen. Er war ein Fremder und gehörte doch zu den angesehensten Bürgern der Stadt. Die Leute von Haran wollten nun Abram ein hohes Amt übertragen. Aber als Abram eines Tages vor der Grabeshöhle seines Vaters stand, da merkte er, wie ihn jemand an der Hand nahm. Erschrocken blickte er sich um, doch er sah, er war ganz allein. Da hörte er eine Stimme: »Auf, Abram, bleibe nicht hier. Du hast deine Vaterstadt Ur verlassen, du mußt jetzt deine Freunde in Haran verlassen. Komm mit in das Land, das ich dir zeige. Denn du bist von Gott erwählt und sollst ein Segen sein und ein Licht für die Menschen.«

Noch in der folgenden Nacht zog Abram aus Haran aus. Lot, sein Verwandter, zog mit ihm. Abrams schöne Frau Sarai war sehr traurig, sie hatte sich an Haran gewöhnt. Sie galt in der Stadt als die vornehmste Frau, und wiewohl sie keine Kinder hatte, ehrten sie alle. Sarai besaß viele Mägde und schöne Kleider und Schmuck. Sie lachte gern und gab reichlich Almosen.

Als sie nun auf das Kamel stieg, weinte Sarai und sagte: »O Abram, warum tust du mir das an! Wie kannst du das Grab deines Vaters verlassen! Und alle unsere Freunde! Und so heimlich, als hätten wir diese Herden gestohlen! Du übersiehst auch ganz, lieber Abram, daß du kein junger Mann mehr bist.«

Abram war, als er aus Haran auszog, fünfundsiebzig alt. Abram half Sarai in den Sattel, dann antwortete er ihr: »Sarai, dort an der Spitze der Kamele geht mein Engel. Du siehst ihn nicht, auch ich kann ihn nicht so sehen wie den Mond dort oben. Aber er ist da, er geht uns voraus. Er hat zu mir gesprochen. Und er führt uns dorthin, wo Gottes Finger hinzeigt. Darum weine nicht weiter, Sarai, sondern sei gehorsam! Ich bin der Knecht meines Gottes.« Und die Flut der Kamele und der Esel und Schafe wälzte sich durch die Nacht dahin. Die Hirten sangen. Der Mond erhellte die Ebene. Nach vielen Wochen kamen sie in das Land Kanaan.

Als sie an der Stadt Sichem vorbeizogen, erblickte Abram einen Hain. Die Landleute, die auf dem Acker arbeiteten, nannten diesen kleinen Wald ›More‹. Abram ließ haltmachen. Er zahlte den Leuten von Sichem für die Weideplätze seiner Herden, was sie forderten. Und er schlug im Hain More seine Zelte auf. In der Nacht träumte er, sein Engel stehe vor ihm. Der Engel sprach: »Dies Land will ich deinen Nachkommen geben.« Mitten in der Nacht weckte Abram seine Frau und sagte: »Sarai, freue dich!« Und er erzählte, was ihm der Engel gesagt hatte. Sarai antwortete: »Wir haben in all den Jahren noch keinen Sohn. Von wem sollen wir Nachkommen haben?« Aber Abram erhob sich noch in der Nacht. Auf der Stelle vor dem Zelt, wo er den Engel hatte stehen sehen, baute er aus Steinen einen Altar.

Bald schon trieb es Abram weiter. Seine Herden brauchten neue Weideplätze. Er wollte aber auch das Land kennenlernen, das Gott ihm versprochen hatte. So kam er bis zu der Stadt, die später Bethel hieß. Südlich der Stadt schlug er seine Zelte auf. Abram sah aus der Nähe, wie die Ackerbauern des Landes ihren Göttern opferten. Sie verbrannten alle Erstgeburt in Öfen: von ihren Herden, von ihren Äckern, aber auch ihre ältesten Kinder. Die Asche der verbrannten Erstgeburt streuten sie auf das Feld, um es fruchtbar zu machen. Da erhob sich Abram und predigte wider sie. Die Kanaaniter nannten ihre Götter Baalim, das heißt: Herren. Über jeder Stadt, jedem Dorf herrschte solch ein Baal, und vor dem Stadttor gab es neben seinem Standbild jenen Ofen, in dem die Priester des Baal ihr schauerliches Werk verrichteten und Menschen und Tiere verbrannten.

Abram wies mit dem Finger auf diese Götter aus Stein und Holz, und auf die Öfen wies er und rief: »Oh, was sind das für Götter, die ihr euch als Herren erwählt habt! Sie sind schlimmer als die Wölfe! Warum genügen euren Göttern nicht die Erstlinge aus den Herden der Tiere? Der Mensch gehört zur Herde Gottes. Und niemand darf aus dieser Herde Opfer nehmen!«

Da rotteten sich die Baalspriester zusammen. Und Abram zog über Nacht mit seinen Knechten und Herden weiter. Damals kam eine Teuerung auf in Kanaan. Abram verkaufte seine Schafherden und zog mit den Knechten und Kamelen nach Ägypten hinunter. Das grüne Land am Nil gefiel ihm. Er bewunderte die zahlreichen Kanäle. Darin konnte das Wasser über alle Äcker verteilt werden. Abram bewunderte auch die großen, sauberen Ziegelbauten, die breiten Straßen und schönen Standbilder. Während er das grüne Land und seine Ordnung bewunderte, blieben die Ägypter an den Straßen stehen und bewunderten ihrerseits Sarai oben auf ihrem Kamel. Sie war schon fast siebzig, aber noch so schön, daß man überall von der herrlichen Frau erzählte. Eines Tages lud Pharao — so nannten die Ägypter ihren König — Abram und Sarai zu sich ein. Da erschrak Abram und sagte zu Sarai: »Jetzt werden sie mich erwürgen, weil ich dein Mann bin. Sag darum dem König, daß du meine Schwester seiest, zur Hälfte bist du es ja auch. Wenn er dich dann zum Weibe nehmen will, wird er mich am Leben lassen. Wir müssen doch lebend nach Kanaan zurück. Denk daran, was mir mein Gott versprochen hat!«

Sarai aber betörte Pharao so lange, bis seine Liebe ihn gehorsam machte. Da gestand sie dem König die Wahrheit und sprach: »Pharao — ich bin die Frau dieses Mannes. Abram aber ist ein von seinem Gott Erwählter. Wenn du mich nicht freigibst und uns ziehen läßt, wird dich der Gott Abrams mit seiner Hand unsanft anrühren.« Da erschrak Pharao. Er verdoppelte seine Geschenke, die er Abram gemacht hatte, und gab ihm sicheres Geleit bis in die

Wüste. So kam Abram zurück nach Kanaan. Die Reise dauerte lange, denn er hatte bei sich viele Knechte und Mägde, Rinder, Esel und Kamele.

Fürst des Friedens

Als Abram im Land, das ihm verheißen, angekommen war, sandte er zu seinem Verwandten Lot einen Boten: er solle in Bethel zu ihm stoßen. Abram hatte Lot nicht vergessen, und er wollte seinem Blut in der Fremde helfen. Sie hatten viel Freude beim Wiedersehen und feierten eine Woche lang. Auch Lots Herden hatten sich vermehrt. Da wurde die Gegend für ihrer beider Herden zu klein — es wohnten ja auch noch die Kanaaniter im Lande. Jeden Tag zankten nun die Hirten Lots mit den Hirten Abrams um die besseren Weideplätze und vor allem um die Tränken. Es gab Geschrei und offenen Streit, bis schließlich sogar Steine flogen. Abram schämte sich deswegen sehr vor den Kanaanitern. Er hatte in dieser Gegend von Bethel aufs neue gegen die Götter des Landes gepredigt. Und er hatte seinen Gott als freundlich gepriesen. »Mein Gott ist ein Gott des Friedens«, hatte er gesagt, und nun lagen seine Hirten mit den Hirten Lots im Streit. Und die Kanaaniter lachten über ihn und seine Predigt.

Da führte Abram seinen Verwandten auf einen hohen Berg, von dem sie das Land weithin überschauen konnten. Und er sprach: »Laß doch nicht Zank sein zwischen dir und mir, lieber Lot, zwischen deinen und meinen Hirten. Wir sind doch eines Blutes und haben denselben Gott. Steht dir nicht das ganze Land offen? Wähle doch! Willst du zur Linken, so geh' ich zur Rechten, oder willst du zur Rechten, geh' ich zur Linken.« Da blickte Lot umher. Er sah das Jordantal unter sich, sah die blühenden Städte Sodom und Gomorrha. Und Lot sagte: »Das Land ist schön und wasserreich wie einst das Paradies.« Und Abram: »Ja, es ist schön, schön und wasserreich wie das Ägypterland.« Da wählte Lot die ganze Gegend am Jordan und zog gegen Süden.

Also schieden sie voneinander als Brüder. Abram aber wohnte weiter in Bethel. Lot richtete sein Haus auf im wasserreichen grünen Sodom. Die Kanaaniter wunderten sich, wie friedlich dieser Streit ausgegangen war. Und die Hirten Abrams waren freundlich zu den Landleuten. Wenn Abram seinem Gott opferte, schwiegen die Baalspriester. Denn Abram war reich, hatte viele Knechte und Mägde, und bald hatte er auch viele Freunde im Land. Sie nannten ihn einen Fürsten des Friedens. Eines Tages stand er wieder auf dem Berg, wo er mit Lot Frieden geschlossen hatte. Da spürte er seinen Engel neben sich, und er hörte die Stimme des Engels sagen: »Hebe deine Augen auf und blicke umher! All dies Land wird dein Gott dir schenken, dir und deinen Nachkommen. Gott wird deine Nachkommen so zahlreich machen wie den Sand am Meer. Darum mach dich auf und zieh durch das Land, fühle es mit jedem deiner Schritte: Dieser Boden ist nunmehr deine Heimat.«

Und wiederum brach Abram seine Zelte ab und zog gegen Hebron und wohnte im Hain Mamre. Sarai seufzte: »Warum bist du so unruhig, Abram? Ich lebe nur noch auf dem Rücken der Kamele. Wenn ich doch wieder in Ur wohnen könnte oder in Haran, in einem richtigen Haus und nicht in diesen ledernen Zelten.« Aber Abram lächelte und entgegnete nichts. Er baute dem Herrn einen Altar mitten im schattigen Wäldchen von Mamre. Nach dem Opfer sagte er zu Sarai: »Überall, wo du wohnst, bist du zu Hause, Gott hat uns und unsern Nachkommen dieses ganze Land zu eigen gegeben.« Da verzog Sarai ihr Gesicht: »Unsern Nachkommen? Du bist jetzt über achtzig. Und ich bin auch schon aus den Jahren, da eine Frau Kinder haben kann.« Aber Abram sagte: »Sarai, wir werden alt, Gott nicht! Und was er mir versprochen hat, wird er halten.« Aber Sarai sagte nur: »Ja, gewiß. Aber ob du sein Wort richtig verstanden hast? Warum sollte Gott so viel versprechen — und warum gerade uns?« Abram aber baute Sarai ein festes Haus im Hain Mamre.

Eines Abends eilte ein Mann durch Hebron und fragte nach dem Fremden Abram. Sarai, die draußen im Hain wandelte, hörte das Geschrei des Mannes. Bald traten beide, Abram und der Bote, herbei, und Abram sprach: »Erschrick nicht, Sarai, dein Bruder Lot ist in Gefahr. Kedor-Laomor und die Könige, die mit ihm sind, haben Sodom und Gomorrha überfallen. Und sie haben die Könige von Sodom und Gomorrha verjagt und die Flüchtigen zu den Löchern der Asphaltgruben getrieben. Viele sind in die Löcher hineingestürzt.«

Da schrie Sarai auf. Abram tröstete sie: »Lot ist gefangen. Wenn mir Gott hilft, werde ich ihn befreien.« Und Abram ließ seine Knechte die Kamele satteln und zu den Waffen greifen, es waren ihrer dreihundertundachtzehn. Aber Sarai klagte: »Das ist das Ende: mein Bruder in der Asphaltgrube! Und du willst in die Nacht hinaus, mit den Königen zu kämpfen? Weißt du, wie alt du bist, Abram? Kann nicht dein Verwalter Elieser mit diesen Männern reiten und uns Kunde bringen? Du vergißt wohl: Wir haben keinen Sohn! Kehrst du nicht zurück, wird dieser Elieser dein Hab und Gut erben.« Aber Abram stieg auf sein Kamel, ließ es aufstehn und sprach: »Sarai! Diese Männer hier sind Zeugen: Wenn ich nicht wiederkehre aus diesem Kampf, wenn ich dich zur Witwe mache um deines Bruders willen, dann hat Gott nicht zu mir gesprochen, und die Stimme seines Engels war die Stimme des Windes im Geäst. Aber auch dann, wenn Elieser mich beerbt, mußt du nicht murren, sondern Gott die Ehre geben!«

So ritt Abram mit den Knechten davon. Er kam auf die Fährte der siegreichen Könige und jagte ihnen nach bis Dan. Dort teilte er seine Leute in drei Haufen, überfiel die Nachhut der Könige bei Nacht, schlug sie und jagte die Erschreckten bis in die Nachbarschaft von Damaskus. Und befreite Lot, dessen Weib, Kinder und Knechte und seine ganze Habe. Darauf brachte er alle in ihre Heimat zurück. Vor der Stadt Sodom, auf einem Feld, Königstal genannt, kam Abram der König von Jerusalem entgegen, der hieß Melchisedek, war ein Kanaaniter und auch ein Priester des höchsten Gottes. Abram hatte von diesem Priesterkönig aus Jerusalem viel Gutes vernommen. Freude erfüllte ihn, als er den alten, heiligen Mann auf sich zukommen sah. Melchisedek trug in seinen Händen Brot und Wein. Und er segnete Abram. Die Knechte bauten einen Altar, und Melchisedek opferte nun, um Gott für den Sieg Abrams zu danken, Brot und Wein. Und er sprach zu Abram: »Der Gott, dem wir beide opfern, ist derselbe: Es ist der Gott, der deine Feinde in deine Hand gab.« Abram aber gab dem Priester Melchisedek den Zehnten von seiner Beute und sprach: »Nimm! Was ich dir gebe, sei dem Herrn gegeben!«

Der König von Sodom war glücklich über Abrams Sieg und wollte ihm dankbar sein und sagte, er könne die ganze Beute behalten. Da hob Abram seine Hände zum Himmel auf und sprach: »Nicht einen Faden, nicht einen Schuhriemen will ich behalten von dem, was dein ist. Du sollst nicht sagen können, daß du Abram reich gemacht hast. Nur meinen Knechten und Männern, die auch für dich gekämpft haben, zahle einen Sold.«

Sarai stand bei den Mägden, die das Linnen wuschen, da sah sie die Kamele jenseits des Teiches. Sie lief ins Wasser und rief: »Wo ist Abram, mein Herr und Freund?« Da winkte Abram, ließ sich vom Kamel gleiten und lief durch das Wasser auf Sarai zu. Sie hielten einander lange im Arm. Und sie weinten. Sarai sprach: »So wird also Elieser doch nicht unser Erbe sein! Und es war wirklich Gottes Engel, der mit dir gesprochen hat.«

Sarai und Hagar

Aber wieder verging ein Jahr, und Sarai empfing kein Kind. Sie hatte eine ägyptische Magd, die hieß Hagar. Und Sarai sprach zu Abram: »Du weißt, in Ur, unserer Heimat, sagt das Gesetz: Wenn eine Frau kinderlos bleibt, kann sie ihrem Mann eine Magd zuführen, und die Magd soll statt der Frau gebären. Und das Kind der Magd kann der Erbe sein. Sieh nun, mein Herr, Gott hat mich unfruchtbar gemacht. Wir sind jetzt schon zehn Jahre in Kanaan, und ich bin über siebzig.«

Abram willigte ein, er fragte sich: »Wie soll ich sonst Nachkommen haben, und wie soll die Verheißung in Erfüllung gehen?« Und Hagar wurde schwanger. Als sie nun sah, daß sie den Erben gebären würde, sagte sie zu Sarai: »Nun ist alles anders gekommen nach Gottes Willen. Die Herrin wird der Magd die Schuhriemen binden.« Hagar sagte auch: »Bring mir zu trinken, Sarai!« Und Hagar sagte sogar: »Leg Schminke auf und färbe dein Haar schwarz, Sarai, daß unser Herr nicht sieht, wie alt du bist!« Da ging Sarai zu

Abram und sagte: »Du tust Unrecht an mir, Abram. Ich habe nach dem Gesetz unserer Heimat gehandelt, und ich wollte dich froh machen mit dem Erben aus dem Schoße meiner Magd. Nun aber benimmt sich diese Ägypterin nicht mehr wie eine Magd: Sie spielt die Herrin und ist frech und tückisch geworden wie ein Krokodil.«

Abram entschied: »Noch immer ist Hagar deine Magd, tu mit ihr, wie es dir gefällt.« Darauf ging Sarai sofort zu dem Zelt, in dem ihre Magd wohnte, und demütigte sie sehr. In der gleichen Stunde noch raffte Hagar ihre Sachen zusammen und schlich sich in der Nacht davon. Aber schon am andern Morgen kam sie wieder. Sie fiel vor Abram und Sarai auf die Knie und erzählte, was ihr geschehen war. Sie hatte in der Nacht an einem Brunnen gesessen. Der Brunnen war zu einem Auge geworden und sah sie an. Dann war der Brunnen zu einem Mund geworden und befahl ihr, zurückzukehren und sich zu demütigen. Der Brunnenmund hatte ihr einen Sohn versprochen und ihr befohlen, ihn ›Ismael‹ zu nennen, das bedeutet ›Gott erhört‹. Den Brunnen, an dem dies geschehen war, hießen sie nun den ›Brunnen des Lebendigen, der mich ansieht‹.

Hagar gebar Abram einen Sohn, und Abram nannte das Kind, wie der Brunnen es befohlen hatte: Ismael. Der Knabe wuchs heran. Er konnte noch nicht gehen, da erhob er bereits seine Hand gegen jedermann, und mit jedem Jahr wurde seine Stimme lauter. Er erfüllte das Haus seines Vaters und das Zelt seiner Mutter und den Hain Mamre mit seinem Geschrei und erschreckte durch sein wildes Wesen Menschen und Tiere. Sarai sah ihm manches nach, aber wenn sie Ismael tadelte, wurde er frech und gab ihr zu verstehen, daß sie ihm nichts zu befehlen habe, seine Mutter sei Hagar. Abram und Sarai waren im stillen zufrieden, daß Ismael immer häufiger und immer länger umherstreifte und sich oft für Wochen in menschenleeren Bergen verlor. »Dieser Wilde«, so nannte ihn Sarai. Aber Abram sagte jeden Abend zu den Sternen aufblickend: »Er ist unser Sohn, der Sohn der Verheißung.« Und Abram betete zum Himmel: »Ach, mein Gott, laß doch Ismael leben vor dir!«

Die drei weißgekleideten Männer

Abram war neunundneunzig Jahre alt, da träumte er: Sarai hätte ihm einen Sohn geboren. Er sah im Traum drei Männer, die waren in weiße Gewänder gehüllt und traten einer um den andern auf Abram zu. Der erste von ihnen sagte: »Ab heute sollst du nicht mehr Abram heißen, sondern Abraham, denn du bist von jetzt an nicht nur ein ›erhabener Vater‹, sondern ein ›Vater vieler‹.« Der zweite sagte: »Gott hat mit dir seinen Bund geschlossen, einen ewigen Bund mit dir und denen, die deines Leibes und deines Geistes Kinder sind.« Der dritte zeigte auf ein neugeborenes Kind, das Sarai auf ihrem Schoß trug, und er sprach: »Ab heute soll deine Frau nicht mehr Sarai heißen, sondern Sara. Denn ›die Fürstliche‹ ist heute zur ›Fürstin‹ geworden. Sie hat dir den Sohn der Verheißung geboren. Und du sollst ihn ›Isaak‹ nennen, denn er wird lachen und deine Zelte mit Freude erfüllen.« Da erwachte Abram von Sarais Hand, sie stand vor seinem Lager, beugte sich über ihn und rief: »Du hast im Traum gelacht und mich mit deiner Freude aufgeweckt. Was hast du geträumt?« Abram wurde sehr verlegen und schwieg. Er blickte in das Licht der Öllampe, dann in das Gesicht seiner Frau. Und er sah, wie alt sie war.

Am andern Tag saß Abram am großen Steintisch vor dem Eingang seines Hauses. Es war kurz nach Mittag, die Sonne brannte, und Abram genoß die Kühle im Schatten der Bäume, die vor dem Hause standen. Und er dachte an seinen Traum. Plötzlich sprang er auf. Er rang nach Atem und konnte keinen Laut hervorbringen: Drei weißgekleidete Männer näherten sich auf dem Pfad unter den Bäumen. Langsam schritten sie heran. Endlich konnte Abram seine Füße bewegen. Er lief den Männern entgegen, verneigte sich tief und sprach: »Hab' ich Gnade gefunden vor eurem Angesicht, so geht nicht an eurem Knecht vorüber. Meine Mägde sollen euch Wasser bringen und eure Füße waschen, und ihr sollt im Schatten sitzen und euch erquicken.«

Da sagte der erste der Männer: »Tu, wie du gesagt hast, Abraham!« Als Abram seinen neuen Namen hörte, lachte er auf und lief leicht wie ein Jüngling ins Haus. Und er wußte gar nicht mehr, was er in der jagenden Freude seines Herzens sagte: »Kuchen — backt Kuchen«, rief er, »eilt euch! Mengt das Mehl! Knetet! Seht zu, daß der Stein sehr heiß ist!« Und er lief durch die Küche hinaus zu den Rindern: »Ein Kalb! Ein zartes, ein gutes, dieses hier! Schnell, ihr Jungen, schnell! Schlachtet es, bratet es, bringt es heraus! Und Milch dazu und Butter und Wein! Wir haben Besuch! Besuch! Ihr wißt nicht, wer bei uns eingekehrt ist! Ihr könnt es nicht wissen! Wascht euch, zieht frische Kleider an. Und sprecht leise! Und verneigt euch, wenn ihr vor das Angesicht der weißen Männer tretet!«

Als Abraham zurückkam, saßen die Männer am Tisch. Auf der Erde knieten die Mägde und wuschen ihnen die Füße. Ismael stand draußen am Zaun und schaute herüber. Die Männer lächelten ihm zu. »Das ist mein Sohn Ismael«, sagte Abraham. »Ja«, antwortete einer der Männer, »er ist dein Sohn, aber nicht dein Erbe. Ismael wird fruchtbar sein, zwölf Fürsten sprießen aus Ismael. Aber der Verheißene ist er nicht.« Da beugte sich der Jüngling weit über den Zaun vor, sein schwarzes Haar fiel ihm übers Gesicht. Und mit einem jähen Sprung war er davon.

Die Knechte kamen und trugen auf. Abraham legte seinen Gästen vor und blieb achtsam vor dem Tisch stehen. Er hob das Gesicht und spürte den leisen Wind, es war ihm, als ob der Schatten heute kühler wäre als sonst. Die Männer aßen.

Als der Tisch abgeräumt war, fragte einer von ihnen: »Abraham, wie heißt deine Frau?« Abraham sagte leise: »Seit heute heißt sie Sara!« Da lächelten die Männer, und sie lächelten alle drei auf die gleiche Weise. Der zweite fragte: »Wo ist Sara?« — »Drinnen im Hause«, antwortete Abraham — er wußte, daß sie hinter der Tür stand und lauschte. Da sagte der dritte der Männer: »Übers Jahr kehren wir wieder bei dir ein. Dann wird Sara, deine Frau, einen Sohn haben.« Da wurde die Haustür, die ein wenig offenstand, von innen schnell zugedrückt. Der erste der Männer blickte zur Tür und sagte laut: »Warum lacht Sara über unsere Worte?« Gleich öffnete sich die Tür, und Sara blickte heraus. Sie war verwirrt und sagte: »Ich habe nicht gelacht.« Alle drei Männer sagten nun auf einmal: »Du hast gelacht.« Sara schlug die Augen nieder und fürchtete sich. Alsbald lächelten die drei und sagten: »Lache nur! Denn auch dein Sohn wird lachen. Und so sollst du ihn ›Isaak‹ nennen.«

Der Untergang von Sodom und Gomorrha

Darauf erhoben sie sich. Abraham begleitete sie. Als sie einige Stunden gegangen waren, lag unter ihnen das Jordantal. Abraham wies hinab und rief: »Schön und grün ist das Land von Sodom und Gomorrha!« Da blieben die drei Männer stehen. Der erste sagte: »Ja, schön und grün ist das Land.« Und der zweite: »Ja, hoch und fest stehen diese Stadtmauern, und ihre Dächer leuchten.« Und der dritte: »Aber wenn die Sonne zum zweiten Mal aufgeht, erblickt sie nichts mehr vom Glanz dieser Steine, sieht kein Grün mehr, keinen Baum, keinen Halm.«

Abraham schlug die Hände vors Gesicht. Und er hörte die drei mit einer Stimme sprechen: »Des Himmels Blitze werden das Tal pflügen. Die schwarze Tiefe wird heraufquellen. Feuer wird das Tal erfüllen, die Straßen der Städte und die Stuben. Selbst auf dem Söller kann keine Seele am Leben bleiben.« Da schrie Abraham auf und rief: »O weh, ihr meine himmlischen Freunde! Warum verkündet ihr mir dies Verderben und ruft es nicht laut drunten in den Straßen aus?« — »Weil sie nicht auf uns hören«, antworteten die Männer, »auch Noah sagte das große Unheil voraus, aber niemand hörte auf ihn.« — »Aber vielleicht würden doch einige hören«, wandte Abraham ein, »sollte man sie nicht warnen? Selbst wenn es nur fünfzig wären!« — »Selbst wenn es nur fünfzig wären«, sagte der erste der Männer, »wir würden sie warnen. Aber es sind keine fünfzig!« Und die Männer gingen weiter. Abraham lief ihnen nach: »Aber vielleicht vierzig? Dreißig? So viele werden sich finden lassen! Sie werden auf eure Warnung hin die Stadt verlassen, und ihr rettet ihnen das Leben.« Die Männer waren stehengeblieben. Der erste sagte: »Nicht dreißig werden auf uns hören.« Und der zweite der Männer: »Nicht zwanzig!« Und der dritte: »Nicht zehn!« Da rief Abraham: »Und die Kinder? Und das Vieh?« Wiederum antworteten die drei mit derselben Stimme: »Auch die Kinder und das Vieh! Die Flammen können nicht unterscheiden, weil die Männer von Sodom und Gomorrha nicht unterscheiden zwischen Gut und Böse; zwischen dem Willen des lebendigen Gottes und der Willkür ihrer alles begehrenden Herzen!«

Da fiel Abraham auf seine Knie und bat: »Hab' ich Gnade gefunden vor euch, so rettet Lot, meinen Schwager, der in Sodom wohnt. Er wird auf eure Warnung hören und die Seinen vom Ort des Verderbens hinwegführen.« Da sagten die Männer: »Wir retten jeden, der sich retten läßt.« Und wandten sich und gingen hinab nach Sodom. Es war Abend, als sie am Stadttor anlangten. Da saß Lot unter dem Torbogen. Als er die weißgekleideten Männer erblickte, sprang er auf, lief auf sie zu und sagte: »Ihr lieben Herren, kehrt ein in meinem Haus.« Da taten die drei Männer, als wehrten sie ab, und sie sprachen: »Nein, wir bleiben über Nacht auf der Straße, die Stadt ist lustig und voller Leben.« Lot beschwor sie: »Nicht doch! Diese Stadt ist ein Ort der Verderbnis. Eure weißen Gewänder reizen die Augen von Sodom. Sie werden Asphalt holen und euch damit beschmieren. Hättet ihr aber schwarze Gewänder, so brächten sie Kalk herbei, um sie mit Weiß zu beflecken. Nichts ist ihnen heilig. Was in den Kammern geschieht, erzählen sie am andern Tag auf dem Markt; und was auf dem Markt und den Straßen geschieht, das allein erfüllt ihre Herzen. Darum hütet euch wohl, meine Herren, und hört auf mich. Selbst den Fremden und den Kindern bietet Sodom keinen Schutz. Und ich wäre längst hinweggezogen, wenn nicht die Männer meiner zwei Töchter aus Sodom stammten.«

Da grüßten ihn die drei Männer von Abraham. Er führte sie zu seinem Haus, ließ ihnen die Füße waschen und erwies ihnen Gastfreundschaft, wie es ihm sein Herz eingab.

Während sie nun beim Mahl saßen, hörten sie auf der Straße Stimmen und Gelächter. Daraus wurde ein schmutziger Lärm, der das Haus von allen Seiten umdrängte. Die halbe Stadt schien vor Lots Haus versammelt zu sein. Die Sodomiter schrien durcheinander. Von Zeit zu Zeit aber wurde es still. Die drinnen hörten dann draußen Stimmen im Chor: »Drei weiße Männer sitzen im Haus. Schickt sie heraus! Heraus! Heraus!« Da erhob sich Lot und ging hinaus und befahl seinen Schwiegersöhnen, schnell die Tür hinter ihm zu schließen. Und Lot rief: »Ach, ihr lieben Brüder, tut nicht so übel und verletzt nicht das Gastrecht. Vergeßt doch nicht, daß die Gäste uns heilig sind wie Boten Gottes.« Da schwangen die Männer ihre Fackeln. Sie lachten, schrien weiter. Eine Stimme rief: »Du bist ein Fremdling und willst uns regieren?« Damit wollten einige über Lot herfallen, andre versuchten, die Tür des Hauses zu erbrechen. Doch da öffnete sich die Tür. Die drei weißen Männer standen auf der Schwelle, hell wie der Blitz. Die Sodomiter wichen zurück, hielten die Hände vor die Augen, viele waren von dem Glanz der Männer blind geworden. Die Geblendeten schrien auf, dann wurde es still auf der Straße. Lot betrachtete die drei und zitterte. Die weißen Männer sprachen: »Auf, Lot! Führe die Deinen eilends hinweg aus diesen Mauern. Der Boden von Sodom und Gomorrha ist morsch geworden von dem Fraß der Verderbnis — Feuer wird vom Himmel fallen und die Stätten hinwegbrennen und alles Leben vernichten.« Das hörten die Männer von Lots Töchtern, sie sagten nur: »Lächerlich!« und gingen in die Nacht hinaus.

Da nun die Morgenröte über der Stadt aufstieg, trieben die weißen Männer Lot zur Eile an. Lot ergriff Mantel und Stock, aber seine Frau irrte im Haus umher, packte allerlei Sachen in große Tücher ein und hieß die Töchter, dasselbe zu tun. Und sie wurden nicht fertig. Da griff einer der Männer Lot an der Hand, die zwei übrigen schoben die Frauen zur Türe hinaus. Die Straßen waren noch leer von Menschen, denn die Leute in Sodom schliefen lang.

Draußen vor dem Stadttor wiesen die Männer in die Richtung der Stadt Zoar und sagten: »Rettet euch dorthin, aber blicket euch nicht gegen Sodom um. Wer heute zurückblickt, ist verloren!« Lot und seine Töchter gehorchten den drei weißen Männern, seine Frau aber ging immer langsamer. Sie dachte an ihr Haus und ihre Sachen. Als der Donnerschlag geschah, der die Erde zum Tanzen brachte, wandte sie sich um. Sie sah viele Blitze wie feurige Peitschen vom Himmel fallen über Sodom und Gomorrha und die andern Städte im Tal. Speckige Flammen schlugen aus der Erde empor, der Himmel wurde schwarz, ein Wirbelsturm drehte sich über der Stadt. Lots Frau sah zuerst den Sturm, dann wurde sie von ihm erfaßt und bekam keinen Atem mehr.

Die Leute, die an den Ort des Zornes kamen, sahen auf dem Weg nach Zoar einige Salzsäulen. Die größte von ihnen nannten sie ›Lots Weib‹. Der Boden, auf dem die Städte gestanden hatten, war mit einer Salzflut bedeckt. Sie hieß später: das Tote Meer.

Freund Gottes

Die drei weißgekleideten Männer waren, ihrem Wort getreu, wiedergekehrt. Und sie hatten Sara so angetroffen, wie sie es verheißen hatten: Die alte Frau hatte ihren Sohn auf dem Schoße und gab ihm die Brust. Als sie die weißen Männer sah, schrie sie auf, rief: »Da seht, Gott hat mich zum Lachen gebracht. Wer mich sieht und von meinem Glück hört, wird mit mir lachen!« Sie wollte aufstehen, aber da waren die Männer schon vorübergegangen.

Abraham aber ließ das Haus stehen und zog mit seiner Familie und seinen

Herden weiter durch das Land, zahlte für die Weideplätze und blieb ein Fremdling im Land. So kam er nach Beer-Seba. Abraham war über hundertundzwanzig, sein Sohn Isaak über zwanzig Jahre alt, da erwachte er in der Nacht und sah wieder die drei Männer um sein Lager stehen. Sie sprachen zu ihm, ihre Stimmen klangen hart und fielen Abraham wie drei Steine auf die Brust. Als sie ausgeredet hatten, stöhnte Abraham: »Aber wie denn, meine himmlischen Herren, wie soll dann noch das Wort der Verheißung an mir erfüllt werden? Meinen Sohn Ismael, den von der Hagar, hab' ich verstoßen, Sara wollte es so. Nun ist mir nur Isaak geblieben, ein Geschenk des Herrn. Er macht seine Mutter lachen und nimmt seinem Vater die Jahre von den Schultern.«

Da wachte Sara auf. Sie nahm die Öllampe und leuchtete zu Abraham hinüber und fragte: »Mit wem sprichst du?« Abraham antwortete: »Mit mir selber. Ich habe einen schweren Tag vor mir. Auf den Berg Moria muß ich gehn, das habe ich dem Herrn versprochen. Es sind zwei Tagereisen hin und zwei zurück, und einen Tag bleib' ich auf dem Berg.« — »Was willst du dort?« fragte Sara. Abraham antwortete: »Ich will den Herrn anbeten zusammen mit Isaak, unserm Sohn.«

Am andern Morgen ließ Abraham Holz spalten und Nahrung einpacken, Sara tat ihm Kohlen vom Herd in einen großen Feuertopf. Die Knechte holten den Esel herbei und beluden ihn. Sara sagte zum Abschied: »Und legt auch meine Gebete auf den Altar. Sagt dem Herrn, daß ich noch viel älter werden will, nur um ihm täglich zu danken.«

So zogen sie von Beer-Seba gegen Osten. Als sie von fern den Berg Moria sahen, ließ Abraham die Knechte und den Esel zurück und befahl ihnen, unter einem hohen Baum auf ihn zu warten. Darauf nahm er das gespaltene Holz und lud es Isaak auf die Schulter. Er selber trug das Messer und den Feuertopf. So stiegen sie auf den Berg. Und Abraham sprach zu sich selbst: »Meine Füße können noch gehen, aber meine Gedanken sind am Ende. Wie ist das zu verstehen? Zuerst verheißt er mir den Sohn, dann schenkt er ihn auf wunderbare Weise, nun will er ihn mir nehmen — durch meine eigene Hand. Damit hebt er also selbst seinen Bund auf, den er mit mir schloß. Er wollte mir Nachkommen geben, der Allmächtige, so zahlreich wie der Sand am Meer — aus diesem da, der dort vor mir den Berg hinaufgeht und den ich nun opfern soll.«

Da kehrte sich Isaak um und rief: »Sag, Vater, hier ist das Holz, du hast das Feuer — aber wo ist das Schaf zum Brandopfer?« Und Abraham: »Mein Sohn, du wirst sehn, Gott tut seine milde Hand auf und schenkt uns zur rechten Zeit, was wir ihm opfern sollen.« Sie gingen weiter miteinander den Berg hinauf, manchmal rief Abraham: »Nicht so schnell, Isaak, nicht so schnell!«

Und Abraham sprach weiter zu sich: »Ja, er nimmt zurück, was er uns gegeben hat. Er darf ja alles nehmen, weil alles, was er uns gab, sein Eigentum blieb. Isaak konnte ja auch von einem wilden Tier gefressen werden, da er noch ein Knabe war, oder von einem Felsen stürzen, durch des Schwertes Schärfe umkommen. Aber nun soll ich selber ihn schlachten — mit diesem Messer. Und ich habe von Jugend auf geglaubt, mein Gott sei anders als die Götzen der Völker. Ich habe sie zehntausendmal gefragt, diese Kanaaniter: Wie könnt ihr eure Kinder den Baalim schlachten? Ich habe ihre Götzen gescholten und verhöhnt. Nun hat mein Gott selber einen glühenden Bauch. Und nicht nur mein Erstgeborener verbrennt darin, nicht nur seine Mutter und ich, sein Vater, sondern auch alle Nachkommen, die mir doch versprochen sind — von Gott versprochen, auf dessen Wort die Grundfesten der Erde ruhen. Welchen Weg kann ich nun meinen Gedanken weisen?«

Als sie auf der Höhe angekommen waren, verneigte sich Abraham bis zur Erde. Und er ergriff einen Stein, um ihn zu der Stelle zu tragen, wo der Altar stehen sollte. Der Stein entglitt seiner Hand. Er setzte sich darauf und rief Isaak zu: »Bau du den Altar, derweil ich ein wenig Atem schöpfe.« Isaak schichtete viele Steine übereinander, legte das Holz darauf und blickte dann suchend umher. Da erhob sich Abraham, trat auf seinen Sohn zu, schaute ihn lange an und rief zweimal seinen Namen. Isaak erbebte, so leidend und fremd kam die Stimme des Vaters. Und Abraham warf seinen Mantel über das Gesicht Isaaks, er drückte ihn rückwärts auf den Altar, seine Hand hob das Schlachtmesser.

Da standen die drei weißgekleideten Männer um ihn und riefen: »Abraham!« Und der erste nahm ihm das Messer aus der Hand, der zweite hob Isaak vom Altar, der dritte wies auf den Dornbusch. Darin hing ein Widder, der hatte sich mit seinen Hörnern in den Ästen verfangen. Und die weißgekleideten Männer lächelten. Isaak sah die Männer nur sprechen, hören konnte er sie nicht. Und sie sprachen zu Abraham: »Wir kannten deinen Gehorsam und wußten, daß du Gott den Sohn nicht verweigern würdest. Aber um deinetwillen mußte es geschehen. Du hast dein Herz und deinen Verstand auf diesem Altar geopfert. Nun bist du nicht mehr derselbe. Du warst ein Knecht Gottes, nun bist du sein Freund und sein Vertrauter.«

Und die Männer legten Isaak die Hände auf. Und sie sprachen: »Aus deinen Nachkommen wird einer wie ein Stern aufsteigen. In ihm sollen alle Völker der Erde gesegnet sein.« Da waren die Männer im Licht des Berges vergangen. Das Feuer auf dem Altar brannte, die Flammen verzehrten den Widder. Isaak schaute auf das Tier. Er wußte nun für alle Zeit seines Lebens, was das Tier in den Flammen zu bedeuten hatte.

Abraham erzählte seiner Frau Sara, was auf dem Berge geschehen war. Da sprach Sara: »Nun kann ich gehen, Abraham! Dein Gott ist uns nahe und hält sein Wort.« Sara war hundertundsiebenundzwanzig Jahre alt. Sie streckte sich auf dem Lager aus und sagte zu Abraham: »Ich bin sehr müde von all dem Herumreisen. Wie schön und fest war unseres Vaters Herberge in Ur.

Du hast mich nach Haran geführt. Wie schön und fest und voller Gesang war unser Haus in Haran. Und wieder hast du mich fortgeführt, in ein Land, das wir nicht kannten, ich war damals schon über siebzig. Der Rücken der Kamele und Zelte und Hütten waren meine Heimat, weil du der Stimme deines Gottes gefolgt bist. Nun aber bitte ich dich, Freund, schenk meinem toten Leib ein festes Grab, eines aus Stein, wo ich sicher ruhen kann. Und laß dir das Grab nicht schenken, sondern kauf es unter Zeugen. Und sieh zu, daß es eine zwiefache Höhle ist, damit dein Platz neben dem meinen sei.«

Und Sara starb. Sie zelteten damals in Kirjath-Arba bei Hebron. Abraham weinte um sie. Dann stand er von ihrer Leiche auf und ging zu einem Mann namens Ephron, einem Hethiter, der auf seinem Acker eine große Grabhöhle hatte. Ephron wollte ihm zuerst den Acker schenken. Aber Abraham gedachte der Worte Saras und zahlte dem Eigentümer den geschätzten Preis. Es waren vierhundert Lot Silber, die er Ephron auf den Tisch wog. Danach begrub er Saras Leib in der Höhle auf dem Acker, der dem Hain Mamre gegenüberliegt, in der Nähe von Hebron, einer Stadt der Hethiter im Lande Kanaan. Und Abraham nahm einige Männer aus Hebron zu Zeugen, daß dies Erbbegräbnis samt dem Acker, auf dem es lag, sein Eigentum sei.

Brautschau des Elieser

Abraham war alt geworden. Sooft er nun das Grab Saras besuchte, bemerkte er, wie sein Sohn Isaak den Mädchen von Hebron nachschaute, und die Mädchen lächelten und winkten ihm. Da sprach Abraham zu seinem Verwalter Elieser: »Es könnte sein, daß ich sterbe, bevor Isaak Hochzeit gefeiert hat. Schwöre mir darum, daß er keine Kanaaniterin zur Frau nimmt. Denn sie könnte ihn wegführen von dem Gott seines Vaters, der Himmel und Erde gemacht hat. Zieh darum in mein Vaterland und such meinem Sohn Isaak dort in meiner Verwandtschaft eine Frau.« Elieser fragte: »Ja, aber wenn die Erwählte nicht mitkommen will nach Kanaan, soll ich dann Isaak in das Land zurückbringen, aus dem du ausgezogen bist?« Abraham erhob seine Stimme: »Hüte dich davor, so etwas auch nur zu denken! Der Gott, der mich aus meiner Heimat herausgeführt hat, tat es nicht, daß du meinen Sohn wieder dorthin zurückbringst, wo man die Götzen anbetet! Gott hat mich erwählt, daß ich ihm ein neues Volk schaffe. Also wird er meine Sorgen zu den seinen machen und seinen Engel schicken, daß er dich führt in das Haus der Erwählten.«

Da schwor der Verwalter Elieser seinem Herrn beim höchsten Gott, alles so zu tun, wie sie es vereinbart hatten. Er legte dabei, wie es die Sitte verlangte, seine Rechte Abraham unter die Hüfte. Am andern Tag zog er mit zehn beladenen Kamelen nach Mesopotamien zu der Stadt, wo Nahor wohnte, ein Bruder Abrahams.

Als er nach einem langen Ritt durch die Wüste vor den Mauern der Stadt ankam, lagerte er sich dort mit seinen Leuten und Kamelen am Brunnen. Elieser dachte bei sich: »Es ist Abend, und da kommen die Frauen und Mädchen heraus, um Wasser zu schöpfen.« Und er seufzte: »Hier steh' ich zwar an der richtigen Stelle, aber es werden viele Frauen und Mädchen herauskommen. Wie kann ich nun erkennen, welche es ist, die Gott für den Sohn meines Herrn erwählt hat?« Und Elieser betete: »Du Gott meines Herrn Abraham, gib mir dieses Zeichen: Ich werde zu einem Mädchen sprechen: ›Neige deinen Krug und laß mich trinken!‹ Wenn sie antwortet: ›Trinke, ich will auch deine Kamele tränken‹, dann weiß ich: Das ist die Frau, die du deinem Knecht Isaak beschert hast.«

Ehe Elieser noch sein Gebet beendet hatte, trat ein Mädchen aus dem Stadttor heraus, den Krug auf dem Kopf. Sie kam aufrecht und leichten Schrittes heran, und Elieser war es, als wäre es nicht Abend, sondern die Morgenröte schwebte herbei. Als sie nun ihren Krug aus der Tiefe des Brunnens gefüllt hatte, lief Elieser auf sie zu, verbeugte sich und sprach: »Neige deinen Krug, du Schöne, und laß mich ein wenig trinken.« Sie antwortete leise und verwirrt: »Trink, mein Herr!« und reichte ihm den Krug. Als er getrunken hatte und sie nun wartend und beinahe angstvoll anschaute, sagte sie schnell: »Ich will auch deinen Kamelen schöpfen, bis sie alle getrunken haben.« Und sie goß aus dem Krug Wasser in die Tränke. Sie goß und schöpfte und goß, bis alle Kamele getränkt waren.

Elieser aber stand da, sah den ruhigen und kraftvollen Bewegungen des Mädchens zu und spürte Freude in seinem Herzen um Isaaks willen. Und nahm aus der Satteltasche seines Kamels einen goldenen Armreif, der wog zehn Lot. Er ging auf das Mädchen zu und sagte: »Wer du auch seiest, sei mir gegrüßt, Gott ist mit dir!« Er überreichte ihr den Reifen und fragte sie: »Nun aber sag mir, du Freundliche, wessen Tochter bist du? Und ist in deines Vaters Haus ein wenig Platz, uns zu beherbergen?« Sie antwortete sogleich: »Ich bin die Tochter Bethuels. Mein Vater wird sich freuen, wenn ihr seine Gäste sein wollt. Wir haben genug Stroh und Futter, auch Raum ist reichlich in unserm Haus.« Noch einmal verneigte sich Elieser. »Und nun sag mir, du starke und wohlgeformte Tochter Bethuels: Wie heißt du denn selber?« Das Mädchen lächelte und sagte: »Ich heiße Rebekka. Warte hier, ich lauf' nach Haus und schicke dir meinen Bruder Laban, der soll euch hineinbringen.« Indem sie, den Krug auf dem Kopf, davonschritt, bückte sich Elieser tief und betete in seinem Herzen Gott an, der sich ihm so nahe und hilfreich gezeigt hatte.

Laban kam mit langen Schritten, begrüßte Elieser und führte ihn und die Knechte und Kamele in seines Vaters Haus. Da war für sie viel Platz. Laban ließ die Kamele abzäumen und füttern. Darauf befahl er, Elieser und seinen Männern Wasser zu bringen, daß sie ihre Füße wuschen und sich erfrischten. Die Knechte schlugen Tische auf, trugen die Speisen herbei, und Bethuel sprach: »Kommt und seid meine Gäste!«

Aber Elieser weigerte sich, zu Tisch zu gehn. Er rief: »Ich kann nicht essen, bis ich meinen Schwur erfüllt habe, den ich Abraham geleistet habe.« Und er verneigte sich gegen Bethuel: »Du warst wie deine Tochter freundlich zu mir, ehe du wußtest, wer ich bin. Höre: Ich bin der Knecht Abrahams, der oberste Verwalter aller seiner Güter.« Da freute sich Bethuel und stellte viele Fragen. Elieser beantwortete sie alle. Zuletzt erzählte er, warum ihn Abraham hergeschickt und welchen Eid er ihm geleistet habe. Elieser beschrieb seinen Zuhörern die lange Reise, die Ankunft vor den Mauern der Stadt und wie er mit Gott ein Zeichen verabredet hatte. Und Elieser pries Rebekkas Freundlichkeit, ihre Anmut, die schöne Kraft ihres Leibes. Endlich schwieg Elieser. Als auch seine Zuhörer die Gesichter neigten und schwiegen, rief er laut: »Nun steht es bei euch, den Willen meines Gottes zu erfüllen oder nicht. Wollt ihr meinem Herrn Abraham Freundschaft und Treue beweisen, so sagt es mir. Wenn nicht, so sagt es mir auch. Aber dann will ich keinen Bissen von diesem Tisch essen, sondern mich noch in dieser Stunde wenden, wohin ihr mich schickt — zur Rechten oder zur Linken.«

Endlich antwortete Bethuel: »Das kommt vom Herrn!« Sein Sohn Laban nickte dazu. Bethuel fuhr fort: »Da ist Rebekka, meine Tochter. Nimm sie hin und zieh mit ihr fort. Sie soll die Frau Isaaks sein, denn der Gott meines Vaterbruders Abraham ist groß!« Da Elieser diese Worte vernahm, verbeugte er sich vor dem Gott seines Herrn. Er öffnete die Kisten und Packen mit den Geschenken und brachte Rebekka goldene Kleinode und kostbare Kleider von ihrem künftigen Herrn und Freund. Auch für Bethuel und Laban und Rebekkas Mutter hatte er allerlei mitgebracht: Speisegewürze, Eingemachtes, duftende Kräuter und Räucherwerk. Sie begannen noch spät in der Nacht zu essen und zu trinken und waren alle sehr fröhlich. Als nun der Tag kam, sagte Elieser: »Laßt mich aufbrechen und zu meinem Herrn ziehn.«

Laban, der Bruder, und Rebekkas Mutter baten, er solle doch noch ein paar Tage verweilen, damit sie Rebekka noch ein wenig bei sich hätten. Denn der Abschied sei bitter, man werde sich ja schwerlich einmal wiedersehn. Aber Elieser bestand auf dem sofortigen Aufbruch, er sagte: »Mein Herr wartet auf mich. Ich bin nicht ruhig, bis er sieht, wie gut sein Gott diese Reise gefügt hat.« Da riefen sie Rebekka und fragten sie: »Willst du mit diesem Mann ziehen?« Sie antwortete: »Ja, ich will.« Und sie fragten weiter: »Willst du, wie er es will, heute oder lieber morgen ziehen?« Rebekka antwortete: »Lieber heute als morgen.« Da riefen sie Rebekkas Amme und vertrauten ihr Rebekka an. Und sie nahmen Abschied. Die Eltern segneten die Tochter und sprachen: »Wachse vieltausendmaltausend!« Und Laban rief der Schwester nach: »Deine Nachkommen sollen stark sein und ihren Feinden im fremden Land widerstehn!«

Rebekka, ihre Amme und ihre Mägde stiegen auf die Kamele. Die Tiere erhoben sich. Elieser ließ sein Kamel neben dem von Rebekka gehen, und sie zogen an der Spitze. Rebekka ließ ihren Schleier noch lange flattern, bis das Stadttor in der flimmernden Luft verging. Dann tat sich die Wüste auf, braun und schweigend. Sie ritten viele Tage, bis sie nach Kanaan kamen.

Eines Abends nun war Isaak zu dem Brunnen gegangen, an dem der Engel des Herrn der Hagar erschienen war. Er wollte am ›Brunnen des Lebendigen, der dich sieht‹ beten. Da hörte er das Geschnaube von Tieren. Er blickte auf und sah eine Reihe von Kamelen hintereinander auf die Zelte seines Vaters zukommen. Sofort eilte er ihnen entgegen. Rebekka sah ihn von fern, sie fragte Elieser: »Wer ist dieser Mann, der da übers Feld uns entgegenläuft?« Elieser sprach: »Das ist mein und dein Herr.« Da ergriff Rebekka ihren Schleier und verhüllte sich.

Elieser ließ sich von seinem Reittier herab und lief Isaak entgegen. Er sprach lange mit ihm und zeigte auf Rebekka. Da ging Isaak auf die Kamele zu, half Rebekka aus dem Sattel und trug sie in das Zelt seiner Mutter, welches seit ihrem Tod leer stand. Das Zelt war mit Blumen geschmückt und mit Teppichen ausgelegt. Isaak entzündete, als er mit Rebekka allein war, die Duftkerzen seiner Mutter. Er nahm Rebekka den Schleier ab, dankte Gott für ihre Schönheit und das freundliche Licht in ihren Augen. Isaak war vierzig Jahre alt, als er durch Rebekkas Liebe getröstet wurde im leeren Zelt seiner Mutter.

Esau und Jakob

Isaak lebte mit seiner Frau Rebekka zwanzig Jahre, und sie bekamen keine Kinder. Abraham, der damals noch lebte, tröstete Rebekka, wenn er sie besuchte: »Gott hat Sara erhört, er wird auch dich erhören.« Abraham hatte nach dem Tode Saras wieder eine Frau genommen. Rebekka erfuhr nun, wie ihr Schwiegervater von ihr Kind um Kind bekam, und so hoffte sie weiter auf den Segen. Eines Tages dann konnte Isaak seinem Vater Abraham einen Boten schicken: »Komm! Rebekka hat in zwei Atemzügen zwei Söhne geboren!«

Abraham kam und betrachtete seine beiden Enkel. Die Zwillinge waren schon fast zwei Jahre alt und saßen der Mutter auf dem Schoß. Esau, der Zuerstgeborene, hatte rotes Haar, auch auf dem Rücken und an Beinen und Händen. Jakob dagegen hatte eine glatte, braune Haut. Abraham sah, wie Esau nach dem Bruder schlug und ihn vom Schoß der Mutter hinunterdrängen wollte. Jakob aber hielt den Hals der Mutter so fest umschlungen, daß Rebekka ganz rot wurde. Und sie seufzte: »Sie führen Krieg miteinander, seit ich weiß, daß Gott sie mir schenkte.«

Abraham blickte Esau an und dachte an seinen Sohn Ismael. Er sprach zu Rebekka von Kain und Abel und bat sie, gut zu Esau zu sein. Denn er sah, daß Rebekka den wilden Esau von ihren Knien schob und auf den Boden stellte, Jakob aber hing noch immer an ihrem Hals. Abraham sprach beim Abschied zu Isaak und Rebekka: »Ihr waret kummervoll, weil ihr keine Kinder hattet. Nun werdet ihr kummervoll sein, weil ihr Kinder habt. Aus Rebekkas Schoß sind zwei Völker geboren worden. Das eine wird dem andern überlegen sein. Denn seht: Der ältere Bruder wird dem jüngeren dienen!« Abraham nahm seinen Blick aus der Zukunft zurück und legte den beiden Kindern die Hände auf den Scheitel. Dann nahm er Abschied von ihnen. Sie wußten, daß sie ihn zum letztenmal gesehen hatten.

Abraham starb nach wenigen Jahren, des Lebens satt und sehr getrost. Er war hundertundfünfundsiebzig Jahre alt geworden. Isaak und Ismael trafen sich für einen Tag vor Hebron. Sie begruben ihren Vater neben Sara in der zwiefachen Höhle auf dem Feld, das Abraham von dem Hethiter gekauft hatte. Und sie beweinten ihn. Aber tags darauf schieden Isaak und Ismael voneinander ohne Freundschaft und ohne Feindschaft. Ismael zog mit den Seinen und den Herden gegen Ägypten hinab. Er wohnte in der Wüste Sur und überall, wo es einsam war und Gras wuchs für seine Herden. Isaak aber schlug zuerst seine Zelte auf in der Nähe des Brunnens des ›Lebendigen und des Sehenden‹, wo der Engel der Hagar erschienen war.

Esau wurde ein Jäger und streifte weit umher. Jakob aber wuchs zu einem sanften Mann heran, der in den Hütten blieb. Isaak hatte Esau lieb. Die Einsamkeit der Felder, die er durchstreifte, hatte Esau ernst und hart gemacht, er sprach wenig und lachte nie. Aber er freute sich im stillen, wenn er denen zu Haus etwas schenken konnte. Er brachte viel Wildbret heim, stellte sich selber an den Herd und bereitete die erlegten Tiere mit allerlei Kräutern zu. Und Isaak war lüstern auf die Töpfe Esaus.

Rebekka aber hatte Jakob lieber. Auch Jakob stand gern am Herd und kochte. Er kannte die Pflanzen und hatte von den Kanaanitern erfahren, wie die Früchte des Feldes auf den Menschen wirkten, was dem Leib bekömmlich war und was nicht. Eines Tages nun hatte Jakob Linsen gekocht, mit Wein und Lauch und allerlei Blättern, die nur er kannte. Der Duft vom Herd drang bis vor die Tür der Hütte. Da kam Esau von der Jagd heim, er war müde und sehr hungrig. Die Zubereitung seines Wildbrets hätte drei Stunden gedauert. Isaak und Rebekka waren mit den Mägden und Knechten hinausgegangen, um einen kriegerischen Umzug der Philister zu sehen und das Neueste zu erfahren.

Als Esau nun niemand fand, der ihm zu essen geben konnte, sagte er zu Jakob: »Laß mich von deinem roten Zeug da essen!« Jakob gab ihm ein klein wenig zu kosten. Da rief Esau, nachdem er geschmeckt hatte: »Was ist das?« — »Die

Leute hierzulande nennen es Linsen«, antwortete Jakob. »Teil mit mir den Topf«, bat Esau, »ich bin hungrig wie ein hinkender Schakal.« Da sagte Jakob: »Gern — auch den ganzen Topf kannst du haben.« Und er stellte ihn vor Esau hin. Esau hob schon den Löffel, da zog Jakob den Topf zurück und sagte: »Was gibst du mir dafür?« Esau rief: »Was du willst! Dieser Geruch aus dem Topf macht mich toll!« — »Dann verkauf mir deine Erstgeburt«, sagte Jakob, er lächelte dabei und schob den Topf über den Tisch, dorthin, wo Esau saß. »Die Erstgeburt?« Esau runzelte die Stirn. Er dachte nach, dann sagte er: »Was ist das schon, Erstgeburt! Der doppelte Anteil am Erbe. Du bist also hernach doppelt so reich wie ich. Du wirst dann aber auch doppelt soviel Sorgen haben. Ja, und du wirst mir befehlen können. Aber ich werde ohnehin nicht wohnen, wo du wohnst. Ja, und du wirst zuerst vom Vater gesegnet werden, wenn er einmal stirbt. Aber etwas Segen bleibt noch für mich übrig! Außerdem, mein kluger und feiner Bruder: Wir werden beide sterben müssen, dann sind wir wieder gleich. Was nützt mir also die Erstgeburt! Nimm sie dir, und gib mir den Topf mit dem Roten!« — »Du hast recht«, sagte Jakob noch einmal, »aber du mußt es mir schwören.« — »Jaja«, rief Esau, legte flüchtig die Hand zum Schwur Jakob unter die Hüfte und begann sofort zu essen. Jakob brachte ihm noch Brot und Wein auf den Tisch, Esau knurrte vor Vergnügen. Als er gegessen und getrunken hatte, stand er auf und ging von dannen.

Die Brüder sprachen mit niemand über ihren Handel. Als nun eine Teuerung über das Land kam, wollte Isaak nach Ägypten ziehn, wie sein Vater es getan hatte. Aber sein Engel schickte ihn in das Land der Philister. Isaak wohnte in Gerar, im Süden des Landes. Er pachtete viel Land, kaufte Saatgut und säte Gerste und Weizen. Denn er sagte sich: Die Teuerung frißt uns auf. Ich habe die Wahl, Getreide aus Ägypten zu holen oder aus der Erde. Das Getreide aus der Erde aber wird schneller und sicherer ankommen als jenes auf dem Kamelrücken. Gott gab Isaak recht. Er erntete hundertfältig. Und er wurde ein großer Mann und nahm immer mehr zu an Ansehen und Wohlstand. Er besaß Geld und Gut, viel Herdenvieh und zahlreiches, treues Gesinde. Darum beneideten ihn die Philister. Sie verstopften alle Brunnen, die noch sein Vater Abraham in den Einöden gegraben hatte, weit zerstreut im Land der Philister und im Land der Hethiter. Da zog Isaak wieder nach Beer-Seba zurück. Die verschütteten Brunnen ließ er neu graben, und er gab ihnen die alten Namen.

Die Söhne wuchsen heran. Rebekka sah sie älter werden, und sie sagte zu Isaak: »Schicken wir doch den Oberknecht nach Haran zu meinem Bruder Laban, daß er uns eine Frau aussuche für unsern Sohn Jakob.« Isaak schüttelte den Kopf: »Haben wir nicht auch einen Sohn namens Esau?« Aber Rebekka lachte: »Der läuft doch hinter den Töchtern des Landes her!« Rebekka hatte richtig gesehen. Eines Tages erschien Esau, richtete zwei Zelte auf, ein großes und ein kleines. Sie standen zehn Steinwürfe von der Hütte der Eltern entfernt. Am Abend brachte er zwei Hethiterinnen, führte sie vor Isaak hin und sagte: »Das ist Judith, und das ist Basmath. Judith ist für mich, Basmath für meinen Bruder Jakob. Es sind starke und gute Frauen.« Aber Jakob lachte über Esau und lief fort. Und Isaak schickte die Frauen vor die Tür und sagte zu Esau: »Diese Frauen sind Töchter des Landes, sie beten zu den Baalim. Sie kennen den Gott unsres Vaters Abraham nicht. Wenn du Judith heiratest, wird sie dich zu den fremden Göttern verführen.« Da rief Judith von draußen Esaus Namen. Isaak machte seine Worte laut: »Höre nicht auf diese Stimme, mein Sohn, denke, daß du mein Erstgeborener bist.« Als aber Esau das Wort Erstgeburt hörte, zitterte er am ganzen Leibe und lief hinaus.

Isaak und Rebekka hörten draußen Esau und die beiden Hethiterinnen lachen. Am andern Tag sahen sie, daß die zwei Frauen in Esaus Zelten wohnten. Er behielt beide bei sich. Isaak drang sanft in Esau: »Entlaß wenigstens die eine! Seit Lamech, der aus Kains Sippe stammte, gab es keinen Urvater, der zwei Frauen hatte. Es ist dir nicht erlaubt. Nur wenn dein Weib unfruchtbar ist, kann ihre Magd an ihrer Statt gebären. Schicke darum die Basmath zu ihrem Vater heim, und versündige dich nicht!« Aber Esau ging ohne ein Wort hinaus. Rebekka sagte: »Ich wundere mich, wie kann dieser Wilde unser Sohn sein! Wäre er nur nicht der Erstgeborene!«

Die Hethiterinnen blieben in Esaus Zelten. Sie machten beide Isaak und Rebekka viel Herzeleid. Jakob aber vertraute seiner Mutter den Handel mit seinem Bruder Esau an. »Seit vielen Jahren ist Esau nicht mehr der Erstgeborene«, sagte Jakob, und er erzählte genau den Hergang: wie Esau ihm geschworen und seine Erstgeburt gegen einen Topf Linsen verkauft hatte. Da lachte Rebekka: »Wie dumm ist Esau, und wie klug ist Jakob, mein Sohn!«

Isaak segnet seine Söhne

Isaak alterte vor der Zeit. Sein Gehör ließ nach, und seine Augen wurden dunkel, so daß er einen Stab zum Tasten benutzen mußte. Bald saß er den ganzen Tag im Schatten und träumte vor sich hin. Esau aber brachte dem Vater jeden Tag ein Stück Wildbret, stellte sich an den Herd und bereitete es ihm mit eigner Hand zu.

Eines Tages nun glaubte Isaak, es gehe mit ihm zu Ende. Da rief er Esau zu sich und sagte zu ihm: »Brat mir noch einmal eine Gazelle am Kohlenfeuer, damit ich mich erinnere an alles Gute, das ich empfing. Hab' ich gegessen, segne ich dich mit dem Segen Abrahams, meines Vaters, denn ich muß sterben.«

Das hörte Rebekka. Kaum war Esau hinaus, lief sie zu Jakob und erzählte ihm, was sie vernommen hatte. Und sie sprach: »Hör nun auf mich, mein Sohn, und tu, was ich dir sage: Geh schnell zu den Herden und hole mir zwei gute Böcklein. Ich werde davon deinem Vater einen Gazellenbraten zubereiten. Ich kenne Esaus Gewürze, Isaaks Zunge schmeckt nicht mehr genau. Du trägst den Braten zu deinem Vater hinein. Er ißt und wird dich alsbald segnen.« Jakob schüttelte ängstlich den Kopf: »Mutter«, sagte er, »wenn nun der Vater mich betastet. Esau ist haarig, ich bin glatt. Der Vater wird merken, wer ich bin, und mich gar für einen Betrüger halten. Am Ende wird er mir statt des Segens einen Fluch aufladen.« Rebekka wehrte ab: »Nicht doch, mein Sohn! Und den Fluch würde ich auf mich nehmen. Tu nur, was ich dir gesagt habe.« Jakob gehorchte. Rebekka bereitete in der Hütte nebenan den Braten. Während das Fleisch über der Glut bräunte, schnitt sie aus dem Fell der Böcke lange Streifen und wickelte sie Jakob eng um die Arme und um den Hals. Aus der Truhe zog sie Esaus Feiertagsgewänder und legte sie Jakob um.

Jakob nahm den Braten und Brot und Wein und ging hinein zu seinem Vater. Und er sprach in Esaus Art mit tiefer Stimme und kurz und hastig: »Da bin ich, Vater!« Isaak aber rief: »Esau? Du bist schon von der Jagd zurück?« — »Ja«, murrte Jakob, »eine Gazelle lag im Schatten und scheuchte sich die Fliegen. Gott hat sie mir beschert. Mein Pfeil flog wie von einer Hand geführt.« Da richtete sich Isaak auf seinem Lage auf: »Komm näher, mein Sohn. Du sprichst heute sehr viel.« Jakob stellte das Essen auf den Tisch und sagte: »Hier, Vater! Hier ist der Braten!« Da glitten Isaaks Hände tastend über Jakobs Arme und über seinen Hals. Und er sagte zu sich selbst: »Seltsam, Jakob spricht, aber meine Hände fühlen Esau, meinen Erstgeborenen.« Darauf begann Isaak zu essen und zu trinken. Jakob stand schweigend vor dem Vater und bediente ihn. Als Isaak gegessen hatte, sagte er: »Komm und küsse mich!« Jakob beugte sich über den Vater und küßte ihn. Da merkte Jakob, wie der Vater an Esaus Kleidern roch, die ihm die Mutter angelegt hatte. Isaak sprach: »Der Geruch meines Sohnes ist wie der Geruch des Feldes, das der Herr gesegnet hat.« Darauf erhob Isaak seine Hände und rief: »Gott gebe dir vom Tau des Himmels und vom Fett der Erde und des Korns und des Weines die Fülle! Aus dir wird ein großes Volk kommen. Du wirst sein ein Herr über deine Brüder. Verflucht sei, wer dir flucht, gesegnet sei, wer dich segnet!«

Als nun Isaak seinen großen Segen Jakob gegeben hatte und auf sein Lager zurücksank, da kam Esau von der Jagd zurück. Er bereitete die Gazelle zu, trug sie zu seinem Vater hinein und sagte: »Hier, Vater! Die Gazelle. Segne mich!« Da richtete sich Isaak langsam auf und fragte: »Was denn? — Wer bist du?« Und Isaak vernahm die Worte: »Ich bin Esau, dein Erstgeborener.« Da entsetzte sich Isaak und fragte verwirrt: »Wer war denn der Jäger, der mir vorhin die Gazelle brachte? Warst du es nicht, Esau? Dann habe ich also Jakob gesegnet. Ach, nun weiß ich, es war doch Jakobs Stimme! Nun hat er die Fülle des Segens, und die wird ihm bleiben. Denn wer kann einen Segen zurücknehmen?«

Da schrie Esau laut auf und verwünschte Jakob. Als er ruhiger geworden war, bat er: »Segne auch mich, Vater. Du hast doch mehr als einen Segen, wenn du zwei Söhne hast.« Und Esau weinte. Isaak antwortete: »Was ich ihm mit meinem Segen schenkte, kann ich dir nicht noch einmal schenken. Du wirst dich mit Pfeil und Bogen ernähren und mit deinem Schwert. Aber auch du wirst ein Herr werden und die Deinen lehren, in Freiheit zu wohnen, und du wirst kein Joch auf deinem Hals dulden. Denn du lebst draußen auf dem Sand, wo keiner sonst leben will.«

Esau ging hinaus. Zu seinen Frauen sagte er mit lauter Stimme: »Bald wird der Tag kommen, da wir um meinen Vater Trauer tragen. Dann werde ich den, der mich zweimal betrog, erwürgen.«

Jakob flieht vor Esau

Rebekka aber hatte ihre Lauscher um Esaus Zelte. So wurde ihr diese Drohung des wilden Sohnes überbracht. Sie nahm Jakob zur Seite und sprach zu ihm: »Flieh zu meinem Bruder Laban. Haran ist weit. Bleibe dort, bis sich der Grimm deines Bruders legt. Ich werde dich dann zur rechten Zeit zurückholen.« Dann ging Rebekka zu Isaak und sagte zu ihm: »Wenn Jakob jetzt auch eine Hethiterin zur Frau nimmt, dann möchte ich nicht mehr weiterleben. Er wird es aber tun, wenn du ihn nicht fortschickst aus diesem Land.«

Da ließ Isaak alsbald Jakob zu sich kommen. Er tadelte ihn aber nicht wegen des Vorgefallenen, sondern segnete ihn noch einmal und schickte ihn nach Haran zu Laban, dem Bruder Rebekkas. Dort sollte er eine der Töchter Labans freien und sie heimführen. Jakob verneigte sich, versicherte Isaak seines Gehorsams und reiste über Nacht ab und floh vor seinem Bruder Esau.

Als Esau vernahm, daß Jakob ihm entkommen war, raste er vor Zorn und rief: »Dieser Glatte, dieser Betrüger!« Er zog zu Ismael, dem Sohn Abrahams, in die Wüste. Und nahm eine dritte Frau, seinem Vater Isaak zum Hohn. Sie hieß Mahalath und war die Tochter Ismaels.

Jakob kam auf seiner Reise von Beer-Seba nach Haran an einen Ort, der ihm gefiel. Hier wollte er übernachten. Er sonderte sich von der Karawane, mit der er reiste, ab, nahm einen Stein, legte ihn unter seinen Kopf und schlief. Da sah er im Traum eine Leiter, die rührte mit der Spitze an den Himmel. Die Engel Gottes stiegen auf den Sprossen auf und nieder. Oben aber erblickte er einen, den er nicht anschauen konnte. Und eine Stimme sprach: »Ich bin der Herr, der Gott Abrahams und Isaaks. Das Land, auf dem du liegst, will ich dir und deinen Nachkommen schenken. Das Volk, das aus dir kommt, soll ausgebreitet sein nach allen Himmelsrichtungen. In einem deiner Nachkommen aber wirst du ein Segen sein für alle Geschlechter. Und siehe: Ich bin mit dir auf allen deinen Wegen.«

Da nun Jakob in der Frühe erwachte, sagte er zu sich selbst: »Der Herr wohnt an diesem Ort, und ich wußte es nicht.« Jakob zitterte vor Ehrfurcht. Er nahm den Stein, auf den er seinen Mantel gelegt und auf dem er mit seinem Kopf geruht hatte. Er richtete ihn auf zu einem Erinnerungsmal, ließ sich Öl geben, goß es auf den Stein und sprach dabei: »Hier war mir Gott gegenwärtig, darum ist dieser Ort ein Haus Gottes.« Seit diesem Tag hieß die Stätte Beth-El.

Jakob reiste weiter gegen Sonnenaufgang, Tag um Tag, Woche um Woche. An einem Nachmittag erblickte er in der Ferne drei Schafherden. Er eilte in die Richtung der Herden und fragte die Hirten, die an einem Brunnen lagerten: »Ihr lieben Brüder, woher seid ihr?« Sie antworteten: »Aus Haran.« Und Jakob: »Dann kennt ihr vielleicht Laban, den Sohn Bethuels?« Die Hirten antworteten: »Wir kennen ihn gut.« Er fragte: »Geht es ihm auch wohl?« Und sie darauf: »Es geht ihm wohl.« Sie wiesen dabei auf ein Mädchen, das eine Herde herantrieb: »Sieh nur, da kommt Labans Tochter Rahel mit ihren Schafen.«

Wie nun Jakob hinter ihrer Herde Rahel erblickte, konnte er sie nicht länger ansehen, so ergriffen war er von ihrer Anmut. Er eilte zu dem Stein, der auf dem Brunnen lag, wälzte ihn fort und tränkte die Schafe Rahels. Sie schaute ihm zu und verstand nicht, warum ein Fremder ihr half. — Da ging Jakob auf sie zu, küßte sie und weinte. Und er eröffnete ihr, wer er sei: Rebekkas Sohn. Rahel konnte vor Freude kein Wort hervorbringen. Sie eilte davon und berichtete ihrem Vater, wer da draußen bei den Schafen sei. Laban eilte hinaus, herzte und küßte Jakob und führte ihn in sein Haus. Und Jakob erzählte ihm von zu Hause und wie es ihm mit Esau ergangen war.

Auf Laban wirkte diese Geschichte wie Wein. Er schüttelte den Kopf, als könnte er es nicht glauben, lachte immer wieder: »Nein, bist du ein Schlaukopf! Mit einem Topf Linsenmus hast du dir die Erstgeburt erkauft und mit einem Böckchenbraten den Segen des Vaters!« Laban fragte Jakob schließlich, ob er eigentlich wisse, wo seine Klugheit herstamme? »Soll ich's dir sagen? Von deiner Mutter Rebekka. Und das heißt: von Nahor, ihrem und meinem Großvater. Nahor war klüger als sein Bruder Abraham. Nahor, mein Großvater, hat sich mit allen Göttern und allen Menschen gut gestellt — und alle an der Nase herumgeführt. Sogar die Tiere! Kennst du Hühner? Nein, ich weiß, die gibt es bei euch nicht. Hühner, das sind Vögel. Nahor hat es verstanden, diese großen Vögel zu zähmen. Sie kamen zu ihm und legten ihm ihre Eier ins Haus. Diese Eier hat Nahor gegessen. Sobald das Huhn ihm hundert Eier gelegt hatte, schlachtete er diesen wohlschmeckenden Vogel und aß ihn auf, hörst du: Seinen Wohltäter aß er auf. Er war wirklich ein Siebenkluger! Nahor ist seit dreißig Jahren tot, aber alle sprechen über ihn wie über einen Gott. Von Abraham, seinem Bruder, spricht hier niemand mehr.«

Jakob hörte das Lob Nahors, und ihm wurde bang. Er wußte: Wer den Betrug eines andern als Klugheit preist, wird selber, sobald er kann, betrügen. Es gefiel Jakob auch nicht, daß in Labans Haus kleine goldene Götzenbilder herumstanden. Zu ihnen pflegte Laban sich zu bücken und sie zu fragen, ob er eine Sache beginnen oder unterlassen solle. Auch wegen seines Verwandten hatte Laban die Götterchen befragt, und sie hatten, so versicherte Laban, ihm zugeraten, Jakob im Haus zu behalten.

Laban aber wußte es nicht von den goldenen Götzen, sondern von den Augen Jakobs und den Augen seiner Tochter Rahel, daß Jakob sein Gefangener war. So sagte denn Laban eines Tages: »Ich sehe, daß ihr beiden euch liebt. Nach Hause kannst du nicht gehen, da wartet Esau auf dich. Hab und Gut hast du auch nicht. Wie willst du denn einen Hausstand gründen, falls es dir im Sinn liegen sollte, Rahel zu heiraten?« Jakob sprach: »Ich will dir dienen für Rahel – und ich diene dir sieben Jahre.« Laban sagte: »Es ist besser, ich gebe sie dir, als daß ich sie einem reichen Erben aus Haran gebe. Du bist zwar ohne Vermögen, aber mein Verwandter.«

Jakob dient Laban

So diente Jakob um Rahel sieben Jahre. Aber die sieben Jahre kamen ihm wie siebzig vor, so war sein Herz in Liebe entbrannt.

Da lud Laban seine Verwandten und Bekannten ein und richtete ein Hochzeitsmahl. Nach Tisch, als es späte Nacht war, führte Laban seine Tochter in Jakobs Zelt. Die Braut war nach der Sitte tief verschleiert. Jakob war vor Freude und Ehrfurcht die Kehle zugeschnürt. Und da die Braut nicht redete, dachte er: »Es geht Rahel wie mir, die Liebe macht stumm!«

Am andern Morgen aber, als die Sonne ins Zelt hereinschien, da sah Jakob, daß Laban ihn betrogen hatte. Nicht Rahel stand vor ihm, sondern Lea, die älteste Tochter Labans. Sie aber war triefäugig und drall, und nie hatte Jakob sie auch nur mit einem Blick berührt. Da lief Jakob zu Laban und rief: »Warum hast du mir das angetan! Hab' ich nicht um Rahel gedient? Wirklich, du machst deinem Großvater Nahor alle Ehre!« Laban aber lächelte schief und redete sich darauf hinaus: das sei so Landessitte, daß ein Vater zuerst die älteste Tochter verheirate. Und er bat Jakob: »Halte mit Lea eine Woche aus, dann ist sie nach der Sitte des Landes deine Frau. Wenn dein Sinn dann noch auf Rahel steht, so sollst du sie nach dieser Woche haben. Aber du mußt mir auch für sie sieben Jahre bei den Herden dienen.« Jakob dachte an seinen Vater Isaak, wie er Esau gewarnt hatte, zwei Frauen zu heiraten.

Trotzdem ging er auf Labans Vorschlag ein, so sehr liebte er Rahel. Und nach einer Woche war auch sie seine Frau. »Rahel ist wirklich und allein meine Frau«, sprach er in seinem Herzen zu Gott, »diese Lea ist nur ihr Schatten.« Aber Gott antwortete und machte den Schatten Lea fruchtbar, die schöne Rahel aber verschloß er. In vier Jahren gebar Lea vier Söhne: den Ruben, den Simeon, den Levi, den Juda. Und Lea war getröstet, Rahel aber wurde krank vor Neid. Sie sagte zu Jakob: »Schaff mir Kinder, wo nicht, so sterbe ich.« Jakob wurde sehr zornig und rief: »Bin ich denn Gott?« Da gab ihm Rahel ihre Magd Bilha und sagte: »Nimm sie und baue meine Ehre und meine Freude auf aus ihrem Schoß.« Und Bilha gebar Jakob einen Sohn, und Rahel sagte: »Gott hat meine Sache gerichtet und mir einen Sohn geschenkt.« Sie nannte ihn Dan. Wieder gebar Bilha, und Rahel jubelte: »Ich werde es meiner Schwester zuvortun!« Sie nannte ihn Naphthali. Da Lea einige Jahre nicht mehr geboren hatte, gab auch sie nun Jakob ihre Magd. Sie hieß Silpa und gebar Jakob bald einen Sohn. Da sagte Lea: »Rüstig!« und nannte ihn Gad. Aber auch Lea selber wurde aufs neue fruchtbar und gebar Jakob noch zwei Söhne und eine Tochter. Nach so vielen Jahren erhörte Gott auch Rahel. Sie bekam einen Sohn und sprach: »Gott hat meine Schmach von mir genommen.« Jakob freute sich über dieses erste Kind Rahels und prophezeite: »Dieser letzte wird unter seinen Brüdern der erste sein.« Er nannte ihn Joseph.

Und Laban sah: Die Zelte Jakobs füllten sich mit Leben. Vor allem sah er: Seit Jakob als der oberste Hirte waltete, hatten sich die Herden derart vermehrt, daß viele Leute aus Haran glaubten, Jakob könne zaubern. Sie neideten Laban einen solchen Hirten und Schwiegersohn. Laban fürchtete sich vor dem Tag, da Jakob vor ihn träte, um Abschied zu nehmen, und vor allem, um seinen Lohn zu fordern. Bisher hatte Jakob umsonst gearbeitet, und seine Dienstzeit ging nun in das zwanzigste Jahr. Und Laban mochte nicht daran denken, wie hoch Jakob seine Arbeit einschätzen und wieviel er von ihm fordern würde.

Streit und Versöhnung

Jakob vernahm in jener Zeit in seinem Herzen immer wieder eine Stimme. Sie bedrängte ihn bei Tag und Nacht und befahl ihm nur dies: »Kehr heim in das Land, das Abraham verheißen wurde!« So ging Jakob zu Laban und sagte: »Meine Zeit in Haran ist um. Der Gott meiner Väter läßt mir keine Ruhe. So will ich aufbrechen mit meinen Frauen und meinen Kindern und meinem Bruder Esau begegnen. Ich will nicht warten, bis meine Mutter mich heimruft.«

Laban verneigte sich, lobte Jakob über die Maßen, aber einen Lohn bot er ihm nicht an. Jakob machte ihm in der folgenden Zeit viele Vorschläge, wie sie die Herden auf gerechte Weise teilen sollten. Laban nickte zu jedem Vorschlag, dann ging er und wich Jakob wochenlang aus. Hinterher tat er erstaunt und sagte, er habe alles vergessen. Als Jakob einsah, daß Laban ihn nur hinhalten wollte, ließ er eines Nachts Rahel und Lea aus der Stadt zu den Herden herauskommen. Wie sie nun allein waren, sagte er zu ihnen: »Ihr wißt, euer Vater ist gegen mich, aber der Gott meiner Väter ist mit mir. Ihr wißt auch, daß ich eurem Vater aus allen Kräften gedient habe. Er aber hat mich getäuscht und mir zehnmal den versprochenen Lohn abgeändert. In meinem Herzen aber höre ich eine Stimme. Die drängt mich und ruft mich dorthin zurück, wo ich geboren bin. Soll ich nun mit euch wie ein Bettler heimkehren?«

Da antworteten ihm die Labanstöchter. Zuerst sprach Lea: »Unser Vater hat an dir schlecht gehandelt, aber auch an uns, seinen Töchtern. Nach unserm Gesetz ist es nicht gestattet, daß ein Vater seine Tochter in die Ehe verkauft. Du aber hast um uns dienen müssen und hast seine Habe gemehrt.« Rahel sprach: »Und er hat dich betrogen, er gab dir meine Schwester statt meiner. Darum ist dir gestattet, an unserem Vater zu handeln, wie es deine Stimme dir befiehlt.«

Da lud Jakob in der nächsten Nacht seine Frauen und Kinder auf die Kamele und nahm seinen Anteil von den Herden Labans, wie er ihn für angemessen hielt, und ließ das Vieh durch die Nacht vor sich hertreiben. Laban war in dieser Nacht nicht zu Hause, er hatte sich zu den Herden begeben, um die Schur zu überwachen. In der Dunkelheit stahl Rahel ihres Vaters goldene Götzen aus dem Hause. Ihr Grimm gegen den Vater war in zwanzig Jahren nicht geringer geworden.

Und Jakob floh, und alles, was sein war, floh mit ihm. Sie setzten über den Strom und richteten sich gegen den Berg Gilead. Erst am dritten Tage erfuhr Laban von Jakobs Flucht. Nun jagte er mit den Seinen sieben Tagereisen hinter Jakob her. Sie ereilten die Flüchtigen auf dem Berg Gilead. Jakob hatte seine Zelte auf dem Berg aufgeschlagen. Laban kam herauf und tat dasselbe. Und er umstellte mit seinen Knechten Jakobs Zelte. Aber in der Nacht hatte Laban einen schweren Traum. Er hörte eine Stimme, die ihm befahl: »Nahe dich Jakobs Zelten nicht als Feind!«

Am andern Morgen traten sie einander gegenüber. Laban erhob seine Hände und machte Jakob vor allen, die sie umstanden, bittere Vorwürfe. »Warum hast du dich heimlich weggestohlen? Warum hast du mir meine Herden entführt und meine Töchter, als hättest du mich mit dem Schwert besiegt? Ja, warum hast du mir deine Abreise nicht angesagt, wie man das unter

Freunden tut? Ich und die Meinen hätten dich geleitet mit Gesängen und Pauken und Harfen. Statt dessen bist du wie ein Dieb geflohen – und du hast mir sogar meine goldenen Götter gestohlen!«

Diese Worte empörten Jakob, er rief: »Gott weiß es, warum ich dich auf diese Weise verließ. Aber deine Götter hab' ich nicht, ich bete nicht zu Götzen, Suche in meinen Zelten, und der soll hier vor unsern Augen sterben, bei dem sie gefunden werden.«

Da erbleichte Rahel und ging in ihr Zelt. Sie nahm die goldenen Götzen und legte sie unter einen Kamelsattel und setzte sich darauf. Beim Durchsuchen der Zelte kam Laban auch in das ihre, da sagte sie zu ihrem Vater: »Zürne nicht, mein Herr, ich kann nicht aufstehen. Der Streit zwischen dir und Jakob hat mich sehr elend gemacht.« Laban blickte sich suchend im Zelt um, dann hieß er seine Tochter, guten Muts zu sein, und ging hinaus.

Als Laban weder die Götter noch sonst etwas von seinem Hausrat in Jakobs Zelten gefunden hatte, trat Jakob vor Laban hin. Vor allen, die zuhörten, schalt er ihn und beklagte sich über die Zeit, da er Laban gedient hatte. »Deine Schafe und Ziegen wurden, kaum daß mein Fuß zwischen ihnen ging, zehnmal fruchtbarer als zuvor. Aber du gabst mir nicht einmal die alten Widder, daß ich sie für mich geschlachtet hätte. Wenn ein Löwe oder ein Wolf ein Tier riß, dann mußte ich es dir zahlen, als hätte ich es mir von einem Dieb stehlen lassen. Des Tags schmachtete ich unter der Hitze, des Nachts bebte ich vor Frost. Und ich scheuchte den Schlaf, weil ich über die Wächter wachen mußte. So diente ich in deinem Hause zwanzig Jahre, vierzehn um deine Töchter, sechs um meinen Anteil an deiner Herde. Und wenn ich von Lohn sprach, sprachst du vom Wetter oder der schweren Zeit. Aber Gott hat mein Elend angesehen, und mein heimlicher Auszug war die Strafe meines Gottes an dir.«

Laban dachte darüber nach und änderte seinen Entschluß. Er suchte Jakob zu beschwichtigen. So schlossen sie beide einen Bund. Alle trugen darauf Steine zusammen zu einem Erinnerungsmal. Und sie bestellten den Gott Abrahams und den Gott Nahors als Richter zwischen ihnen, daß weder Laban noch Jakob den Bund breche. Jakob opferte auf dem Berg und richtete ein großes Essen für alle. Als sie gegessen hatten, blieben sie die ganze Nacht friedlich beieinander. In der Frühe stand Laban auf, küßte seine Töchter und deren Kinder, segnete sie und zog zurück nach Haran.

Jakob begegnet Esau

Jakob aber schickte, als er aufbrach, schnelle Boten in das Land Seïr, wo sein Bruder Esau südlich vom Toten Meer wohnte. Sie sollten ihm diese Botschaft bringen und genau mit diesen Worten: »Jakob, der Knecht Esaus, kehrt aus

Haran zurück. Er kündet seinem Herrn Esau, daß er kommt mit Kamelen, Rindern, Eseln, Schafen, Knechten und Mägden die Menge. Und Jakob, der Knecht Esaus, bittet seinen Herrn, daß er Gnade vor seinen Augen finde!«

Die Boten kehrten zurück und sagten Jakob an, daß Esau heranrücke mit vierhundert Mann. Da fürchtete sich Jakob, denn er dachte: Sieh an, Esau hat nichts vergessen — und er ist stärker als ich. So teilte Jakob sein Volk, seine Habe und seine Herden in zwei Teile. Denn er rechnete so: Stürzt sich dieser Wilde auf einen der beiden Haufen, kann der andre fliehn.

Und Jakob stieg von seinem Kamel, warf sich auf die Erde und betete: »Du Gott meiner Väter! Du hast mich in die Ferne geführt und zurückgerufen. Ich bin deiner Barmherzigkeit und Treue nicht wert. Als ich vor meinem Bruder floh und mich damals durch die Furt des Jordans tastete, da besaß ich nicht mehr als diesen Stab. Nun bin ich groß geworden, aber nicht stark, denn Schuld drückt mich vor meinem Bruder in die Knie. Errette mich aus der Hand meines Bruders. Nimm ihm seinen Zorn, laß ihn vergessen, wie sehr ich ihn gedemütigt habe, zeige ihm die Bilder unsrer Jugend. Es gab nicht wenige Tage, da wir miteinander Brüder waren und wie junge Böckchen nebeneinander sprangen. Wenn du aber, mein Gott, das Herz Esaus nicht zwingen kannst, so soll er seinen Zorn an meinem Blut kühlen, meine Kinder und Frauen aber leben lassen, um des Bundes willen, den du mit Abraham geschlossen hast.«

Darauf erhob sich Jakob. Und er befahl den Knechten, fünf Herden zusammenzustellen, eine jede an zweihundert Stück stark: eine Herde aus Ziegen, eine aus Schafen, aus Eseln, aus Rindern und eine aus Kamelen. Diese fünf Herden sollten von Hirten vor den zwei Haufen hergetrieben werden. Und Jakob sprach zu den Hirten: »Wenn ihr Esau trefft und er euch fragt: Wem gehört diese Herde? dann antworte ein jeder: Diese Herde sendet dir dein Knecht Jakob als Geschenk. Und er selber wird auch bald hier sein.«

Damit entließ Jakob die Hirten. Und er führte die Seinen hinab an die Furt des Jabbok und setzte sie über an das südliche Ufer. Jakob aber kehrte an das leere Ufer zurück, blieb allein und lauschte dem Gewinsel der Schakale. Die Nacht lag dunkel über den Hügeln und auf seiner Seele, und er wußte nicht, wie alles das, was ihm verheißen war, geschehen sollte.

Da sank ihm, während er dasaß, der Kopf auf die Brust. Im Traum sah er einen Mann auf sich zukommen. Der war weißgekleidet, Licht ging von ihm aus. Aber sein Gesicht hielt er abgewandt und verhüllte es überdies mit seiner Rechten. Jakob begann auf den Mann einzureden. Es wurde daraus eine Kette von Seufzern und Bitten. Jakob griff nicht nur mit seinen Worten nach der strahlenden Gestalt, auch seine Hände streckte er aus, seine Arme, seinen Kopf, schließlich warf er sich gegen ihn und rang mit ihm: mit seinen Worten und seinen Gliedern. Jakob keuchte, er fühlte sich ganz zerdehnt und zerrissen, aber er lockerte die Schlinge nicht, die er um den gewaltigen Unbekannten geworfen hatte: die Schlinge seiner Seele und seines Leibes.

Der Weißgekleidete rief: »Laß mich jetzt los, die Morgenröte steht hinter dem Gebirge auf.« Aber Jakob antwortete: »Nein. Ich lasse dich nur los, wenn du mich zuvor segnest.« Der Andere fragte ihn: »Wie heißt du?« Und er antwortete: »Jakob.« Da sprach der Mann: »Von heute ab heißt du Israel! Du hast mit Gott gerungen.« Und er segnete ihn. Jakob fragte: »Wer bist du?« Und der Andere: »Das wirst du noch erfahren.«

Als Jakob erwachte und aufstehen wollte, hinkte er. Da er nun auf einer Bergkuppe ankam, erblickte er in der braunen Ferne einen dunklen Haufen von Kamelreitern, der eilig herankam. Er befahl darauf seinen Kindern, jedes solle sich um seine Mutter drängen. Und er stellte seine Mägde mit ihren Kindern vornehin, dahinter Lea mit ihren Kindern, und hinter allen verborgen stellte er Rahel mit Joseph, seinem jüngsten Sohn. Er selber ging vor allen her. Als er dann seinen Bruder Esau inmitten seiner Reiter erkennen konnte, fiel er zur Erde und wiederholte den Kniefall. Beim siebten Mal blieb er gebeugt auf der Erde knien. Esau aber lief ihm entgegen, fiel ihm um den Hals, herzte und küßte ihn. Und sie weinten beide.

Esau blickte über Jakob fort und fragte: »Wer sind diese Weiber und Kinder da?« Jakob antwortete: »Es sind die Töchter deines Verwandten Laban und ihre Mägde. Diese Kinder hat mir Gott beschert, da ich bei Laban diente.«

Und die Mägde traten mit ihren Kindern herzu und verneigten sich vor Esau, ebenso verneigte sich Lea mit ihren Kindern. Zuletzt trat Rahel herzu, verneigte sich, nahm ihren Sohn Joseph auf den Arm und zeigte ihn Esau. Esau blickte Rahel und ihren Sohn an und lächelte. Dann fragte er Jakob: »Aber was sollen die Heerscharen von Vierbeinern?« Jakob sagte leise und flehentlich: »Nimm sie entgegen, ich bin dir noch viel mehr schuldig. Zeig mir nur, daß du mir verziehen hast.«

»Aber Bruder«, sagte Esau, »das ist lange her. Behalt dein Getier. Ich hab genug davon!« Indes, Jakob wurde inständig: »Wenn du meine Geschenke nicht annimmst, wird mir vor dir nicht wohl. Als ich dich von fern sah, rührte sich in mir Gottes Stimme, sie warf mich vor dir siebenmal auf die Erde.« Und er redete so lange auf Esau ein, bis er die Herden annahm. Dann erst fragte Jakob: »Lebt der Vater noch? Und die Mutter?« Esau antwortete: »Sie leben.« Dann bat er Jakob, zunächst mit ihm in sein Land zu reisen, er wolle ihm das Geleit geben. Aber Jakob antwortete: »Du siehst, mein Bruder, daß einige meiner Kinder noch in zartem Alter sind. Ich habe auch säugende Schafe und Kühe in den Herden. Wenn sie einen Tag übertrieben werden, werden sie mir eingehen. Zieh du also voraus, ich werde gemächlich hinter dir hertreiben. Wenn das Vieh und die Kinder alle gut auf den Beinen sind, suche ich dich auf in Seïr.« Esau aber war besorgt um des Bruders Herden und Kinder und bot ihm einen Trupp Kamelreiter an. »Sie sollen dich schützen vor den Gefahren dieses unwirtlichen Landes und dich langsam hergeleiten zu mir.« Aber Jakob dankte ihm und sagte: »Ich habe viele starke Hirten. Und ich fürchte mich nun vor keiner Gefahr mehr, seit du mir wieder ein Bruder sein willst.« Als Esau sah, daß sein Bruder seiner Hilfe nicht bedurfte, ritt er am folgenden Tag mit seinem Volk in sein Land Seïr zurück.

Der Versöhnungswein

Darauf schickte Jakob Boten mit Geschenken nach Mamre zu Kirjath-Arba, wo seine hochbetagten Eltern wohnten. Die Boten sollten Isaak und Rebekka von Jakobs Versöhnung mit Esau berichten und seine Ankunft ankünden. Doch könne er nicht schneller sein als seine Herden. Das war aber nicht der wahre Grund, weshalb sich Jakob nicht sofort zum Hain Mamre aufmachte. Sein Herz drängte zu seinen Eltern, vor allem zu seiner Mutter hin, aber er konnte seine große Familie nicht einen Tag allein lassen. Er fühlte sich mit soviel Herden, Knechten und Mägden und Frauen und Kindern in diesem Land, das Gott seinen Vätern versprochen hatte, als hilfloser Fremdling. Täglich konnten die Bewohner des Landes ihm Schaden zufügen, ja, sogar über seine Herden herfallen — ihm seine Frauen abnehmen und die Kinder töten oder an irgendeinen Menschenhändler verkaufen. Gern hätte er darum den Schutz seines Bruders Esau angenommen. Aber heimlich fürchtete er sich immer noch vor Esau, vor allem aber vor dessen Weibern und dem Gesinde, denn der Gott Abrahams wohnte nicht in ihren Herzen. Sogar seine eigenen Frauen und Söhne beteten, so mußte Jakob sich eingestehen, oftmals zu den goldenen Hausgötzen und holten sich von ihnen Rat.

So war Jakob hin und her gezogen, bis er nach Sichem kam, der Stadt der starken Heviter. Ihr Fürst hieß Hemor. Von ihm kaufte Jakob ein Stück Land und baute sich darauf ein Haus und Ställe. Die Heviter erwiesen sich als freundliche Leute.

Eines Tages nun ging Dina, Leas Tochter, nach Sichem hinauf, um sich in den Bazars umzusehen und vielleicht Mädchen ihres Alters zu treffen und mit ihnen unter den Schattendächern herumzuspazieren. Da kam Hemors Sohn, der nach der Stadt benannt war, auf sie zu. Sichem sah Dina, führte sie in das Haus seines Vaters, gab ihr Wein zu trinken, trank selber und ward von ihrem Anblick mehr als vom Wein ganz trunken, daß er nicht mehr wußte, was er tat. Und Dina blieb im Hause Hemors.

Jakob erfuhr es durch einen seiner Knechte, den er dem Mädchen nachgeschickt hatte, daß der Sohn Hemors seine Tochter Dina verführt habe. Jakob war allein, seine Söhne weilten bei den Herden. Noch ehe sie nach Hause kamen, erschien Hemor bei Jakob. Er bat für seinen Sohn Sichem und sagte:

»Er liebt deine Tochter mehr als sein Leben, gib sie ihm doch zur Frau!« Darüber kamen die Söhne Jakobs herein. Sie hatten schon unterwegs vernommen, was sich zugetragen hatte, und standen stumm vor Ingrimm umher. Da wandte sich Hemor inständig an Dinas Brüder und bat aufs neue für seinen Sohn Sichem. »Er tat Unrecht, aber er liebt sie und will nicht ohne sie leben. Trennt die beiden nicht. Laßt uns vielmehr einen Bund schließen. Gebt uns Dina, und ihr wählt euch aus unsern Töchtern Frauen aus. Und wohnt bei uns. Das Land soll euch offen sein wie Brüdern!« Schließlich kam auch Sichem und flehte die Brüder Dinas um Nachsicht an. »Laßt mich Gnade bei euch finden«, so sprach er, »fordert von mir getrost Morgengabe und Geschenke für Dina. Ich will euch alles geben, was ihr heischt.«

Da beratschlagten die Söhne Jakobs untereinander. Und sie kamen am nächsten Tag zu Hemor und Sichem und trugen ihnen ihre Bedingungen vor. Sie sprachen: »Sichem hat mit Dina Wein getrunken, nun sollen die Leute von Sichem den Wein Jakobs trinken, wir aber trinken von eurem Wein.« Und sie sagten: »Jakobs Wein ist ein ganz besonderer Wein, wer den trinkt, schließt mit unserm Gott einen Bund. Ist dieser Bund geschlossen, dürfen wir auch untereinander heiraten und ein Volk werden.«

Die Rede gefiel Hemor und seinem Sohn wohl. Sie kamen unter das Tor ihrer Stadt, wo sich die Männer versammelten, und sie überredeten die Bürger von Sichem. Sie sagten: »Das sind friedfertige Leute, sie wollen ein Volk mit uns werden. Nur müssen wir zuerst den Wein ihres Gottes trinken, weil wir auf diese Weise einen Bund mit ihrem Gott schließen.«

Und die Bürger von Sichem gehorchten Hemor. Die Söhne Jakobs brachten am festgesetzten Tag den Wein der Versöhnung. Die Sichemiten tranken diesen Wein, während die Söhne Jakobs sich an dem labten, den Hemor ihnen vorsetzte. Der Wein der Söhne Jakobs aber war versetzt mit einem Schlafkraut. Die Männer von Sichem schliefen ein, und die Söhne Jakobs zogen das Schwert, erschlugen Hemor und Sichem, schlachteten alle Männer, die trunken herumlagen, und befreiten Dina aus den Gemächern Sichems. Und sie plünderten die Stadt, darum daß in ihr Dina, ihre Schwester, geschändet worden war, so sagten sie, und nahmen gefangen alle Weiber und Kinder.

Jakob aber hatte voll Unruhe gewartet, wie das Fest der Versöhnung in Sichem wohl ausgehe. Er hatte in den Mienen seiner Söhne, als sie dies Fest vorbereiteten, eine böse Heimlichkeit bemerkt. Als sie nun mit ihrer Beute vor seinem Hause ankamen und Jakob vernahm, was geschehen war, raufte er sich die Haare und schrie: »Ihr habt mir Unglück angerichtet und meinen Namen stinkend gemacht vor den Einwohnern dieses Landes. Wir sind nur ein kleiner Haufe. Wenn nun die andern Städte über uns herfallen? Sie können uns leichter und mit größerem Recht vertilgen als ihr diese unschuldigen Leute von Sichem.« Und Jakob sprach zu den Frauen von Sichem, gab ihnen Geld und schickte sie mit ihren Herden zurück in ihre Stadt.

In der folgenden Nacht aber ließ er seine Söhne und Frauen und alles Gesinde zusammenkommen und sprach zu ihnen: »Ehe ihr euch aufwerft zu Richtern, tut zuerst ab von euch die fremden Götter, die ihr heimlich mit euch führt. Und seht, wie ihr euch reinigt von eurer Schuld.« Zu den Frauen sagte er: »Ich will nicht, daß ihr euch kleidet wie die Frauen, die Götzen anbeten!« Sie sahen, wie zornig Jakob war. So brachten sie ihm ihre Götzen aus Gold und die Ohrspangen und Gehänge. Unter einer Eiche ließ Jakob eine große Grube ausheben und warf mit eigener Hand die Götzen und das Geschmeide der Frauen hinein. Ruben, der Älteste, leuchtete ihm mit einer Fackel. Alle schauten schweigend zu. Die Eiche stand am Wege nach Sichem.

Jakob befahl, noch in dieser Nacht nach Lus aufzubrechen, »nach Lus, das nun Bethel heißt«, so sprach er, »denn dort war mir Gott nahe, und dort wird er mich beschützen vor den Sünden meiner Söhne«. Er schickte einen Boten und sagte den Eltern an, daß er nun in Bethel wohnen werde. Da kam Rebekka mit ihrer Amme Debora und begrüßte den Sohn und seine Frauen und seine Kinder. Isaak lag krank zu Hause und konnte nicht reisen. Debora aber war sehr alt und von der Mühsal der Reise so angestrengt, daß sie in Bethel starb. Sie wurde unter der Eiche begraben, die man danach die »Klageeiche« nannte. Und Rebekka reiste wieder zurück gen Hebron.

In der Nacht nach ihrer Abreise, als Jakob allein war, gedachte er der Klagen seiner Mutter. »Ich hatte zwei Söhne«, so sprach sie, »einen wilden und einen zärtlichen. Aber nun sitze ich im Hain Mamre wie eine Unfruchtbare neben deinem alten Vater. Deine Frauen sind mir fremd, und deine Söhne drängen mich mit ihren harten Blicken davon. Ich beneide Debora um ihren Platz unter der Eiche.«

Als die Mutter nun abgereist war, sank Jakob in der Nacht in dieselbe Schwäche zurück, die ihn am Ufer des Jabbok befallen hatte. Aber damals richtete sich sein Herz auf und fand den, mit dem er gerungen hatte bis zum Morgengrauen. »Du warst es, der mir die Hüfte ausrenkte«, sagte Jakob, als erblickte er ihn jetzt zum zweitenmal. »Und ich muß hinken, damit ich bei jedem Schritt an dich erinnert sei. Ich muß straucheln, damit du mich hältst. Ich muß stürzen, damit du mich aufhebst. Meine Söhne haben gesündigt, und ich bin mit den Meinen, meinen Herden und meiner Habe durch das Land der Kanaaniter und Pheresiter gezogen, von Sichem bis hierher nach Bethel. Und du, Gott meines Vaters, legtest deine Furcht auf die Städte, daß sie uns nicht nachjagten. Ich lese auch aus diesem Zeichen deiner Hand, daß wir dein Eigentum sind. Darum ist mein Herz erhoben, aber mein Verstand begreift es nicht. Oder war der Fürst Hemor nicht großmütiger als Jakob, und sein Sohn Sichem nicht liebenswerter als meine Söhne, diese reißenden Wölfe?«

Jakob saß die ganze Nacht auf dem Boden, blickte durch den Spalt seines Zeltes zum Himmel hinauf, betrachtete den Gang der Sterne und sprach mit Gott, der ihm an dieser Stelle die Leiter gezeigt hatte, die zu ihm hinaufführte.

Als der Tau fiel, stand Jakob auf, trat ins Freie und schichtete mit eigener Hand die morgenfeuchten Steine zu einem Altar. Und goß ganz allein das Trankopfer aus über dem Altar. Alle schliefen noch in den Zelten, während der Wein auf den Steinen duftete. Und Jakob betete für seine Söhne, daß ihre Schuld hinweggenommen werde. Als sich der Himmel silbergrau färbte, salbte er den Altar mit Öl und sprach dabei: »Dieser Ort ist wahrhaft heilig!«

Die Söhne Jakobs

Jakob brach mit den Seinen auf nach Mamre. Sie waren nur noch ein Stück Wegs entfernt, da begann Rahel, die ihre Stunde fühlte, nach Jakob zu rufen. Sie hoben sie aus dem Sattel ihres Kamels und legten sie an den Rand der Straße. Die Frau, die ihr beistand, tröstete sie und sagte: »Fürchte dich nicht, auch dieses Kind wirst du haben. Und sei getrost, es wird wieder ein Sohn sein.« Rahel schrie: »Ja, ein Sohn! Ein Sohn der Schmerzen! Nennt ihn Ben-Oni!« Als das Kind schrie, wurde die Mutter still. Also starb Rahel. Man begrub sie neben der Straße nahe vor Ephrat, das heute Bethlehem heißt.

Jakob lagerte an dieser Stelle vierzig Tage und richtete Rahel ein Mal auf. Das ist Rahels Grab bis auf diesen Tag. Jakob sprach mit niemandem ein Wort und sah niemanden an, auch nicht den Neugeborenen. Doch dann verzieh er Ben-Oni und nannte ihn Ben-Jamin, weil er Rahels Kind und darum ein ›Sohn des Glücks‹ war.

Jakob zog weiter und zeltete jenseits des Turmes Eder. Die Trauer um Rahel hatte Jakob vergessen lassen, daß noch andre seiner Liebe und Sorgfalt bedurften. Da fand man eines Tages im Zelt Bilhas, die Jakob zwei Söhne geboren hatte, Ruben, den Sohn der Lea. Und es kam vor Jakob, daß sein Ältester ihm, dem Vater, Schande angetan hatte. Da verbarg sich Jakob vor seinen Söhnen und reiste allein zum Hain Mamre weiter.

Als Jakob eintraf, lag sein Vater im Sterben. Auch Esau war vom Gebirge Seïr herbeigeeilt. Nun standen beide Söhne neben Isaaks Lager. Jakob dachte an den Tag vor mehr als dreißig Jahren, da er in dieses Zelt hereingetreten war, um sich den Segen des Vaters zu erschleichen. Und er sah, wie ihn Esau über den Sterbenden hinweg anblickte – lächelnd, wie ein Bruder. Jakob wog diesen Blick in seinem Herzen, und er spürte, daß er schwerer wog als die Erstgeburt und sogar als der Segen des Vaters. Isaak lag blind und heiter auf seinem Pfühl. Rebekka seufzte: »Seit dreißig Jahren seh' ich ihn so, und ich weiß nicht, ob er stirbt oder sich über etwas freut, das ich nicht kenne.« Isaak starb zwischen seinen beiden Söhnen, hundertundachtzig Jahre alt und des Lebens satt, und ward versammelt zu seinen Vätern.

Esau und Jakob begruben ihn. Sie lebten die Zeit der Trauer zurückgezogen im Hain Mamre und gedachten der Zeit, da Abraham und Sara hier unter den Eichen gewohnt hatten. Manchmal saßen sie schweigend an dem Tisch, an dem die drei weißgekleideten Männer mit Abraham gegessen und getrunken und Sara die Geburt des Isaak verheißen hatten.

Nach der Zeit der Trauer schieden die Brüder voneinander in Freundschaft. Esau zog zurück in sein Gebirge. Jakob aber wohnte nun im Hain Mamre vor Hebron. Seine Söhne schickte er mit den Herden weit ins Land, nur die Frauen behielt er um sich und seine beiden kleinen Söhne, Joseph und Benjamin. Für die Kinder Leas und die Kinder der Mägde war er von nun an der Fürst Israel, der mit Gott gerungen hatte; für die Kinder Rahels blieb er der Vater Jakob. Den Joseph aber liebte er noch mehr als den Benjamin, denn er war Rahels Erstgeborener, dessen Erscheinen er so viele Jahre ersehnt hatte. Und er sah in dem Knaben Rahels Schönheit und ließ ihm einen bunten Rock aus Rahels Kleidern machen.

Die großen Brüder aber konnten es nicht ertragen, daß der Vater für sie der Fürst Israel, für Joseph aber der zärtliche Vater Jakob war. Wenn sie nach Hause kamen, neckten sie darum Joseph, nannten ihn Mädchenjunge, erschreckten ihn, zwickten ihn in der Dunkelheit, stellten ihm ein Bein und machten ihm heimlich Flecken in seinen bunten Rock. Joseph aber suchte bei niemand Schutz gegen seine Brüder, auch nicht beim Vater. Er lächelte sie sogar an, aber von fern. Als Joseph heranwuchs, ließen sie langsam ihre bösen Spiele sein und betrachteten ihn nur mit kalten Augen, als wäre er ein Fremder. Sein Wesen war ihnen ja auch fremd und unbegreiflich. Joseph lebte mit den Sternen. Oft zog ihn der Mond vom Lager. Dann erhob er sich, trat hinaus auf das flache Dach, blickte starr in das bleiche Licht und ging umher. Am andern Morgen war er, auch wenn er schon erwacht schien, noch immer nicht ganz bei sich. Er saß da und erzählte den Brüdern, was er geträumt hatte. »Also mir hat geträumt...« Die Brüder lachten verächtlich, wenn Joseph so begann. Einmal aber lachten sie nicht. »Mir hat geträumt«, flüsterte Joseph, »wir banden Garben auf dem Feld. Meine Garbe richtete sich auf, eure Garben umher verneigten sich vor meiner Garbe.« Während Joseph so dasaß und vor sich hin lächelte, blickten die Brüder einander an, nickten und fragten ihn giftig, ob er etwa gedenke, ihr König zu werden.

Beim nächsten Vollmond war Joseph in der Frühe wieder ganz benommen, und er sagte zu den Brüdern: »Denkt euch, ich habe wieder einen Traum gehabt: Die Sonne, der Mond und elf Sterne verneigten sich vor mir.« Da gingen die Brüder mit Josephs Traum zum Vater und fragten: »Darf dieser Schönrock sich derart vor uns überheben?« Jakob war bestürzt. Er schlug Joseph mit der Rute und fragte ihn immer wieder: »Darfst du nach solchen Träumen greifen?«

Joseph litt die Strafe, ohne sich zu beklagen. Und als er seinen alten Vater anblickte, schlug Jakob die Augen nieder, seufzte und ging davon. Jakob bemerkte aber, daß er die Träume seines Sohnes nicht vergessen konnte.

Und die Brüder haßten Joseph von Tag zu Tag mehr. Denn Joseph wurde Jakobs Bote, der zwischen dem Haus des Vaters und den Herden hin und her ging. Sooft nun zu Jakob ein bös' Geschrei über die Söhne drang, schickte er seinen Liebling aus. Der Knabe mußte sich dann bei den Leuten umhören und dem Vater berichten. Joseph tat das nur widerwillig, er fragte Jakob: »Warum machst du nicht einen deiner Knechte zum Späher über deine Söhne?« Aber Jakob antwortete: »Weil ich gegen meine Söhne nur einem Sohn vertrauen will.«

Die Brüder wußten genau, warum Joseph von Zeit zu Zeit bei ihnen auf den Weideplätzen erschien. Einmal, als die Herden in der Gegend von Sichem standen, machte sich Joseph von Hebron auf. Er verirrte sich und suchte vier Tage in den Hügeln umher, bis er die Brüder endlich fand. Als sie ihn von fern an seinem leichten Schritt erkannten, riefen sie einander zu: »Seht da, der Träumer kommt!« Andre riefen: »Unser Aufpasser!« Und sie fanden, während sie die Köpfe zusammensteckten, noch viele andere Namen für ihn. Aus den Namen wuchsen Anklagen und Verwünschungen. Schließlich machten sie in aller Eile einen Anschlag auf Joseph, wie sie am besten und für immer mit ihm fertig würden. Ihre Stimmen wurden hechelnd und heiser, und sie sprachen durcheinander, sprachen von Erwürgen und Abstechen. Doch da schüttelte Ruben, der Erstgeborene, Leas sonst so leichtfertiger Sohn, den Kopf und sagte: »Nicht doch, Brüder, beflecken wir unsere Hände nicht mit dem Blut unsres Bruders.« Und er wies auf eine Zisterne, die ganz in der Nähe lag: »Diese Grube dort ist trocken. Lassen wir doch den Knaben an einem Strick in die Tiefe. Drunten wird er verhungern und verdursten. Wir aber können dem Vater schwören, daß wir ihn nicht getötet haben.«

Während nun Joseph näher kam, blieben die Brüder alle dicht beieinander stehen, sie blickten über die Schulter zu ihm hin. Als er ihre Mienen erkennen konnte, verhielt er seinen Schritt, versuchte zu lächeln und sagte: »Friede sei mit euch!« Aber sie antworteten ihm nicht, sondern blieben unbeweglich dicht beieinander stehen. Da bedeckte Joseph mit beiden Händen sein Gesicht und senkte den Kopf. Nun sprangen sie auf ihn zu, rissen ihm den bunten Rock vom Leib, banden ihn mit einem Seil und führten ihn zu der Zisterne. Ruben lief voraus. Und sie ließen ihn hinab, keiner sprach dabei ein Wort, auch Joseph nicht. Ruben aber ging zu dem Städtchen Dothan hinüber, dort kannte er einen Mann, dem er vertrauen konnte. Dem wollte er auftragen, heimlich bei Nacht Joseph in der Zisterne mit Speise und Trank zu versehen. Die Brüder hatten sich nahe der Grube, in der Joseph lag, zum Mahl hingehockt. Sie hörten Josephs Klagen und aßen. Da sahen sie einen Haufen Ismaeliten auf ihren Kamelen. Die kamen von Gilead herüber auf dem Weg nach Ägypten und trugen Würze, Balsam und Myrrhe.

Da sprach Juda zu seinen Brüdern: »Beim Anblick der Ismaeliten dort kommt mir ein Gedanke: Warum verkaufen wir nicht Joseph den Handelsleuten? Wir bekommen Geld und können wirklich schwören, Joseph nicht getötet zu haben. Denn auch dann, wenn wir sein Blut nicht vergießen, sondern ihn in der Grube verkommen lassen, haben wir ihn getötet – und wahrlich auf die schlimmste Weise.« Die Brüder schwiegen, sie blickten vor sich hin, einige nickten. Als dann die Ismaeliten nahe herangekommen waren, zogen die Brüder Joseph aus der Zisterne und verkauften ihn den Händlern um zwanzig Silberlinge. Da Ruben nicht unter ihnen war, nahm Juda das Geld entgegen. Joseph stand nackt vor seinen Brüdern und blickte an ihnen vorbei, einer der Ismaeliten gab ihm zu trinken.

Als nun Ruben am andern Morgen zu der Zisterne kam und sie leer fand, zerriß er sein Kleid und weinte. Er hatte im Sinn gehabt, Joseph herauszuholen, sobald die Brüder mit ihren Herden die Gegend verlassen hätten. Ruben kam verstört zu seinen Brüdern. »Die Grube ist leer«, rief er, »wo ist mein Bruder Joseph?« Da erst merkten die Brüder, daß Ruben den Träumer hatte retten wollen. Sie berichteten ihm, was mit Joseph geschehen war. Ruben raufte sich das Haar und schrie: »Was habt ihr getan? Wie soll ich vor Jakob, unsern Vater, treten? Ich bin sein Ältester, und er wird die Seele seines Lieblings von mir allein fordern. Und wenn er mich fragt, muß ich seinem Blick standhalten und in sein vor Schmerz erstorbenes Gesicht hinein lügen. Denn erfährt Jakob die Wahrheit, wird er uns alle verfluchen.« Da berieten sich die Brüder, und sie schlachteten einen Ziegenbock, tauchten den Rücken von Josephs Rock in das Blut, schickten ihn dem Vater und ließen ihm sagen: »Das haben wir gefunden. Sieh, ob es deines Sohnes Rock ist oder nicht!«

Jakob betrachtete das blutbefleckte, zerrissene Gewand und erkannte: Es war Rahels Kleid, Josephs Rock. Und Jakob sprach: »Es ist meines Sohnes Rock. Eine Löwin oder ein Bär hat Joseph angefallen.« Er zerriß vor Trauer seine Kleider, legte einen Sack um seine Lenden und trug Leid um seinen Sohn. Und die Söhne und Töchter traten zu ihm und sprachen ihm Trost zu, aber Jakob wollte sich nicht trösten lassen. Er sprach: »Ich werde mit meinem Leid hinunterfahren in die Grube, um bei Joseph zu sein und bei Rahel.«

Joseph in Ägypten

Die ismaelitischen Handelsleute brachten Joseph nach Ägypten und verkauften ihn dort an einen Mann namens Potiphar. Das war ein Kammerherr des Pharao. Er befehligte die königliche Leibwache und stand dem Gefängnis vor, in dem Pharao Staatsfeinde gefangensetzte. Zusammen mit diesem Sklaven Joseph aus Kanaan trat auch das Glück über die Schwelle von

Potiphars Haus. Denn seit dem Tag, da Joseph unter Potiphars Gesinde hin und her ging, schien der Schritt der übrigen Knechte und Mägde leiser und eifriger geworden zu sein. Josephs Lächeln sprang über auf die strengen Mienen der Ägypter. Potiphar sagte eines Tags: »Dieser Joseph aus Kanaan ist ein Zauberer, über Nacht hat er die Wände meines Hauses neu bemalt, und das Spiel der gemalten Zitherspielerinnen — ich kann es hören, so still und freundlich ist mein Haus geworden.« Potiphar mehrte täglich das Vertrauen, das er am ersten Tag in Joseph gesetzt hatte, und in gleichem Maß mehrte sich das Wohl des Hauses. Seit Joseph die Schlüssel zu den Vorratskammern hatte, gab das Korn doppelt soviel Mehl wie früher, das Mehl doppelt soviel Brot. Das Linnen verlor sich nicht auf dem Weg zwischen Waschtrog und Bleiche, und die Weinkrüge schienen nicht mehr zu rinnen. Das durchsichtige Gespinst, unter dem Potiphars Weib seine Reize zeigte, schwand nicht nach jedem Festtag wie Nebel dahin.

Und Potiphars Freunde kamen, um Joseph anzusehen. Sie priesen Potiphar selig, daß er sich mit einer Handvoll Silber einen jungen Gott zum Helfer erworben habe. Potiphar sagte oft: »Es war wirklich nur ein Glücksfall, denn er war nackt und schmutzig und kannte kein Wort unserer Sprache. Aber nach dem ersten Bad sah er wie ein Bildwerk aus. Und er lernte unsere Sprache schneller als ein Weib. Joseph denkt sogar für mich. Wirklich, er hat mich von jeder Tätigkeit entbunden, es wäre denn essen und trinken und der Liebe pflegen.« Also sprach Potiphar zu seinen Freunden, und allgemein galt er als ein glücklicher Mann.

Aber da war Potiphars Frau. Die wollte durch Joseph noch glücklicher werden als ihr Mann. Sie warf dem schönen jungen Verwalter Blicke zu, schlich immer dichter um ihn herum, und immer durchsichtiger wurden ihre Gewänder, auch wenn kein Festtag war. Eines Tages aber flüsterte sie Joseph Liebesworte ins Ohr. Immer häufiger mußte er in ihrem Zimmer erscheinen, um ihre Anordnungen entgegenzunehmen. Jedesmal verschloß sie die Tür, und jedesmal öffnete sie Joseph wieder. Als sie nun zärtlich mit ihm zu schelten begann, sprach Joseph: »Mein Herr Potiphar vertraut mir so sehr, daß er mich nie überwacht, nie eine Rechnung nachprüft. Er hält es nicht für möglich, daß ich ihn in irgend etwas betrügen könnte.«

Darauf antwortete sie: »Um so leichter für uns, vor Potiphar sicher zu sein.« Aber Joseph verneigte sich vor ihr und sagte: »Freilich, du bist eine schöne Frau. Aber ich darf dich nicht einmal begehren, wieviel weniger anrühren. Denn ich verwalte zwar den ganzen Besitz meines Herrn und kann darüber in seinem Sinne verfügen. Über seine Frau aber will Potiphar selber der Herr sein.« Sie aber lachte und rief: »Verfüge über mich wie über die geringste der Mägde in meinem Haus.« Da lief Joseph zur Tür, erhob abwehrend seine Hände und rief: »Du redest schlecht von dir. Aber wenn ich es selbst fertigbrächte, den guten Herrn Potiphar zu betrügen, so wisse: Ich habe noch einen anderen Herrn, den Gott, der Himmel und Erde gemacht hat. Dieser höchste Herr verbietet es mir, das Eigentum eines andern fortzunehmen. Dein Herz und deine Schönheit gehören nach dem Gesetz nur deinem Mann.«

Da kam sie auf ihn zu. »Nicht doch!« rief sie, weinte, zeigte ihm ihre Tränen und klagte: »Potiphar ist dick und alt. Er ißt und trinkt und schwätzt umher. Da kamst du. Die Götter haben dich in mein Haus geschickt. Ich muß dich lieben – oder ich sterbe!« Und sie faßte ihn am Mantel. Da stieß Joseph sie, als er ihren Leib an dem seinen spürte, heftig zurück, daß sie auf den glatten Fliesen hinstürzte. Während er davoneilte, hörte er sie schreien: »Hilfe! Steht mir bei, ihr Götter, gegen Joseph, diesen Heuchler! Seht, was er mit mir gemacht hat.«

Die Mägde legten sie auf ihr Bett und umstanden sie, bis Potiphar kam. Alsbald begann sie, Joseph anzuklagen. Er sei in letzer Zeit immer häufiger zu ihr ins Zimmer gekommen, habe sie so seltsam angeschaut und immer öfter von seinem höchsten Gott erzählt, der ihm alles gestatte. »Ja, alles«, rief sie, »alles! Wenn er schon über alle Güter deines Hauses gesetzt sei, dann auch über mich.« Und sie wandte sich gegen ihren Mann. »Von dir sagte er, daß du ein dicker alter Schwätzer seiest. Und eine so schöne Frau wie mich müsse er lieben – zu Ehren seines höchsten Gottes, so sagte er. Und dann fiel er über mich her. Ich stieß ihn zurück. Da warf er mich auf die Erde und schlug mich. Als ich nun um Hilfe schrie, ließ er von mir ab und machte sich so schnell davon, daß er seinen Mantel vergaß – hier – «, und sie holte unter der Bettdecke Josephs purpurfarbenen Mantel hervor.

Potiphar nahm den Mantel in die Hand. Plötzlich brüllte er auf und riß den Purpurstoff in Fetzen. Dann weinte er. Er wollte Joseph nicht mehr sehen und auch nicht anhören. Er befahl einige Soldaten von der Leibwache herbei und hieß sie, Joseph sofort in das Gefängnis abzuführen. Und Potiphar sagte zu jedermann, den er traf: »Nun glaube ich keinem Menschen mehr, nachdem dieser Joseph mich so abscheulich betrog.«

Der Verwalter nun, der über die Sondergefangenen des Königs gesetzt war, hatte den neuesten Stadtklatsch in Heliopolis erfahren. Da er sich darauf Joseph näher anschaute, wußte er auch, daß dieser vornehm aussehende, freundliche junge Mann kein gewalttätiger Lüstling sein konnte. Und der Gefängnisverwalter erleichterte Joseph sein Los im dunklen Gewölbe. Bald war Joseph seine rechte Hand. Die Gefangenen saßen um Joseph herum und ließen sich von ihm erzählen. Unter ihnen befanden sich auch der oberste Mundschenk und der Hofbäcker. An einem Morgen nun, als Joseph zu den Gefangenen kam, fand er die beiden Beamten des Königs ganz verwandelt. Sie saßen da, den Kopf gesenkt, und sprachen kein Wort. Auf seine Frage erfuhr er, daß sie beide in der letzten Nacht geträumt hatten und nun die Bilder des Traumes in ihrer Seele wie Dornen fühlten. Joseph gestand ihnen, daß auch er oft träume und daß ihm sein Gott die Gabe verliehen habe, aus den Bildern der Träume, als wären es Hieroglyphen, den Sinn herauszulesen.

Da erzählte ihm der Mundschenk des Pharao: »Mir hat geträumt, daß ein Weinstock vor mir aus der Erde wuchs. Drei Reben sproßten hervor, Blätter wuchsen, Beeren schwollen, Trauben reiften. Und ich hatte den Becher Pharaos in der Hand, nahm die Trauben, zerquetschte sie in den Becher hinein und reichte ihn meinem Herrn.«

Josephs Miene wurde hell. »Du hast gut geträumt«, sagte er, »höre die Deutung. Drei Reben, das sind drei Tage. Nach drei Tagen wird dich Pharao wieder in dein Amt einsetzen. Wenn du aber deinem Herrn wieder den Becher füllst, dann gedenke Josephs aus dem Lande Kanaan.«

Da nun der oberste Bäcker des Pharao sah, daß die Deutung gut war, schüttelte er seine Schwermut ab und erzählte: »Mir hat geträumt, ich trüge drei weiße Körbe übereinander auf meinem Kopf. Im obersten Korb, der offen war, lag allerlei süßes Gebäck für meinen Herrn. Da kamen die Vögel und fielen über den obersten Korb her und pickten an dem Gebäck.«

Josephs Miene wurde traurig. »Du hast schlecht geträumt«, sagte er, »aber ich muß dir die Wahrheit sagen. Die drei Körbe sind ebenfalls drei Tage. Nach diesen drei Tagen wird sich Pharao deiner erinnern und deiner falsch gewogenen Brote. Darum läßt er dich an den Galgen hängen, und die Vögel picken dir das Fleisch von den Knochen.«

Am dritten Tage nun, als Pharao seinen Geburtstag feierte und seine Beamten zum Festmahl eingeladen hatte, gedachte er seines Mundschenks und setzte ihn wieder in sein Amt ein. Ebenso gedachte er des obersten Bäkkers und ließ ihn hängen. Doch der Mundschenk vergaß in seiner Freude jenes Mitgefangenen, der ihm sein Glück vorhergesagt hatte. Und Joseph blieb weiter im Gewölbe und diente den Gefangenen.

Josephs Erhöhung

Nach zwei Jahren hatte Pharao Träume, die ihn verdüsterten. Niemand war da, der sie ihm deuten konnte. Die Priester, Wahrsager und Traumdeuter aus dem ganzen Land wurden in das Hohe Haus des Königs gebracht. Pharao erzählte zum hundertstenmal seine beiden Träume. Er versprach den weisen Männern Ehren und Reichtum, wenn sie ihm die Deutung gäben. Freilich sagte er auch zu einem jeden: »Wenn du mich aber belügst, lass' ich dich hängen.« Die Kundigen schlichen einer um den andern davon. Der Traum, den Pharao ihnen erzählte, konnte auf hundertfältige Weise gedeutet werden. Aber die Deutung mußte nicht nur schön sein, sie mußte sich auch erfüllen, und zwar noch zu Lebzeiten Pharaos, oder der Galgen drohte.

Da nun der Mundschenk des Pharao seinen Herrn derart betrübt sah, erinnerte er sich an Joseph im Gefängnis. Er erzählte dem König von diesem schönen, edlen, aber auch seltsamen jungen Mann, der aus Kanaan stammte und wahrscheinlich aramäischer Abkunft sei. Der Mundschenk fuhr fort: »Ich gedenke nämlich der Zeit, da ich wegen meiner Sünden in Ungnade gefallen war und zusammen mit dem obersten Bäcker im Gefängnis lag. Wir hatten beide, der Bäcker und ich, einen Traum. Dieser Joseph, des Aufsehers Knecht, deutete ihn uns, und es ging alles in Erfüllung, was er uns sagte.«

Da sandte Pharao ins Gefängnis und befahl Joseph zu sich. Der Gefängnisaufseher sprach Joseph Mut zu, ließ ihn scheren, ein Bad nehmen und tat ihm seine eigenen besten Kleider an. So trat Joseph hin vor den König. Der betrachtete ihn und sagte: »Ich hatte einen Traum, der weicht nicht von mir. Aber niemand in meinem ganzen Reich kann ihn mir deuten. Von dir aber sagt man, daß dir jeder Traum, sobald er dir erzählt wird, sein Inneres auftut.«

Joseph verneigte sich und sprach: »Erwarte das Heil nicht von Menschen, mein Herr und König. Nicht der Traum selber tut mir sein Inneres auf. Mein Gott, der alles weiß, läßt mich durch einen Traum Zukünftiges erkennen.«

Da richtete sich Pharao auf und erzählte: »Ich stand im Traum am Ufer des Nils. Aus dem Wasser stiegen sieben schöne, fette Kühe und weideten auf den Wiesen am Fluß. Darauf stiegen sieben sehr häßliche und magere Kühe aus dem Wasser, und sie fraßen die sieben fetten Kühe. Aber sie wurden, nachdem sie die fetten Kühe gefressen hatten, nicht fetter, sondern blieben so dürr und häßlich wie zuvor. Da wachte ich auf. Aber kaum war ich aufs neue eingeschlafen, träumte ich wieder. Diesmal sah ich einen goldenen Halm aus der Erde wachsen, und sieben Ähren wuchsen auf dem Halm, voll und dick. Der Halm mit den sieben vollen Ähren versank in der Erde, und genau an derselben Stelle wuchs alsbald ein neuer Halm heraus, der war schwarz. An diesem schwarzen Halm wuchsen sieben Ähren, die standen aufrecht und sahen aus wie versengt. Und ich sah kein Korn in ihnen. Nun sage mir, ob dein Gott dich einen Blick tun läßt in das Innere dieser Träume.«

Joseph verneigte sich und antwortete unverzüglich: »Beide Träume bedeuten dasselbe. Die sieben schönen Kühe sind sieben Jahre, und die sieben vollen Ähren sind sieben Jahre. Desgleichen wie die sieben häßlichen Kühe und die mageren Ähren sieben Jahre bedeuten. Und nun vernimm, Pharao, was Gott dir mitteilt über dein Land und was dem Boden Ägyptens widerfahren wird von Wind und Wasser und Sonne und Mond und allen Elementen und Kräften. Siehe, mein König, sieben fruchtbare Jahre werden aus dem Wasser des Nils steigen und ganz Ägypten sehr reich machen. Dann steigen aus demselben Nil die mageren Jahre. Da wird Teuerung herrschen, und die Eltern riechen nur am Brot und werden es nicht essen, sondern ihren Kindern geben. Und daß du, mein König, zweimal dasselbe träumtest, bedeutet, daß es sicherlich so geschieht, wie ich dir voraussage. Du bist zweimal gewarnt.

Sieh dich darum alsbald nach einem treuen und verständigen Mann um, und setze ihn zum Großverwalter über allen Reichtum, der in den sieben fetten Jahren aus dem Nil steigt. Dieser Großverwalter soll im ganzen Land Amtsleute einsetzen. Die werden den fünften Teil des Reichtums, der in den sieben fetten Jahren entsteht, jedermann wegnehmen und als Königsgut einsammeln. Und du, mein Herr, läßt große Vorratshäuser im ganzen Land errichten. Von aller Speise, die nicht verderben kann, hortest du. Die Speicher und Scheunen im Land müssen zahllos und doch alle gezählt sein. Wenn dann die sieben mageren Jahre kommen, öffnet Pharao seine Keller und Speicher und verkauft jedermann, der Geld hat, aus seinem Vorrat. Die Armen aber werden umsonst essen. Und im Land Ägypten wird niemand darben oder gar verhungern.«

Als Joseph seine Rede beendet hatte, schauten alle stumm auf ihn, Pharao und sein Hofstaat. Und der König blickte sich um, betrachtete seine Beamten, Gesicht um Gesicht, und sagte dabei: »Aber wo finde ich diesen Mann, der so gut planen kann und der vielen Arbeit nicht müde wird, überdies treu ist und sich nicht heimlich bereichert? Ich kann nicht jedes Jahr einen neuen Großverwalter einsetzen, weil ich seinen Vorgänger an den Galgen schicken mußte.« So betrachtete er lange Joseph, dessen Gesicht von den vier Jahren im Kerker gegen die Sonne beschützt gewesen war und nun weiß leuchtete. Plötzlich erhob sich Pharao, wies auf Joseph und rief: »Bringt mir das Byssusgewand und den roten Mantel herbei.« Dabei zog er seinen Ring vom Finger und steckte ihn Joseph an die Hand und sprach dabei: »Was du befiehlst, soll geschehn.« Sie taten Joseph die Kleider des Großwesirs an und legten ihm die goldene Kette um, die nur der König tragen durfte. Joseph stand vor dem ganzen Hofstaat wie ein Bild aus Elfenbein und konnte sich nicht rühren. Nur die Tränen bewegten sich aus seinen Augen hervor und liefen über seine Wangen.

Und Pharao sprach: »So habe ich entschieden, weil ich sehe, daß dein Gott mit dir ist. Noch ehe das Zukünftige eintritt, glaub' ich dir. Du bist mit der Wahrheit, und die Wahrheit ist mit dir.« Der König ernannte Joseph zum Nächsten am Thron und setzte ihn über alle Beamte des Reichs und gab ihm den Namen ›Ernährer des Volkes‹. Gegen Josephs Willen sollte sich keine Hand und kein Fuß rühren im ganzen Ägypterland. Und Pharao vermählte Joseph mit Asnath, der Tochter des obersten Priesters in Heliopolis, wo auch Joseph residierte.

Joseph war dreißig Jahre alt, als er in einer einzigen Stunde vom Gefangenen zum obersten Beamten in Ägypten aufstieg. Der König schenkte ihm seinen eigenen Wagen, der von vier Rossen gezogen wurde. Auf ihm fuhr Joseph durch ganz Ägypten und begann, überall Vorratshäuser zu errichten.

Nun gab es viele gelehrte und hochangesehene Männer im Lande, die Joseph beneideten. Sie ärgerten sich, daß sie diese so einfach scheinende Deutung des Traumes nicht selber gefunden hatten. So warteten sie darauf, ob die fetten Jahre kämen, und sie setzten fest, wie fett diese Jahre beschaffen sein müßten, daß sie fett heißen dürften. Die vergangenen Jahre waren, so hieß es jetzt allgemein, auch schon hübsch fett gewesen, und Joseph könne jetzt einfach solch ein normales Jahr als fett bezeichnen. Und die gelehrten und hochangesehenen Männer stellten ganz bestimmte Maßstäbe auf, an denen die Fruchtbarkeit zu messen und das Jahr als ganz schlecht, mangelhaft, ziemlich gut, gut, ausgezeichnet und schließlich als fett zu bezeichnen sei. So gedachten sie, das Vertrauen, das Pharao in Joseph gesetzt hatte, zu erschüttern und den Glanz zu mindern, der vom ›Ernährer des Volkes‹, noch ehe er es ernährte, über ganz Ägypten hin strahlte.

Aber das erste der sieben fetten Jahre schloß sich ohne Verzug an das Jahr an, in dem Joseph geweissagt hatte. Und jedermann erkannte: Die ungestüme Kraft, mit der das Korn sproßte, die Fülle der Früchte, die sich in den Bäumen drängten, ja, selbst die wilde Pracht der grünen und braunen und roten Farben, das hatte es selbst im üppigen Ägypterland noch nie gegeben. Der Nil hatte wie das Opferblut fruchtbarer Stiere lange über der Erde gestanden. Nun war sie schwarz und glänzte wie der schweißbedeckte Leib einer großen heiligen Gebärerin. Die gelehrten und hochangesehenen Männer blickten einander verwirrt an und schwiegen. Als dann die Ernte kam, wateten die Bauern im Korn. Singend fuhr ein jeder den fünften Teil in des Königs Scheune, wie es vorgeschrieben war. Im nächsten Jahr stieß die Erde Ägyptens dieselbe Fülle aus. Die Kornberge in den Speichern drückten mit ihrem Gewicht in vielen Städten die Lehmwände ein, und Joseph ließ neue Speicher aus Stein erbauen. In dieser Zeit der Fülle wurden Joseph zwei Söhne geboren, den ersten nannte er Manasse, das heißt: ›Gott läßt mich mein Leid vergessen‹. Den zweiten nannte er Ephraim, das heißt: ›Gott ließ mich groß werden im Elend‹.

Die gelehrten und hochangesehenen Männer aber zählten die fruchtbaren Jahre. Als nun das siebente vorüber war, sprachen sie zueinander: »Jetzt muß es sich zeigen, ob dieser entlaufene Sklave aus Kanaan recht behält. Denn es ist leicht, in Ägypten üppige Zeiten vorherzusagen.« Es geschah aber, daß in der Schwellzeit, die dem siebenten der fetten Jahre folgte, der Nil nicht über die Ufer trat. Die Erde zu beiden Seiten des Flusses war sonnenverbrannt und sah grindig aus, hatte Risse, und der Pflug konnte die harte Erdrinde kaum ritzen. Die wenigen Halme, die sich in der Erntezeit zeigten, trugen taube Ähren. Wo es aber ein wenig Korn gab, war es verbrannt und krank, und selbst das Vieh wollte es nicht fressen.

»Nun ja«, sagten die gelehrten und hochangesehenen Männer zueinander, »es liegt in der Natur und den Gesetzen der Wahrscheinlichkeit, daß auf gute Jahre schlechte folgen. Und die Zahl sieben hat es ohnehin an sich. Sieben schlechte Jahre aber sind in Ägypten schlechterdings unmöglich. In diesem Punkt hat sich der pfiffige Rechner zu weit vorgewagt.« Aber die dürren Jahre hielten an, und es entstand eine große Teuerung in allen Ländern. Als nun das Volk um Brot schrie, sprach Pharao: »Geht hin zu Joseph, und was er euch sagt, das tut.« Joseph aber tat seine Speicher und Gewölbe auf und ließ Korn verkaufen und Fett und Linnen und wessen das Volk bedurfte.

Die Prüfung der Brüder

In jenen Tagen kroch die Teuerung über alle Länder und spannte überall die Netze des Hungers auf. Alles Volk reiste nach Ägypten. Auch Jakob im Hain Mamre hatte nur noch wenig Getreide in seinen Krügen. Und er schickte seine zehn großen Söhne nach Ägypten, nur den Benjamin behielt er bei sich. Ein jeder der Söhne hatte zwei Esel, den einen zum Reiten, den andern zum Tragen, denn ein jeder sollte einen Sack Getreide mitbringen.

Joseph aber ahnte, daß sie kommen würden. Er hatte an der Grenze zur Wüste Sur überall Wächter aufgestellt, die mußten an der Karawanenstraße aufpassen. Eines Tages nun wurde Joseph gemeldet, es ständen zehn bärtige Männer im großen Saal, deren Vater Israel heiße und ein Nomadenfürst sei.

Joseph dankte seinen Beamten, entließ sie, rief nach dem Schminkmeister, gebot ihm, stark aufzutragen, und trat dann vor seine Brüder. Er war nach der Sitte der Ägypter glatt rasiert und trug einen künstlichen Kinnbart. Sein Kopf war eingehüllt in gestärkte, steil aufsteigende bunte Hüllen, die ihm bis auf die Schulter herabfielen. Die Männer standen auf den glänzenden Fliesen dicht beieinander. Sie hatten sich zwar die Füße und Gesichter gewaschen, aber ihr Haar auf dem Kopf und im Gesicht wucherte und sträubte sich nach allen Seiten. Ihre grauen Röcke und Mäntel waren von der langen Reise zerschlissen. Als Joseph mit leichtem Schritt und leuchtend in seinem Byssusgewand vor sie hintrat, fielen sie alle auf ihr Gesicht. Und Joseph gedachte seines Traumes, in welchem die Garben der Brüder sich vor seiner Garbe verneigt hatten. Ein Frösteln überlief ihn. Der Finger Gottes, der zwischen ihm und seinen Brüdern wirkte, war gegenwärtig.

Joseph hieß, zum Dolmetscher gewandt, seine Brüder aufstehn. Er sah, sie erkannten ihn nicht, während er einen jeden von ihnen auf den ersten Blick wiedererkannte. Er erinnerte sich ihrer giftigen und höhnischen Worte, und er erinnerte sich des Tags, da er sie im Auftrag des Vaters bei Sichem aufsuchte. Genauso standen sie damals dicht beieinander und schauten ihn über die Schultern an. Damals waren es der Haß und der böse Plan, zu dem sie jeder für sich allein nicht fähig gewesen wären, deshalb klumpten sie sich so dicht zusammen, ehe sie ihm den bunten Rock auszogen; ehe sie ihn in die Grube warfen, in der sie ihn verhungern und verdursten lassen wollten; ehe sie ihn verkauften. Ah, Juda, du hieltest die Hand hin, zwanzig Silberlinge war ich in euren Augen wert. Und das ist Ruben, der mich retten wollte. Und das ist Dan, die Schlange, das ist Isaschar, Naphthali, Levi, der Grimmige. Aber Benjamin, er ist nicht mit ihnen gekommen. Und Joseph gedachte all des Grames seines Vaters Jakob. Er fühlte in seinem Herzen den Befehl, die Brüder zu züchtigen. Über den Dolmetscher stellte er mit ihnen ein Verhör an: Wer sie seien? Woher sie kämen? Was sie hier im friedlichen Ägypten suchten? Sie gaben auf jede Frage zögernd Antwort, bald sprach Ruben, bald sprach Juda. Und sie erzählten von ihrem Vater und der Hungersnot in Kanaan.

Da schüttelte Joseph den Kopf und ließ ihnen sagen: »Ihr seht mir alle wie Lügner aus. Ich sehe es euch an, daß ihr euren alten Vater durch die Jahre und täglich und stündlich belogen und betrogen habt. Ihr seid nicht gekommen, um Korn zu kaufen, ihr seid Späher! Ihr habt euch gewissen Königen verkauft, um ihnen mitzuteilen, wo die Grenze unseres Landes offen ist.«

Da wurden die Brüder sehr aufgeregt. Sie blickten einander an, erhoben die Hände und beteuerten, daß sie redliche Leute seien. Joseph rief: »Ihr? Redliche Leute? Ihr seid fähig, für eine Handvoll Silberlinge einen aus eurer Mitte zu verkaufen, wenn er euch lästig ist. Verkauft mir also den einen, der schuldig ist, jenen, der mit den Königen den Pakt schloß, dann lass' ich die übrigen ziehn.«

Da trat Ruben vor, verbeugte sich tief vor Joseph und begann, von ihrem alten Vater zu sprechen, der sie geschickt habe. Und sprach von Benjamin, der nun allein bei dem Vater sei. Und daß sie keinen aus ihrer Mitte verkaufen würden, und keiner sei ein Späher irgendeines Königs. Dann sprach Ruben unter Tränen: »O mein Herr, das ertrüge unser alter Vater nicht, wenn wir einen aus unserer Mitte preisgäben. Denn vor nunmehr — ach, es sind fast fünfzehn Jahre vergangen, da hat unser Vater einen seiner Söhne verloren und wir unsern Bruder. Seit der Zeit hat unser Vater nicht mehr gelacht. Laß uns darum alle zu unserm Vater und zu unserm jüngsten Bruder zurückkehren, damit der alte Mann nicht vor Hunger und Trauer sterbe.«

Darauf antwortete Joseph: »Ihr gebärdet euch wie brave Söhne und einander liebende Brüder. Doch ihr lügt. Und ihr habt gar keinen Bruder, der euch verlorenging, und keinen, der noch beim Vater ist. Wollt ihr mich aber überzeugen, daß ihr die Wahrheit gesagt habt, so schickt einen aus eurer Schar nach Kanaan, er soll mir den kleinen Bruder mitbringen. Denkt nun darüber nach, wen ihr als Boten auswählt und zu eurem Vater schickt. Ihr habt Zeit, denn ich lasse euch für drei Tage ins Gefängnis werfen.«

Und Joseph ließ seine Brüder abführen. Am dritten Tag standen sie wieder vor ihm. Ohne Umschweife sagte Joseph: »Wollt ihr leben, so tut, wie ich euch gesagt habe. Wenn ihr wirklich redliche Leute seid, bleibt ihr im Gefängnis und schickt einen, der mir den kleinen Bruder bringt, damit ich sehe, was an eurer Rede wahr ist.« Da blickten die Brüder einer den andern mit verzweifelten Augen an, und einer sagte: »Das ist die Antwort Gottes!« Und sie redeten und seufzten durcheinander und ahnten nicht, daß der ›Ernährer des Volkes‹, der mit ihnen durch einen Dolmetscher sprach, jedes ihrer Worte verstand.

Joseph wandte sich ab, verließ den Saal und weinte. Dann wusch er sein Gesicht, hieß den Schminkmeister neue Farbe auftragen, kam zurück, wies auf Simeon, den schlimmsten unter den Brüdern, ließ ihn binden und ins Gefängnis abführen. Den übrigen ließ er die Säcke füllen, gab ihnen auch noch eine schöne Wegzehrung mit und entließ sie.

Nach einigen Wochen waren sie wieder daheim im Hain Mamre. Sie erzählten ihrem Vater alles, was ihnen im Ägypterland geschehen war. Als Jakob aber vernahm, daß sie mit Benjamin nach Ägypten zurückkehren wollten, rief er: »Ihr beraubt mich meiner Kinder! Joseph ist nicht mehr, Simeon liegt im Gefängnis — und nun soll ich auch noch Benjamin mitgeben. Soll denn das Leid wie ein Meer über mich hingehn?«

Die Teuerung aber drückte weiter auf das Land. Als das Getreide aus Ägypten aufgezehrt war, sagte Jakob zu seinen Söhnen: »Ihr müßt noch einmal hinabziehen und Korn kaufen — auch wegen Simeon.« Da antwortete Juda: »Wir ziehen hinab, aber nur, wenn du uns Benjamin mitgibst. Der Mann, der über den Hunger herrscht, ist hart. Er hat beim Abschied gesagt: Ihr sollt in ganz Ägypten kein Korn kaufen können, es wäre denn bei mir. Ihr erhaltet aber nicht eine Handvoll, wenn ihr mir nicht euren Bruder mitbringt. Denn ich will sehen, ob ihr ehrliche Leute seid oder Lügner.«

Endlich ließ sich Jakob umstimmen. Er befahl seinen Söhnen, dem Mann, der Benjamin sehen wollte und Simeon ins Gefängnis warf, Geschenke mitzunehmen: Balsam und Honig, daß er milde gestimmt werde, und auch Myrrhen, Datteln und Mandeln. Jakob führte Benjamin zu ihnen, übergab ihn in Judas und Rubens Obhut und sprach zum Abschied: »Ziehet hin! Gott erweise uns Barmherzigkeit und stimme das Herz dieses harten Mannes um, daß er Benjamin freundlich sei und Simeon aus seinen Banden befreie. Mir aber ergeht es wie einem, der einmal Kinder hatte und dann werden ihm alle genommen.«

Sie zogen hinab nach Ägypten, nahmen den Weg nach Heliopolis und traten in das Haus Josephs. Der Hausverwalter empfing sie freundlich, und bald ließ er Simeon aus dem Gefängnis zu ihnen führen. Sie aber breiteten ihre Geschenke aus für den Herrn des Hauses. Als Joseph nun kam, fielen die Brüder vor ihm nieder. Er fragte sie durch den Dolmetscher nach ihrem Vater, ob es ihm wohl ergehe in dieser Zeit der Teuerung. Während er das sprach und der Dolmetscher übersetzte, blickte er umher. Da entdeckte er ihn, den seine Augen suchten. Er fragte: »Ist das euer jüngster Bruder, von dem ihr mir gesprochen habt?« Und Joseph näherte sich Benjamin. Auf einmal sagte er in der Sprache Kanaans: »Gott sei dir huldvoll«, doch da versagte ihm die Stimme, er wandte sich auf dem Fuß um und eilte hinaus.

Als er aufs neue vor ihnen erschien, sah er wieder streng und verschlossen aus. Joseph gab dem Hausmeister das Zeichen zum Auftragen. Die Brüder wurden in den anstoßenden Saal geführt. Sie wunderten sich, daß dort ein großer Tisch stand, bedeckt mit Schüsseln, Krügen und Blumen. Joseph lud sie mit stummer Gebärde zum Sitzen ein. Er setzte Benjamin auf den Platz sich gegenüber, darauf ließ Juda sich neben Benjamin nieder. Den übrigen wies Joseph ihren Platz nach ihrem Alter an. Darüber wunderten sich die Brüder noch mehr. Sie hielten Joseph für einen Zauberer. Die Diener trugen auf, Fische und Fleisch und Brot. Aber erst als Joseph den Brüdern einige Male zugetrunken hatte, schwand ihre große Schüchternheit. Joseph nahm von seinem Teller die besten Brocken und legte sie auf Benjamins Teller. Aber er tat es mit abwesender Miene. Die Brüder wurden vom Wein immer fröhlicher, lachten und sangen. Die meisten wußten gar nicht mehr, bei wem sie zu Gast waren. Joseph aber betrachtete sie einen um den andern, den Juda und Benjamin aber am genauesten. Juda trank nicht viel. Als Benjamin begann, zu große Schlucke zu nehmen, nahm ihm Juda den Becher weg und trank ihn selber leer. Joseph aber dachte bei sich: Kein Wahrsager blickt in des Menschen Herz. Ich muß sie prüfen und erfahren, wer sie sind, bevor sie wissen, wer ich bin. Und Joseph befahl dem Haushalter, als die Brüder lärmend und glücklich aufbrachen, er solle den Männern die Säcke mit Korn füllen. »In den Sack des Jüngsten aber«, so ordnete Joseph an, »lege meinen silbernen Becher obenauf.« Der Haushalter tat, wie ihm befohlen wurde.

Als der Morgen über der ausgebrannten Ebene graute, ritten die Brüder auf ihren Eseln davon. Sie waren noch kaum aus der Stadt hinaus, da galoppierten Lanzenreiter hinter ihnen drein, umzingelten sie und brachten den kleinen Haufen von Männern und Eseln in das Haus des ›Ernährers des Volkes‹ zurück. Im großen Saal aber stand Joseph und blickte auf sie mit harter Miene. Er gebot, die Säcke der Brüder hereinzubringen, einen um den andern. Als der letzte Sack gebracht wurde, fragte Joseph: »Das wäre also der Sack des elften Sohnes?« Die Brüder waren so verwirrt und gespannt, daß sie nichts antworteten. Da herrschte sie Joseph an: »Warum antwortet ihr mir nicht? Ist das der Sack des elften oder des zwölften Sohnes eures Vaters? Beim Leben des Pharao, ich will die Wahrheit wissen.« Da verneigte sich Ruben und sagte: »Es ist der Sack des zwölften Sohnes unseres Vaters.« — »Und wo ist der elfte Sohn?« fragte Joseph und trat einen Schritt auf sie zu. »Er lebt nicht mehr«, antwortete Ruben. Da befahl Joseph, den Kornsack, der vor Benjamin stand, zu öffnen. Er griff hinein und zog seinen silbernen Becher hervor und hielt ihn in die Höhe, die Brüder seufzten alle wie ein Mann auf. Joseph sagte: »Mein Becher! Einer von euch hat den Becher gestohlen und ihn, um sicherzugehen, nicht in den eigenen, sondern in den

Sack des Jüngsten gesteckt. Denn ihr seid Lügner und Betrüger und habt die Seele eures jüngsten Bruders nicht lieb. Der Dieb wußte, daß der, bei dem der Becher gefunden wird, sterben muß. Ich will aber das Leben eures jüngsten Bruders schonen, wenn der Dieb, der unter euch ist, die Wahrheit eingesteht. Er möge dann am Galgen hängen statt seines kleinen unschuldigen Bruders.« Da nun Joseph die Gesichter seiner Brüder betrachtete und wartete, trat Juda auf ihn zu, warf sich vor ihm nieder und sprach: »Nimm mein Leben für das meines Bruders. Du weißt, wir haben es dir nicht vorenthalten: Unser Vater ist alt und wollte Benjamin, seinen Jüngsten, nicht mit uns gehen lassen. Er hat schon einen Sohn verloren. Wenn nun Benjamin nicht wiederkehrt, wird der alte Mann vor Leid in die Grube fahren. Und ich habe die Schuld, denn ich habe mich meinem Vater für das Leben und das Wohl Benjamins verbürgt.«

Da schickte Joseph alle Ägypter und auch den Dolmetscher hinaus und fragte plötzlich in ihrer Sprache: »Was ist mit dem elften Sohn?« Juda antwortete: »Wir wissen es nicht.« Joseph sagte nun: »Du weißt es, so gewiß, wie du weißt, daß du den Becher nicht gestohlen hast.«

Da umschlang Juda die Füße des strengen Mannes und schrie auf: »Ich habe meinen Bruder Joseph, so hieß der elfte Sohn unseres Vaters, an Handelsleute, die nach Ägypten reisten, verkauft!«

»Ja, Juda«, rief Joseph nun laut, »damit ihn deine Brüder nicht töteten — oder in der Grube verhungern ließen!« Und er breitete nun weit seine Arme und begann zu weinen. Das Weinen verschlang seine Worte. Die Ägypter draußen im Vorraum hörten es und wunderten sich. Die Brüder vor den Säcken blickten den ›Ernährer des Volkes‹, den ersten Mann neben Pharao, an, den Strengen, Unbegreiflichen, schier Allwissenden, der nun weinte. Und sie vermochten nicht, die Wimpern zu rühren, und hatten vergessen zu atmen.

Endlich rief der in Purpur und Byssus Gekleidete und breitete noch einmal seine Arme: »Tretet her zu mir, näher, noch näher, seht ihr's denn nicht: Ich bin Joseph, euer Bruder!« Statt näher zu kommen, wichen sie zurück, nur Benjamin war auf Joseph langsam zugetreten. Und Joseph rief: »Fürchtet euch nicht! Ich habe euch geprüft. Gott hat eure Herzenshärte und alle Nichtigkeit eurer Gedanken genommen — und daraus hat er diesen Tag gemacht. Er hat mich vor euch hergesandt, damit ich das Leben der Söhne Israels vom Hunger errette.« Und Joseph fiel seinem Bruder Benjamin um den Hals und herzte und küßte alle seine Brüder. Endlich wagten sie es, mit ihm zu sprechen. Juda aber stand da und konnte kein Wort hervorbringen. Als ihm die Sprache wiedergekommen war, wiederholte er immer wieder: »Wie ist das? Wir haben Böses getan, Gott hat es verwandelt, und nun ist das Böse gut.«

Als die Nachricht zu Pharao kam, daß Josephs Brüder aus Kanaan gekommen seien, freute er sich mit seinem ganzen Haus. Joseph schickte seine

Brüder eilends auf den Heimweg, damit sie den Vater und all die Seinen nach Ägypten holten. Er sprach: »Die Teuerung dauert noch fünf Jahre, mein Vater und sein Haus aber sollen essen vom Mark des Landes.« Er gab ihnen Wagen und Lasttiere und reichliche Zehrung mit auf den Weg und einem jeden ein Feiertagskleid. Benjamin aber gab er fünf und dazu dreihundert Silberlinge. Und schickte seinem Vater Geschenke auf zehn Eselinnen. Also ließ er seine Brüder ziehen. Als sie davonritten, rief er ihnen nach: »Und zankt euch nicht auf dem Weg!«

Die Brüder hatten Eile, nach Hebron zu kommen, und reisten Tag und Nacht. Als sie unter den Eichen im Hain Mamre einzogen, sangen sie Lieder. Jakob trat über die Schwelle seines Hauses und lauschte ihnen entgegen. Kaum waren sie so nahe, daß er sie hören konnte, riefen sie alle und riefen es immer wieder: »Singe, Israel, dein Sohn Joseph lebt!« Sie drangen auf den Vater ein, und ein jeder rief es ihm ins Ohr, so daß der alte Mann nur langsam verstand. Als er es endlich begriffen hatte, daß Joseph lebe, daß er der Freund des Königs von Ägypten sei und der ›Ernährer des Volkes‹, daß er wie der König geehrt werde, daß ganz Ägypten ihm gehorche, daß er in einem Hause wohne, wie es keines in ganz Kanaan gebe, daß er Frauen und Söhne habe und Dienerschaft und Wagen und Gold und Edelsteine, da hob Jakob seine Hand und rief: »Schweigt still! Mein Joseph lebt, das ist mir genug. Und ich mache mich auf, so alt ich auch bin, und will ihn sehen, eh ich sterbe.«

Auf der Reise gegen Süden kam Jakob nach Beer-Seba, wo sein Vater Isaak gelebt hatte. Jakob ließ einen Altar errichten und opferte dem Gott seines Vaters. In der Nacht darauf hörte Jakob im Traum die Stimme, die er kannte. Sie rief ihn beim Namen, und er spürte, wie neue Zuversicht seine alten Glieder durchlief. Die Stimme war in ihm, und wohin er ging, sie blieb bei ihm. Sie führte ihn in diesen Wochen nach Ägypten, ihn und sein Haus. Dort wartete Joseph, der für sie alle in dieser Zeit des Hungers den Tisch gedeckt hatte. Joseph wird seine Hände auf die müd gewordenen Augen des Vaters legen, und die Stimme würde eines Tages ihn und sein Haus wieder zurückführen in das Land, das Abraham und seinen Kindern versprochen war.

Am andern Morgen wunderten sich die Söhne, wie Jakob ohne Hilfe aus seinem Zelt heraustrat und heiter in den Himmel hinaufblickte. Als die kleine Karawane aufgebrochen war, fielen die Geier aus der Luft und verschlangen alles, was die Rastenden zurückgelassen hatten. Selbst der Altar, auf dem Jakob geopfert hatte, war hernach gereinigt von allen Resten und Knochen. Beer-Seba lag so unberührt und still da wie zu der Zeit, als Isaak mit Rebekka an dieser Stätte ankam und sie sich zum Wohnsitz erkor.

Die letzten Patriarchen

Jakob sandte Juda vor sich her. Joseph spannte seinen Wagen an und fuhr seinem Vater entgegen. Als er ihn erblickte, sprang er vom Wagen, lief ihm entgegen, fiel ihm um den Hals und weinte lange. Da sprach Jakob zu Joseph: »Nun will ich ruhig sterben, nachdem ich dich wiedergesehen und dein Gesicht in meinen Händen gehalten habe.«

Joseph erbat sich vom Pharao Wohnplätze für seine Brüder in Gosen, damit sie getrennt von den Ägyptern wohnen könnten, denn diesen war das Geschäft eines Viehhirten ein Greuel. Und Pharao erfüllte Josephs Bitte. Er ließ auch Josephs Brüder vor seinen Thron kommen und erwies sich ihnen gnädig. Dann brachte Joseph auch seinen alten Vater herein und stellte ihn vor Pharao. Israel erhob seine Hände und segnete den König von Ägypten. Pharao fragte nun, wie alt Jakob sei. Der Patriarch, der von Joseph gestützt dastand, legte sein Haupt zurück an die Brust seines Sohnes, öffnete weit seine dunkel gewordenen Augen und sprach: »Meine Wallfahrt dauert nun hundertunddreißig Jahre, eine kurze Zeit, und sie reicht nicht an die Dauer der Wallfahrt meiner Väter. Aber sie genügt mir, denn mein Weg ging durch Irrtum, Angst und Not, durch meine Sünden und die Sünden meiner Söhne. Aber Gott schickte uns Joseph, der uns stützt.« Noch einmal erhob Israel seine Hände, dankte Pharao und ging, in Josephs und Judas Armen hängend, hinaus. Und Israel wohnte mit seinem Haus im fruchtbaren Land Gosen, das ihm Pharao zum Besitz gegeben hatte. Joseph versorgte sie mit Brot und allem, dessen sie bedurften. Die Teuerung hielt noch jahrelang an. Die Ägypter kauften beim Pharao Brot zuerst gegen Geld, dann tauschten sie ihr Vieh gegen Brot ein, darauf ihre Äcker. Und als die schweren Zeiten vorüber waren, arbeiteten die Ägypter auf ihren Feldern, die sie vor der schlimmen Zeit als ihr Eigentum besessen hatten, als Zinsbauern des Pharao und zahlten ihm den fünften Teil von jeglicher Ernte. Die Priester jedoch hatten hinreichend Mittel, sich das Brot zur Zeit der Teuerung zu kaufen, oder sie erhielten es von Pharao umsonst, und sie blieben im Besitz ihrer Felder und brauchten dem König nicht zu zinsen.

Die hochangesehenen und gelehrten Männer, welche fast alle Priester der zahlreichen Götter des Reiches waren, erkannten nun endlich Josephs Traumdeutung an. Aber auch die unfrei gewordenen Bauern priesen Joseph, daß sie durch seine Vorhersicht und strenge Sorge vor dem Hungertod bewahrt worden waren. Sie verstanden, daß es gut sei, dem Pharao den fünften Teil zu geben, damit jedes Jahr künftig der Überfluß gehortet werde. Die Bauern sahen auch, daß von nun an die Beamten des Königs die Hauptbewässerungsanlagen stets überprüften und ausbesserten. Und sie bemerkten zu ihrer Freude, daß in den folgenden Jahren die Zahlmeister des Königs die Preise für das Korn festsetzten und sie in weniger fruchtbaren Jahren durch den Verkauf des gehorteten Korns gegen den Wucher verteidigten. Das aber war das Werk des ›Ernährers des Volkes‹, welcher mit der Fülle die Not bekämpfte und aus der Not jene Ordnung gefunden hatte, die vor dem Zufall und dem Hunger und der Gesetzlosigkeit nicht nur die Reichen, sondern alle bewahrte.

Jakob lebte noch siebzehn Jahre unter den Seinen. Er kannte die Namen seiner Enkel nicht mehr alle, so viele waren es geworden. Er hörte ihre Stimmen von fern und gedachte der Verheißung seines Gottes und lächelte wieder. Da er nun die Stunde des Abschieds näher kommen spürte, ließ er Joseph zu sich rufen und sprach lange mit ihm. Er bat ihn, er solle ihm die Hand unter die Hüfte legen und ihm schwören, seinen Leib nicht im fremden Land zu begraben. »Ich will liegen«, so sprach er, »bei meinen Vätern in der zwiefachen Höhle des Ackers, den Abraham, unser Vater, gekauft hat von dem Hethiter Ephron. Also tragt meinen toten Leib hinauf gen Hebron, und laßt mich liegen neben Rebekka, meiner Mutter.« Und Israel erhob seine Hände und segnete Joseph und dessen Söhne, zuerst den zweitgeborenen Ephraim und dann den erstgeborenen, Manasse. Und er änderte seinen Segen nicht, wie auch Isaak ihn nicht geändert hatte. Israel segnete alle seine Söhne, einen jeden mit einem eigenen Segen. Seine Segensworte aber waren so dunkel, daß die Gesegneten ihr ganzes künftiges Leben darüber nachzudenken genötigt blieben. Israel hatte nichts vergessen von allem, was ihm von einigen seiner Söhne widerfahren war. Aber sein Fluch traf nur ihre Taten. Als nun Juda vor Israels Lager trat, da jubelte die Stimme des Sterbenden: »Juda, du bist's! Dich werden deine Brüder loben. Deine Hand wird deinen Feinden auf dem Nacken liegen, und vor dir werden sich deines Vaters Kinder neigen. Juda ist ein junger Löwe. Es wird das Zepter von Juda nicht fortgenommen werden noch der Stab des Herrschers neben seinen Füßen, bis daß der Held kommt. Diesem aber werden die Völker anhangen.« Und weiter segnete Israel, segnete Sohn um Sohn und sah mit seinen dunkel gewordenen Augen über das Haupt des Gesegneten in die Zukunft und versuchte, was er sah, in Worte zu kleiden. Vor den Zuhörenden stieg aus den Worten des Schauenden das Land der Verheißung: der Meeresstrand bis hinauf gen Sidon, die Berge, die Städte, die Einöde, die Löwin und der Wolf und die knochigen Esel, der Weinstock und die berauschten Augen, die Wälder und Blumen, die Morgenröte, das Land und die Lust, darin zu leben; aber auch die Schlange auf dem Felsen und das Pferd, das von ihr gebissen wird — und der Reiter, der aus dem Sattel herabstürzt. Israel segnete, bis seine Hand auf dem Haupt Benjamins lag und vom Segnen erschöpft war und von den drängenden Gesichten.

Da tat Jakob seine Füße zusammen auf dem Bett, auf dem er lag, und verschied und ward versammelt zu seinen Vätern. Joseph fiel über seines Vaters Angesicht, küßte es und weinte über ihn. Und er befahl seinen Ärzten, den Leib seines Vaters einzubalsamieren. Das dauerte vierzig Tage. Man trauerte um Israel siebzig Tage im ganzen Land. Dann zog Joseph mit seinen

Brüdern und seinem ägyptischen Gesinde hinauf nach Kanaan, es war ein großes Heer. An der Tenne Atad jenseits des Jordans hielten die Ägypter dem Verstorbenen die Totenklage, die dauerte sieben Tage. Daher heißt der Ort noch heute ›Klageort der Ägypter‹.

Und sie setzten Jakobs Mumie in Mamre bei. Joseph zog mit seinen Brüdern und dem Gesinde wieder nach Ägypten zurück. Nun begannen die Brüder, sich aufs neue vor Joseph zu fürchten. Sie kamen zu ihm, fielen vor ihm nieder, boten sich ihm als seine Knechte an und sprachen: »Vergib uns, um unseres Vaters willen!« Joseph aber blickte sie kopfschüttelnd an und sprach: »Ich weiß nicht, was ihr wollt. Selbst wenn ich euch haßte, ich stehe unter Gott! Er hat mich vor euch groß gemacht, damit ich euer Retter sei.« Und er tröstete sie und redete freundlich mit ihnen.

Joseph wohnte weiter in Heliopolis, die Brüder aber lebten als Viehzüchter im Land Gosen. Joseph sah noch seiner Söhne Kinder. Er kam als erster seiner Brüder zum Sterben und bestellte sie an sein Lager und nahm einen Eid von ihnen, daß sie seinen Leib mitnähmen, wenn sie Ägypten verließen. »Denn«, so sprach Joseph, »der Gott unserer Väter wird euch heimführen in das Land, das er Abraham, Isaak und Jakob versprochen hat.« Also starb Joseph, er war hundertundzehn Jahre alt. Sein Gesinde ließ ihn einbalsamieren. Die Brüder führten seine Lade mit sich in das Land Gosen und bewahrten sie für den Tag der Heimkehr.

Die Fleischtöpfe Ägyptens

Dreihundert Jahre und mehr waren seit jener Zeit der Teuerung vergangen, da die Kinder Israel nach Ägypten gekommen waren. Aus dem Haufen Viehzüchter im Lande Gosen war ein Volk geworden. An ihre Herkunft wurden sie nur noch durch die Sprache und die Namen der Väter erinnert, nach denen die Stämme sich nannten und unterschieden. Aber von dem Land, aus dem die Patriarchen Jakob und Joseph und die Väter gekommen waren, wußten sie wenig. Zwar hielten die Kinder Israel noch an alten Gebräuchen fest, aber die Erinnerung versank um so schneller, als sie in der Fülle lebten. Das Land war fruchtbar, die Herden wuchsen. Die Ägypter kamen zu ihnen und kauften im Lande Gosen Schlachtvieh und Wolle und Ziegelsteine, die aus dem Nilschlamm gestochen wurden. Die Ägypter nannten die Kinder Israel die Hebräer in Gosen. Aber wiewohl sie mit ihnen Handel trieben und die sprossende Kraft dieses Volkes erkannten, hielten sie sich von ihnen fern und blickten auf sie als auf Fremde herab. Die Ägypter verstanden nichts von den Hebräern, sie kannten nicht ihre Religion, nicht ihre Bräuche und nicht ihre Gesetze, die im Bundesbuch niedergelegt waren. Viele der Hebräer hatten sich den Göttern, vor allem dem Stiergott, zugewandt, andre hingegen eiferten gegen die Verehrung der Götter. Die Unsterblichkeit des Menschen und das jenseitige Leben schienen den Hebräern gleichgültig zu sein. Sie kannten das Totenreich nicht, und so begruben sie ihre Toten, ohne seiner eingedenk zu sein, einfach in der Erde, wie man in Ägypten die Sklaven, Bettler und Hunde begrub.

Unter den Israeliten fanden sich aber auch Männer, in denen die Überlieferung weiterlebte. Sie beklagten den Götzendienst und verkündeten den Gott, der Himmel und Erde gemacht hat und mit Abraham, Isaak und Jakob seinen Bund geschlossen hatte. Sie sprachen von Kanaan als dem Land der Verheißung, sie priesen es als das Land, das von Milch und Honig fließt, und nannten es ihre wahre Heimat. Aber wenn dann einer der Alten die Forderung aufstellte, daß das Volk Israel eines nahen Tages nach Kanaan zurückkehren müsse, lachten die meisten der Zuhörer aus vollem Hals. Man pflegte jenen Männern, die von Kanaan sprachen, auch zu antworten: »Ziehet dahin in Frieden! Wenn euch die Fleischtöpfe Ägyptens nicht mehr munden, versucht's mit Milch und Honig in Kanaan!« Solche Reden führten die Kinder Israel, weil es ihnen im Lande Gosen so wohl erging. Das Land der Verheißung war für sie eine Fabel geworden.

Da bestieg ein neuer König den Thron von Ägypten. Er erinnerte sich ebensowenig wie seine Vorfahren an Joseph und seine Verdienste, sondern wußte nur, daß es da dieses fremde Volk von Viehzüchtern im Lande Gosen gab. Er schickte seine Rechenmeister hin und ließ es zählen. Als er das Ergebnis vernahm, erschrak der König: Dies Volk vermehrte sich viel schneller als die Ägypter. Der König dachte bei sich: Wenn jetzt ein Krieg käme und diese Fremden sich zu unseren Feinden schlügen, so stünde die Grenze offen. Und die Hebräer könnten sogar wider uns streiten. Als ihm darauf seine Beamten rieten, die Hebräer aus Ägypten auszutreiben, lachte der König: »Ihr Toren! Ich werde doch nicht so viel Volk der Wüste schenken, wenn ich mir daraus einen starken und ewigen Bestand von Sklaven heranziehen kann.« Und der König nahm den Kindern Israel über Nacht allen Bodenbesitz ab und setzte Fronvögte ein. Diese ernannten ägyptische und hebräische Amtsleute. So kam das Land Gosen in die Hand des Pharao. Jeder Hebräer wurde zum leibeigenen Knecht des Königs. Und die Ägypter preßten die Kinder Israel zu jeglichem Dienst. Auf den Feldern, in den Ziegeleien und in den Fabriken, wo Töpfe und Krüge hergestellt wurden, standen hinter den Kindern Israel, hinter Männern und Frauen, die Amtsleute der Fronvögte mit Peitschen und Rechentafeln. Und der König war sehr zufrieden, seine Schatzkammern füllten sich. Als aber seine Rechenmeister das Volk wieder einmal zählten, erschrak Pharao aufs neue: Diese Hebräer vermehrten sich im selben Maß, als sie bedrückt wurden. Da schickte der König ägyptische Hebammen nach Gosen und befahl ihnen, jedes männliche Kind nach der Geburt zu töten. Diese Frauen aber, die dem Leben und nicht dem Tode helfen wollten, umgingen den Befehl und ließen Pharao wissen: »Die hebräischen Mütter sind nicht wie die ägyptischen. Es sind starke Frauen, und ehe wir bei ihnen sind, haben sie geboren.« Der König erließ darauf den Befehl: »Alle Söhne der Hebräer sind sofort nach der Geburt ins Wasser zu werfen. Jeder, der diesem Befehl zuwiderhandelt, büßt es mit dem Tod.«

Der Sohn aus dem Nil

In dieser Zeit wurde einem Mann aus dem Stamm Levi ein Söhnchen geboren. Die Mutter sah, daß es ein schönes Kind war. Und sie verbarg den Säugling durch drei Monate. Aber das Kind schrie, und die ägyptischen Aufpasser schlichen bei Tag und Nacht zwischen den Häusern umher. Da die Mutter das Knäblein also nicht länger verbergen konnte, machte sie ein Kästchen aus Schilfrohr, verklebte es mit Erdharz, legte das Kind hinein und setzte das Kästchen in das Schilf des Nils. Die Mutter stellte ihre kleine Tochter in die Nachbarschaft des Kästchens, sie sollte achtgeben, was weiter geschah.

An diesem Morgen kam die Tochter des Pharao, der zu dieser Zeit in Heliopolis wohnte, zum Nil und wollte ein Bad nehmen. Die Jungfrauen ihrer Begleitung gingen im Wasser am Ufer entlang, und — leise — hörten sie die kleine Stimme im Schilfkästchen. Sie gingen dem weinenden Stimmchen nach, fanden das Kästchen und brachten es der Prinzessin. Wie sie es nun aufmachte, sah sie das Kindchen, das seine Fäustchen in den Mund steckte und vor sich hin wimmerte. Die Prinzessin beugte sich über das Kind, der Anblick jammerte sie. »Das ist eins der hebräischen Kinder«, sagte sie. Da trat die Schwester des ausgesetzten Kindes näher und fragte: »Soll ich hingehen und eine hebräische Frau rufen, die Milch hat und das Kind stillen könnte?« Die Tochter des Pharao nickte eifrig, ohne einen Blick von dem Knäblein zu lassen. Die Schwester des Kindchens ging hin und rief ihre Mutter. Sie kam herbei. Die Prinzessin sagte zu ihr: »Tu mir etwas, das ich dir lohnen will. Nimm dieses Kind zu dir und stille es so lange, als es der Brust bedarf.« Die Mutter nahm das Kind und tat, als wäre es ein fremdes. Als das Kind entwöhnt war, brachte sie es der Prinzessin. Und das Kind der Hebräerin wurde ihr Sohn, die Prinzessin nannte ihn Mose, »denn«, so sprach sie, »es ist mein Sohn, den ich aus dem Wasser zog«. Die neue Mutter ließ ihren Sohn zusammen mit den Prinzen am Hof erziehen. Und Mose wuchs heran und wurde unterrichtet in der Weisheit der Ägypter. Als er zum Mann erwachsen war, ritt er manchmal allein übers Land. Immer häufiger suchte er die Orte auf, wo die Hebräer ihren Frondienst leisteten. Denn Mose hatte erfahren, daß er einer der Ihren war. Er sah die Greuel, die an seinem Volk verübt wurden, spürte die Schande auf seinen Wangen.

Eines Tages, als er sah, wie ein Ägypter einen Hebräer auspeitschte, blickte er sich nach allen Seiten um, näherte sich leise und erschlug den Ägypter mit dem bleibeschwerten Knauf seines Stockes. Den Hebräer band er los. Der Ausgepeitschte lief fort, ohne sich umzublicken. Er fürchtete sich vor Mose, der noch feiner als der oberste Fronvogt gekleidet war.

Mose stand vor dem toten Ägypter, und er verscharrte ihn im Sand. An einem der nächsten Tage sah Mose, wie zwei hebräische Männer miteinander rauften. Mose rief ihnen zu: »Dieser Anblick ist den Ägyptern eine Lust. Warum laßt ihr die Wut eurer Verzweiflung aneinander aus? Ihr seid doch Brüder!« Da rief der eine, der wie ein grober Schläger aussah: »Wer hat dich als Richter über uns gesetzt? Willst du auch mich mit dem Stock erschlagen, wie du's mit dem Ägypter gemacht hast?« Mose blickte sich um, ob ein Ägypter in der Nähe sei, stieg auf sein Maultier und ritt davon. Er bemerkte an diesem Tage, daß zwei Aufpasser des Königs ihm folgten. Da täuschte er sie und floh in der folgenden Nacht mit einem Schiff der Prinzessin und verbarg sich im Gebirge von Midian jenseits des Roten Meeres.

Dort wohnte er in einer Höhle in der Nähe eines Brunnens. Täglich kamen die sieben Töchter des Priesters Jethro herab zum Brunnen, um ihre Schafe zu tränken. Die Mädchen schöpften Wasser und gossen es in lange, steinerne Rinnen. Einige Hirten, die beinahe jeden Tag um dieselbe Zeit erschienen, störten die Mädchen bei ihrer Arbeit. Mose ergrimmte, daß nicht einmal hier, in der Einsamkeit der Berge, Friede herrschte. Und er kam mit seinem Stock aus seiner Höhle hervor, schlug drein und schrie, verjagte die Hirten und half den Mädchen. An diesem Tag kamen sie früher nach Hause. Das bemerkte ihr Vater und fragte sie nach dem Grund. Da erzählten die Mädchen, wie ein fremder, schöner, starker Mann, der seiner Kleidung nach aus Ägypten stammen müsse, sie gegen die Hirten in Schutz genommen habe. Jethro schickte nun eine der Töchter zu dem Mann in der Höhle, um ihn einzuladen, daß er mit ihnen esse. Mose folgte dem Mädchen. Unterwegs redeten sie miteinander. Er erfuhr, daß sie Zippora hieß. Und Jethro gab Mose die Zippora zur Frau. Als sie ihm einen Sohn gebar, nannte Mose ihn Gersom, um mit dem Namen anzudeuten, daß er ein Fremdling geworden sei im fremden Land. Denn auch für Mose war Ägypten die Heimat.

Viele Jahre später vernahm Mose von ägyptischen Bergleuten, die im Gebirge nach Kupfer suchten, daß Pharao gestorben sei. Aber die Erzählungen der Ägypter besagten, daß sich an der Lage seines Volkes Israel nichts geändert hatte. Die ägyptischen Bergleute hielten Mose für einen Midianiter, der in Ägypten im Heer des Pharao gedient hatte. Über die Hebräer sprachen sie wie über Maultiere, die man reitet, solange sie kräftig sind, und schlachtet, wenn sie das Futter nicht mehr verdienen. Mose hörte ihnen zu, aber er wurde nicht einmal mehr zornig. Die Berge hatten mit ihrem Licht und ihrem Schweigen seine Seele besänftigt. Wenn er aber an sein Volk in

Ägypten dachte, wurde er so traurig, daß er nicht weiterdenken mochte. Es waren nun fast vierhundert Jahre vergangen, seit Jakob mit seinen Söhnen nach Ägypten gekommen war, seit Joseph neben dem Pharao geherrscht hatte. Und diese vierhundert Jahre standen wie Berge zwischen dem Volk Israel und seiner Berufung. Die meisten israelitischen Eltern drunten am Nil beschnitten zwar noch ihre kleinen Söhne, aber auch die Ägypter beschnitten ihre Kinder, sogar die Mädchen. Aber kein Ägypter und kein Israelit wußte mehr, warum das Messer in das Fleisch schnitt. Abraham, Israel und Jakob, die wußten, was sie taten: Sie schlossen mit Gott in diesem Blut einen Bund, der nicht mehr aufzuheben war. Aber Gott ist fern von seinem Volk. Der Bund ist vergessen. Die Verheißungen alle sind Märchen geworden. Das versprochene Land ist in der Hand der Kanaaniter und Philister, und das sind starke Völker. Also dachte Mose in seiner Einsamkeit in Midian. Und er unterließ es, seinen Sohn Gersom zu beschneiden. Er glaubte nicht mehr an den Bund und die Verheißung des Gottes seiner Väter. Auch die Sorge um sein Volk wälzte er mit den Jahren von seinem Herzen. Er war nur noch ein Hirte in Midian und zog mit den Herden Jethros hin und her und bis in die hinterste Wüste, bis zum Berg Horeb, der auch Sinai genannt wurde.

Die Hirten, die Mose halfen, ließen ihn stets allein, so wollte er es selbst. Denn Mose weidete nicht nur die Schafe, sondern auch seine Gedanken. Und die waren nicht mehr zornig und nicht mehr traurig – seines Volkes gedachte er nicht mehr.

Da erblickte er eines Morgens in der Ferne ein Feuer, mitten im Gebirge. Es konnte nicht von seinen Hirten herrühren, denn die trieben noch von drunten die Schafe herauf. So näherte er sich langsam dem Feuer. Da sah er, daß das Licht aus den Flammen heller leuchtete als in einem Feuer, wie er es kannte. Und doch war es ein Busch, der da brannte, ein großer Dornbusch. Er blickte von fern auf das Feuer. Und er bemerkte, daß der Dornbusch, der die Flammen trug, nicht von ihnen verzehrt wurde. Mose wunderte sich sehr und wollte aus der Nähe erkunden, ob er sich nicht täusche. So lief er auf den Dornbusch zu. Da hörte er, wie aus dem strengen und feierlichen Prasseln der Flammen sein Name hervordrang. »Mose, Mose!« rief es, und er antwortete: »Hier bin ich!« Und weiter sprach es aus den rauschenden Flammen: »Tritt nicht näher herzu. Zieh deine Schuhe aus. Der Boden, auf dem du stehst, ist heilig.«

Mose gehorchte. Und er hörte aus dem Dornbusch, in dem die Flammen nun stürmten, die Worte: »Ich bin der Gott deines Vaters, der Gott Abrahams, Isaaks und Jakobs.« Da brach Mose in die Knie und verhüllte sein Gesicht mit dem Mantel. Er fürchtete sich, er könnte in Gottes Angesicht schauen und davon vergehen. Die Stimme aus dem Dornbusch sprach weiter. Mose vernahm ihre Worte, die waren schwer und ganz bestimmt und unwiderstehlich. Und das war die Botschaft Gottes an Mose, den Hirten in Midian:

Gott ist seinem Volk nahe, er sieht sein Elend, sein Geschrei ist in seinem Ohr. Und der Schwur, den er Abraham geschworen, wird nun eingelöst. Gott errettet sein Volk, führt es aus dem Lande Ägypten in das Land, in dem Milch und Honig fließt. Und dies Volk, das in seinem Elend und seiner Verkommenheit seinen Peinigern ein Greuel ist, dies Volk wird allein vom Wort Gottes aufgerichtet.

Diese Worte aus dem Dornbusch hatte Mose in seinem Herzen begierig aufgenommen. Doch da sprach die Stimme: »So geh nun hin, du bist es, der mein Volk aufrichten soll. Geh zu Pharao und verkünde, daß ich durch dich mein Volk aus Ägypten wegführe.«

Mose warf sich, der Länge nach ausgestreckt, auf den Boden. Er stellte sich tot. Aber er hörte die Flammen weitersprechen. Da rief er: »Wer bin ich, daß ich zu Pharao gehen soll!« Und es antwortete aus dem Dornbusch: »Du bist meine Stimme und meine Hand!« Mose klagte: »Ich kenne dich doch nicht, und doch weiß ich schon: Ich bin zu gering vor dir! Dein Volk, es wird mich fragen: Was ist das für ein Gott, der so zu dir aus dem Dornbusch sprach. Sie werden fragen: Wie heißt er? Und ich kann ihnen keine Antwort geben, denn ich weiß es ja selbst nicht!«

Da wurde es still im Dornbusch, die Flammen sprachen nicht mehr. Mose wollte sehen, ob das Feuer erloschen sei. Wie er nun einen Augenblick die Augen erhob, da stand der ganze Berg Horeb in Feuer. Statt der Flammen flackerten lautlose Blitze. Der steinige Boden unter Moses Händen und Knien zitterte wie das Fell der Rinder, wenn der Tau auf sie fällt. Und Mose hörte eine leise Stimme, die war nicht wie die eines Menschen. Sie fiel herab und stieg hinauf, sie war sehr alt und sehr jung, sehr nah und sehr fern, wie Feuer und Eis in einem. Und die Stimme sprach, als hätte sie immer schon gesprochen und als hörte sie nie auf, dasselbe zu sagen: »Ich bin, ja, ich bin!« Mose zitterte wie der Erdboden, auf dem er lag. Und er versprach, daß er den Kindern Israel diesen Namen verkünden wolle, den Namen dessen, der aus sich selbst ist.

Die Stimme erlosch, die Flammen knatterten aufs neue, Mose wagte wieder zu sprechen. Er sagte: »Wenn ich zu ihnen komme, habe ich keinen Dornbusch bei mir, und sie werden mir nicht glauben, daß du mir erschienen bist.« Die Stimme sprach: »Du Narr, der Dornbusch ist immer bei dir. Und wenn du ein Zeichen von ihm brauchst, streckst du deine Hand aus, und der brennende Busch wächst bis zum Himmel und tut dir jegliches Wunder, damit sie erkennen, was sie anders nicht wissen können: Daß ich der Herr bin und mein Volk hinausführe aus Ägypten in das Land, das ich Abraham, Isaak und Jakob versprochen habe.« Mose verstand die Worte, aber er fürchtete sich und fühlte den Auftrag wie den Berg Horeb auf seinen Schultern lasten. Er gedachte auch seiner dicken Zunge, die sich nur schwer bewegen ließ und an den Zähnen anstieß. So sprach er zu dem im Dornbusch und machte dabei seine Zunge noch ungelenker, als sie war: »Ach, mein Herr im Feuer. Hörst du denn nicht? Ich stoße ja an mit der Zunge, ich lispele. Manchmal stottere ich sogar und bin überhaupt unberedt.« Wieder prasselten die Flammen. Mose hörte die Antwort: »Wer bewegt dem Menschen die Zunge? Wer hat ihn gemacht, hörend oder taub erschaffen, sehend oder blind? Ist nicht Gott die Ursache von allem? So geh also hin. Derselbe, der dich schickt, bewegt deine Zunge.«

Mose sah ein, daß auch dieser Einwand töricht war. So lag er lange Zeit unbeweglich auf seinem Gesicht. Er wünschte, der Berg möchte herabfallen und ihn zudecken. Und er hörte der Sprache der Flammen zu, sie schienen auf seine Antwort zu warten. Da schrie Mose wie in Todesangst auf: »O mein Herr, sende, wen du willst, nur nicht mich!« Da knisterte das Feuer im Dornbusch auf, die Flammen prasselten, und Mose spürte, wie ein Sturm entstand über seinem Kopf. Und er hatte ein Gesicht. Seine Seele sah, wie ein Mann durch die Wüste herankam. Als er vor ihm stand, erkannte er ihn: Es war sein Bruder Aaron. Und Aaron, der drei Jahre älter war als Mose, verneigte sich vor ihm und sprach: »Auf, Mose, wir gehen zum Pharao. Ich bin dein Mund, und du bewegst mich, wie du selbst von Gott bewegt bist.« Und das Bild Aarons erlosch. Als Mose zu sich kam, war auch das Feuer erloschen. Der Dornbusch sah aus wie jeder andere Dornbusch. Die Schafe blökten. Die Berge schwiegen.

Da stand Mose auf, überließ die Herden den Hirten, kehrte in das Haus Jethros zurück und sprach zu ihm: »Ich muß nach Ägypten hinabgehen zu meinem Bruder.« Und er erzählte, was ihm vor dem Dornbusch geschehen war. Jethro sagte, ohne sich zu bedenken: »Geh hin in Frieden. Ich wußte, daß du nicht dein Leben lang ein Hirt von Schafen bliebest.«

Mose nahm Zippora, seine Frau, und seine Söhne mit sich. Als er unterwegs eine Herberge suchte und Zippora mit den Kindern allein auf der Straße stand, kam ein Schatten auf sie zu. Es ging gegen Abend, aber der Weg war noch hell, und der Schatten bewegte sich drohend auf Zippora zu. Aus dem Schatten hervor wurde ihr etwas Scharfes vor die Füße geworfen. Zippora sah, es war ein Messer aus Stein. Sie erschrak sehr, und als sie das Messer aufhob, erinnerte sie sich: Mose hatte seine Söhne noch nicht aufgenommen in den Bund, den Gott mit Abraham geschlossen hatte. Da nahm sie das Messer und beschnitt ihre Söhne. Als Mose zurückkam, erzählte sie ihm, was geschehen war, und bat ihn dann: »Laß mich mit meinen Söhnen nach Hause umkehren. Ich fürchte mich vor deinem Gott.« Mose sprach zu ihr: »Warte auf mich bei deinem Vater.« Er war erleichtert, daß Zippora und seine Kinder nicht bei ihm waren, denn er wußte, wie hart und gefährlich das Werk war, das auf ihn wartete.

Als Mose aus der Wüste herauskam, da begegnete ihm sein Bruder Aaron, der ihm von der Stimme Gottes entgegengeschickt worden war. Aaron verneigte sich vor ihm, Mose berichtete ihm alles, was aus dem Dornbusch hervor ihm war verkündet worden. Sie gingen hin und versammelten die Ältesten der Kinder Israel. Als das Volk hörte, daß der Herr die Kinder Israel in Gnaden angenommen und ihr Elend gesehen habe, verneigten sie sich bis zur Erde und beteten an.

Mose und Aaron vor Pharao

Mose und Aaron beschlossen, Pharao zu täuschen. Sie wollten von ihm die Erlaubnis erwirken, in der Wüste ein heiliges Volksfest zu begehen. Drei Tagereisen jenseits der Grenzen sollte der Festplatz liegen. Aber anstatt zu feiern, würde alles Volk fliehen. So gingen Mose und Aaron in das Hohe Haus des Königs von Ägypten und sprachen zu ihm: »So spricht der Herr, der Gott Israels: Laß mein Volk ziehen, daß es mir ein Fest halte in der Wüste.« Pharao antwortete: »Wer ist das, dieser Herr? Und was ist das für einer, daß ich auf seine Stimme hören müßte? Ich kenne ihn nicht. Und ich will das Volk Israel nicht ziehen lassen.« Da redete Mose mit Aaron, und der sagte zu Pharao: »Der Herr — das ist der Gott der Hebräer. Sie wollen ihm in der Wüste opfern. Du kennst ihn noch nicht, das ist wahr. Aber es könnte sein, daß du ihn erfahren wirst, wenn du ihm widerstehst.«

Da ergrimmte Pharao, jagte Mose und Aaron aus dem Palast und bürdete dem Volk Israel das Doppelte der Lasten auf. Nicht einmal das Stroh, das sie zum Ziegelstreichen brauchten, sollte ihnen künftig geliefert werden. Sie sollten es sich selber suchen, es trocknen und dann zu Häcksel verarbeiten. Aber sie hatten kein Geld, sich Stroh bei den Ägyptern zu kaufen. Darum zerstreute sich das Volk Israel über ganz Ägypten. Sogar die Kinder schnitten Stoppeln von den Feldern ab. Die Mühsal war ohne Grenzen. Und da sie die festgesetzte Anzahl von Ziegeln nicht liefern konnten, wurden die Ältesten geschlagen und ebenso die Amtsleute, wenn sie Israeliten waren. Sie schickten Abgesandte zu Pharao. Doch der wies sie ab und sagte: »Ihr geht müßig! Wie wolltet ihr sonst in die Wüste ziehen und Feste feiern?«

Als nun die Abgesandten aus dem Hohen Haus Pharaos heraustraten, begegneten ihnen auf der Treppe Mose und Aaron. Die Abgesandten schrien wider sie: »Das sind die Urheber unserer Not! Ihr habt uns stinkend gemacht vor Pharao und seinen Beamten. Unser Elend war erträglich. Da kamt ihr und drücktet Pharao das Schwert in die Hand, daß er uns abschlachte.« Aaron stritt mit ihnen, Mose erwiderte nichts. Er ging in sein Haus, schloß die Tür hinter sich und sprach zu Gott: »Siehst du, das haben sie davon, daß sie mir glaubten. Warum quälst du dieses Volk noch schlimmer, als Pharao es quälte? Warum machst du Häcksel aus uns, nachdem du uns doch erwählt hast?« Als Antwort umgab Mose wieder das Geknatter der Flammen im Dornbusch. Er hörte die feurigen Zungen zu ihm reden, neigte sich wie am Berg Horeb und ließ sich von den Flammen belehren. Er erfuhr: Der da zu ihm redete, hatte viele Gesichter und blieb doch immer derselbe, wie auch das Feuer im Dornbusch unzählige Flammen hervorbringt und wieder in sich zurücknimmt. Das Gesicht, das er Abraham und Isaak zeigte, war milde, das Gesicht des Hirten aller Dinge. Er forderte von Abraham nichts als den Glauben. Und selbst als er den Sohn zum Opfer forderte, ging es nur um den Glauben, nicht um die Gabe. Jakob aber zeigte er ein neues Gesicht. Er kümmerte sich nicht um Jakobs Betrug und seine habgierige Fruchtbarkeit. Er baute ihm die Himmelsleiter, zeigte ihm den Weg von der sichtbaren in die unsichtbare Welt. Und er freute sich an Jakobs sehnsüchtigem Mut und rang mit ihm und ließ sich von einem Menschen den Segen entreißen. Joseph aber zeigte er das Gesicht des Vaters, der die Treue seines Sohnes im Unglück vor aller Welt enthüllt und mit göttlicher Treue beantwortet. »Dir, Mose«, so sprach es aus den Flammen, »dir habe ich das Gesicht dessen gezeigt, der Feuer ist. Du bist mir nah wie der Docht der Flamme. Mein Volk aber soll steil zu mir in die Höhe aufblicken, von fern, und sie fürchten sich vor mir. Denn dies Volk, das ich mir erwählte, lag lange in Knechtschaft, es hat vor Pharao gezittert. Also will ich ihm ein Gesicht zeigen, vor dem die Macht Pharaos ein Nichts ist. Und es soll zittern vor mir, bis das Zittern der Knechtschaft in ihm vergangen ist. Darum verkündige ihm meinen neuen Namen. Sage ihm: Gott ist der Herr! Er hat seine Hand erhoben und führt euch in das Land. Wer ist Pharao? Der Herr zerschmeißt den König von Ägypten wie einen unreinen Topf, und seine Macht auf Hufen und Rädern fegt er wie Unrat ins Wasser. Darum vertraut beide von nun an nur eurem Gott und sprecht: Im Namen des Herrn!« Da erhob sich Mose und ging mit Aaron zu den Ältesten der Kinder Israel. Aber sie liefen vor ihnen davon und schrien: »Fort, fort, die Plagegeister kommen!«

Darauf gingen Mose und Aaron in das Hohe Haus des Königs und sprachen zu Pharao: »Hier sind wir. So spricht der Herr: Laß mein Volk ziehen mit aller Habe und jeder Klaue seiner Herden. Und laß mein Volk heute ziehn und nicht morgen. Entlohne es für die Zeit seiner Knechtschaft mit silbernen und goldenen Gefäßen, so viele als die hebräischen Jünglinge auf ihren Schultern tragen können.« Pharao lachte nur und sagte: »Wer ist hier der Herr, der mir befehlen kann?«

Mose sprach zu Aaron und Aaron zum König: »Der Herr, nach dem du fragst, ist der Gott, der Himmel und Erde gemacht hat. Er hätte die Macht, dich und dein Haus auf der Stelle wie Unkraut auszurotten. Aber du sollst nicht sterben, bevor du dem Herrn nicht gehorcht hast. Das Volk der Hebräer lauscht aus dem Land Gosen herüber auf jedes Wort, das du dem Herrn entgegnest, und sieht die Antwort, die der Herr dir gibt. Aber auch dein Volk wird hören und sehen, was zwischen dem Herrn und dir, dem König, geschieht.« Da lachte Pharao noch mehr und rief: »O ihr Spaßmacher! Ich muß es euch entlohnen, daß ihr mich derart zum Lachen bringt. Ihr könnt sogar zaubern, hab' ich vernommen, besser als mein Oberzauberer. Wie ist das? Zeigt mir eure Künste!« Mose und Aaron ließen den König wissen, daß sie nicht gekommen seien, um Pharao zum Lachen zu bringen. »Du wirst weinen«, rief Aaron, »wenn du die Hand des Herrn über dir spürst.« Da ergrimmte Pharao und jagte sie hinaus. »Ich lasse euch hängen, wenn ihr noch einmal den Fuß über meine Schwelle setzt«, rief er. Mose wandte sich um, und er sprach zu Aaron und Aaron zum König: »Wir halten uns an dein Wort und kommen nicht mehr zu dir. Du kannst uns jeden Tag am Ufer des Nils treffen, wo die Boote anlegen. Von heute an sollen Plagen über dein Land kommen, jede Woche eine, bis zur neunten. Dann kommt die größte. Und du wirst dich mit ganz Ägypten vor dem Herrn in den Staub beugen. Du wirst seinen Willen tun und läßt unser Volk ziehen!« Damit gingen sie hinaus. Die Beamten warteten auf ein Wort des Königs, Pharao aber starrte vor sich hin. Die Lanzenträger rührten sich nicht von der Stelle.

Die zehn Plagen

Am andern Tag kamen Mose und Aaron an das Nilufer, an die Stelle, wo die Boote des Königs anlegten. Bald darauf nahte Pharao mit seinem Gefolge. Mose sprach, ohne sich um Pharao zu kümmern: »Der Hebräer Gott hat zum König von Ägypten gesprochen: Laß mein Volk ziehen! Der König aber lachte. Darum spricht unser Gott also: Ganz Ägypten soll es erfahren, wer hier der Herr ist.« Und Mose schlug mit seinem Stab auf das Wasser. Sofort wurde das Wasser in Blut verwandelt. Die Fische starben, der Strom stank, niemand konnte Wasser aus dem Fluß trinken. Pharao sprach: »Bei mir zu Hause ist Wein!« Er wandte sich, ging heim und nahm sich's nicht zu Herzen. Das Volk aber jammerte und grub überall nach Wasser. Das währte sieben Tage lang, da wurde das Wasser des Nils wieder hell. Rings um das Land Gosen blieb der Nil rein vom Blut. Am siebten Tag standen Mose und Aaron an derselben Stelle. Wieder kam der König herzu, er rief: »Was habt ihr euch Neues ausgedacht, meine Herren Spaßmacher und Zauberer?« Und Mose: »Schlimmeres als zuvor!« Er streckte seinen Stab aus. Im Augenblick wimmelte der Nil von Fröschen. Sie hüpften das Ufer herauf wie beweglicher Erdschlamm, hüpften in die Barken, hüpften über die Laufstege bis zu den Füßen des Königs. Pharao ging langsam davon. Aber am Abend war die ganze Stadt vom Quaken der Frösche erfüllt. Sie quollen wie Wasser durch alle Ritzen, drangen in die Häuser, hüpften in die Truhen, in die Betten. Die Weisen um Pharao erklärten, die Frösche seien eine leckere Speise für das

Volk. Aber während sie noch die Schenkel der Frösche in den Pfannen brieten, drängten andere Frösche in die Küchen nach, hüpften auf die Stühle, auf den Herd, in das Öl der Pfannen. Und wer noch irgendwo einen Platz zum Schlafen fand, der erwachte in der Nacht vom Froschgequake und war mit Fröschen bedeckt wie mit einem feuchten, beweglichen Kissen. Im Lande Gosen aber, so erfuhren die Ägypter, gab es weniger Frösche als sonst.

Als Pharao nun selbst in seinem Palast mit allen Dienern und allen Schaufeln und allem Räucherwerk der Zauberei über die Frösche nicht Herr wurde, schickte er zu Mose und ließ ihm sagen: »Zieht nur, zieht schnell davon, aber schafft mir diese Frösche vom Hals!«

Mose gebot den Fröschen, sie krochen alle in den Nil zurück. Darauf ließ ihm Pharao mitteilen: »Das war nicht mein freier Wille, daß ich euch ziehen lassen wollte. Ich habe also beschlossen: Nun, da die Frösche fort sind, behalte ich meine fleißigen Hebräer.«

Am Beginn der dritten Woche kamen Mose und Aaron wieder an den Nil. Pharao stand bereits da inmitten seines Gefolges. Und ein Zauberer Pharaos sagte: »Mein König, warum läßt du die beiden dort nicht binden und ins Wasser werfen?« Pharao schüttelte nur den Kopf und sagte hinter seiner Hand: »Das täte ich gern, aber wer sagt mir, ob sie nicht schneller sind? Und vielleicht können sie auch einen König töten.« Mose aber zeigte mit dem Finger gegen Pharao und rief: »Nicht um des Königs willen wirkt unser Gott diese Zeichen. Das Volk der Hebräer und ganz Ägypten sollen es sehen, wer der Herr ist.« Und Mose bückte sich, ergriff eine Handvoll Nilstaub und warf den Staub umher in die Luft. Da entstand ein scharfes Gesumm. Die Ägypter und auch der König begannen, sich mit den Händen ins Gesicht zu schlagen. Die Luft war erfüllt von Bremsen, die sich gierig auf alles Fleisch stürzten und Blut saugten von Mensch und Vieh. Pharao eilte davon, lief in seinen Palast und hüllte sich in Gazetücher. Es waren ohnehin schon überall Netze gegen die Stechmücken an den Türen und Fenstern ausgespannt. Und er sagte zu seinen Beamten: »Diese Plage trifft nur die Armen und das Vieh und ist darum wohl auszuhalten.«

Als Pharao zu Mose kam, sagte dieser zum König: »So spricht der Herr: Du, Pharao, gehorche mir vor ganz Ägypten! Oder ich peinige dich mit allerlei Ungeziefer, daß du toll wirst. Und damit du siehst, daß ich der Herr bin und allenthalben auf dieser Erde meine Macht beweise: Im Lande Gosen wird es kein Ungeziefer geben.«

Das Gewimmel kam. Da ließ Pharao seinen Wagen anspannen und floh zu den Hebräern in das Land Gosen. Als der Tag der neuen Plage herankam, fand er sich wieder am Nil ein und sagte zu Mose und Aaron: »Verschont euer Volk nicht mehr, denn dann suche ich Zuflucht bei ihm.« Und seine Priester lachten mit ihm. Da redete Mose: »Diesmal, König, brauchst du nicht zu den Hebräern zu fliehen. Diese Plage soll keinen Menschen anrühren. Aber dein Vieh soll um deinetwillen leiden.« Und Mose hob die Hand und rief: »Pestilenz über alles Vieh der Ägypter!« Im gleichen Augenblick stürzten die Pferde an Pharaos Wagen, die keinen Steinwurf entfernt standen, zur Erde, schlugen um sich und hatten Schaum vor den Mäulern. Die Kühe, die am Nil weideten, liefen brüllend ins Wasser. In ganz Ägypten krepierte in den Ställen und auf den Weiden viel Vieh. Nur im Lande Gosen stand das Vieh glatt und ruhig, und keines fiel um.

Da sagte Pharao: »Teuer gespielt! Aber mein Einsatz steht unberührt im Land Gosen. Denn das Vieh der Hebräer ist mein Vieh, wie sie selber, die des Viehs warten.« Darauf nahm Mose Ruß aus dem Ofen und sprengte ihn vor Pharao gegen den Himmel. Und die schwarzen Blattern befielen Mensch und Vieh in ganz Ägypten, auch die Zauberer und Pharao selbst. Pharao rief die Ärzte, aber er ließ die Kinder Israel nicht ziehen. Da tat Mose dem Pharao und allen, die es hören wollten, kund: »Morgen wird ein Hagel fallen, der alles Leben unter freiem Feld erschlägt.« Pharao und viele Ägypter verbargen sich in den Häusern. Sie flohen vor der Macht des Herrn, hörten den Donner in der Höhe und den Hagel auf das Dach hämmern. Die Bäume wurden zerfetzt, der Flachs und die Gerste gebrochen und gedroschen, da die Gerste noch grünte und der Flachs die ersten Knoten ansetzte. Das Dach über Pharao drohte zu zerbrechen. Er demütigte sich und schrie zum Gott der Hebräer. Als aber Donnern und Blitzen und das Schlagen des Hagels aufhörten, sprach Pharao: »Mir kann man nichts abtrotzen.«

Am Tag, da die neue Plage kommen mußte, ließ sich Pharao nicht am Ufer des Nils sehen, der Blattern wegen, die er im Gesicht hatte, und wegen des erlittenen Schreckens aus der Höhe. Mose und Aaron warteten. Als Pharao nicht kam, gingen sie vor das Hohe Haus des Königs und riefen ihn heraus mit lauter Stimme. Aaron rief: »Komm heraus, zeige uns dein vom Herrn gezeichnetes Gesicht. Also spricht der Herr, der Gott der Hebräer: Weigerst du dich, mein Volk ziehen zu lassen, so wird morgen eine Plage kommen, die deinem Volk den Hunger bringt und das ganze Land mit Murren erfüllt.«

Pharao stand hinter der Tür, seine obersten Beamten begannen ihn zu bitten, und sie sprachen: »Wie lange sollen wir von diesen hebräischen Zauberern geplagt werden? Laß doch dies lausige Sklavenvolk ziehen, wohin es will. Oder willst du zuvor erfahren, wie es ist, wenn ein Reich untergeht?« Da schickte Pharao hinaus und ließ Mose fragen: »Falls ich dein Volk ziehen ließe, sag mir, wer mit dir zieht!«

Mose sprach zu Aaron, und Aaron rief mit donnernder Stimme: »Wir werden ziehen mit jung und alt, mit Söhnen und Töchtern, mit Schafen und Rindern, und kein Haar von Israel bleibt in Ägypten zurück.« Da gab es Geschrei hinter der Tür Pharaos. Der König trat heraus und jagte Mose und Aaron davon. Einige Türhüter stießen die beiden vor sich her, aber Mose streckte noch im Dahinstolpern seine Hand aus, und es kam von dem First des Hohen Hauses ein sirrender Laut. Von Osten her brauste es heran, und Gottes Hand warf Heuschrecken über das Haus Pharaos, über seine Gärten, über die ganze Stadt, eine Wolke, so breit wie die Nacht. Zuerst verfinsterte sie den Himmel, dann bedeckten die Heuschrecken wie Herbstlaub das Land. Und die wandernden Insekten fraßen an den Blättern und Halmen, die vom Hagelschlag übriggeblieben waren, oben an den Bäumen und unten auf der Erde.

Pharao schickte eilends zu Mose und Aaron. Sie kamen und blieben vor der Schwelle des Hohen Hauses stehen. Der König hob seine Hände und flehte sie an: »Vergebt mir meine Sünden nur diesmal.« Mose bat den Herrn. Gott wendete den Wind, daß er aus Westen blies, die Heuschrecken wie Staub aufhob und ins Schilfmeer warf. Nicht eine blieb übrig in ganz Ägypten.

Der König schaute von seinem Dach zu, wie der Wind das Land reinigte. Da rief er Mose und Aaron zu, die noch vor dem Haus standen. »Nun geht zu den Hebräern nach Gosen und teilt ihnen mit: So spricht Pharao: Ihr seid hier reich geworden. Blut, Frösche, Viehpest, Mücken, Ungeziefer, Blattern, Hagel und das Heer der Heuschrecken haben euch verschont. Darum sollt ihr Speisen liefern für den König und sein Haus und für ganz Ägypten.« Da sprach Mose zu Aaron, und Aaron rief zu Pharao hinauf: »Wir können nicht nach Gosen gehen. Und die Hebräer können nicht herkommen. Denn es wird alsbald über das Land eine neue Plage kommen. Und jeder Ägypter vom König bis zum Reiniger der Latrinen wird um die Augen ein dickes schwarzes Tuch gewickelt tragen. Wir aber, die Kinder Israel, haben die Augen offen und können sehen. Und wir könnten auch ausziehen, während ihr blind seid. Aber wir ziehen nicht aus, bis nicht Pharao mit seinem ganzen Volk sich demütigt vor dem Herrn, unserem Gott, und seinen Willen erfüllt.«

Pharao gab den Wachen einen Wink. Die Lanzenträger liefen hinter Mose und Aaron her. Doch da wallte Finsternis aus dem Himmel herab. Schwärze stieg aus der Erde auf. Niemand konnte seine Hand vor den Augen sehen und sich von der Stelle bewegen. Pharao stand unbeweglich auf seinem Dach und schrie nach Fackeln. Die Diener stießen einer gegen den anderen, fielen die Treppen hinunter. Nach wenigen Minuten wußte keiner mehr, an welchem Platz er sich befand. Pharao kroch drei Tage auf seinem Dach umher. Er hörte, wie die Männer riefen, die Frauen schrien und die hungrigen Kinder wimmerten. Bis ihn die Stimme Aarons traf von drunten her, vor dem Palast, wo er stand mit Mose am dritten Tag. Und die gewaltige Stimme von drunten fragte: »Wie geht es dir nun, Pharao?« Der König rief: »Macht Licht, damit meine Schreiber meinen Willen aufzeichnen und dem Volk Ägyptens kundtun!« »Du läßt uns also ziehen?« fragte Aaron. Da schrie Pharao: »Denkt ihr, ich will noch länger mit euch dieselbe Luft atmen?«

Mose streckte seine Hand aus, und es wurde taghell im Land Ägypten. Der König erhob sich schnell vom Boden des Daches, kam herab und diktierte alsbald seinen Schreibern, daß das Volk der Hebräer ausziehen solle, und zwar ohne Verzug. Um den Auszug zu beschleunigen, solle das Volk sich ohne Gepäck und ohne Herden auf den Weg machen. Die Vorräte und das Vieh der Hebräer gehörten ohnehin den Ägyptern, denn der Gott der Hebräer habe dem Land mutwillig und über die Maßen geschadet.

Da wandten Mose und Aaron ohne ein Wort dem Palast des Königs den Rücken und gingen davon. Pharao aber schickte ihnen die Wachen nach. Mose und Aaron wurden zurückgebracht. Doch sie traten nicht über die Schwelle Pharaos. Auf dem Platz hatte sich derweil viel Volk versammelt. Da ergrimmte Mose und rief nun selbst und bedurfte der Stimme und der Zunge Aarons nicht mehr, er rief: »So spricht der Herr, nun soll es geschehen! Ich werde um Mitternacht meine Engel schicken, und alle Erstgeburt, die vom Menschen und die vom Vieh, muß sterben. Ein großes Geschrei wird durch ganz Ägypten gehen, wie es noch nie gehört wurde, noch je gehört werden wird. Im Land Gosen aber wird in jener Nacht kein Hund aufmucken, sondern alles wird schlafen im Frieden des Herrn, damit jedermann sieht, wie der Herr scheidet Ägypten und Israel. Dann werden zu mir eilen alle deine Beamten und Wächter und alle deine Knechte, die sich noch immer vor dir, o König, fürchten. Und sie werden mir zu Füßen fallen und mich anflehen: Zieh aus, du und dein Volk! Und wir werden nicht ausziehen, sondern sprechen: Bringet eure silbernen und goldenen Gefäße, soviel wie unsere jungen Männer tragen können, dafür, daß ihr uns beraubt habt, geschunden und geplackt. Und du, König von Ägypten, wirst am lautesten schreien und mich wie ein Bettler anflehen, daß ich dir den Willen tue und ausziehe mit meinem ganzen Volk.«

Mit diesen Worten wandte sich Mose in seinem Zorn von Pharao ab und ging mit Aaron davon. Sie hörten hinter sich keine Stimme, nicht den Hauch eines Atems. Und Mose fuhr nach Gosen hinab, versammelte die Ältesten und sprach zu ihnen: »Hört mir gut zu. Dieser Monat gilt von nun an als der erste Monat. Mit ihm beginnen wir ein neues Jahr und eine neue Zeit. Verkündet darum der ganzen Gemeinde: Am zehnten dieses Monats nehme jeder Mann, der ein Weib hat und einen Hausstand, ein Lammböckchen. Es muß einjährig sein und ohne Fehl. Am vierzehnten des Monats soll jeder Hausvater sein Lamm schlachten, und zwar gegen Abend. Und er bestreiche die Türpfosten mit dem Blut des Lammes, so daß jedes Haus, in dem das Lamm gegessen wird, gezeichnet sei. Und ihr sollt das Fleisch am Feuer braten und noch in derselben Nacht essen, dazu bittere Kräuter und ungesäuertes Brot. Und sollt nichts übriglassen. Wo etwas übrigbleibt, muß es bis zum Morgen im Feuer verbrannt sein. So aber sollt ihr das Lamm essen: Ihr steht um den Tisch, eure Lenden sind gegürtet, eure Füße sind beschuht. In der Hand habt ihr den Stab. Ihr eßt das Lamm, bevor ihr davoneilt. Diese Nacht heißt des Herrn Passah; denn die Macht des Herrn geht an eurer Tür vorüber. Seine Engel eilen in derselbigen Nacht durch das Ägypterland und schlagen alle Erstgeburt bei Mensch und Vieh.

Dieses Tags Gedächtnis aber sollt ihr begehen, ihr und eure Nachfahren, und dem Herrn ein Fest feiern von Geschlecht zu Geschlecht. Am Fest des Passah sollt ihr ungesäuertes Brot essen sieben Tage lang. Das ungesäuerte Brot soll euch auf ewig erinnern, daß ihr an diesem Tag keinen Sauerteig ansetzen und nicht warten konntet. Denn ihr zoget aus der Knechtschaft aus.«

Die Ältesten unterrichteten das Volk, und alle taten, wie Mose und Aaron befohlen hatten. Als sie nun um die Tische herum standen und das Lamm aßen, erhoben sich um Mitternacht Geschrei und Weinen in den Häusern der ägyptischen Soldaten, der Amtsleute und Fronvögte, die in Gosen wohnten. Die Kinder Israel hörten es, und ihre Herzen zitterten. Niemand sah durch die Tür auf die Gasse.

Der Auszug aus Ägypten

Am andern Morgen kamen die Ägypter zu den Israeliten. Viele Frauen trugen ihre toten Kinder auf den Armen. Sie weinten und flehten das Volk an, doch von ihnen fortzuziehen. Gegen Abend des nächsten Tages eilten berittene Boten zu Mose und Aaron. Sie meldeten: »Pharao weint um seinen ältesten Sohn. Kein Haus in Ägypten, in dem nicht ein Toter liegt. Zieht aus, spricht Pharao, zieht morgen aus, zieht heute aus!« Da brach die ganze Gemeinde Gottes von Gosen wie ein Mann auf und zog durch Ägypten. Ein jeder nahm sich silbernes und goldenes Geschirr. Die Leute brachten es ihnen freiwillig an und warfen es auf die Wagen und riefen: »Nehmt, soviel ihr wollt, aber geht von uns, geht schnell von uns!«

So zog das Volk Israel aus und nahm den Weg gen Sukkoth. Es waren viele Tausende. Mit den Israeliten brach auch mancherlei Pöbelvolk auf, dessen Herkunft niemand kannte. Diese Menschen irrten umher und wußten nicht, wohin sie gehörten, während die Israeliten streng nach Stämmen, Sippen und Familien geordnet reisten und eng zusammenhielten. Sogar ihre Herden wurden so getrieben, daß sie den Sippenältesten nie aus den Augen gerieten. Die Frauen trugen ungesäuerten Teig auf ihren Schultern. Sie hatten ihn aus den Trögen genommen, mit Mehl bestäubt und in Tücher gewickelt. Unterwegs buken sie aus dem Teig in der heißen Asche Fladenbrote.

Am Abend des ersten Reisetages rief Mose die Ältesten des Volkes zu sich. Er unterwies sie noch genauer, nach welcher Ordnung das Heer des Volkes zu gliedern sei und wie die einzelnen Teile des Zugs einander zu folgen hätten. Vor allem zeigte er ihnen, in welcher Weise jeden Abend das Lager errichtet, befestigt und bewacht werden müsse. Und in welcher Anordnung die Stämme nebeneinander ihre Zelte aufzuschlagen hätten und wie es zu machen sei, daß bei so vielen Menschen, großen und kleinen, das Lager saubergehalten werde.

Mose ließ darauf die Ältesten um den Schrein treten, in dem der einbalsamierte Leib des Patriarchen Joseph lag, er sprach: »Das ist der Abend des Tages, an dem ihr aus Ägypten ausgezogen seid, aus eurer Knechtschaft. Und es ist weder eure Kraft noch meine Weisheit, die euch herausführte, sondern allein die Hand des Herrn. Darum feiern wir das Passahfest. Und ihr sollt euren Söhnen sagen: Jedes Jahr, wenn der Tag wiederkehrt, essen wir ungesäuertes Brot und schlachten das Passahlamm, um ewig an all das zu denken, was der Herr getan hat für uns an diesem Tag. Wenn ihr aber das Land empfangen habt, wie es der Herr den Vätern geschworen hat, dann sollt ihr alle männliche Erstgeburt Gott darbringen. Ist's ein Schaf, so schlachtet es. Ist's ein Esel, so dürft ihr an seiner Statt ein Schaf schlachten. Ist es aber ein Sohn, so opfert ihn nach der Weise Abrahams, indem ihr an Sohnes Statt ein Schaf darbringt. Und fragen euch eure Söhne, warum ihr das tut, sprecht zu ihnen: Als uns der Herr aus Ägypten herausführte, schlug er die Erstgeburt im ganzen Lande. Uns aber schonte er und nahm uns an der Hand. Darum soll dem Herrn ewiger Dank gesagt sein mit diesem Opfer der Erstgeburt.«

Die Ältesten gingen von Mose fort und brachten seine Worte unter das Volk. In jenen ersten Tagen des Auszugs war der Jubel groß unter den Befreiten. Alles, was Mose anordnete, wurde willig getan. Tausend Berittene sprengten den endlosen Zug dahinwandernder und auf Wagen fahrender Menschen entlang, und die Hirten trieben ihre Herden. Des Reisens erfahrene Männer ritten dem Zug weit voraus und erkundigten sich bei den Nomaden, die sie überall antrafen, nach dem Weg. Vor allem aber fragten sie, was für Leute in dieser und jener Gegend wohnten, denn sie sahen überall Gefahren. Zwar trugen sie Schwerter und Spieße mit sich, aber kaum ein paar Tausend hatten in irgendwelchen Diensten Pharaos gestanden, das Schwert geführt oder einem Feind ins Auge geblickt.

Als sie nun vernahmen, daß die Straße, auf der sie zogen, in das Land der Philister führe, fürchteten sie sich. Sie hatten von den Nomaden gehört, daß die Philister großgewachsene Männer seien, furchtbar anzusehen. Ihre Augen seien blau wie die der schlimmsten Zauberer.

Als Mose von den Gerüchten der Angst im Volk erfuhr, ließ er das Heer umkehren und gegen Süden ziehn, das Schilfmeer entlang. Er befürchtete, die Israeliten möchten vor einem Streit mit den Philistern ausweichen und in ihrer Angst nach Ägypten zurückfliehen. So beschloß er, den Weg durch die Wüste zu nehmen. Dieser Weg dauerte zwar länger und war auch voller Mühsal, aber Mose und Aaron hofften, daß die Wüste mit ihrer Härte das Volk stärke.

Der Durchzug durch das Rote Meer

Als nun das Heer und die Herden bei Pihachiroth lagerten, südlich des Bittersees und westlich des Schilfmeers, da brachten Männer von der berittenen Wache die Nachricht, Pharao sei mit seinem Heer hinter ihnen her. Am Morgen müsse er das Lager erreicht haben. Toll vor Angst umdrängte die Gemeinde das Zelt, in dem Mose schlief. Sie weckten ihn und riefen: »Du schläfst, und Pharao ist hinter uns her mit zehntausend Wagen und Kriegern ohne Zahl. Bald hören wir das Geschirr der Pferde klirren. Von allen Seiten rasseln die Räder heran. Sie fahren über uns fort und zermalmen unser Gebein. Warum hast du uns aus Ägypten fortgeführt? Zwar waren wir dort Knechte, aber wir aßen uns satt. Da kamst du und sprachst uns von diesem verheißenen Land, führtest uns hinaus in die Wüste. Und in deiner Weisheit wähltest du auch noch einen Lagerplatz, von dem wir nicht entweichen können. Vor uns im Osten liegt der Zipfel des Schilfmeers. Warum hast du nicht den Weg auf der Ostseite gewählt? Dann läge jetzt das Bittermeer oder der Zipfel des Schilfmeers zwischen uns und Pharao, und wir könnten fliehen — in die Wüste hinaus. Vielleicht gelänge es uns, irgendwo wie Schakale zu leben und wie Wüstenmäuse. Nun aber haben wir die Wahl, entweder ins Schilfmeer hineinzuwandern und zu ertrinken oder uns von den Wagen Pharaos zusammenfahren zu lassen.« So sprachen sie, haderten mit Mose, schrien.

Da hob Mose seine Hand auf, und es wurde still. Er blickte zum vollen Mond hinauf. Und Mose sprach: »Ihr sollt euch nicht fürchten, da der Herr über euch ist. Er streitet für euch.« Mose ließ das Lager noch in der Nacht abbrechen und führte das Heer des Volkes geradeaus ans Ufer des Schilfmeers. Niemand konnte begreifen, warum Mose nicht versuchte, das Schilfmeer im Norden zu umgehen. Wieder begannen die Führer an der Spitze zu murren. Doch da erschien Mose bei ihnen, wies gegen Westen, woher Pharao und seine Wagen kommen mußten, und er sprach: »Seht dorthin! Wenn die Nachhut unseres Heeres das Klirren der Streitwagen hört und das Peitschenknallen der Wagenlenker, dann wird die Hand, die für uns streitet, sichtbar.«

Sie warteten und blickten gegen Westen. Endlich sahen sie, wie in dem mondhellen, ganz reinen Himmel sich etwas zusammenballte, etwas wie eine Wolke. In der Mitte war sie finster und an den Rändern hell. Und sie fiel wie ein Stein herab und stand im Westen und schloß den Horizont ab. Mose sprach: »Das ist die Wolke des Herrn. Sie steht zwischen uns und Pharao. Wir haben Zeit, den Weg zu nehmen, den uns der Herr bereitet.« Er wandte sich gegen Osten und streckte seine Hand übers Meer aus. Da erhob sich ein starker Ostwind. Der pflügte das Meer, daß es seine Fluten wie Schollen nach beiden Seiten warf. Der Wind hielt an und trocknete den Boden des Meers. Es entstand eine breite Straße. Zu ihren Seiten standen die Wogen still und bewegten sich nicht. Nur das Licht des Mondes lag auf der Mauer des aufgestauten Wassers und leuchtete.

Als die Kinder Israel sahen, was geschah, zitterten sie. Aber sie wagten nicht, die Straße auf dem Meeresboden zu betreten, bis Mose und Aaron ihnen vorausgingen. Da folgten sie. Sie zogen die ganze Nacht zwischen den schimmernden Mauern aus Wasser dahin. Als alle am östlichen Ufer waren, ging gerade die Sonne auf. Zur selben Stunde langte Pharao mit seinem Heer am westlichen Ufer an. Die Ägypter sahen die Straße im Meer und fuhren mit ihren Wagen hinab und eilten gen Osten hinter dem Volk Israel her. Als sie in der Mitte des Schilfmeers waren, Pharao mit allen seinen Streitern und allen Rossen und Wagen, da erhob Mose seine Hand, und die Mauern aus Wasser zu seiten der Straße im Meer wurden wieder flüssig. Das Meer rollte heran, die Wogen fielen über Wagen und Rosse und Reiter, und nichts mehr war zu sehen von Pharao und all seiner Macht.

Das Volk Israel aber stand den ganzen Tag am Ufer des Schilfmeers. Es sah, wie die Wogen die Leichen der Ägypter auf den Sand spülten. Und sie erkannten die Hand, die der Herr schwer auf die Ägypter gelegt hatte. Mose aber schrieb ein Lied und ließ es singen von Aaron und den Sängern am Abend jenes Tages, da sie vor Pharao errettet wurden. Sie sangen:

»Ich will dem Herrn singen,
Roß und Reiter begrub er im Meer.
Der Herr ist meine Stärke, mein Jubel, er machte uns frei!
Herr, du bringst uns heim in das Land.
Du pflanzest uns auf dem Berg, der dir gehört,
Du nimmst Wohnung in unserer Mitte,
Bist unser König immer und ewig.«

Mirjam, Moses Schwester, ergriff die Pauke, und vieltausend Frauen folgten ihr nach mit Pauken und Zimbeln. Sie tanzten einen Reigen am Meeresstrand und sangen wie Mose:

»Laßt uns dem Herrn singen,
Roß und Reiter begrub er im Meer.«

Am andern Tag führte Mose den Zug des Volks in die Wüste Sur, die sich am östlichen Ufer des Schilfmeers hinstreckt. Sie wanderten drei Tage lang, nach Wasser suchend, und fanden keine Quelle, keine Zisterne. Der Tau am Morgen war ihre einzige Erquickung. Sie kamen darauf nach Mara und fanden dort viel Wasser. Aber es war bitter, und man konnte es nicht trinken. Da murrte das Volk und sagte: »Sind wir aus dem Wasser errettet worden, um hier vor Durst umzukommen?« Nun kannte Mose aus jener Zeit, da er

Hirte in Midian war, ein Holz, das bitteres Wasser süß machte. Er suchte nach dem Baum, fand ihn und warf sein Holz in das Wasser. Anderntags konnten sie alle trinken.

Mose schrieb an den bitteren Quellen von Mara dem Volk einige Gesetze nieder, ließ sie von den Ältesten überall verkünden und sprach: »Wenn ihr diese Gesetze haltet und tut, was recht ist vor Gott, dann wird euch aus dem Gesetz Ordnung, Heil und Gesundheit kommen. Und Ägyptens Krankheiten werdet ihr vergessen. Denn so spricht der Herr: Ich bin dein Gott und dein Arzt!« Darauf zogen sie nach Elim. Dort sprangen zwölf Brunnen aus der Erde, und siebzig Palmbäume standen da. Die Gemeinde Gottes lagerte sich am Wasser und labte sich.

Brot vom Himmel

Als das Mehl, das sie mitgebracht hatten, zu Ende ging, brachen sie von Elim auf und kamen in die Wüste Zin. Die erstreckt sich zwischen dem Roten Meer und dem Berg Horeb. Die Chronisten schrieben den fünfzehnten Tag des zweiten Monats nach dem Auszug. Und sie fanden keine Speise in der Wüste. Da murrten sie wider Mose und Aaron und sprachen: »Wollte Gott, wir wären in Ägypten gestorben. Da saßen wir vor den Fleischtöpfen und hatten genug Brot zu essen.« Mose zog sich von ihnen zurück und sprach mit Gott. Dann rief er Aaron zu sich und sagte zu ihm: »Ruf die ganze Gemeinde Gottes zusammen und verkünde ihr: Kommt vor den Herrn, er hat euer Murren gehört.«

Während nun Aaron noch zum Volk redete, stieg von der Wüste her eine Wolke auf. Im Abendrot, das die Wüste säumte, flogen dichte Wachtelschwärme heran, stürzten herab und bedeckten den Lagerplatz und die Wüste ringsum. Das Volk hatte nur die Hand auszustrecken. Am Morgen darauf lag etwas wie Tau um das Lager herum, ein dicker, dichter Tau, wie sie ihn auf der ganzen Reise noch nie gesehen hatten. Denn anstatt in der ersten Sonne zu vergehen, gerann er, wurde weiß und körnig und sah aus wie Reif. Als nun die Kinder Israel herumstanden und nicht wußten, was das war, stellten sie einander die Frage: Manuh? d. h.: Was ist das? Mose aber bückte sich und aß von den Körnern. Die Speise schmeckte wie Semmel mit Honig. Und er sprach: »Seht, was euch der Herr zu essen gibt, ist Brot vom Himmel. Mit diesem Brot aber verfahrt nach dem Willen des Herrn. Ein jeglicher sammle so viel, als er für sich und die Seinen braucht. Aber er sammle nicht für den folgenden Tag, denn das Brot verdürbe, und er sündigte wider den Herrn, indem er ihm nicht vertraute. Nur am sechsten Tag sollt ihr für den Sabbath mit sammeln. Dieser Vorrat für den Tag der heiligen Ruhe des Herrn wird nicht verderben. Niemand aber lasse an den übrigen Tagen der Woche von dem Brot auch nur ein Korn übrig.« Zu Aaron sagte er: »Nimm ein Krüglein und tu ein kleines Maß von dem Manna hinein, und laß es im Zelt stehen vor den Augen des Herrn, daß es aufgehoben werde. Die Nachkommen sollen sehen, wie gut der Herr zu seinem Volk war, als er es aus Ägypten führte.« Aaron tat, wie ihn Mose geheißen hatte.

Wasser aus dem Felsen, und in Jahwe ist Heil

Das Heer des Volkes machte die von Mose vorgeschriebenen Tagereisen durch die Wüste Zin und gelangte nach Raphidim und lagerte dort. Aber sie fanden kein Wasser. Da umdrängten sie am folgenden Morgen das Zelt, in dem Mose war, riefen ihn heraus und schrien alle durcheinander: »Wasser! Gib uns Wasser!« Mose trat vor sie hin und rief: »Wie führt ihr euch auf vor dem Herrn! Statt mit mir zu hadern, solltet ihr zum Herrn rufen.« Sie aber wandten ihre Gesichter von ihm ab und murrten und sprachen zueinander: »So müssen wir also verdursten. Und in Ägypten hatten wir Wasser, soviel wir wollten. Selbst damals, als der Nil voll Blut war und stank: Bei uns in Gosen blieb er rein. Und überall gab es Quellen! Gutes Wasser! Die Esel gingen im Kreis am Göpelrad, und das Wasser plätscherte aus den Rinnen herab. Und es war kühl. Man steckte das Gesicht in den Spiegel des Brunnens und trank wie das Vieh, ja, so trank man. Und da kam dieser Mose und lockte uns fort, fort von den Brunnen, aus dem kühlen Schatten der Bäume — in die Wüste! Hier sollen wir nun verdursten. Den schlimmsten Tod hat er uns ausgewählt, dieser Ägypter, dieser Betrüger, der uns sagte: Der Herr ist mit euch. Wo ist er denn nun, der Herr?«

Mose stand da, hörte sie murren und schrie in seinem Herzen zum Herrn: »Ach, mein Gott, wenn du nicht aufstehst, werden sie mich steinigen. Und die Amalekiter kommen aus den Bergen herab und fallen über sie her. Um deiner Verheißung willen errette sie!«

Da vernahm Mose in sich die Stimme Gottes. Er lud die Ältesten des Volkes zu sich, führte sie an eine nahe gelegene Felswand, erhob seinen Stab und sprach: »Der Herr gibt uns Wasser, nicht weil wir es verdienen, sondern weil er ein getreuer Gott ist.« Mose schlug mit dem Stab an den Felsen. Wasser brach hervor in einem starken Strahl. Es war süß und kühl.

Am andern Tag meldeten die Wachen, die auf den Bergen Ausschau hielten, daß die Amalekiter heranrückten. Mose rief nach Hosea, dem Sohn Nuns, aus dem Stamm Ephraim. Hosea war ein Mann, in dem der Geist Gottes wirkte. Beim Auszug aus Ägypten zählte er noch nicht fünfzig. Er hatte im Heer des Pharao gedient und dort als ein kühner und erfahrener Führer gegolten.

Mose hatte Hosea gleich beim Auszug zum Anführer aller bewaffneten Männer gemacht. An diesem Tag der Gefahr nun ging Mose auf Hosea zu und sagte: »Bis heute hießest du Hosea, von nun an sollst du Josua heißen. Dein Name sage es: Nur in Jahwe ist Heil. Wähle dir Männer aus, die keine Furcht haben, und zieh aus und streite wider die Amalekiter. Morgen will ich auf diesem Berg stehen und herabschauen auf euren Kampf und zum Herrn schreien, daß er mit euch ist.«

Josua tat, wie ihm Mose befohlen hatte. Mose aber stieg mit Aaron und Hur auf den Berg. Sie sahen auf die zwei blinkenden Heere im Tal, wie sie aufeinander zustießen gleich schäumenden Wogen. Mose hob seine Arme zum Himmel, da siegte Israel. Wurden ihm aber die Arme schwer und ließ er sie ausruhen, siegte Amalek. Darum wälzten Aaron und Hur einen Stein herbei, hießen Mose, sich darauf setzen, und stützten ihm die Arme, Aaron zur Rechten, Hur zur Linken. So verharrte Mose mit ausgebreiteten Armen. Und sie konnten vom Berg herab sehen, wie Josua die Amalekiter schlug und über die Ebene davonjagte. Da ging die Sonne unter. Moses Arme fielen herab, als wären sie abgebrochen. Er sprach nun zu Aaron: »Schreibe das, was heute geschah, in ein Buch, daß unvergessen bleibe, was der Herr an uns getan hat.« Und Mose ließ einen Altar bauen oben auf dem Berg und nannte den Ort: der Herr meine Rettung!

Der Besuch Jethros

Jethro, der Priester, kam aus dem nahen Gebirge Midian herüber und brachte seine Tochter Zippora, Moses Frau, mit und die beiden Söhne Gersom und Elieser. Sie eilten aufeinander zu und küßten sich. Mose führte sie in sein Zelt. Er erzählte ihnen, wie Pharao das Volk nicht hatte ziehen lassen und wie er unterging im Schilfmeer. Und Mose erzählte von den Mühen und Nöten der Reise, von der Kleinmütigkeit des Volkes und von Gottes Eingreifen. Darauf erhob er sich, öffnete ein Kästchen und zeigte den Seinen die weißen, nach Koriandersamen duftenden Körner. Mose sprach: »Das ist das Brot, mit dem der Herr uns auf der Reise nährt. Es fällt vom Himmel wie der Tau.« Er gab ihnen davon, sie schmeckten und lobten dieses Mannabrot.

Jethro freute sich all des Guten, das der Herr an Israel getan hatte. Er sprach: »Gelobt sei der Herr. Nun hab' ich erfahren, daß er größer ist als alle Götter.« Und er brachte dem Herrn Dankopfer dar. Da kam Aaron mit den Ältesten. Sie saßen mit Jethro vor Moses Zelt, um das Brot miteinander zu brechen. Da aber kein Brot da war, aßen sie das Manna miteinander vor Gott.

Am andern Morgen setzte sich Mose vor sein Zelt, um das Volk zu richten. Jethro stand in der Nähe und schaute zu, wie sie Mose umdrängten. Einer verklagte den andern um schwerer oder leichter Dinge willen. Dieser hatte jenem ein Ohr abgerissen. Ein Mantel war gestohlen worden, ein goldener Topf. Ein stößiger Ochs hatte eine schwangere Frau umgerannt, und sie hatte zu früh geboren. Ein Geldverleiher hatte den Mantel, den er zum Pfand von seinem Nächsten genommen, nicht vor Abend zurückgebracht, und der Arme hatte sich in der kalten Wüstennacht erkältet und war gestorben. Eine alte blinde Frau hatte Mose und Aaron geflucht.

Mose richtete Fall für Fall, gebot Schweigen, wischte sich den Schweiß. Manchmal seufzte er zu Gott. Wenn Kläger und Ankläger laut zu streiten begannen und einander verwünschten, rief Mose nach dem Stockmeister. Jethro schaute von fern zu, schüttelte immer wieder den Kopf; endlich, als es Abend geworden war, sprach er zu Mose: »Du bist zwar sehr weise, aber nicht sehr klug. Wenn du noch ein Jahr auf diese Weise Recht sprichst, tanzt das Unrecht. Denn du machst dich müde, dazu auch das Volk. Wer deinen Spruch hören will, muß jeden Tag kommen und warten, ich rechne, viele Wochen lang. Und der Stärkste, Lauteste und Frechste wird als erster von dir angehört. Die so sind wie du, die Sanften, die dringen nicht bis zu dir vor. Darum höre auf den Rat eines alten Mannes, der in seinem Volk viele Jahre gerichtet hat. Du sollst nicht selber auf dem Richterstuhl sitzen, es wäre denn über einen ungerechten Richter. Du sollst dem Recht den Weg ebnen und die Gesetze aufschreiben. Dann sieh dich um nach redlichen Männern, die Gott fürchten, nicht zu arm sind, nicht habgierig, und auch nicht lügen. Solche Männer wähle aus und setze sie über die andern als Richter, einen über tausend, einen über hundert, einen über zehn. Sie sollen das Volk täglich richten nach den Gesetzen, die du aufschreibst. Wenn ein Richter aber im ungewissen ist und einem Fall nicht gerecht werden kann, dann soll dieser Fall vor deinen Richterstuhl gebracht werden.«

Mose neigte seinen Kopf und dankte Jethro für diesen Rat. Er erhob noch in den nächsten Tagen einige redliche Männer, die er wohl kannte, zu Mitrichtern. Auch sie sollten ihrerseits Richter ernennen. So geschah's, daß jeder in Israel an einem einzigen Tag zu seinem Recht kam. Da nahm Jethro Abschied von Mose, seiner Tochter und seinen Enkelsöhnen. Er segnete sie und zog mit seinen Männern heim in seine Berge.

Das Volk am Berg Sinai

Im dritten Monat nach dem Auszug aus Ägypten gelangte das Heer des Volkes auf eine Hochebene innerhalb des Sinaigebirges. Sie lagerten sich nördlich des höchsten Berges im Gebirge Horeb. Dort wuchs auf der Hochfläche Gras für die Herden. Die Bäche aus dem Gebirge hielten diese Hochebene grün. Im Süden stieg unmittelbar und fast senkrecht ein Berg auf — wie die

Seite einer Pyramide, so sagte das Volk. Die Israeliten hatten im Land Gosen nie Berge gesehen. So staunten sie den Gipfel des Berges an und wurden kleinlaut. Keiner hätte es gewagt, allein hinaufzusteigen. Mose aber stieg vor ihren Augen hinauf. Es war früher Morgen. Er wollte allein sein mit Gott und mit ihm über die Gemeinde des Herrn reden, so hatte er zu den Ältesten gesagt. Alles Volk stand in der Ebene, schaute zu dem Gipfel hinauf und wartete. Sie hatten Angst, Mose möchte etwas zustoßen in der Einsamkeit der Felsen. Aber er kannte das Gebirge aus der Zeit, da er Jethros Herden gehütet hatte. Dies war ja der Berg, auf dem der Dornbusch brannte.

Als Mose gegen Abend zurückkam, jubelten sie ihm zu. Er sprach lange mit den Ältesten. Die gingen darauf umher und kündeten es dem Volk, sie sprachen: »Nun beginnt es, eine schreckliche, große Sache beginnt, zwischen Gott und uns. Der Herr hat schon oft zu Mose gesprochen, aber diesmal, droben auf dem Gipfel, hat er zu ihm gesprochen wie ein Freund zu seinem Freund. Der Herr wird uns tragen wie der Adler seine Jungen. Auf seinen Flügeln wird er uns tragen. Dem Herrn gehört die ganze Erde. Aber uns wählt er aus, uns macht er zu seinem Weingarten, und den Bund, den er mit Abraham schloß, wird er mit uns erneuern. Wir werden ein priesterliches Königreich errichten und ein Gott heiliges Volk sein. Das hat uns Mose verkündet, und er hat es von Gott. Aber was wird wohl geschehen, wenn wir der Stimme des Herrn nicht gehorchen? Wenn wir den Bund nicht halten?« Das Volk jubelte den Ältesten zu. Überall wurde ihnen dasselbe geantwortet: »Natürlich halten wir seinen Bund! Jedes Wort, das der Herr zu Mose sprach, wollen wir bewahren, jedes seiner Gebote erfüllen.«

In dieser Nacht rief Mose die Ältesten noch einmal zusammen, desgleichen die Lagerboten und Ausrufer. Er sprach: »Dies war der erste Tag der neuen Zeit. Am dritten Tag aber geschieht es, da wird der Herr herabfahren auf den Gipfel des Bergs. Ihr werdet seine Wolke sehen und vor ihm zittern. Wascht darum eure Kleider, heiligt euren Leib und eure Gedanken. Um den Berg aber soll ein Gehege gemacht werden, und kein Mensch und kein Tier soll sich über diese Schranken hinauswagen. Wer es aber doch tut, der soll des Todes sein. Und keine Hand darf den Übertreter anrühren, weil er den Berg angerührt hat. Er soll von ferne getötet werden, mit Steinen oder Pfeilen. Wenn es aber vom Berg herab donnert und tönt, soll alles Volk sich dem Berg nähern, ihn aber nicht anrühren, auch nicht unten an seinem Ende, wo der heilige Zaun steht.«

Als nun der dritte Tag kam, stieg Mose in der Frühe wieder hinauf. Eine dicke Wolke, die aus der klaren Luft zusammenkam, senkte sich auf den Gipfel des Berges. Es blitzte aus der Wolke, donnerte, und im Donner war der gebündelte Ton von hunderttausend Posaunen. Die Wolke sank an den steilen Wänden des Berges herab, umhüllte ihn, war wie Rauch um einen qualmenden Ofen. Und der Berg bebte an seinen Enden und unten, als stünde er mit seinen Füßen locker auf der Erde. Die Blitze rissen an ihm, der Donner umrollte ihn. Das Volk aber wich von den Schranken noch weiter zurück, und alles Fleisch zitterte wie der Fels. Sie fielen auf ihr Gesicht, hielten sich die Ohren mit den Fingern zu und waren still vor dem Herrn. Als der Donner aufhörte und die Stimmen der Posaunen, als die Nacht über den Berg sank, da ging einer um den andern in das Lager zurück. Sie suchten ihre Zelte auf und schliefen. Der Schrecken hatte sie betäubt, sie waren sehr müde.

Am andern Morgen, als sie vor das Lager traten, lag der hohe Berg vor ihren Augen wie in den ersten Tagen, da sie das Lager aufschlugen. Statt des Donners hörte das Volk den Lärm aus dem Lager, seine eigenen Stimmen. Überall fragte man nach Mose. Zuerst klangen die Fragen besorgt, dann wurden sie neugierig, zuletzt unehrerbietig.

Am nächsten Tag stand das Volk noch dichter und unruhiger vor dem Berg. Gerüchte liefen um: Mose sei abgestürzt, andre sagten, er sei von ismaelischen Nomaden geraubt worden. Aaron wollte das Volk beruhigen. Doch da forderten sie von ihm, er solle eine Mannschaft auf den Berg schicken. Aaron rang die Hände: »Auf den Berg? Aber ihr wißt doch: Wer über das Gehege steigt, wird des Todes sein!« »Das hat Mose befohlen«, hieß es nun, »Mose aber ist nicht mehr da. Also gilt auch nicht mehr sein Gebot.« So kam der dritte Tag. Er ging vorüber, Mose erschien nicht. Die Gemeinde schwieg und saß in den Zelten. Am vierten Tag brachten die Spähmannschaften, die überall umherstreiften, eine furchtbare Nachricht: In einer Karawane, die sich auf dem Weg nach Ägypten befand, sei ein großgewachsener Mann geritten. Der habe gesprochen, als hätte er einen Stein im Mund gehabt. Diese Schilderung hatte die Spähmannschaft von einem Mann, den die Karawane krank bei Nomaden zurückgelassen hatte. Aaron und die Ältesten versuchten, diese Nachricht geheimzuhalten. Aber bereits in einer Stunde war sie im Lager umgelaufen und noch viel erschreckender geworden. Mose befand sich danach auf der Flucht nach Ägypten. Er hatte sich losgesagt von seinem Volk. Im Grund seines Herzens war er immer Ägypter geblieben. Nun hatte er das Volk Israel vor diesen Berg geführt, und er hatte verboten, ihn zu besteigen, damit er selber ein paar Tage Zeit hätte, über den Berg zu entweichen. Und nicht der Gott, den Mose ›der Herr‹ nannte, war ihm auf dem Gipfel erschienen, nein, ein großes Berggewitter hatte sich ausgetobt, ein Gewitter, wie es das Volk noch nie zuvor erlebt hatte.

Aaron und die Ältesten, denen diese Reden zugetragen wurden, suchten zu erfahren, woher sie stammten. Aber die Stimmen zogen sich wie Schlangen, wenn sie Schritte hören, zurück. Im nächsten Augenblick jedoch, wenn die Ältesten davongingen, waren sie giftiger am Werk als zuvor. Und Josua sprach: »Ich höre den Geist der Verführung durch das Lager schleichen, die alte Schlange. Denn die Gemeinde Israel konnte von sich aus nicht auf so schlimme Gedanken verfallen. War nicht der Herr durch seine Taten sichtbar in ihrer Mitte, nährte er nicht noch heute mit dem Mannabrot dieselben, die Mose, seinen Knecht, lästern?« Und Josua ging durch das Lager und rief nach allen Seiten Fragen, um das Volk zu erinnern an die Taten des Herrn, die durch Mose geschehen waren. Die Frage aber, wo Mose bleibe, wurde immer schriller, immer frecher. »Wenn er uns nicht im Stich gelassen hat, wo ist er denn? Warum wählen wir uns nicht einen neuen Mose, der uns führt, fort von hier, fort aus diesem Gefängnis zwischen den Bergen?«

Die schlimmste Frage aber, die Josua und die Ältesten hören mußten, war diese: »Und wo ist nun der Herr, der so heftig donnerte und blitzte? Warum hat er uns im Stich gelassen? Warum zeigt er sich uns nicht? Die Ägypter haben Bilder von all ihren Göttern. Wir wissen von dem Herrn nur, daß er ›Ich bin, ja ich bin‹ heißt, aber wir haben kein Bild von ihm. Wir wünschen uns aber ein Bild von ihm, daß wir es vor uns her tragen, wenn wir weiterziehn.« Die Ältesten entsetzten sich und antworteten, vom Herrn dürfe sich kein Mensch ein Bild machen, weder ein Bild aus Gedanken noch aus Holz oder Gold. Da schrie das Volk: »Dann machen wir uns Bilder von andern Göttern!« Und sie drängten sich um Aarons Zelt und schrien immer lauter: »Du hast es in Ägypten gelernt, das Bildermachen. Mach uns ein Bild vom Herrn!« Aaron erhob seine Hände zum Himmel: »Was verlangt ihr von mir! Ich habe den Herrn nicht gesehn, wie könnte ich von ihm ein Bild machen?« Sie schrien: »Dann mach uns ein Bild von einem andern großen und starken Gott!« Aaron antwortete: »Ich kenne nur einen großen und starken Gott, den, der Himmel und Erde gemacht hat. Das ist der Herr!« Da drohten sie ihm, brachten sein Zelt zum Schwanken und schrien: »Dann mach uns ein Bild von dem, den du nie gesehn hast, damit wir wissen, daß er bei uns ist und vor uns herzieht!«

Aaron sprach: »Ihr nötigt mich. Das Bild des Herrn, das ich euch mache, muß sehr kunstvoll und sehr kostbar sein. Reißt also ab den Schmuck von den Ohren und Hälsen eurer Frauen, eurer Söhne und Töchter. Denn nur das Gold, mit dem ihr euch schmückt, ist würdig, das Bild des Herrn zu umkleiden.« Aaron nämlich nahm an, daß die Frauen und Töchter ihren Schmuck nicht hergäben. Aber am andern Tag schon sammelte sich vor seinem Zelt ein großer Haufen aus Gold.

Die zerbrochenen Gesetzestafeln

Mose lag vor dem Herrn auf dem Gipfel des Bergs. Er hörte die Stimme und vergaß die Zeit. Und der Griffel Gottes schrieb Mose ins Herz alle seine Gebote und alle Gesetze, zuerst und zuletzt aber das erste und größte Gebot, Ausgang und Ziel aller übrigen. Mose hörte den Herrn sprechen — einmal und tausendmal: »Das Gebot, das ich dir heute gebe, ist mein Wort, ganz nahe bei dir. Nicht nur in deinem Mund sei's, sondern auch in deinem Herzen, daß du es tust: Ich bin der Herr, dein Gott, der dich aus Ägypten geführt hat, aus deiner Knechtschaft. Du sollst keine anderen Götter neben mir haben. Du sollst dir auch kein Bildnis von mir machen aus Stein oder Gold oder Holz oder irgend etwas. Und du sollst dir kein Gleichnis von mir aus deinen Gedanken bilden. Denn du kannst mich nicht erkennen. Aber du kannst mich erfahren, indem du in meinem Willen bleibst.

Bete nicht an die andern Götter, nicht den Mammon, nicht die Macht, nicht die Lust. Ich, der Herr, bin allein dein Gott und leide nicht die Götzen in deinem Herzen, denn ich liebe dich. Und du sollst meinen Namen, den Namen deines Gottes, nicht mißbrauchen. Und liebe wieder den Herrn, deinen Gott, in deiner ganzen Seele, aus deinem ganzen Willen und mit allen deinen Kräften. Ein anderes Gebot ist diesem gleich: Liebe deinen Nächsten wie dich selbst.

Heilige den Tag meiner Schöpfungsruhe mit deinem ganzen Haus, und sei still und tu keinerlei Arbeit, sie wäre denn unerläßlich für dein Leben oder für das Leben und Heil der andern. Ehre deinen Vater und deine Mutter, und sorge für sie, wenn sie alt und gebrechlich sind, damit du gesegnet bleibst in dem, was dir zu eigen ist. Du sollst nicht töten, du sollst nicht die Ehe brechen, du sollst nicht stehlen, du sollst kein falsches Zeugnis geben und nicht verleumden, du sollst nicht das Haus eines andern haben wollen, auch nicht seine Frau und nichts von seiner ganzen Habe.«

Mose erkannte, wie aus dem ersten und größten Gebot die andern ausflossen wie die Bäche aus der Quelle. Er erkannte, wie aus den Geboten die Gesetze hervorkamen, diese harten, aber notwendigen Gesetze, die das Volk bewahren sollten in Frieden und Gerechtigkeit. Mose erkannte vor allem, wie im Gesetz Gottes die Gnade Gottes bereit lag.

Als Mose aus seiner Schau aufwachte, sah er zwei große steinerne Tafeln vor sich liegen. Er verstand. Er ergriff sein Messer und hieb die Gebote in den Stein. Das dauerte lange, denn die Tafeln waren von Granit wie der ganze Berg Gottes. Aber der harte Stein, so dachte Mose, würde auch die Schrift für ewig bewahren. Nachdem er die Schrift eingehauen hatte, befiel ihn eine große Unruhe. Er wußte nicht, wie lange er auf dem Berg verweilt hatte, und es drängte ihn, noch in derselben Stunde hinabzusteigen.

Da er nun an einer Steinwand, die ihm lange den Blick ins Tal verwehrt hatte, vorübergegangen war, vernahm er Lärm aus der Tiefe, hörte Geschrei und Pauken und Zimbelschlag. Er eilte weiter, bis er so nah war, daß er sehen konnte, was da auf dem Platz des Lagers vor sich ging. Er erblickte viele Kreise von tanzenden Menschen, Männern und Frauen. Die bewegten sich in entgegengesetzter Richtung, aber alle gemeinsam um eine Mitte, die wie Gold funkelte. Da erkannte Mose die Gestalt eines Stiers — eines goldenen Stiers. Und nun hörte er auch, was die Tanzenden sangen und im Wechselgesang in den frühen Abend hinaufschrien:

»Jahwes Stier! Schön und nah!
Mach uns stark, Jahwes Stier.
Nah und schön, mach uns froh!
Schenk uns Lust, Jahwes Stier!
Schenk uns Brot, schenk uns Kraft!
Füll den Schoß, Jahwes Stier!«

Der Gesang aus der Tiefe stieß im Kreis umher. Er hörte sich an, als wären sie trunken. Aber sie hatten keinen Wein. Doch Mose wußte: Diese Ungetreuen, diese Ehebrecher, die den Bund mit Gott auflösten, noch ehe er richtig geschlossen war, diese Abgefallenen, sie waren trunken von der Lust, den Heiligen in Israel als Stier zu sehen. Mose sprang mit großen Schritten den Berg hinab. Als er über dem Lager stand, so daß er von oben in das Gebrodel hineinblicken konnte, ergrimmte er wie in den Tagen seiner Jugend. Er hob beide Tafeln hoch und zerschmetterte sie. Ihre Trümmer lagen vor dem Tor des Lagers. Mose trat durch ein anderes Tor ein, damit die Tanzenden ihn nicht bemerkten. Er ging hin, wo der Stamm Levi zeltete, denn er erwartete den ersten Beistand von seinen Verwandten. Er stieß auf Aaron, der war verwirrt und entschuldigte sich vor Mose und erzählte, wie ihn das Volk gezwungen habe, den Stier zu machen. »Wäre ich ihnen nicht zu Willen gewesen, sie hätten mich getötet«, rief Aaron, »du wirst es noch sehen, und du weißt es ja bereits: Dies Volk ist böse.« Mose schrie ihn an: »Dieses Volk ist ein Volk wie jedes andre, zum Guten geneigt und zum Bösen. Aber der Herr hat es erwählt und sich zu seinem Eigentum gemacht. Wie kannst du, mein Bruder, es wagen, dich an Gottes Eigentum zu versündigen?« Und Mose eilte an den Zelten seines Stammes entlang und rief: »Her zu mir, wer noch dem Herrn angehört!« Der ganze Stamm Levi sammelte sich hinter ihm. Sie hatten alle ihre Schwerter umgegürtet. Moses Stimme war furchtbar. Er sprach zu ihnen: »So spricht der Herr, der Gott Israels: Geht in die Zelte zu denen, die müde sind vom Tanz, und geht zu denen, die auf dem Lagerplatz noch immer tanzen. Schlachtet sie ab wie Schafe, und wär's euer Weib, euer Kind, euer Bruder, euer Freund! Tötet sie mit des Schwertes Schärfe, und reinigt das Volk Gottes von dem Greuel der Unzucht mit den Götzen!« Die Männer aus dem Stamm Levi taten, wie ihnen Mose befahl. Es fielen an diesem Abend dreitausend Mann ohne die Frauen. Geheul und Wehklagen erfüllte die Zelte.

Darauf ließ Mose das Volk zusammentreiben und ein großes Feuer anfachen. Er stürzte den Stier von seinem Altar und ließ das mit Gold umkleidete Holzbild in die Flammen werfen. Alle sahen zu, wie der Götze zerschmolz. Und Mose zerstampfte die Asche in einem Mörser, streute sie ins Wasser, und ein jeder mußte davon einen Schluck herunterwürgen, Aaron als erster.

Mose sprach: »Ihr habt eine große Sünde begangen. Euren Gott, der euch aus Ägypten geführt hat, habt ihr gelästert. Ihr tatet den Herrn in das Tier und schautet das Tier an, als wäre es der Herr. Darum wird sich der Herr vor euch verbergen. Er wird sagen: Das Volk, das ich mir erwählt habe, ist ein halsstarriges Volk, undankbar und immerfort zum Murren bereit. So will ich dies Volk verfolgen und aus seinen Resten mir ein neues Volk bereiten.« Da schrie die ganze Gemeinde auf und weinte. Mose sprach zu ihnen: »Morgen in der Frühe steige ich auf den Berg und werde an eurer Statt vor Gott liegen und zu ihm schreien.« Noch ehe die Sonne aufging, stand das Volk am Tor des Lagers und gab Mose das Geleit bis zum Gehege, wo der Berg begann.

Mose stieg lange vor ihren Augen hinauf, bis er im Licht verschwand. Droben fiel er auf sein Gesicht und sprach zu Gott: »Du hast ihre Sünde mit angesehen. Aber du hast auch gesehen, wie viele der Götzendiener ich aus dem Volk ausgerottet habe. Nun verzeihe ihm. Wenn du aber nicht verzeihen willst, so töte mich und tilge meinen Namen aus dem Buch, das du geschrieben hast bis zu diesem Tag.«

Und die Stimme des Herrn wurde in ihm lebendig, sie sprach: »Warum sollte ich deinen Namen auslöschen? Du hast an der Sünde des Volkes nicht teil. Aber du hast auch nicht alle bestraft, die gesündigt haben. Doch sei gewiß, wer wider mich sündigt, straft sich selbst. Und die Strafe wächst in ihm verborgen als ein böses Geschwür und bricht auf zu seiner Zeit. Geh nun hinab zu ihnen und führe sie den Weg, den ich dir zeige. Sag aber dem Volk: Ich, der Herr, bleibe fern diesem abgefallenen Geschlecht. In der Wüste soll es verderben. Aus seinen Kindern schaff' ich mir ein neues Volk. Um dieses kommenden Volks willen schicke ich meinen Engel voraus, daß er dieses Heer aus Verworfenen und Erwählten hinführe in das Land, das ich Abraham versprochen habe.«

Mose überbrachte dem Volk die Worte des Herrn. Das Volk stand unten an den Schranken vor dem Berg und schwieg hinauf zum Herrn.

Die neuen Tafeln

Mose baute einen Altar unten am Berg auf zwölf Säulen. Die sollten die zwölf Stämme Israels darstellen. Er ließ von Jünglingen, die nicht um den goldenen Stier mitgetanzt hatten, junge Stiere als Brandopfer darbringen für die Sünden der Eltern. Mose goß die Hälfte des Opferblutes über den Altar, die andere Hälfte tat er in ein Becken. Und er nahm das Buch des Bundes, in dem alle Gesetze enthalten waren: die gegenüber Gott, gegenüber der Obrigkeit, gegenüber dem Nächsten, den Knechten, den Fremden, gegenüber den Tieren. All diese Gesetze las Mose dem Volk vor. Und es antwortete: »Alles, was der Herr gesagt hat, wollen wir tun.« Mose ergriff ein Bündel aus Isopstengeln, tauchte es in das Opferblut und besprengte damit das Volk. Er sprach dabei: »Seht, das ist das Blut des Bundes, den der Herr mit euch schließt durch die Bande seines Gesetzes.«

Mose rief darauf die Obersten des Volks zusammen und sprach: »Wir machen dem Herrn ein Zelt, das wir mit uns tragen. Und machen eine Lade, in der wir die Worte seines Gesetzes aufheben. Auf die Lade stellen wir einen Gnadenstuhl, auf dem der Herr unsichtbar mitziehen soll, um zu mir und zu Aaron zu reden. Und machen zwei Cherubim zu beiden Seiten des Gnadenstuhls aus getriebenem Gold. Und machen einen feinen Tisch mit Kannen und Schalen, darauf bringen wir dem Herrn das Trankopfer dar. Auf diesem Tisch liegen allezeit die Schaubrote für den Herrn. Und wir machen einen Leuchter mit sieben Lampen, die vor dem Herrn brennen.« Mose schickte alsbald die Obersten aus, daß sie für die heilige Ausrüstung im Volk ein einmaliges Opfer erhöben. Es sollte von jedermann angenommen und aus eigenem Antrieb gegeben werden. Die Obersten gingen und sammelten Gold, Silber und Erz, Purpurstoffe, Scharlach, weiße Leinwand, Ziegenhaar, rötliche Widderfelle, Dachsfelle, Akazienholz, Öl für die Lampen, gutes Räucherwerk, Onyxsteine und für den Brustschild des Hohenpriesters andere geschliffene Edelsteine. Sie brachten das Gesammelte zu Mose. Der rief die Künstler und Handwerker und zeichnete ihnen die Maße und Formen für das heilige Zelt und die Geräte auf. Als er alles angeordnet und die Werkleute bestellt hatte, ließ er sich zwei Tafeln aus Granit hauen und glätten und stieg auf den Berg. Er trug die Tafeln auf seinen Armen, sonst hatte er nichts bei sich, auch keinerlei Speise und Trank. Als er schließlich auf dem Gipfel angekommen war, legte er die Tafeln vor sich auf die Erde, blickte auf den geglätteten Granit und genoß mit seinen Augen die leere Fläche. Mose sprach: »Ach, Herr, mein Gott! Wie heilig und allumfassend sind deine Gesetzestafeln, die da vor mir liegen, leer, ohne Gebot und Verbot, ohne Drohung und ohne Lohnverheißung. So sahen deine Tafeln aus, die du Abraham gegeben hast. Dieses Volk aber hat dein Gesetz nötig wie der Stier den Nasenring. Wie der Ring gut ist für den Stier, daß er nicht sich selber und den andern schadet und wegen seines Stoßens selber den Tod erleidet, so ist das Gesetz für das Volk Gnade. Aber obgleich ich das weiß: Meine Hand zittert, da ich das Gesetz in diese Tafeln hauen soll. Laß mich darum noch einmal in deiner Freude sein und dich nahe spüren. Laß mich erfahren, daß nicht nur Donner und Blitz deine Zeichen und Worte sind, sondern ebenso das Lächeln der Morgenröte.«

Da kam der Herr hernieder in einer lieblichen Wolke. Neben der Wolke riefen hunderttausend singende Stimmen: »Herr, Herr Gott, barmherzig und gnädig und geduldig und von großer Gnade und Treue. Seine Gnade strahlt durch tausend Generationen, lückenlos von Geschlecht zu Geschlecht. Er vergibt dem Sünder seine Übertretung und Missetat, er, der Herr, vor dem kein

Mensch unschuldig ist. Ja, er vergibt! Aber er suchet auch heim die Missetat der Väter und wendet die Folgen der Sünden nicht ab und läßt Kinder und Kindeskinder leiden an den Sünden der Vorfahren.«

Als Mose die Stimmen hörte, fiel er nieder auf sein Gesicht und betete an. Und lag vor dem Herrn und war bei ihm vierzig Tage und vierzig Nächte. Er aß kein Brot und trank kein Wasser. Er spürte auch keinen Hunger und keinen Durst. Und er schrieb auf die Tafeln die Worte des Bundes, die zehn Gebote. Als nun Mose nach dieser Zeit vom Berg Sinai herabstieg, die zwei Tafeln auf seinen Armen, da glänzte sein Gesicht, er aber wußte es nicht. Aaron und die Ältesten und die ganze Gemeinde Gottes sahen den Glanz schon von ferne. Und sie fürchteten sich vor Mose und riefen, er solle sich das Gesicht bedecken. Er tat es, rief sie herbei, sprach zu ihnen und zeigte auf die Tafeln. Darauf trug er sie in das Zelt, das für den Herrn bereitet war.

Mose geplagt vom Volk und den Seinen

Unter den heiligen Geräten, die Mose machen ließ, befanden sich auch Trompeten. Sie waren in Silber getrieben und durften nur von den Söhnen Aarons und ihren Nachkommen geblasen werden.

Am zwanzigsten Tag im zweiten Monat des zweiten Jahres ließ Mose zum Aufbruch blasen. Die Leviten zerlegten die Stiftshütte, schoben die Tragstäbe in die Ringe der Bundeslade und der drei Altäre und der übrigen Packen, in denen alle gottesdienstlichen Gegenstände enthalten waren. Sie schoben auch Tragestangen in die Lade, in der die Mumie des Patriarchen Joseph ruhte. Die weniger heiligen Gegenstände ließen sie von Maultieren tragen oder auf Wagen fahren. Die Bundeslade aber, die Altäre und die Mumienlade wurden an ihren Tragstangen von Leviten geschultert, welche zu vielen Paaren vor und hinter der heiligen Last herschritten.

An der Spitze des Heerbanns zog der Stamm Juda. Jeder Stamm hatte vornan eine kriegerische Mannschaft. Die zerlegte Stiftshütte wurde von der Sippe Gersom und Merari getragen. Sie gingen fast am Anfang, damit sie am Ziel die Stiftshütte sofort aufbauten. Die Bundeslade und die Altäre wurden in der Mitte getragen. Wenn nun die Mitte des Heerbanns mit den Heiligtümern an der neuen Lagerstelle ankam, hatten die Leviten das heilige Zelt inzwischen aufgeschlagen, und die Priester konnten die Heiligtümer sofort an der dafür bereiteten Stelle niedersetzen.

So hatte Mose den Heerbann des Volks geordnet. Jeder unter den vielen Tausenden von Menschen hatte beim Aufbruch, während der Reise und noch mehr bei der Ankunft seine ihm genau zugewiesenen Pflichten. Mose selber aber stand beim Aufbruch vor der Bundeslade. Wenn die Priester sie an den Tragstangen emporhoben, stimmte Mose den Gesang an: »Herr, steh auf, jag deine Feinde auseinander. Schlag alle, die dich hassen, in die Flucht.« Wenn aber die Bundeslade an ihrer Stelle im heiligen Zelt niedergesetzt wurde, sprach Mose: »Kehr ein, Herr, und wohne in der Menge der Tausende von Israel.«

Sie zogen vom Berg des Herrn drei Tagereisen gen Nordosten. Da wollte das Volk nicht weiterziehen. Sie machten Feuer und beriefen eine Ratsversammlung ohne die Ältesten ein. Die einen beschlossen, durch das Land der Midianiter zu ziehen. Es gelte, das Rote Meer wieder zu erreichen: Sie wollten endlich wieder Fische essen. Die andern beschlossen, durch die Wüste Pharan in das verheißene Land vorzustoßen. Wieder andere sprachen von der Heimkehr nach Ägypten. Sie konnten sich aber nicht einig werden und zankten miteinander in der Nacht und gaben nicht auf die Feuer acht. Da trug der Nachtwind die Funken mit sich, und viele Zelte verbrannten.

Nun kamen sie zu Mose gelaufen. Er verteilte alle, denen das Feuer die Zelte zerstört hatte, auf die andern Stämme. Er nahm an, daß die Stimmen der Unzufriedenen unter den ruhig denkenden Männern ungehört vergingen. Doch die Unzufriedenheit breitete sich weiter aus, lautlos, eine Fäulnis. Zuerst war es das Pöbelvolk, das untätig vor den Zelten saß und sehnsuchtsvolle Lieder sang von der alten Heimat Ägypten. Aber auch die Frauen der Vornehmen sagten: »Wer wird uns einmal wieder Fleisch geben für unsere Männer und Söhne?« Man hörte sogar Spottlieder auf das Mannabrot.

>»Unsre Augen sehen nichts als Manna.
>Jeden Morgen vor dem Lager: Manna.
>In den Zelten, in den Töpfen: Manna!
>In den Bäuchen, in der Seele: Manna.
>Und im Himmel droben nichts als Manna.
>Und auf Moses Zunge: Manna, Manna!
>Seit zwei Jahren: Manna, Manna, Manna!
>Und für ewig: Manna, Manna, Manna.«

Mose schwieg. Sooft er aber durch das Lager schritt, setzten sich die Männer und Frauen, und nicht nur die aus dem Lumpenvolk, vor ihre Zelte und weinten laut, wenn er vorüberging. Sie riefen: »Fleisch, gib uns Fleisch!« Andere riefen: »Fisch, gib uns Fisch!« Und sie zählten Mose, hinter ihm herrufend, auf, was sie alles in Ägypten gegessen hatten: Kürbis, Melonen, Lauch, Zwiebel, Knoblauch. Die Namen der Speisen und Gemüse hörten sich an wie tierische Schreie, wie Verwünschungen. In Moses Ohren klangen sie gotteslästerlich. Er warf sich in der Hütte der Begegnung vor dem Gnadenstuhl des Herrn auf die Erde und redete in seinem Herzen: »Ach, mein Gott, warum hast du mir diese Last auferlegt? Warum hast du dir gerade dieses Volk auserwählt? Sie sind lüstern und glauben, sie seien hungrig. Ich kann es nicht mehr ertragen, wenn sie zu mir schreien, als wäre ich der Schuldige. Verteile darum die Schwere meiner Last auf die Schultern derer, die sie mit mir tragen wollen.«

Mose hörte in seinem Herzen die Antwort Gottes. Noch am selben Tag bestellte er siebzig Männer aus den Ältesten Israels. Er führte sie vor die Stiftshütte, legte ihnen die Hände auf die Schulter und sprach: »Ich lade ein Teil meiner Last auf euch. Der Herr schenke euch den rechten Geist, daß ihr die Last tragt zum Heil des Volks.« Mose schickte sie als seine Stimme unter das Volk und ließ sie in den Straßen des Lagers verkünden: »So spricht der Herr: Heiligt euch für morgen. Ihr habt Ägypten als eure Heimat gepriesen und habt nach dem Arbeitshaus, aus dem ich euch hinwegführte, zurückverlangt. Das Mannabrot habt ihr gelästert und nach Fleisch geschrien. Also sollt ihr Fleisch essen.«

Die Ältesten hatten diese Botschaft des Herrn noch kaum verkündet, da fing ein Wind über dem Meer im Westen Wachteln und warf sie über das Lager des Volkes. Die Vögel lagen zwei Ellen hoch über der Erde auf allen Straßen des Lagers. Außerhalb lagen sie eine ganze Tagereise weit. Da machte sich das Volk auf und sammelte Wachteln zwei Tage und zwei Nächte lang. Sie hängten sie rings um das Lager zum Trocknen auf. Und alles Volk aß Wachteln, gesotten und gebraten und vom Spieß. Sie aßen so viel und so lange, daß ihnen die Bäuche vorquollen und die Augen matt und gelb wurden. Aber ihre Gier ließ nicht nach, sie fühlten sich zum Essen genötigt. Die Wachteln lockten ihnen den Speichel in den Mund, aber überm Kauen wurden ihnen die Vögel zum Ekel. Doch sie konnten nicht aufhören. Sie blickten einander angstvoll an und sagten: »Ich hab' genug!« und stopften sich das nächste Vogelbein in den Mund. Bis sie merkten, daß der Herr über ihnen stand und sie plagte. Eine große Menge Volks aß sich an den Wachteln krank. Aber sie mußten wider ihren Willen weiter Wachteln verzehren, bis sie daran starben, an der gedunsenen Fülle ihrer Leiber und am Ekel. Zehntausend wurden dort auf der Ebene begraben, wo die Wachteln herabgefallen waren. Das Volk nannte die Stätte ›Lustgräber‹, weil die dort Begrabenen an ihrer Lust gestorben waren.

Darauf brach das Volk auf gen Hazeroth und lagerte sich in der Wüste Pharan. Von hier aus konnten sie in zwei Monaten das Land Kanaan erreichen. Darum schickte Mose Kundschafter aus, die das Land durchstreifen sollten. Aus jedem Stamm wählte er einen vornehmen Mann; Josua, sein Schüler, war ihr Führer.

Als sie fortgezogen waren, warteten die im Lager voller Spannung auf ihre Rückkehr. Von nichts anderem wurde gesprochen als von Kanaan: ob dort die Menschen groß oder klein, stark oder schwach, böse oder gutartig und dumm seien. Und ob man dort in Zelten wohne oder in festen Häusern, in

Dörfern oder Städten. Wahrscheinlich gebe es dort, so erzählte man sich, schöne Bäume und Schatten und sogar Wälder. Und nicht nur von Milch und Honig fließe das Land, so jubelte das Volk, es gediehen dort gewiß auch Weintrauben und Obst aller Art. Es war nämlich die Zeit, da die Trauben reiften.

Mirjam, Moses und Aarons Schwester, sang aus Freude über die Nähe zum verheißenen Land Lieder und hieß die Frauen den Reigen tanzen. Mose wehrte ihr und sagte: »Deine Freude ist zu früh.« Da wurde Mirjam zornig und schalt Mose: »Deine Freude ist zu spät!« Mit diesen Worten wollte sie Mose tadeln, daß er sich nach dem Tode Zipporas noch einmal eine Frau genommen hatte. Diese zweite Frau war eine Mohrin. Mirjam haßte die Fremde. Da wurde Mirjam plötzlich krank. Ihre Haut war wie mit Aussatz bedeckt. Mose schrie zum Herrn: »Ach, mein Gott, heile sie doch!« Mirjam mußte sieben Tage außerhalb des Lagers wohnen. Dann zeigte sie sich Mose und dankte ihm, daß er ihr verziehen und für sie gebetet hatte. Sie war von ihrer Krankheit befreit und durfte wieder in ihrem Zelt wohnen.

Nach vierzig Tagen kehrten die Kundschafter zurück. Sie erzählten Mose und der ganzen Gemeinde, was sie erfahren hatten, und zeigten die schönen und großen Früchte von Kanaan vor. Aber die Kundschafter erzählten auch von den Menschen, die sie gesehen hatten. Die Enakim vor allem seien größer als die Leute anderswo, richtige Langnacken! Stiernacken! Riesige Kerle! Ihre Städte alle mit hohen Mauern umgeben! Da erhob sich Kaleb, einer von den Kundschaftern, und beruhigte das Volk. Er forderte Mose auf, sofort hinaufzuziehen. Doch die andern Kundschafter, mit Ausnahme Josuas, fuchtelten mit den Händen und schrien: »Niemals! Die sind zu stark für uns. Ihre Städte sind wie Nüsse, und wir haben den Mund von Säuglingen und können sie nicht aufbeißen. Wir sind gegen ihre Männer Mäuse.« Da schrak die ganze Gemeinde auf, lief durcheinander, schrie gegen Mose, und in den Zelten war ein trauriges Treiben die ganze Nacht.

Mose hörte an diesem und den nächsten Tagen die alte Klage: »Ach, wären wir doch — —!« — »Ach, hätten wir doch — —!« Nun sagten sie sogar, es sei besser, in der Wüste zu sterben, als gegen die Völker in Kanaan zu kämpfen. »Wir werden durch das Schwert umkommen, und unsere Frauen und Kinder werden die Beute der Starken!« Viele begannen damit, ihre Zelte abzubrechen. Sie wollten weder im Kampf noch in der Wüste sterben. »Auf, nach Hause!« schrien sie, »nach Ägypten!« Ihre Fragen wurden frech: »Sind wir denn Krieger? Sind wir ein Wüstenvolk? Wer ist dieser Mose? Wer ist Aaron?« Und sie beschlossen, sich aus ihrer Mitte einen neuen Obersten zu wählen, »einen neuen Mose«, so sagten sie sogar, »aber einen Mose, der uns nicht in der Wüste verderben will, sondern einen Mose, der uns nach Ägypten zurückführt.«

Mose und Aaron fielen vor der wüsten Versammlung aus Ältesten und

Schreiern zu Boden und bedeckten sich das Gesicht. Da erhoben sich Josua und Kaleb und zerrissen aus Trauer ihr Gewand. Sie sprachen zum Volk, wie fruchtbar das Land Kanaan sei, das sie erkundet hatten. Kaleb sagte: »Wenn der Herr uns gnädig ist, werden wir das Land erben, es ist uns ja versprochen.« Josua aber lachte über die großgewachsenen Männer in Kanaan, er rief: »Wir werden sie wie die Ähren umhauen, wie das Brot fressen!« Da forderten die Schreier den Tod Josuas und Kalebs. »Steinigt sie«, riefen sie, »stoßt sie hinaus! Vors Lager mit ihnen! Steinigen, steinigen!«

Mose stellte sich vor Kaleb und Josua, legte einem jeden schützend die Hand aufs Haupt und rief: »Wer diese Männer anrührt, ist im selben Nu des Todes. Ihr aber, alle, die ihr über das Alter von zwanzig Jahren hinaus seid, hört her zu mir! So spricht der Herr: Alle Männer, die meine Herrlichkeit und Zeichen in Ägypten und in der Wüste gesehen und meiner Stimme nicht gehorcht haben, nicht einer von ihnen soll das Land betreten. Sie haben mich zehnmal herausgefordert und hundertmal gelästert. Darum sollt ihr euch auf der Stelle umwenden und nun nicht gegen Norden, sondern gen Süden ziehen! Nicht hinauf zu den Grenzen Kanaans, sondern hinab gegen das Schilfmeer. Und es wird euch geschehen, wie ihr es gewünscht habt: Die Wüste wird euch behalten. Ihr werdet nicht kämpfen und nicht siegen. Eure Leiber sollen im Feuer dieser Wüsteneien wie das Holz im Ofen zerfallen. Ihr sollt nach der Zahl der vierzig Tage, die eure Kundschafter in dem Land Kanaan verweilten, vierzig Jahre lang als meine Kundschafter des Übels in der Wüste leben. Ich, der Herr, habe es gesagt. Keiner von euch betritt das verheißene Land. Aber eure Kinder werden es erben. Und zählt jedem zu den Jahren, die er heute hat, vierzig Jahre hinzu. In jenem Jahr werden die heute Jungen das Land betreten. Kaleb und Josua aber werden euch in das Land führen, weil sie auf meine Versprechung bauten.«

Das Volk hörte die Worte des Herrn aus dem Mund seines Knechtes Mose. Vor Schrecken war es stumm geworden. Über die Kundschafter aber, die das Volk mit ihren Erzählungen aufgerührt hatten, kam eine Krankheit — sie starben, einer um den andern. Nur Kaleb und Josua starben nicht.

Das Volk trauerte. Viele Tausende scharten sich in ihrer Verzweiflung zusammen. Sie waren gut gerüstet, und ihr Herz war voll Ingrimm, weil sie ahnten, daß ihr Tun vergeblich sei. Sie machten sich frühmorgens auf, zogen auf die Höhe des Gebirgs, wollten gen Norden ziehen, gen Kades und weiter, um gegen die Langnacken zu kämpfen. Mose schickte ihnen einen Boten nach, der ihnen sagen sollte: »Warum tut ihr das? Der Herr ist nicht mit euch. Ihr werdet durch das Schwert umkommen.« Sie aber blieben störrisch und bestellten, daß ihnen die Bundeslade nachkommen solle. Mose aber behielt die heilige Lade im Zelt.

In der Wüste Zin, in der Nähe von Horma, stieß der tolle Haufen, der ohne den Herrn ausgezogen war, auf Amalekiter und Kanaaniter. Das waren bunte Scharen, die sich zufällig zusammengefunden hatten und mit leichten Waffen kämpften. Doch sie schlugen die Israeliten, vernichteten ihr Heer und schlachteten sie ab bis auf ein paar, die sich retteten und Mose die Nachricht überbrachten. Mose bedeckte seinen Kopf mit dem Schleier, den er sonst nur trug, wenn er mit dem Herrn gesprochen hatte und sein Gesicht allzusehr leuchtete. Nun aber war seine Miene entstellt von Trauer.

Die Rotte Korah

Bis zu der Zeit, da die Kundschafter zurückkehrten, hatte die Empörung in der Gemeinde Gottes stets im Pöbelvolk begonnen. Mose wußte immer im voraus, worüber diese Streuner und Greiner murrten, immer war's die Mühsal der Reise, das strenge Gesicht der Wüste und die täglich gleichbleibende Nahrung. Nun aber stand Mose über Nacht vor viel schlimmeren Gefahren. Einige vornehme Familien aus dem Stamme Levi neideten Aaron, daß in seiner Familie das Priestertum erblich sein sollte. Mose war betrübt, daß die Empörung gegen ihn und Aaron von seinem eigenen Stamm ausging. Korah, das Haupt der Empörer, und sein Anhang waren alle aus dem Stamm Levi, Dathan und Abiram dagegen kamen aus dem Stamm Ruben. In aller Stille hatten die Aufständischen unter hochangesehenen Familien geworben und gehetzt. Mose kannte ihre Umtriebe. Als sie eines Tages vor Mose und Aaron hintraten, standen hinter ihnen über zweihundertfünfzig Anhänger, Männer, deren Namen für das Volk wie Donner tönten.

Als Mose sie herankommen sah, erkannte er aus ihren Mienen, was sie von ihm fordern würden. Er hieß seine Knechte, das Volk fernhalten von dieser Versammlung. Gleichzeitig schickte er Boten zu Dathan und Abiram, um sie herbeizurufen. Korah trat auf Mose zu und sprach: »Du und dein Bruder Aaron, ihr treibt's zu toll. Die ganze Gemeinde ist heilig! Überall ist der Herr und spricht zu allen. Warum also erhebt ihr euch über die Gemeinde Gottes?«

Mose antwortete Korah: »Hört doch, ihr aus dem Stamm Levi. Hat euch der Gott Israels nicht genug geehrt? Hat er nicht einer Familie eures Stammes das Priestertum verliehen? Hat er nicht euch alle, auch die ihr nicht Priester seid, aus dem Volk ausgesondert? Ist es nicht euer Amt und eure Ehre, zu dienen in der Wohnung des Herrn? Ihr seid alle Leviten. Nun streckt ihr die Hände nach dem Priestertum aus. Ihr wollt es euch nehmen wie ein Stück Fleisch vom Herd. Ihr nehmt euch also heute das Priestertum. Wer hindert dann die andern, die neidisch auf euch sind, es morgen wiederum euch zu entreißen? Wißt ihr, was ihr tut? Ihr rottet euch gegen den Herrn zusammen, nicht gegen mich, nicht gegen Aaron. Wer bin ich, wer ist Aaron! Gott hat uns erwählt, und wir sind vor Gott Sünder wie ihr. Aber wir können unser Amt nicht hinwerfen und es dem überlassen, der darauf lüstern ist. Dann wäre die Führung unseres Volkes Gott entzogen. Statt Gott herrschte über das Volk der Mann, der den Umsturz wagt, der Empörer. Wählt also und überlegt, ob ihr mit Gott um die Herrschaft kämpfen wollt.«

In diesem Augenblick kamen die Boten zurück, die Mose zu Dathan und Abiram geschickt hatte. Sie berichteten, daß die beiden nicht kommen wollten, sondern Mose folgendes bestellen ließen: »Du hast uns aus dem Land geführt, von dem wir wissen, daß es von Milch und Honig fließt, aus unserer Heimat Ägypten. Nun irren wir in der Wüste umher, und du weißt nicht mehr weiter. Und du hast uns ins Gesicht gesagt, daß du uns hier allesamt hin und her führen willst, bis unsere Leiber zu Wüstensand geworden sind. Hast du vergessen, was du uns versprochen hast: Milch und Honig, Äcker und Weinberge? Wir schauen umher und entdecken nur Dornbüsche, davon keiner mehr brennt, und kümmerliche Weiden, von denen unser Vieh nicht leben kann. Das sehen wir. Oder willst du uns auch noch die Augen ausreißen? Unsere Geduld ist erschöpft, und was eure Versammlung angeht: Wir kommen nicht!«

Mose schwieg lang. Endlich sprach er zu Korah und dessen Anhängern: »Wie reden diese Männer vom Stamm Ruben zu mir? Als wären sie meine Wohltäter! Dabei hätte ich nicht einen Esel von ihnen angenommen. Und nie habe ich einem von ihnen etwas zuleide getan. Ich kenne Dathan und Abiram nur aus der Ferne. Aber ich höre aus diesen Worten: Es sind eure Brüder. Auf, Korah, zähl sie zu deiner Rotte! Ihr seid Empörer. Gott wird zwischen mir und euch richten.« Darauf ging Mose in das Zelt der Begegnung, warf sich zu Boden und rief: »Ach, mein Gott, du hast alle Seelen in deiner Hand. Des Menschen Tugend ist auch dein Werk, und des Menschen Sünde gehört dem, der sie tut, fast allein. Ob auch diese Männer gegen dich gesündigt haben, vernichte ihretwegen nicht die ganze Gemeinde. Denn das Volk ist wie einer, der lange nicht geschlafen hat.« Und Mose hörte auf Gottes Antwort. Dann stand er auf und wanderte lange durch das Lager, bis er vor den Zelten Korahs stand.

Es ging gegen Abend. Die um Korah herum wohnten, sagten Mose, daß Dathan und Abiram bei Korah seien und viele der Ältesten. Die Stimmen in Korahs großem Zelt wurden laut und immer lauter. Mose sah Knaben herankommen, die trugen Räucherpfannen in das Zelt hinein. Da rief drinnen Korah: »Morgen gehn wir in die Stiftshütte und räuchern alle vor dem Herrn. Wir essen von den Schaubroten und nehmen uns auch einmal unsern Teil von den Speiseopfern, von den Sühneopfern, von den Schuldopfern. Was Aaron und seinen Söhnen ein Allerheiligstes ist, wird auch uns heilig machen.« Sie lachten durcheinander. Dann erhoben sich die Stimmen von Dathan und Abiram, sie forderten: Wie Aaron seines Priestertums, solle Mose seiner Herrschaft über das Volk entkleidet werden. Und sie schlugen vor, Mose gefangenzunehmen und die Sünden des Volkes auf ihn zu laden wie auf den Bock. »Wir schicken ihn dem Asasel«, so schrien sie, »dieser Mose gehört schon längst dem Satan!« Andre schrien dagegen, Mose sei selber ein böser Geist aus der Wüste, der das Volk ins sichere Verderben führe, er habe es ja selbst gesagt, daß kein erwachsener Mann die Wüste lebendig verlassen werde. Die Stimmen mischten sich zu einem wilden Geheul.

Da sagte Mose zu Josua: »Warne die Leute dort, daß sie ihre Zelte abbrechen und anderswo aufrichten.« Josua ging hin und sprach mit Korahs Nachbarn. Als diese noch zögerten, rief Mose: »Wie es euch beliebt. Aber das sollt ihr wissen: Wenn die Rotte Korah im Bett stirbt, sanft und des Lebens satt, dann hat mich der Herr nicht gesandt; wenn aber der Erdboden wie einst in Sodom sich über die Sünden dieser Männer entsetzt, dann wißt ihr's, daß diese Männer Gott gelästert haben.«

Mittlerweile war es dunkel geworden. Viele Leute, die um Korahs Zelte herum wohnten, begannen damit, ihre Zelte abzubrechen. Andre aber ließen sie stehen, wandten sich von Mose ab und gingen hinein zu den Ihren. Da brach mit einem blaffenden Laut eine Flamme aus der Erde. Die Erde riß auf und verschlang die Zelte Korahs und was darin war. Das Volk, das umherstand und schrie, nahm zuerst an, in den Wohnungen Korahs sei Feuer ausgebrochen. Erst als sie die spitzen Zelte im Boden versinken sahen, verstummten sie. Noch aus der Erde hörten sie die Stimmen der Rotte Korah heraufbrüllen. Dann schloß der Boden der Wüste seinen Mund.

Das Volk war von dem Knall der Flammen aufgeweckt worden. Tausende liefen vor die Tore des Lagers, blieben die ganze Nacht unter freiem Himmel. Alle suchten nach Mose und schrien: »Hilf uns, das ist das Ende! Die Erde verschlingt uns allesamt.« Mose schickte am andern Tag viele Boten durch das Lager, daß sie dem Volk verkündigten, was geschehen war. Als die Ruhe in der Gemeinde wiedergekehrt war, schied Mose den Streit zwischen Priestern und Leviten. Er wies jeder der beiden heiligen Körperschaften ihren Dienst und ihren Unterhalt zu. Zum Schluß stellte er Aaron und dessen Söhne vor das Volk und sprach zu ihm: »Du und deine Söhne mit dir, ihr sollt das Priestertum haben auf ewige Zeit. Ihr sollt dienen am Altar und inwendig hinter dem Vorhang vor dem Herrn stehen. Dies euer Priestertum hat euch der Herr geschenkt und niemand sonst. Wer aber kein Priester ist und trotzdem dieses Amtes waltet, soll getötet werden.« Und Mose ließ die silbernen Posaunen zum Aufbruch blasen.

Das Heer des Volkes verließ die Wüste Pharan und kam in die Wüste Zin. Unweit von Kades schlugen sie das Lager auf. Aber es fand sich kein Wasser. Moses Schwester Mirjam wurde vom Durst ausgebrannt, daß sie sich niederlegte. Sie fieberte und rief unaufhörlich nach Wasser. Mose weinte. So starb Mirjam. Sie war fast hundertunddreißig Jahre alt geworden, hundertundzwanzig Jahre war es her, daß Mirjam das Kästchen aus Schilfrohr ins Nilwasser gesetzt und auf den kleinen Bruder darin von fern angstvoll achtgegeben hatte. Nun hatte er ihr nicht den Trunk Wasser reichen können, nach welchem sie im Hinsterben verlangte. Draußen aber vor den Zelten schrien sie nach ihm und schrien nach Wasser und ließen ihn nicht einmal ungestört seine Schwester beweinen.

Als er aus Mirjams Zelt heraustrat, hielten ihm die Frauen ihre Kinder entgegen und weinten. Die Männer schrien. Wieder begannen sie mit dem immer gleichen Gejammer. Diesmal bedauerten sie sogar, daß die Erde sie nicht zusammen mit der Rotte Korah verschlungen habe. Und als wären sie von Sinnen, redeten sie zu ihm von Feigen und Weinstöcken und Granatäpfeln und von kühlem, frischem Wasser.

Mose und Aaron wandten sich ab und gingen in das Zelt des Herrn. Sie fielen beide auf ihr Angesicht. Mose spürte die Nähe des Herrn und hörte seine Stimme. Er erhob sich und sagte zu Aaron: »Komm, ich nehme meinen Stab. Wir treten zu irgendeiner Steinwand, es muß nur viel Platz vor dem Felsen sein. Und wir reden mit dem Felsen, daß er uns Wasser gebe — wie dazumal in Raphidim.«

Als sie beide vor eine Felswand hingetreten und die Vertreter des Volkes zu Tausenden um sich versammelt hatten, da erhob Mose den Stab. Aber ehe er damit auf den Felsen schlug, blickte er über die Menge hin. Und sah, wie diese Menschen stumm dastanden, alle hatten ihren Mund vor Durst geöffnet. Mose erkannte: Dieser offenstehende Mund der Menge war bereit zu trinken und ebenso bereit zu lästern. Und er dachte: Warum ist der Herr überhaupt noch bereit? Mirjam ist vor Durst gestorben, warum sollen denn diese da trinken, diese der Wüste zum Fraß Hingeworfenen?

So dachte Mose, während er in die Menge hineinblickte. Und er rief: »Ach, ihr tausendmal Ungehorsamen, warum soll euch der Herr Wasser aus diesem Felsen springen lassen? Morgen habt ihr seine Güte doch schon wieder vergessen. Ich fürchte, diesmal erhört er uns nicht.« Damit erhob Mose seinen Stab und schlug an den Felsen. Der Stein blieb trocken. Er schlug noch einmal gegen den Felsen, nun sprang viel Wasser heraus. Es strömte über die felsige Erde und versickerte nicht. Schnell eilte die Welle zum Volk in großer Fülle hin. Alles trank von dem Wasser, auch das Vieh.

Aaron aber näherte sich Mose und sprach: »Ich habe mich am Herrn versündigt. Als du mit deinem Stab gegen den Felsen pochtest, zum erstenmal, und kein Wasser kam, da sagte ich mir: Der Herr hat uns verlassen, er erhört uns nicht mehr.« Mose bekannte seinem Bruder, daß er dieselbe Sünde begangen habe. »Darum mußte ich zweimal an den Felsen schlagen, und ich fürchte, der Herr sucht diese Sünde an uns heim.«

So geschah es. Als Mose in der Hütte der Begegnung vor dem Herrn lag und ihm seine und seines Bruders Sünde bekannte, da hörte er in seinem Innern die Antwort: »Ich bin der Herr über alles Wasser und allen Durst. Trinken die

Menschen und essen sie und genießen sie ihren Tag, weil sie Gerechte sind? Du aber und dein Bruder Aaron, ihr habt an meinem Wort gezweifelt, welches heißt: Wasser und Erbarmen. So sollt ihr auch an der Erfüllung meines größeren Versprechens nicht teilhaben und nicht das Land betreten, das ich euren Vätern versprochen habe.«

Mose nannte den Ort, wo das geschah, ›Am Haderwasser‹, weil hier alle mit Gott haderten, das Volk und seine Führer.

Darauf sandte Mose eine Botschaft an den König der Edomiter mit der Bitte, er möge sich dem Brudervolk Israel freundlich erweisen. »Laß uns«, so bat Mose, »durch dein Land nach Kanaan ziehen. Wir wollen nicht durch Äcker noch Weinberge gehen, auch nicht Wasser aus euren Brunnen trinken, es wäre denn gegen Geld.« Mose wußte, daß die von Gott vorgeschriebenen Jahre des Zuges durch die Wüste noch lange nicht zu Ende waren. Sie lebten ja noch in großen Scharen, all die Haderer, Murrer und Frevler, denen es vorbestimmt war, im Wüstensand zu vergehen.

Als nun der König von Edom diese Bitte abschlug und sogar mit stark bewaffneten Kräften heranzog, da brachen die Israeliten ihr Lager in der Nähe von Kades in aller Eile ab und wichen vor den heranrückenden Edomitern zurück. Damit war Mose zufrieden. Er hatte das Volk wieder auf dem Weg, den es nach Gottes Willen zu ziehen hatte, auf dem Weg fort von den Grenzen Kanaans, tiefer in die Wüste!

Mose führte sie von Kades gen Westen bis ins Gebirge Hor. Da erfuhr Aaron, daß seine Stunde gekommen sei. Er stieg am frühen Morgen mit seinem Sohn Eleasar und mit seinem Bruder Mose auf eine Höhe im Gebirge. Von droben konnten sie in die wilden Berge von Seïr hinüberschauen, wohin einst Esau sich in Trotz vor seinen Eltern zurückgezogen hatte und zu Edom geworden war, zum Feind Israels. Aber sie schauten auch gen Norden. Dort hinter der Wüste Zin lag das Land der Keniter und Hethiter und noch weiter am Meer Philistäa. Die Farben über dem unendlichen Land waren zart, aber die Namen der Völker, die dort wohnten, klangen hart. Und Aaron sprach: »Ich bin's zufrieden, daß ich es nicht mehr erlebe. Dies Land in Besitz zu nehmen, ist ein saures Unternehmen und kein Dienst mehr für alte Leute.« Darauf wandte er sich seinem Sohn Eleasar zu, legte ihm seine Hände auf den Scheitel und sprach die Worte des Segens, die Mose vom Herrn empfangen hatte: »Der Herr segne dich und behüte dich. Der Herr lasse sein Angesicht leuchten über dir und sei dir gnädig. Der Herr zeige dir sein Angesicht und gebe dir Frieden!« Darauf löste Mose seinem Bruder, dem Hohenpriester Aaron, den goldenen Gurt, der den Leibrock zusammenhielt, und zog ihm den Prachtrock aus blauem und rotem Purpur aus. Die silbernen Schellen am Saum des Gewandes klingelten. Er zog ihm auch den Leibrock aus Linnen aus. Da fröstelte Aaron, denn es war Abend geworden. Und Mose zog Eleasar die hohenpriesterlichen Gewänder an. Aaron aber legte sich auf die bloße

Erde und blickte hinauf in die beginnende Nacht. Er fröstelte noch mehr. Der neue Hohepriester aber breitete über Aaron seine Hände. So starb Aaron und wurde zu seinen Vätern versammelt. Mose und Eleasar begruben ihn unter den Steinen und stiegen herab vom Berg. Die Gemeinde sah, daß sie ohne Aaron zurückkehrten. Da beweinten sie ihn dreißig Tage lang.

Die eherne Schlange und der Brunnen der Fürsten

Von dem Berg Hor wandte sich das Heer des Volks gegen Süden zum Zipfel des östlichen Schilfmeers. Denn sie wagten es nicht, das Land der Edomiter zu durchziehen. Dieser Umweg machte sie sehr verdrossen. Der Weg war überdies weit und öde. Es gab auch nur wenig Wasser. Wieder taten sich die Mäuler der Gotteslästerer auf und spien gegen den Herrn. Mose sagte bei sich selbst: »Wäre es nicht besser, sie wüßten nichts vom Herrn? Dann ertrügen sie den Durst nicht als Strafe, sondern als ein Übel unter vielen. Sie litten wie das Vieh und nicht wie Menschen, die an ihrem Leid vor Gott böse werden.« Aber alsbald wies Mose diese Gedanken von sich, er sprach zu sich selbst: »Diese Gedanken sind gefährlich. Wir können den Herrn nicht verstehen und können seine Ratschlüsse nicht beurteilen. Seine Nähe aber können wir erfahren, und weise nenne ich allein den, der im Willen des Herrn verharrt.« Mose lag in seinem Zelt, als er diesen Gedanken in seinem Innern zuhörte. Er bemerkte nicht den Lärm, der sich im Lager ausbreitete und von Zelt zu Zelt sprang. Da kam Josua und meldete, daß überall in der Dunkelheit Schlangen umherschlichen. »Ihr Biß ist wie Feuer, viele der Gebissenen sind schon gestorben.«

Mose wandte sich an den Herrn, und in seiner Schau sah er einen Pfahl vor sich. Der Pfahl ängstigte ihn. Und er sah sich selbst, wie er seine innersten Gedanken und Begierden in einen Schmelztiegel warf und alles Böse darin aussonderte. Und er nahm das Böse, bildete daraus eine große Schlange, hängte sie um den Pfahl und sprach: »Verflucht sei, was am Pfahl hängt!« Am andern Morgen ließ er einen Bildner kommen und hieß ihn, eine große Schlange in Erz machen und an einem Pfahl aus Holz befestigen. Dann ließ er das Bild mitten im Lager aufrichten, rief die Ältesten zusammen und belehrte sie: »Das ist das Bild des Bösen, das aus allem Volk zusammengekommen ist bis auf diesen Tag. Blickt also zu der Schlange auf, erkennt ihre Herkunft und verflucht sie. So wird das Gift der Schlangen in euch vergehn, und ihr sollt leben. Die alte Schlange aber, der Geist der Verführung, wird euch zu einem Mittel des Heils.« Die von der Schlange Gebissenen blickten die eherne Schlange an, und alle, die sie mit neuen Augen und im rechten Geist anschauten, wurden geheilt. Der Herr gab dem Heer des Volks, als es weiterzog, viel Wasser auf dem Weg. Die jungen Krieger sangen nun:

»Brunnen der Fürsten!
Aus deiner Tiefe stieg Wasser auf, in unseren Herzen Freude.
Brunnen, dich haben Fürsten gefunden, die Edlen im Volk.
Brunnen, mit Zeptern gegraben, mit goldenen Stäben!«

Die Siege Israels und Bileam

Und das Volk Gottes besiegte nun Sihon, den König der Amoriter. Er wollte sie nicht durch sein Land ziehen lassen, sondern trat ihnen entgegen mit viel bewaffnetem Volk. Sihon wurde geschlagen, und Israel nahm sein Land ein vom Arnon bis zum Jabbok. Ein Teil des Volks nahm Wohnung in den Städten der Amoriter, zu Hesbon und Dibon und Aroër. Und sie sangen:

»Kommt in Scharen gen Hesbon,
kommt mit Kellen und nicht mit Schwertern.
Wir bauen auf des Königs Sihon Stadt,
richten auf die schöne, aber nicht für Sihon,
denn er ist nicht mehr.«

Also ließ sich ein Teil des Volks im Land der Amoriter nieder. Doch jene Amoriter, die nicht in Städten wohnten, sondern draußen am Rand des bebauten Landes und in der Wüste, schickten überallhin Boten und baten um Bündnisse. Das Heer Israels zog gen Norden, um das Land Basan zu erobern. Auch dieses sehr fruchtbare Land war von Amoritern bewohnt. Unterwegs sang die Jugend Israels Lieder, sie priesen die grünen Auen von Basan und seine schattigen Eichenwälder:

»Nun liegen die Wüsteneien hinter uns,
die Fluren von Basan tun sich uns auf.
Ihr feisten Stiere, ihr fetten Widder auf Basans Triften,
hütet euch, es gibt viele Klüfte und Höhlen in Basan.
Und viele junge Löwen kommen und wohnen darin
                       und lauern auf Beute.
Hüte dich, Og, du feister Stier, wir kommen!«

Und sie schlugen den König Og, der sich Israel in den Weg stellte, vor seiner Hauptstadt Edreï und nahmen das Land ein. Die Grenzen der Ammoniter aber, so befahl Mose, solle das Heer Isarel umgehen, »denn dieses Land«, so sprach Mose, »hat Gott den Kindern Lots gegeben. Lot aber ist ein Verwandter unseres Vaters Abraham«.

Die Ammoniter aber blieben dem Volk Israel abgewandt, wiewohl sie desselben Bluts waren. So verhielten sich auch die Moabiter, die ebenfalls von Lot abstammten. Sie sahen, wie die Israeliten das Land der Amoriter in Besitz nahmen und alles Leben darin vertilgten. Als nun das schreckliche Heer sich östlich des Jordans vor Jericho lagerte, mitten in den Gefilden Moabs, da flohen die Nachkommen Lots ins Gebirge. Damals war Balak König in Moab. Es wies hinab in die Ebene, wo das Heer Israels feste Lager bezogen hatte, er sprach: »Seht nur, dieser ungeheure Heerhaufen wird unser Land nach allen Seiten auffressen, die Nüstern dieses Stiers blasen alles Leben aus der Ebene in die Berge. Was soll Moab tun? Was werden die Midianiter, die bei uns wohnen, beginnen? Das Schwert allein genügt nicht gegen diese Nachkommen Abrahams. Es geht ein Schrecken vor ihnen her, ein unsichtbares Feuer. Das hat Sihons Städte wüst gemacht und Og, den Tapferen, mit Grauen erfüllt. Diese Eindringlinge wohnen in Hesbon und bauen Häuser in den Wäldern von Basan. Der Kern ihres Heeres zeltet in meinen Gefilden. So hab' ich nach Haran geschickt. Dort in der Stadt an dem großen Strom wohnt einer, der uns helfen kann, Bileam, der Prophet. Er wird kommen und dem Volk Israel fluchen. Und jedermann weiß, wem Bileam flucht, der ist verflucht; und wen er segnet, der ist gesegnet. Bileam aber wird dem Volk drunten fluchen müssen, denn ich habe den Boten, die ihn herholen, viel Gold und Silber für den Propheten mitgegeben.«

Die Ältesten lobten den Beschluß Balaks. Als nun die Gesandtschaft, die Balak nach Haran geschickt hatte, aufs Gebirge Moab zurückkehrte, ging der König dem Propheten entgegen. Bileam ritt auf einer Eselin. Er war ein sehr alter Mann und schien taub zu sein. Als ihn nun der König aufforderte, mit ihm zu gehen und droben von der Bergspitze herab das Volk Israel zu verfluchen, schüttelte die Eselin des Bileam den Kopf. Der Prophet sah es und tat ebenso. Er wies auf sein Reittier und fragte den König von Moab: »Ist es dir in deinem Leben schon einmal begegnet, daß ein Tier etwas gesehen hat, das du nicht sahst?« Balak antwortete: »Das ist wohl möglich. Aber wie sollte ich es wissen, da die Tiere nicht reden und es mir nicht sagen können, was sie sahen.« Bileam schüttelte wieder den Kopf: »So dachte auch ich bis zu diesem Tag: Tiere können nicht reden. Aber du magst es glauben oder nicht: Diese Eselin dort hat zu mir geredet. Und sie mußte reden, weil sie etwas sah, das ich nicht sah. Drunten in den Weinbergen geschah's, es waren nur die zwei Knaben mit mir, die mir den Weg zeigen sollten. Der Weg war eng, von den Mauern des Weinbergs zu beiden Seiten eingefaßt. Da drückte sich die Eselin an die Mauer zur Linken und quetschte mir das Bein. Ich schlug das Tier. Noch einmal geschah dies, wieder schlug ich sie. Beim dritten Mal brach die Eselin unter mir zusammen. Sie lag auf den Knien, zitterte am ganzen Leib und verbarg ihren Kopf zwischen ihren Vorderbeinen. Doch ich schlug sie noch mehr. Ich schrie: ›Hätte ich doch ein Schwert hier, ich wollte dich abstechen, du dummes Vieh!‹ Da ereignete sich, was du nicht glauben willst, König von Moab, aber doch glauben mußt. Die Eselin hob den Kopf und konnte sprechen und sprach folgende Worte: ›Statt mich zu schlagen, blick um dich!‹ Ich gehorchte dem Tier, hob meinen Blick und senkte ihn schnell wieder: Vor mir stand etwas wie eine Flamme. Ich verneigte mich tief, und ich hörte die Stimme des Flammenden. Keines seiner Worte habe ich vergessen.« Bileam schwieg. Da fragte Balak: »Was hat dir denn der Engel Gottes gesagt?« Bileam antwortete: »Er hat mir Worte in den Mund gegeben, die ich noch nicht erkenne.« Da ward Balak fröhlich, erwies Bileam große Ehre, opferte Rinder und Schafe und sandte davon die besten Stücke an Bileam und die Ältesten und die Fürsten der Midianiter.

Des Morgens nahm Balak den Bileam und führte ihn auf eine Höhe, die dem Baal heilig war. Von hier konnte man in die Gefilde Moabs blicken und auf das große Heerlager des Volks Israel. Bileam ließ sieben Altäre bauen, opferte sieben junge Stiere und sieben Widder. Und er sprach zu Balak: »Komm, tritt vor deine Altäre. Ich will hin und her gehen und mich der Worte des flammenden Boten erinnern.«

Da nun Bileam zu den Altären zurückkehrte, stand Balak vor seinem Brandopfer inmitten der Ältesten und Fürsten und wartete auf ihn. Bileam hob seinen Spruch an, er rief: »Aus Haran hat mich Balak, der Moabiter König, gerufen. Er sprach zu mir: Komm, verfluche mir Jakob, komm, schilt Israel! Aber das sind die Worte des Engels, die ich nun höre: Wie soll ich jenen fluchen, denen Gott nicht flucht? Stell deine Ohren, Balak, auf wie ein Tier und höre. Das ist der Spruch, der auf meiner Zunge aufging wie auf den Gefilden Moabs der Weizen:

> Nicht wie ein Mensch ist Gott, denn er lügt nicht.
> Nicht wie ein Sterblicher ist Gott, denn nichts von allem,
>   was er tut, muß je ihn gereuen.
> Sein Gedanke ist Wort.
> Und sein Wort ist Tat.
> Höre, du König, höret ihr Fürsten.
> Ich wußte es nicht, nun weiß ich es.
> Gott hat gesegnet, ich kann's nicht wenden.
> Dieses Volk hat seinen Gott in seiner Mitte wohnen.
> Seine Posaunen hat Gott, der sein König ist,
>   an seinem Munde.«

Da schrie Balak: »Halt ein! Wenn du nicht fluchen kannst, so sollst du doch auch nicht segnen!« Bileam aber erhob seine Arme und streckte sie über die Ebene, wo die Stämme Israels lagerten. Und er rief: »Es sagt Bileam, der Sohn Beors, es kündet der Mann, dem die Augen geöffnet sind:

> Gott hat seinen Erwählten aus Ägypten geführt,
> seine Freudigkeit ist wie die eines Einhorns.
> Er wird die Heiden, seine Verfolger, fressen und ihre
>   Gebeine zermalmen.
> Er hat sich niedergelegt wie ein junger Löwe.
> Wer will sich wider ihn auflehnen?
> Gesegnet sei, wer dich segnet, und verflucht, wer dir flucht.«

Da ergrimmte Balak, schlug die Hände über seinem Kopf zusammen und sprach zu Bileam: »Heb dich von hinnen, der du segnest, wo du fluchen sollst. Ja, mach dich eilends von hinnen, ich werde dich nicht ehren!« Aber Bileam antwortete: »Warum sollst du mich ehren, warum willst du mich beschämen? Ich künde dir, was auf meine Zunge gelegt wurde. Und es liegt noch ein Wort darauf. Höre, ehe ich gehe:

> Ich sehe ihn, aber noch nicht jetzt,
> ich schaue ihn, doch nicht von nahem.
> Ein Stern geht auf aus Jakob,
> ein Zepter kommt auf aus Israel.
> Zerschmettert werden Moabs Fürsten,
> zerstört alle Kinder des Schlachtengetümmels
>   vor dem Gott Israels.«

Nach diesen Worten wandte sich Bileam um, ließ Balak stehen, stieg auf seine Eselin und ritt davon. Als Bileam durch die Landschaft Sittim kam, sah er die Altäre des Baal-Peor und sah, wie die Moabiter ihrem Gott Baal zu Ehren aßen und tranken und wie ihre Töchter, auch dem Gott Baal zu Ehren, sich preisgaben und mit kriegerisch gekleideten Männern hurten. Als Bileam fragte, wer diese Männer seien, erfuhr er: Es waren Krieger und sogar Oberste aus dem Heer des Volks Israel. Da schüttelte Bileam den Kopf und ritt weiter. Er fürchtete, die Hand des Herrn könne alle diese Menschen vernichten, wie es schon einmal im Tal Sittim geschah, als Feuer die Städte Sodom und Gomorrha fraß. Über die Kinder Israel aber, die er gesegnet hatte und dann mitten in ihrer Sünde tanzen sah, schüttelte Bileam wieder und wieder das Haupt.

Der Tod des Mose

Mose war auf dem Berg, als dies geschah. Die Richter des Volks waren dabei, mit Josua die Zählung der Stämme vorzubereiten. Da erschien Mose unter dem tanzenden, fressenden, saufenden, hurenden Volk. Er rief die Richter zusammen und sprach zu ihnen: »Die Obersten waren mit dem Heer des Volks allein und haben es nicht vor Sünde bewahrt. Darum geht hin und hängt diese Obersten dem Herrn an die Sonne, bis in den Abend. Dann legt ihre Leichen zusammen und werft Steine darauf. Tötet auch alle übrigen, die sich an den Baal-Peor gehängt haben.« Und die Richter töteten viele tausend im Volk. Die Menge aber umdrängte das Zelt Gottes, weinte und schrie.

Mose lag vor der Bundeslade und sprach zu Gott: »Wie gern stürbe ich! Aber ich kann noch nicht sterben. Ich muß Josua zu meinem Nachfolger ernennen, das Erbrecht erlassen, das Land Kanaan unter die Stämme verteilen. Und muß sie warnen vor den Heiden im Land drinnen, daß sie keinen Frieden mit ihnen machen und nicht mit ihnen wohnen, sondern gegen sie streiten und sie von der Erde verbannen. Denn wie könnten sie dir treu bleiben inmitten der fremden Götter und neben Frauen, die diesen Göttern dienen? Wenn dein Volk nicht die Heiden in Kanaan tötet, werden diese Kanaaniter die Erinnerung an dich, den Herrn, in deinem Volk töten, und du hättest Israel vergeblich erwählt.«

So sprach Mose zu Gott. Aber es kam keine Antwort. Da wußte Mose, daß seine Stunde gekommen sei. Angst erfüllte ihn um des Volks willen. Zugleich packte ihn eine ungeheure Sehnsucht, das verheißene Land zu sehen, mit seinem Fuß zu betreten. Und er flehte zu Gott: »Laß mich doch mit hinüber — ein Jahr nur, daß ich dem Volk beistehe, ihm Mut einflöße im Streit mit den Heiden. Ich will mich zwischen das Volk und die Götter der Heiden stellen und sie täglich an alles erinnern, was du, der Herr, an ihnen getan hast.«

Aber wieder erhielt Mose keine Antwort. Da erhob er sich mühsam. An der Tür des Zelts erwarteten ihn Josua und Kaleb. Sie stützten ihn, seine Füße waren schwach geworden. Mose berief darauf die Versammlung des Volks ein. Er sprach: »Ich bin nun hundertundzwanzig Jahre alt und des Lebens satt. Auch hat der Herr zu mir gesagt: Du sollst nicht über diesen Jordan gehen. Aber seid getrost und guten Muts, der Herr, euer Gott, wird selber vor euch hergehen.« Und Mose stellte Josua vor das Volk und sprach: »Das ist er, der euch in das Land führen wird; der die Richter bestellt; der da wacht über das Gesetz, damit der Herr unter euch bleibe als euer König und Gott.« Mose verstummte, blickte zum Himmel hinauf. Dann hieß er die Sänger das Lied singen, das er ihnen aufgeschrieben hatte. Und sie sangen das Lied Moses:

>»Merket, ihr Himmel, ich will reden,
>Erde, sei still, ich bin dein Mund.
>Der Herr ist ein Fels,
>ein Fels für seine Werke, seine Taten.
>Gut und gerecht war er zu dir,
>du toll' und töricht' Volk, wie dankst du es ihm?

War er, der Herr, zu dir nicht väterlicher als ein Vater?
Hat er nicht selber dich bereitet,
er selber ganz allein, im Schoß der Wüste?
Und denk zurück, was er an deinen Vätern tat.
Was aber ist dein Dank, Volk Israel?
Macht Gott dich fett und dick und stark,
bist du ein Stier so dumm und übermütig.
Und wendest dich ab von ihm, der dich genährt.
Und springst herab von diesem Felsen des Heils,
springst in die Pfützen, wälzt dich im Morast.
Alle Greuel Baals beflecken dich.
Den Teufeln opferst du und Göttern, die du nicht kennst.
Soll nun der Herr nicht Unglück auf dich häufen?
Soll er nicht seine Pfeile schießen dir ins Fleisch?
So spricht der Herr: Ihr sollt mich kennenlernen
als den, der tötet und lebendig macht.«

Als der Chor das Lied beendet hatte, hob Mose seine Hände über das Volk und segnete sie alle. Dann stieg er mit Kaleb und Josua auf den Berg Nebo, der Jericho gegenüberliegt. Sie stützten ihn, bis daß sie oben waren. Mose erhob seine Augen, sie waren noch die eines Jünglings. Er sah das ganze Land unter sich liegen, von Gilead bis gen Dan und vom Toten Meer bis zum großen Meer im Westen. Und Mose seufzte. Als er nun seinen Blick zurücknahm, sah er die Männer neben sich stehn. Er blickte sie an mit Augen, als hätte er sie nie gesehn. Sie ließen ihn zur Erde kommen. Als Mose sich niedergesetzt hatte, schwieg er eine Weile, dann schickte er sie fort. Josua sagte: »Aber es muß doch einer bei dir sein, wenn du stirbst.« Mose antwortete: »Es wird einer bei mir sein!« Da verneigten sich die beiden Männer vor Mose, verließen ihn und stiegen den Berg hinab.

Die Kundschafter in Jericho

Josua hatte zwei Männer heimlich über den Jordan gesetzt, daß sie das Land jenseits auskundschaften sollten. Diese Männer kamen nach Jericho, und um niemand aufzufallen, gingen sie über Nacht in das Haus einer Hure. Die Frau hieß Rahab. Sie merkte sofort, daß sie aus dem Lager Israels kamen. Aber auch Leute von Jericho hatten die beiden bemerkt und dem König Nachricht gegeben. Noch in den frühen Nachtstunden wurde an Rahabs Haustür geklopft. Es waren Stadtwächter, die Rahab aufforderten, die Männer sofort herauszugeben. Rahab antwortete: »Ja, es sind zwei Männer bei mir gewesen.

Ich wußte nicht, woher sie kamen. Aber noch vor der Dunkelheit machten sie sich davon, gerade als man die Stadttore schloß. Wenn ihr ihnen nachjagt, müßt ihr sie noch finden, sie können nicht weit gekommen sein.«

Darauf verbarg Rahab die beiden Männer unter einer Lage Flachsstengel, die auf dem Dach zum Trocknen ausgebreitet lag, und öffnete die Haustür. Die Wächter durchsuchten das Haus, fanden nichts und eilten durch das Tor in die Nacht davon. Da stieg Rahab zu den Männern aufs Dach und sprach zu ihnen: »Ich weiß, daß euer Gott stark ist und euch das Land geben wird. Denn ich sehe ja überall den Schrecken, der über uns gekommen ist. Die Kunde von den Taten eures Gottes geht euch laut voraus. So schwört mir nun bei eurem Gott, daß ihr Barmherzigkeit an meines Vaters Haus tun werdet, wie ich an euch Barmherzigkeit getan habe. Schwört mir, daß ihr, wenn ihr mit Schrecken da seid, alle in diesem Haus am Leben laßt: meine Eltern, die Brüder und Schwestern.« Die Männer schworen ihr das. Darauf ließ sie die beiden Kundschafter an einem roten Seil aus dem Fenster hinab. Ihr Haus lag in der Stadtmauer. Die Männer aber verpflichteten sie, das rote Seil an diesem Fenster und an den andern auf der Straßenseite heraushängen zu lassen. Wer von ihrer Familie zur Zeit der Eroberung nicht im Hause weile, stehe nicht unter dem Schutz ihres Schwurs. Und Rahab sagte: »Ich sehe, ihr nehmt es genau. Darum vertrau' ich euch.« Und sie zerschnitt das rote Seil und knüpfte an jedes Fenster einen Teil.

Josua ließ nun das Heer des Volks von Sittim aufbrechen und am Ostufer des Jordans lagern. Nur wenige wußten, warum sie nicht schon seit Wochen über den Jordan gesetzt und in Kanaan eingedrungen waren. Die silbernen Trompeten konnten nicht zum Aufbruch blasen, denn es gab noch die Alten im Lager, auf ihnen lag der Spruch des Herrn: Sie sollen das Land der Verheißung nicht betreten. Als nun das Volk erfuhr, warum man in Sittim und jetzt am Ufer des Jordans tatenlos lagerte, wurden die Jungen ungeduldig. Man suchte diese Alten, die sich zu verbergen trachteten, in ihren Zelten auf und bedrängte sie, daß sie entweder sterben oder sich von der Gemeinde absondern und bei Israeliten, die sich in Moab und Basan angesiedelt hatten, verbleiben sollten. Da verließen viele der alten Leute nachts das Lager und zogen weinend gen Osten, andre starben. Als dann der Tag kam, da sich in der Gemeinde des Bundes niemand mehr befand, der vom Spruch des Herrn betroffen war, schickte Josua die Obersten durch das Lager und ließ dem Volk verkünden: »Morgen sollt ihr merken, daß die Kraft unseres Gottes unter uns wohnt. In der Bundeslade, die vor euch herzieht, liegt das Gesetz des Herrn. In seinem Gesetz wirkt sein Wille. Es zieht also der Herr selber vor euch aus und vertreibt die Völker, die das Land bewohnen: die Kanaaniter, die Hethiter, Heviter, Pheresiter, Girgasiter, Amoriter, Jebusiter.«

Der Schrecken des Herrn

Als nun die Könige der Kanaaniter vernahmen, daß der Gott Israels sein Volk auf wunderbare Weise über den Jordan gesetzt habe, indem er die Wasser des Flusses teilte, erschraken sie und waren sehr verwirrt. Ein jeder saß in seiner Stadt und wartete, was nun einträte. Und keiner von ihnen wagte sich aus seinen Mauern heraus, um der Nachbarschaft zu Hilfe zu kommen. So konnte es geschehen, daß das Heer Israels Jericho belagerte und eroberte, und die Nachbarstädte schauten wie ausgestorben aus der Ferne zu und vermauerten ihre Tore. Der Schrecken, der von Israel ausging, belagerte die Städte, ehe Josua mit seinen Kriegsmännern, seinen die Posaunen blasenden Priestern und der Bundeslade vor den Toren erschien. Gerüchte liefen durch das Land, Geschichten von den Wundertaten des Gottes, der in diesem Volk wohnte und es vorantrieb. Es hieß sogar, die Mauern von Jericho seien nicht vom Ansturm der Krieger genommen worden: Diese Mauern, die als die festesten im Land galten, seien vielmehr von den Posaunenstößen der Priester Israels ins Wanken geraten und zerbrochen. Was aber die Städte im Umkreis von Jericho am meisten entsetzte: Dieser unsichtbare und allmächtige Gott Israels stürzte zuerst die Götzenbilder und verbrannte alles Leben in der Stadt, sogar die Tiere mußten sterben. Die israelitischen Kriegsmänner durften keine Beute für sich behalten, alles mußte den Flammen übergeben werden.

Die Könige, die solches hörten, verstanden das nicht. Warum ließen diese Israeliten nicht die Frauen am Leben und die Kinder? Das war doch Besitz, man konnte sie verkaufen oder als Sklaven behalten. Und warum die Tiere töten und verbrennen, die Häuser mit all der kostbaren Habe? Und daß die Kriegsmänner keine Beute machen durften! Die Geschichte des israelitischen Kriegers Achan wurde überall herumerzählt. Er hatte in einem Haus in Jericho einen kostbaren babylonischen Mantel gesehen und an sich genommen, dazu zweihundert Silberlinge, eine Stange Gold, etwa fünfzig Lot schwer. Mehr war es nicht. Achan hatte diese Gegenstände in dem Boden seines Zelts verscharrt. Es kam heraus, und er wurde vor seinen Kriegsherrn, diesen furchtbaren Josua, gebracht. Und was geschah? Nicht nur Achan wurde bestraft, sondern man nahm ihn selbst, seine Frau, seine Kinder, seine Ochsen und Esel und Schafe, seine ganze Habe und seinen Diebstahl und führte ihn und die Seinen ins Tal Achor. Da sollte nun dieser Josua gesagt haben: »Weil du uns betrübt hast, mein Sohn« — Achan war aber nicht der Sohn Josuas —, »soll dich der Herr an diesem Tag betrüben.« Und sie steinigten ihn und seine Familie und seine Tiere und warfen so viele Steine, bis Achan und alles, was er besessen hatte, nicht mehr zu sehen war. Diese Geschichte von Achan und seinem Ende entsetzte die Kanaaniter mehr als die von den Posaunen, die die Mauern stürzten. Alles an diesem Volk war den Einwohnern Kanaans unbegreiflich, und nicht zuletzt dies, daß die Israeliten bei der Eroberung Jerichos ein Weib namens Rahab, eine Hure, samt ihrer ganzen Familie begnadigt hätten. Und zwar um eines Schwurs willen. Wenn eine Stadt brennt und das Schwert auf den Straßen wütet, dann erinnern sich diese Israeliten an eine Hure und an einen Schwur, den man ihr geleistet hatte.

Die Könige aber, die auf dem Gebirge, in den Gründen und an den Gestaden des großen Meeres im Westen wohnten, schlossen einen Bund und machten sich bereit, gegen Josua und Israel zu kämpfen.

Die List der Furchtsamen

Der König von Gibeon und seine Ältesten schlossen sich diesem Bund nicht an. Sie sahen, was Josua über Jericho gebracht hatte, und fürchteten sich, daß es auch ihrer schönen, volkreichen Stadt ebenso ergehe. Sie hatten vernommen, daß Josua keine Stadt zu schonen bereit war, auch wenn sie sich ergab, ja, ihm sogar ihr Bündnis gegen andre Städte anbot.

Da erdachten die Bürger von Gibeon eine List. Sie versahen sich reichlich mit Getreide und Öl. Das alles steckten sie in alte Säcke und luden sie auf ihre ältesten Esel. Der Wein, den sie wählten, war der beste, aber sie füllten ihn in alte, vielfach geflickte Weinschläuche. Und sie zogen abgerissenes Schuhwerk an, hüllten sich in Lumpen, und alles Brot, das sie auf die Reise mitnahmen, war schimmelig und hart.

So brach der Zug der Bürger von Gideon auf und nahm den Weg nach Gilgal, wo Josua sein festes Lager hatte. Sie ließen sich vor den Feldherrn bringen und sprachen zu ihm und zu den Ältesten: »Wir sind Heviter, aber keine Heviter aus dem Land Kanaan. Wir wohnen sehr weit von hier entfernt, jenseits des Libanon, in der Gegend von Sidon, droben am Meer, und wirklich nicht mehr in Kanaan. Aber wir haben vom Volk Israel in unserm fernen Land vernommen und von seinem starken Gott und den Wundern, die er in Ägypten für sein Volk tat. Und von den Siegen über die Könige Sihon und Og jenseits des Jordans. Darum schickten uns unsere Ältesten auf diese lange Reise. Sie dauerte wirklich sehr lang. Seht die Säcke an, in denen wir euch Korn und Öl bringen, seht die Weinschläuche, es waren frische Ziegenhäute, als wir fortzogen. Und betrachtet unsere Kleider, unsere Schuhe! Als wir die Reise antraten, waren sie neu. Wir wissen schon nicht mehr, wie lange wir eigentlich unterwegs sind. Aber wenn auch unser Brot schimmelig wurde, nahmen wir uns doch nicht soviel Zeit, um frisches Brot zu backen. Denn wir wollten euch bald sehen, euren Gott verehren und allen Israeliten sagen, daß wir euch bewundern und einen Bund mit euch schließen wollen.«

Die Hauptleute und Ältesten hörten diese Worte der Bürger von Gibeon mit Wohlgefallen. Sie betrachteten das Korn, rochen an dem Öl, und sie brachten die Frage nicht vor den Gnadenstuhl im heiligen Zelt, sondern nahmen die reichlichen Gaben der Gibeoniter entgegen. Josua schloß mit ihnen einen Bund. Die listigen Leute versprachen, nie die Hand zum Krieg gegen Israel zu leihen, die Israeliten versprachen ihnen Freundschaft und Schutz in Kriegsgefahr. Die Obersten der Gemeinde besiegelten den Bund.

Drei Tage lang hielten sich die Gibeoniter im Lager zu Gilgal auf. Tausende von Israeliten kamen herbei, um diese seltsamen Heviter zu sehen, die so weit hergereist waren, um die Herrlichkeit Israels zu schauen. Kaum aber, daß diese freundlichen Abgesandten fortgereist waren, da kam es auf: Diese Heviter stammten gar nicht aus der Gegend von Sidon, sondern aus dem nahe gelegenen Gibeon und einigen Nachbarstädten. Josua zog vor die Tore Gibeons, rief die Gesandten heraus und stellte sie zornig zur Rede. Er rief: »Ihr habt uns betrogen. Wir müßten euch in den Bann tun, eure Stadt zerstören. Aber nun habt ihr uns durch den Bund, den ihr uns abgelistet habt, die Hände gebunden!« Da verneigten sich die Männer von Gibeon tief und sagten: »Verzeiht uns, wenn wir so unehrerbietig waren. Aber wir wollten am Leben bleiben.« Josua antwortete: »Wir können den Schwur nicht aufheben, denn wir haben beim Herrn geschworen. Ihr mögt also leben. Aber ihr sollt dazu verdammt sein, auf ewige Zeit als unsere Knechte zu arbeiten. Ihr sollt Holz schlagen und Wasser herbeibringen für die Opfer im Hause unseres Gottes.« Wieder verneigten sich die Männer von Gibeon, sie sprachen: »Wir sind in deinen Händen, tu mit uns, was dir gut und recht dünkt.«

Also machte Josua die Leute aus Gibeon und den Nachbarstädten zu Holzhauern und Wasserträgern für die Gemeinde und den Altar des Herrn. Doch war der Ort noch nicht erwählt, an welchem die Bundeslade ihren Platz finden sollte.

Josuas Sieg über die vereinigten Könige und sein Ende

Inzwischen hatten sich die Könige vereinigt, der von Jerusalem, der von Hebron, von Lachis, von Jarmuth und viele andere. Und sie zürnten der großen Stadt Gibeon, weil sie mit Josua einen Bund geschlossen hatte. Die Könige versammelten sich und zogen hinauf nach Gibeon, um die Stadt zu strafen, um allen unentschiedenen anderen Städten zu zeigen, was ihr Los sein werde, wenn sie mit Israel Frieden machten. Die Gibeoniter aber schickten wieder eine Gesandtschaft zu Josua, erinnerten ihn an den Bund und riefen ihn zur Hilfe herbei.

Josua zog herauf von Gilgal mit seinem ganzen Heer und fiel über die Könige, die Gibeon belagerten, von allen Seiten her, jagte sie auseinander und verfolgte sie über Beth-Horon bis nach Makkeda. Und da sie sich auf dem engen Weg nach Beth-Horon herab zusammendrängten, fiel plötzlich ein Hagel nieder, dessen Körner so dick waren wie Kinderfäuste. Der Hagel hämmerte auf die Helme, so daß die Flüchtenden betäubt hinfielen. Und das Schwert Israels wütete unter ihnen. Josua sank die Sonne zu schnell, er wollte seine Feinde nicht entkommen lassen. Noch unter dem Leuchten des Mondes verfolgte er die Könige der Amoriter, bis der Morgen heraufkam. Da zog Josua wieder ins Lager nach Gilgal und das ganze Heer mit ihm.

Josua stritt weiter gegen die Könige der Amoriter, zog von Eglon bis Hebron und von Kades-Barnea bis nach Gaza. Er schlug die vereinigten Könige am Wasser Merom, lähmte ihre Rosse und verbrannte ihre Streitwagen, und zuletzt verbrannte er Hazor. Josua und sein Heer besiegten die Könige, im ganzen waren es einunddreißig.

Josua verteilte das eroberte Land unter die Familien seiner Krieger, wie es bereits Mose angeordnet hatte. Die Stiftshütte wurde in Silo aufgeschlagen, weil dieser Ort in der Mitte des eroberten Landes lag. Also gab der Herr seinem Volk alles, was zu geben er den Vätern versprochen hatte. Er gab ihnen dazu auch noch Ruhe vor allen Feinden ringsum. Und es fehlte nichts an allem Guten, das der Herr dem Haus Israel versprochen hatte.

Josua war alt geworden. Er berief die Ältesten, Richter und Amtsleute des ganzen Volkes und ermahnte sie, nicht vom Gesetz des Erbauers des Volks abzuweichen, nicht zur Rechten und nicht zur Linken. Er sprach: »Wenn ihr abweicht, geratet ihr unter das Schwert der übrigen Völker. Darum dient nicht den andern Göttern, schwört nicht bei ihnen, nehmt nicht einmal ihre Namen in den Mund. Sondern hanget an eurem Gott allein. Gefällt es euch aber nicht, daß ihr dem Herrn allein dient, so erwählt euch heute Götter, alte oder neue, die noch immer in diesem Land heimlich herrschen. Entscheidet euch, ich habe mich entschieden. Ich und mein Haus wollen dem Herrn dienen.«

Da schrie das Volk auf. Alle erwählten den Herrn zu ihrem Gott und für immer. Josua antwortete: »Und ihr wollt Zeugen sein über euch, daß ihr den Herrn erwählt habt?« Sie antworteten laut und wie mit einer Stimme: »Ja, wir sind Zeugen für uns und gegen uns, daß wir den Herrn erwählt haben!« Josua nahm nun einen großen Stein und richtete ihn daselbst auf unter einer Eiche, die zu Silo stand, bei dem Heiligtum des Herrn. Er sprach: »Das ganze Volk soll mich hören: Dieser Stein hängt über einem jeden von euch. Und er soll herabstürzen, wenn ihr euren Gott verleugnet!« Dann entließ er das Volk, eine jede Familie in ihr Erbteil. Darauf starb Josua, der Sohn Nuns, als ein treuer Knecht des Herrn.

Sie begruben ihn auf der Grenze seines Erbteils zu Thimnath-Serah, im Gebirge Ephraim, nördlich vom Berg Gaas. In dieser Zeit begrub man auch die Gebeine Josephs, des Patriarchen aus Ägypten. Man trug die Lade nach Sichem und machte ein Grab auf dem Feldstück, das einst Jakob von Hemor gekauft hatte um hundert Groschen. Desgleichen starb Eleasar, der Sohn Aarons, und auch er wurde auf dem Gebirge Ephraim begraben.

Ein neues Geschlecht

Mit Josua gingen auch bald alle jene dahin, die noch Mose gekannt und von ferne gesehen hatten. Und es kam ein Geschlecht auf, das von den Taten des Herrn, die Josua ausgeführt hatte, nur noch die Schalen kannte. Die Namen der besiegten Könige und eingenommenen Städte dienten dazu, der Eitelkeit des Volkes zu schmeicheln. Aber sie gaben nicht Gott die Ehre, der für sie gestritten hatte. Sie vergaßen auch Josuas letzten Willen, daß das Schwert Israels nicht ruhen dürfe, bis das Land von allen Heiden gereinigt sei. Sondern sie wohnten mit den Götzendienern zusammen, heirateten die Töchter des Landes und opferten den fremden Göttern.

Und wenn ein Mann kam und das Volk an Josua und Mose erinnerte und sie zum Kampf anführen wollte, fanden sie viele Ausreden: Die Kanaaniter besäßen eiserne Streitwagen, darum seien sie in der Ebene stärker als die Israeliten, die zu Fuß kämpften. Die Heiden auf den Bergen aber stäken in so festen Städten, daß man diese nur mit großen Belagerungsmaschinen erobern könne. Mehrmals hatten die Benjaminiten es versucht, Jerusalem zu verbrennen. Es brannte auch jeweils, aber die Burg blieb weiter in der Hand der Jebusiter. So wohnten Leute aus Benjamin zusammen mit den Jebusitern in der schönen und großen Stadt auf dem Berg. Andre gaben zur Antwort: »Warum sollen wir kämpfen, wenn uns die Heiden freiwillig Tribut zahlen?« Sie übersahen, daß sie nicht selbst die Heiden unterworfen hatten. Wenn anderswo die Heiden ihre Hand auf eine kleinere Stadt des Volkes Israel legten und sie zum Tribut zwangen, dann sagte man: »Die sollen sich mit ihren Gegnern versöhnen, was geht das uns an!« Die nachkommenden Geschlechter verstanden es überhaupt nicht, wenn da immer wieder Männer und auch Frauen aufstanden, von der Herkunft des Volkes und den Taten Gottes sprachen und nicht davon abließen. Diese eifernden Männer erinnerten auch an den Stein des Zeugnisses, den Josua neben der Stiftshütte in Silo errichtet hatte. Dieser Stein hing, so verkündeten die Männer, drohend über dem ganzen Volk und über jedem einzelnen.

Dieser Stein des Zeugnisses stürzte eines Tages herab. Die Heiden, die das Volk Gottes neben seinen Hütten und Herdfeuern geduldet hatte, erhoben sich leise und schliffen ihre Schwerter. Und es kam von Mesopotamien der König Kusan-Risathaim und unterjochte das Volk Gottes. Das dauerte acht Jahre. Da erweckte der Herr den Othniel, einen Sohn des Kenas. Othniel war ein alter Mann, als ihn das Feuer des Herrn erfüllte und ihn zum Richter über Israel machte. Er sammelte heimlich aus allen Stämmen ein Heer und schlug den König aus Mesopotamien. Und das Volk hatte vierzig Jahre Ruhe. Aber es nützte die Ruhe schlecht und erschlaffte alsbald, vergaß des Herrn und unterschied sich in nichts von den Heiden. In seinem Wohlleben wurde es blind und bemerkte nicht, wie sich die Heiden ringsum miteinander heimlich verbündeten. Es war aber der Herr selber, der die Fürsten der Heiden gegen Israel in Bewegung setzte.

Über Nacht zerriß Eglon, der König der Moabiter, das Lügengespinst der Freundschaft mit Israel, schlug zusammen mit den Amoritern und Amalekitern an vielen Stellen zugleich los, eroberte Städte und ganze Landschaften und unterwarf einen großen Teil Israels. Die Knechtschaft war hart und dauerte achtzehn Jahre. Das Korn wanderte auf den Rücken der Esel in die Vorratskammern der Bedrücker. Die Kinder hungerten, das ganze Land seufzte.

Ehuds Schwert und Samgars Stecken

Da erweckte das Feuer des Herrn den Ehud aus dem Stamm Benjamin. Er war ein Linkshänder, sehr stark, und sein Gesicht lächelte immer. Als Ehud nun den Tribut zu Eglon, dem König von Moab, bringen mußte, machte er sich heimlich ein Schwert. Es war zweischneidig und keine Elle lang. Er gürtete es auf seine rechte Hüfte und verbarg es unter seinem Leibrock. So führte er den Zug des Tributs in die Stadt des Königs Eglon. Als die israelitischen Männer im Palast des Königs Korn, Wein, Öl und viel Silber und Gold niedergelegt hatten, sagte Ehud: »Geht ihr, ich muß mit dem König sprechen.« Zu Eglon sagte er: »Mein Herr, ich habe dir ein Geheimnis vom Himmel kundzutun, das dich im Innersten trifft. Wenn ich es dir enthüllt habe, bist du aller Sorgen ledig.«

Eglon lächelte wohlgefällig und entließ seine Beamten und Lanzenträger mit einem Wink und sagte zu Ehud: »Dein Geheimnis gehört mir allein.« Beide gingen hinein in die Sommerlaube, der König und Ehud, dort waren sie allein. Der König setzte sich auf seinen Sessel, er war ein sehr fetter Mann und keuchte. Da sprach Ehud: »Steh auf, mein König und Herr, denn es ist nicht eines Menschen, sondern Gottes Wort, das ich dir mitteile.« Da erhob sich Eglon aus seinem Stuhl und sagte: »Her damit!«

Ehud reckte seine linke Hand aus, griff unter sein Gewand, riß das Schwert heraus und stieß es dem König in den Bauch und stieß so fest, daß das Heft des Schwertes der Schneide nachfuhr und im Fett ganz verschwand. Ehud aber kehrte sich um, ging aus der Sommerlaube hinaus und schloß die Tür hinter sich, drehte den Schlüssel herum und steckte ihn ein. Zu den Knechten draußen sagte er mit seinem lächelnden Gesicht: »Laßt den König noch einen

Augenblick allein. Er sinnt nach über das Geheimnis Gottes, das ich ihm mitteilte.« Und ging davon.

Da nun die Beamten des Königs endlich zur Sommerlaube kamen, fanden sie die Tür verschlossen. Einer sagte: »Der König ist vielleicht zu Stuhl gegangen in der Kammer neben der Sommerlaube.« So warteten sie noch eine Weile. Dann aber schämten sie sich ihres Dastehens und wurden ungeduldig. Und sie wollten die Tür öffnen, fanden aber nicht den Schlüssel. Als sie schließlich die Tür aufgebrochen hatten, erschraken sie sehr: Ihr Herr lag auf dem Boden und war tot.

Ehud aber war entkommen und lief bis Seïra, wo das Heer des Volks hinter den Mauern der Stadt versteckt lag und auf ihn wartete. Ehud ließ die Posaunen blasen und rief: »Mir nach! Mähet, mähet! Der Herr hat euch zur Ernte bestellt in Moab.« Und das Heer jagte hinter ihm her. Sie kamen an den Jordan, gewannen die Furten und schlugen die Moabiter. Zehntausend Mann aus dem Kern des feindlichen Heeres lagen erschlagen umher. Und das Land hatte von Moab Ruhe achtzig Jahre lang.

Aber auch die Philister hatten im stillen gerüstet. Da erstand dem Volk ein kriegerischer Heiland in der Gestalt Samgars. Er verhöhnte die Philister und ging an der Spitze des israelitischen Heeres mit einem Stecken, mit dem man die Ochsen trieb. Und er rief: »Ich treibe euch, wohin der Herr will!« Und auch er erlöste Israel.

Debora, eine Mutter in Israel

Da begann Jabin, der König von Hazor, Israel zu bedrücken. Er überfiel die Städte in der Umgebung von Hazor, tötete die Ältesten und legte dem Volk unerträgliche Lasten auf.

In dieser Zeit wohnte im Gebirge Ephraim zwischen Bethel und Rama die Richterin Debora. Unter einer Palme saß sie. Das Volk kam, und Debora sprach Recht vom Morgen bis zum Abend. Als nun Jabins Feldhauptmann Sisera mit seinen eisernen Wagen durch das ganze Land fuhr und die Männer in Israel die Tore ihrer Städte zumauerten, da war die Richterin Debora der einzige Mann in Israel. Sie sprach zu ihrem Mann Lapidoth: »Ist der Herr je mit uns gewesen? Oder sind seine Taten, die er durch Mose und Josua wirkte, in der Spinnstube erfunden worden? Also geh hin und such einen wirklichen Mann. Nimmst du das Maß an dir, sei er siebenmal so stark und so mutig als du!« Lapidoth gehorchte und brachte Barak, den Sohn des Abinoam, der in Kedes wohnte, im Norden des Landes. Debora betrachtete Barak und sagte: »Was kommst du zu mir? Wenn dir der Herr, der Gott Israels, doch geboten hat: Geh hin, zieh mit zehntausend Kriegern auf den Berg Tabor! Und fallt herab über Sisera wie der Hagel! Werft Steine in die Sicheln seiner eisernen Wagen!« Barak antwortete: »Wenn du mit mir ziehst, wag' ich es; ziehst du nicht mit mir, wag' ich's nicht.« Debora stand auf und rief: »Gut, ich zieh' mit dir. Eine seltsame Zeit, da eine Frau das Herz eines Helden sein soll. Aber dann mußt du es auch ertragen, wenn das Volk hernach spricht: Der Herr hat Sisera in die Hand eines Weibes gegeben!«

Also machte sich Debora auf und zog mit Barak nach Kedes. Von dort zogen sie mit zehntausend Mann auf den Tabor. Sie überfielen Sisera von oben her, lockten seine Wagen in die Schluchten, drückten sie in die Enge und warfen Steine auf die Sichelräder. Der Feldhauptmann Sisera ließ seine Wagen stehn und floh.

Debora aber sang mit Barak ein Danklied:

»Lobet den Herrn, daß Israel wieder frei ist und das Volk Mut faßte und willig dabei war.
Es gebrach an Regiment, am Mut zur Herrschaft gebrach's in Israel.
Da rührte der Herr, unser Gott, an das Herz der Frauen,
und ich, Debora, kam auf, eine Mutter in Israel.
Die Schwerter, die Schilde waren verschwunden in Israel,
da rief eine Frau, und die Helden kamen aus ihren Verstecken.
Wie es am Tabor geschah, wird's wieder geschehn.
Stillstehn sollen die eisernen Wagen, umkommen die Feinde des Herrn.
Die aber den Herrn, unsern Gott, lieben,
sollen glänzen wie die Sonne bei ihrem Aufgang.«

So sang Debora, die Richterin. Und das Land hatte Ruhe für vierzig Jahre.

Gideons Berufung

Aber kaum daß Debora verstorben und ihre Stimme verhallt war, stand auch der Name des Herrn wieder fern und einsam über seinem Volk. Die Städte Israels lagen eine jede für sich allein unter den Heiden. Israel vergaß das Gesetz und näherte sich den sichtbaren Göttern, feierte die Feste der Heiden, aß und trank zu Ehren der Götter und suchte nach nichts als nach Wohlergehen. Bald standen vor jedem Haus und Gehöft auch der Israeliten das Bild des Baal und der Holzpfahl der Aschera. Der Sonnenschein kam ihnen nicht mehr vom Herrn, der Himmel und Erde gemacht hat, sondern vom Baal. Der Saft in den Bäumen stieg nicht aus der Freundlichkeit und Kraft des Herrn, sondern aus Ascheras Schoß.

Als es soweit war, brachen Schwärme von Wüstenvölkern, Midianiter und Amalekiter, auf ihren schnellen Kamelen in das Land. Sie überfielen die offenen Dörfer, mordeten und raubten. Ehe noch jeweils die Ältesten das Volk zur Verteidigung zusammenrufen konnten, war der flüchtige Räuberschwarm über Nacht in der Wüste jenseits des Jordans verschwunden. Das Volk zog sich aus den Dörfern der Ebene auf die Höhen zurück und versteckte die Kinder und die Vorräte in Höhlen und Felsenklüften. Andre bauten in aller Eile feste Plätze mit Mauern und Toren. Aber sie mußten zusehen, wie die Wüstenräuber vor ihren Augen das Getreide abmähten, es droschen, auf ihre Kamele luden und davonritten. Die übermütigen Räuber ließen nichts übrig in Isreal, weder Schafe noch Ochsen noch Esel. Sie schlugen ihre Zelte auf, wo sie wollten. Wenn die Israeliten aber einmal aus den festen Mauern zum Kampf hinauszogen, ritten die Räuber auf ihren Kamelen über den Himmelsrand davon.

Nach wenigen Jahren herrschte in Kanaan Hunger und Teuerung. Das Volk schlich umher und jammerte. Viele erinnerten sich in ihren Hütten der alten Drohungen, die Mose und Josua über das Volk verhängt hatten. In dieser Zeit der Bedrängnis lebte in Ophra, einem Ort im Gebirge Ephraim, nah bei Silo ein Mann namens Gideon. Sein Vater Joas besaß einen Gutshof und war nicht besser und nicht schlechter als die übrigen israelitischen Männer in jener Zeit. Vor dem Tor erhob sich ein Altar des Baal und daneben der Pfahl der Aschera, so wollte es der Brauch. In Joas' Herzen aber war das Gesetz des Herrn nicht gänzlich untergegangen. Er hatte seinem Sohn Gideon von den Taten des Gottes Israels in Ägypten und in der Wüste erzählt. Gideon hatte auch erfahren, wer Josua war. Immer häufiger fragte sich Gideon, wo die Hand des Herrn, die in Josua gewirkt hatte, jetzt verborgen sei.

So stand er eines Tages zur Zeit der Ernte inmitten des Gehöfts und drosch das Getreide. Draußen auf dem Feld, wo die runden Tennen erbaut waren, wagte kein Israelit mehr zu dreschen. Von einer Stunde zur andern konnten die Kamele der Wüstenräuber heranbrausen, die Ernte entführen und dazu den Herrn des Ackers aus der Ferne mit Pfeilen töten. Daran dachte Gideon, während er das Getreide mit der Worfschaufel emporwarf. Er stöhnte vor Zorn auf und blickte der Spreu nach und dachte: Wo ist Gottes Arm, daß er sein Volk reinige wie ich den Weizen!

Da sprach hinter Gideon eine Stimme: »Der Herr ist mit dir, du streitbarer Held!« Er wandte sich um und sah einen Engel neben der Kelter unter einer Eiche sitzen. Gideon sprach: »Das wäre ein schöner Gruß! Aber der Herr hat uns schon seit langem verlassen.« Da sprach die Stimme: »Geh hin in dieser deiner Kraft, du sollst Israel erlösen aus der Macht der Midianiter.« Gideon aber worfelte weiter das Korn und sprach zu sich und dem Engel: »Ich täte es gern. Aber ich stamme aus einem einfachen Haus und kann mich auf niemand stützen. Selbst unter den Söhnen meines Vaters bin ich der geringste.« Doch die Stimme verharrte auf ihrer Forderung: »Der Herr wird mit dir sein. Du wirst die Schwärme aus der Wüste schlagen, als wären sie ein einzelner Mann.« Gideon blieb stehen, blickte wieder unter die Eiche, und wieder sah er den Engel ebenso genau, wie er die Midianiter sehen konnte, wenn er die Augen schloß.

Da hob Gideon bittend seine Hände zu dem Engel und rief: »Gib mir ein Zeichen, daß ich dich wirklich gesehen habe und daß du mir von Gott gesandt bist!« Der Engel antwortete: »Du wirst in dieser Nacht zehn Männer zu dir nehmen und den Altar des Baal vor dem Haus deines Vaters stürzen. Du wirst den Pfahl der Aschera, der daneben steht, umhauen. Aus den Steinen des Altars baust du dem Herrn einen Altar. Mit dem Holz der Aschera machst du das Feuer unter dem Opfer, das du dem Herrn darbringst. Das Zeichen, das ich dir gebe, besteht darin: Man wird wegen dieser Tat mit dir hadern, dich aber nicht töten.«

Als es Nacht wurde, nahm Gideon zehn Männer aus seinen Knechten und tat, wie ihm der Engel gesagt hatte. Bei hellem Tag hätte er sich gefürchtet, die Götzen zu stürzen vor seines Vaters Haus, vor den Augen seiner Stadt.

Als nun die Leute in der Frühe aufstanden und sahen, was vor dem Haus des Joas geschehen war, liefen sie herbei, standen umher, schrien und fragten nach dem Übeltäter. Gideon kam aus dem Gehöft heraus und stellte sich vor den schnell errichteten, neuen Altar, auf dem das Opferfeuer noch glimmte. Er wartete, was geschehen würde. Da schrie jemand: »Gideon, der Sohn des Joas, hat es getan. Er hat den Altar des Baal gestürzt, den Pfahl der Aschera umgehauen. Seht doch, er opfert einem fremden Gott.«

Da wandte sich Gideon und rief: »Ja, ich war es. Und ich opfere dem Gott, der Himmel und Erde gemacht hat. Ich opfere dem Gott unserer Väter. Und ihr nennt ihn einen fremden Gott?« Da drangen die israelitischen Baalsdiener auf Joas ein und riefen: »Gib deinen Sohn heraus, er muß sterben. Er hat den Altar des Baal zerbrochen, das Ascherabild umgehauen!« Joas sagte zu den Leuten: »Ist Baal ein Gott, dann ist er mächtig. Ist er aber mächtig, wird er sich selber Recht schaffen.« Die Leute schrien weiter gegen Gideon. Aber keiner rührte ihn an. Denn Gideon hielt sich mit einer Hand am Altar des Herrn fest. Sie nannten seither Gideon Jerubbaal, das heißt: Baal soll strafen. Aber Gideon lachte vor allem Volk über diesen neuen Namen. Und er redete gegen Baal und Aschera, errichtete dem Herrn weitere Altäre und weckte die Erinnerung an die Taten des Herrn.

Gideon, der streitbare Held

Zur nächsten Erntezeit spitzte die Wüste ihr Maul und blies wieder die Midianiter und Amalekiter ins Land. Sie lagerten in unabsehbaren Scharen im Norden, in der Ebene von Jesreel. Als Gideon das vernahm, erfüllte ihn das

Feuer des Herrn. Er ließ die Posaunen blasen und forderte die Männer aus seiner Stadt auf, ihm am andern Tag zu folgen. Er sandte zugleich Boten an den Stamm Manasse, der im Nordosten des Landes wohnte. Ebenso rief er die Stämme Asser und Sebulon und Naphthali zum Kriegszug auf, denn sie wohnten in der Nähe von Jesreel.

Am Vorabend des festgesetzten Tags nun betete Gideon auf der Kelter, den Blick zu der Eiche hingewandt, wo er den Engel gesehen hatte. Er sprach: »Du Engel unter der Eiche, du hast mir gesagt, daß Israel durch mich frei werden soll. Aber ich bin ein Mann, der hinter den Ochsen ging, und kein Kriegsmann. So will ich also ein Fell hier in den Hof legen. Ist das Fell morgen naß vom Tau, der Estrich aber rundherum trocken, so hast du wirklich unter der Eiche gesessen, und ich bin wirklich erwählt.«

Als nun Gideon am andern Morgen früh aufstand und in den Hof trat, da war das Fell naß, der Boden ringsum trocken. Er wrang es aus, es füllte eine Schale mit Wasser. Da sich nun die Krieger zum Abmarsch vor seinem Haus versammelten, zeigte Gideon ihnen das nasse Fell und erzählte ihnen, ein wie deutliches Zeichen der Herr ihm gegeben habe. Doch da bemerkte er an ihren Mienen, daß sie ihm nicht glaubten. Er besann sich, dann sagte er: »Gut, wir verweilen noch einen Tag. Auch ihr, die ihr noch nicht glaubt, sollt von Gott ein Zeichen haben. Seht, ich lege das Fell noch einmal hin. Morgen früh soll der Tau rings um das Fell fallen, aber kein Tropfen liege auf dem Fell. Nehmt ihr das als Zeichen, dann wacht mit mir hier unter dem Dach der Kelter die ganze Nacht.« Sie wachten alle bis zum Morgen und fanden das Fell trocken, der Estrich aber rings um das Fell war naß vom Tau. Nun machten sich alle wie ein Mann auf. Sie zogen gegen Norden, und es stießen viel Tausend streitbare Männer zu ihnen. Sie machten ein festes Lager auf dem Berg Gilboa. Von dort konnten sie das Heer der Wüstenräuber in der Ebene sehen, ein schreckliches Gewimmel.

Gideon merkte, wie die Israeliten den Feind nach seiner Zahl und Mächtigkeit abzuschätzen begannen. Die einen bekamen überm Zählen Angst, die andern begannen eitle Reden nach Art von sieggewohnten Kriegsleuten zu führen. Das gefiel Gideon schlecht. Er betete zum Herrn und vernahm den Befehl: »Deine Kriegsmacht ist zu groß. Israel wird sich nach der Schlacht rühmen und sagen: Wir waren stark in der Ebene von Jesreel, wir haben die Feinde in die Wüste zurückgeschickt, wir allein das Heuschreckenheer aus der Wüste. Darum laß ausrufen: Wer sich verzagt fühlt, raffe bei Nacht sein Zelt zusammen und steige hinab vom Gebirge und geh nach Haus und verkünde da den Sieg des Herrn über die Wüste.« Da waren am folgenden Morgen zweiundzwanzigtausend Krieger davongegangen. Nur zehntausend blieben. Diese aber sprachen von erwürgten Midianitern, als wäre die Schlacht schon geschlagen. Gideon hörte es, und noch einmal fragte er Gott. Er bekam zur Antwort: »Es sind noch viel zu viele, die sich ihrer Kraft rühmen. Darum führ sie hinab zur Wasserstelle und gib acht, wie sie trinken.« Gideon gehorchte, und er sah: Einige warfen sich der Länge nach auf den Boden und leckten das Wasser auf die Art der Hunde mit der Zunge auf. Die andern knieten sich an den Rand des Wassers und schöpften mit der Hand oder mit dem Helm. Und Gideon hörte die Stimme in sich: »Schick alle nach Hause, die sich hinknieten und aus der Hand tranken. Die taugen dir nicht, die andern aber, die das Wasser aufleckten, sollst du bei dir behalten.« Das waren etwa dreihundert Mann.

Als nun die übrigen Kriegsleute murrend und nichts verstehend in ihre Wohnorte zurückkehrten, näherte sich Gideon bei Nacht dem Lager der Midianiter. Er hatte den dreihundert Kriegern in die Rechte Posaunen gegeben, in die Linke Fackeln, über denen leere Krüge so befestigt waren, daß das Licht der Fackeln nicht gesehen werden konnte, aber auch nicht erlosch. So ausgerüstet, versteckte Gideon die dreihundert Mann zu je hundert an drei Stellen rings um das Lager der Räuber aus der Wüste. Und Gideon befahl ihnen zu schlafen. Er selbst aber konnte nicht schlafen, sondern war von Sorgen gequält. Er fürchtete sich, das Wort des Herrn mißverstanden und zuviel Kriegsvolk entlassen zu haben. Und er stand auf, nahm seinen Waffenträger, den sehr jungen, starken Pura, mit sich, und sie näherten sich auf Zehen dem Lager. Dann krochen sie, bis sie dicht vor den Zelten lagen. Die Nacht roch nach den Kamelen und dem Fett der gebratenen Hammel. Da hörten Gideon und sein Knappe in dem Zelt, das dicht vor ihnen lag, einen Mann reden. Er sprach Edomitisch, das verstand Gideon, und er hörte ihn sagen: »Da hatte ich doch einen seltsamen Traum die letzte Nacht. Ein geröstetes Gerstenbrot rollte daher, vom Berg Gilboa rollte es herab und durch die Ebene, bis in unser Lager, und rollte und rollte und warf unsere Zelte um und rollte weiter über uns fort, dieses Gerstenbrot, über das ganze Lager, und warf weiter die Zelte um, die Männer und Kamele, und rollte und rollte. Das Lager war voll Geschrei, Schwert gegen Schwert, Geröchel gegen Geröchel – ein seltsamer Traum!«

Und ein andre Stimme: »Das ist ein schlimmer Traum. Das Gerstenbrot, das ist dieser Gideon. Er ist ja ein Landmann und lauert auf dem Berg. Bald wird er hier sein, und dann, du wirst sehn, sind wir in seiner Hand.«

Als Gideon das hörte, dankte er Gott. Er schlich mit Pura zurück und gab den drei Hundertschaften das Zeichen. Sie näherten sich leise von drei Seiten, bis sie das Lager umstellt hatten. Es war die Stunde der mittleren Nachtwache.

Da stieß Gideon in die Posaune, warf den Krug, der auf seiner Fackel war, davon und schrie: »Das Schwert des Herrn und Gideon!« Die dreihundert taten auf einen Schlag alle dasselbe: Die Posaunen brüllten, die Krüge zerknallten, rot flackerten die Fackeln. Schon brannten die Zelte von den hingeschleuderten Fackeln. Ein einzelner Schrei stieg im Lager der Wüstenräuber auf. Der Schrei zerteilte sich, ein Teil schrie gegen den andern Teil. Die

Schwerter taten dasselbe: Sie schlugen gegeneinander. Ein Geröchel kam auf in der Nacht, und Röcheln stand gegen Röcheln. Die Kamele schrien und brachen aus. Mann rannte gegen Mann, Kamel gegen Kamel. Die Zelte brannten. Nur wo die Männer Gideons nicht standen, hatten die Flammen eine Lücke gelassen, dort brachen die Flüchtenden durch in die Nacht.

Gideon schickte noch bei Nacht hundert Boten in die Städte Israels. Die Männer von Asser, Naphthali und Manasse brachen eilends auf und jagten den Midianitern nach. Auch in das Gebirge Ephraim schickte Gideon Botschaft. Da sprangen die Männer vom Gebirge herab und waren vor den Flüchtenden am Jordan. Sie fingen zwei Könige, den Oreb und Seeb, töteten sie und brachten ihre Köpfe zu Gideon, der schon jenseits des Jordans war.

Aber die Männer aus Ephraim zürnten Gideon, weil er sie nicht aufgefordert hatte, mit ihm in die Schlacht zu ziehen. Sie zankten mit ihm und warfen ihm vor, er habe ihnen den Ruhm nicht gegönnt, sondern für sich allein Beute und Ehre einsammeln wollen. Gideon fragte sie: »Was wollt ihr eigentlich, ihr Männer aus Ephraim? Standet ihr euch mit eurer Nachlese nicht besser als meine Männer und ich mit der ganzen Weinernte? Ich habe die Könige nur gejagt, aber ihr habt sie gefangen und gerichtet. Nun seid zufrieden!« Da ließ der Zorn der Männer aus Ephraim von ihm ab, und sie zogen heim ins Gebirge.

Gideon jagte weiter den Midianitern nach. Die Israeliten aber, die auf der andern Seite des Jordans wohnten, halfen Gideon nicht. Nicht einmal mit Brot versorgten sie ihn. Sie spotteten sogar, weil er nur dreihundert Mann bei sich hatte, und riefen ihm nach: »Erst mußt du die Könige fangen, dann geben wir dir Brot!« Gideon drohte ihnen: »Wohlan, wenn der Herr die Könige Sebah und Zalmuna in meine Hand gibt, will ich euren Obersten das üppige Fleisch mit Dornen peitschen lassen, damit ihr erkennt, für wen ich und meine Männer hungern und dürsten und uns müde laufen.« Und Gideon fing die midianitischen Könige Sebah und Zalmuna und jagte die letzten Reste der Flüchtenden auseinander. Er kam mit den Königen nach Sukkoth, wo ihn die Obersten der Israeliten verhöhnt hatten. Er machte seine Drohung wahr und ließ sie mit Dornen auspeitschen. Über die beiden Könige aber hielt er öffentlich Gericht und stellte ihnen diese Frage: »Wie waren die gefangenen Männer, die ihr am Tabor hingeschlachtet habt? Seht mich an!« Die Könige betrachteten ihn genau, und Sebah sagte: »Sie waren wie du gewachsen.« Und Zalmuna: »Ein jeder war wert, ein König zu sein.« Gideon rief: »Es sind meine Brüder gewesen, meiner Mutter Söhne. Hättet ihr sie leben lassen, ich würde euch jetzt kein Haar krümmen!« Und Gideon gab seinem erstgeborenen Sohn einen Wink und sagte: »Voran, bring sie um!« Doch der Knabe rührte sich nicht, er war noch zu jung zum Töten.

Da baten die Könige beide, daß Gideon selbst sich an sie machen solle. So viel seien sie doch wert, daß sie den Todesstoß von einem König erhielten.

Da zog Gideon sein Schwert und stach sie nieder. Er ging zu ihren Kamelen, löste die goldenen Spangen, die an den Hälsen der Reittiere glänzten, nahm auch ihren übrigen Schmuck und warf alles auf einen Haufen. Etliche aus Israel sagten zu Gideon: »Sei du doch nunmehr König über uns, du und dann dein Sohn und dann deines Sohnes Sohn. Du hast uns aus der Gewalt der Wüstenräuber befreit. Dir steht es zu, unser aller Herr zu sein.« Gideon hob abwehrend seine Hände: »Ich will nicht euer König sein. Auch mein Sohn soll es nicht sein. König über euch sei allein der Herr!«

Aber Gideon ließ sich die Goldspangen von den Kamelen und die Purpurstoffe und die Edelsteine und allerlei Schmuck aus der Beute zusammenbringen und daraus ein Prachtgewand herstellen, wie es der Hohepriester in Silo vor der Bundeslade trug. Das Gewand aber blieb in Ophra im Hause Gideons. Seine Söhne machten, daß das Gewand aufrecht stand, und fügten die Mütze des Hohenpriesters hinzu. Unter die Mütze machten sie später ein Gesicht, so daß das Gewand aussah wie ein Mensch. Da pilgerte Israel aus der Ferne nach Ophra. Sie verneigten sich vor der Gestalt in Gold und Purpur und Edelsteinen, zündeten Räucherwerk an, nahmen sich von dem Bild Orakel mit und versprachen ihm Opfer. Und ganz Ophra war sehr eifersüchtig auf diesen Götzen, der aussah wie der Hohepriester in Silo.

Die Midianiter aber wagten sich nicht mehr aus der Wüste hervor. Israel hatte Ruhe über vierzig Jahre. Gideon, der Sohn des Joas, lebte in seinem Haus in Ophra und hatte hernach siebzig Söhne, so viele Frauen lebten mit ihm. Er starb in hohem Alter. Kaum war Gideon gestorben, vergaßen die Kinder Israel des Herrn, der sie aus der Hand der Midianiter errettet hatte. Sie lebten wieder mit den Göttern der Sonne und der Fruchtbarkeit, deren Bilder das Volk mit seinen Augen betrachten konnte. Unter allen Göttern war dem Volk Israel der größte und liebste der Baal von Berith. Sie machten zu ihm Wallfahrten, aßen und tranken mit dem Götzen, tanzten vor ihm, und wenn das Feuer der Sonne die Fluren zerstörte, opferten sie dem Glutbaal auch Kinder.

König Dornbusch

Gideon hatte eine Nebenfrau besessen, die aus Sichem stammte. Ihr Sohn hieß Abimelech. Eines Tages machte sich dieser heimlich nach Sichem auf und verhandelte mit den Brüdern seiner Mutter. Er sagte zu ihnen: »Gideon hat siebzig Söhne hinterlassen. Ist es nun besser, daß alle siebzig über euch herrschen oder nur der eine, dessen Mutter eure Verwandte ist? Seht doch, ich bin Fleisch von eurem Fleisch. Sagt das den Leuten von Sichem. Ich warte hier, bis ihr mir Antwort bringt.«

Die Brüder der Mutter des Abimelech gingen und kamen bald wieder. Sie sprachen zu ihm: »Ganz Sichem sagt: Abimelech ist unser Bruder!« Die Priester des Baal-Berith gaben dem Abimelech Geld, damit er sich die Männer dingen könne, die für einen guten Sold taten, was er verlangte. Er zog mit diesen Männern, die er als Weihrauchhändler verkleidet hatte, nach Ophra hinauf ins Gebirge. In der Nacht ließ er das Haus seines Vaters von den Männern so umstellen, daß sie nicht gesehen wurden. Einige hockten in der Eiche auf dem Hof, unter der Gideon vor noch nicht fünfzig Jahren den Engel erblickt hatte.

Am Morgen nun gebot Abimelech, überall in der Stadt an den Türen zu klopfen, wo seine Brüder wohnten. Er forderte sie auf, eilends zum Gehöft des alten Vaterhauses zu kommen, dort sei der Schatz des Joas gefunden worden. Die Brüder kamen, einer um den andern. Und Abimelech führte sie alle in den Hof. Er küßte sie und zählte dabei ihre Köpfe. Als er glaubte, daß die Zahl voll sei, steckte er die Finger in den Mund und pfiff. Da standen plötzlich dreihundert bewaffnete Männer an den Türen. Sie drangen herein und banden die ahnungslosen Söhne Gideons. Abimelech zählte nun nochmals die Köpfe seiner Brüder, aber die Augen der Söhne Gideons verwirrten ihn. So bemerkte er nicht, daß Jotham fehlte, der jüngste von Gideons Erben. Und Abimelech ließ seine Brüder, einen um den andern, zu dem Stein bringen, der vor dem Prachtrockgötzen lag und zum Opfern diente. Auf diesem Stein ließ er sie schlachten, alle, bis auf Jotham. Der hielt sich im Haus verborgen und war nicht gekommen, Abimelech zu begrüßen.

Darauf zog Abimelech nach Sichem und ließ sich von den Bürgern dieser Stadt zum König ausrufen. Jotham aber sah vom Berg Garizim dem Treiben drunten vor Sichem zu. Und er sprach zu den Männern, die mit ihm waren: »Geht hinunter nach Sichem und geht in alle Städte Israels und erzählt ihnen dieses Gleichnis: Die Bäume gingen hin und suchten einen Baum, den sie zum König salben könnten. Sie kamen zum Ölbaum und sprachen: ›Sei unser König!‹ Aber der Ölbaum antwortete: ›Soll ich das Fett der Erde, das Götter und Menschen an mir preisen, nicht mehr aus der Erde ziehen und statt dessen über die Bäume herrschen?‹ Da sprachen die Bäume zum Feigenbaum: ›Sei du unser König!‹ Aber der Feigenbaum antwortete: ›Soll ich meine Süßigkeit vergessen und dafür schweben über den andern Bäumen?‹ Da gingen die Bäume zum Weinstock und baten ihn: ›Komm du und sei unser König!‹ Aber der Weinstock sann gerade darüber nach, wie er mit seinem Saft auch dieses Jahr die Menschen beseligen würde. Er sagte zu den Bäumen: ›Stört mich nicht in meiner Freude!‹ Da sprachen die Bäume zum Dornbusch: ›Komm du und sei unser König!‹ Der Dornbusch antwortete, ohne sich zu bedenken: ›Gut, wenn ihr mich haben wollt, hier bin ich. Aber dann müßt ihr euch auch meinem Schatten anvertrauen. Tut ihr's nicht, so lasse ich aus meinen dürren Zweigen Feuer ausgehen, das selbst die Zedern des Libanon verzehrt.‹«

Jotham schloß sein Gleichnis mit den Worten: »Fragt die Männer in Israel: Habt ihr nun recht gehandelt, daß ihr einen Abimelech euch zum König machtet? Habt ihr am Hause Gideons gehandelt, wie er es sich um euch verdient hat? Gideon, mein Vater, hat sein Leben für euch so oft hingegeben im Kampf mit den Midianitern. Und ihr habt seine Kinder getötet oder standet doch nicht auf, als Abimelech sie abschlachtete auf dem Stein. Abimelech ist der Sohn einer Magd und der Mörder der Söhne Gideons. Habt ihr also recht gehandelt an Gideon, so freut euch mit eurem Abimelech. Habt ihr aber unrecht gehandelt, so gehe Feuer aus von Abimelech wie von dem Dornbusch, dem König der Bäume! Und das Feuer verzehre die Männer von Sichem. Oder es gehe Feuer aus von den Männern von Sichem und verzehre Abimelech!« Danach floh Jotham vor seinem Bruder Abimelech. Er kam gen Beer, wohnte daselbst und sagte nicht, wer er sei.

Bereits nach drei Jahren kam es so, wie Jotham es vorausgesehen hatte. Abimelech und die Männer von Sichem entzweiten sich. Aber Abimelech demütigte sie, bezwang die Stadt und herrschte wie der König Dornbusch. Als er aber auch die Stadt Thebez bezwingen und den Turm dieser Stadt ausräuchern wollte, da warf ihm ein Weib von den Zinnen einen kleinen Mühlstein auf den Kopf. Abimelech rief dem jungen Mann, der ihm die Waffen trug, zu: »Schnell, zücke dein Schwert und töte mich, damit es nicht von mir heißt: Ein Weib hat ihn getötet.« Aber das Schwert kam zu spät. Da die Israeliten, die zu seinem Heer zählten, sahen, wie ihr König umgekommen war, ließen sie die Leiche Abimelechs liegen und liefen davon.

Jephthah steht auf, Simson wird verheißen

Das Volk des Bundes vergaß immer mehr seines alten und getreuen Gottes. Das Gesetz taugte nur noch dazu, allerlei Streitigkeiten zwischen diesem und jenem zu schlichten. Die im Land der Verheißung wohnten, wollten es nicht mehr wahrhaben, daß Gottes Wille für Israel im Gesetz Gottes enthalten war. Mose hatte befohlen: »Bewahrt diese Worte in eurem Herzen, erwägt sie in eurer Seele. Lehrt sie eure Kinder. Du, Vater, rede von meinem Gesetz und meinen Taten, wenn du in deinem Hause sitzest oder auf den Wegen gehst, wenn du dich niederlegst und wenn du dich erhebst.« Aber die Väter in Israel redeten von Göttern, die sie überall sahen. Sie lobten vor ihren Kindern die kinderfressenden Götter von Sidon und priesen die Götter von Moab. Sie gossen Opferblut zu den Göttern der Unterwelt hinab und warfen Kußhände zu den Sternen hinauf. Vor dem einen Gott räucherten sie, vor dem andern tranken sie im Übermaß Wein und trieben Unzucht. Sie gingen zu den Zauberern und trugen Amulette unter ihrer Gewandung. Und wenn im Sommer die Fliegen zu einer Plage wurden, betete man zum Beelzebub, der im Philisterland verehrt wurde, daß er die Fliegen verscheuche. Gott war in Israel vergessen.

Kaum aber geriet das Volk in Not, kaum sah es sich verlassen inmitten der Heiden, da erinnerte es sich seines alten Gottes und schrie zu ihm. So auch damals nach Gideons Tod, als die Philister zwanzig Jahre hindurch Israel zertraten und zerschlugen, als die Ammoniter die israelitischen Stämme östlich des Jordans bis aufs Blut peinigten. Die Männer, die dem Herrn in ihren Herzen treu geblieben waren, sprachen nun zum Volk. Sie sagten: »Wie soll euch der Herr noch einmal beistehen? Ist er, der Himmel und Erde gemacht hat, für euch nichts als ein Zauberschwert? Geht doch hin und streichelt den Bauch eurer geliebten Götzen! Ihr wart ihnen treu in guten Tagen, nun sollen sie euch auch in Not und Trübsal beistehen.«

Da klagte das Volk im ganzen Land laut zum Himmel. Der kleine Rest der Gerechten, der den Bund mit dem Herrn heilig gehalten hatte, flehte Tag und Nacht um Errettung. Und der Herr erweckte gegen die Ammoniter einen Mann von niederer Herkunft, Jephthah geheißen. Der schlug die Ammoniter bei Minnith in der Gegend der zahlreichen Weinberge. Es war eine blutige und grausame Schlacht, und Israel hatte östlich des Jordans lange Zeit Ruhe.

Gegen die Philister aber erweckte der Herr Simson, den Sohn des Manoah. Simsons Mutter war bis zu dem Tag, da sie einen Engel sah, unfruchtbar gewesen. Der Engel verhieß ihr den Simson, und sie vernahm, daß der Knabe, den sie gebären solle, dem Herrn auf Lebzeit anverlobt sei. Simsons Mutter wußte, was das bedeutete. Der Knabe durfte keinen Wein noch irgendein starkes Getränk trinken noch von Unreinem essen. Die Mutter, solange sie das Kind trug, mußte die gleiche Enthaltsamkeit üben. Auch durfte dem Kind niemals das Haar geschnitten werden. Manoah und seine Frau warteten voller Zagen und Scheu auf die Geburt dieses Sohnes. Denn der Engel hatte überdies der Mutter verheißen, daß Simson dem Volk Israel gegen die Philister zu neuem Mut verhelfen werde. Zwar werde Simson allein gegen die Philister aufstehen, das Volk Israel werde nur Zuschauer sein. »Aber Simsons Kraft«, so hatte der Engel die Mutter belehrt, »wird nicht die Kraft eines Menschen sein. Der Herr selber wird die Philister durch Simson zu einem Gespött machen. Und alles Volk soll die Taten Simsons sehen und lachen.«

Als nun das Kind zur Welt kam, kostete es die Mutter Schmerzen und Leid. Denn das Knäblein war groß und stark. Als es aber die Augen aufschlug, lächelte es. Darum nannte es sein Vater Simson, das heißt: Sonnenkind. So wuchs der Knabe heran, und der Herr segnete ihn mit Kraft und Fröhlichkeit. Als er zum Mann geworden war, hielt es ihn nicht mehr am heimischen Ort. Die Kraft des Herrn trieb ihn umher. Er trug auf seinem Nacken Steine herbei, die zehn Männer nicht bewegen konnten. Simson türmte die Steine zu einer Mauer, aber er wußte nicht, wozu sie dienen sollte. Er riß Bäume aus und brachte sie seiner Mutter, als wären sie Blumen.

Eines Tages ging er nach Thimnath hinab. Das war eine Stadt an der Grenze, die früher dem Stamme Dan gehörte. Jetzt wohnten die Philister in ihren Mauern. Als er nach ein paar Tagen zu seinen Eltern heimkam, sagte er zu ihnen: »Ich habe da eine schöne Tochter Philistäas gesehen. Die gebt mir zur Frau.« Sein Vater und seine Mutter erschraken. Die Mutter klagte: »Gibt es nicht genug schöne Mädchen unter deinem Volk, daß du uns das antun willst?« Der Vater murrte: »Das geht nicht an, Simson, du darfst dir keine Frau aus den Töchtern der Feinde nehmen.« Simson aber antwortete seinem Vater: »Gib mir diese, sie gefällt mir. Außerdem weiß ich, daß diese Unbeschnittenen mir das Mädchen nicht geben wollen. Gerade darum muß ich sie haben.« Der Vater seufzte: »Die Philister sind unsere Herren. Und so wird deine Frau immer über dich die Oberhand haben. Bedenk das und tu, was du willst. Aber ich will die Erwählte zuvor sehen.«

Also ging Simson mit seinen Eltern hinunter nach Thimnath. Als sie nun an die Weinberge vor der Stadt kamen, sprang eine junge Löwin auf sie zu und brüllte. Da kam es über Simson, daß er zurückbrüllte und gegen die Löwin anlief. Sie kehrte um und entsprang, in die Weinberge hinauf. Simson verfolgte sie. Er kletterte eilig auf einen Felsen und sprang von dort herab auf das Tier, griff es am Rachen mit beiden Händen, oben und unten, und zerriß es, als wäre es ein Böckchen. Als er zu seinen Eltern zurückkam, schalt ihn die Mutter und fragte, wo er so lange geblieben sei. Simson senkte den Kopf und sagte: »Ich habe mir in den Gärten der Philister Trauben gepflückt!« Und er reichte den Eltern aus seinem Mantel hervor reife, rote Trauben. Zugleich sprach er von den schönen Lippen seiner Erwählten. Das Mädchen gefiel Simsons Vater. Doch die Eltern der Philisterin zierten sich und wollten ihre Einwilligung verweigern. Da lachte Simson fröhlich auf und sagte zu seiner Erwählten: »Also halte dich bereit. Sobald ich Zeit habe, komm' ich und hol' dich heim.«

Nach einiger Zeit machte sich Simson auf und ging wieder nach Thimnath und brachte auch seine Eltern mit. Vor den Weingärten blieb er stehen und sagte den Eltern, sie sollten ein wenig auf ihn warten. Und er lief fort und kam an die Stelle, wo das Aas der erwürgten Löwin lag. Er entdeckte in ihrem ausgedörrten, offenen Leib einen Schwarm wilder Bienen und sah die Waben voller Honig. Er nahm die Wabe in seine Hand, aß davon und lief zu seinen Eltern zurück und gab auch ihnen, verriet aber nicht, woher dieser Honig stammte.

In Thimnath aber ging er geradenwegs zum Haus seiner Erwählten. Da wurde ihm, als man ihn sah, die Tür zugeschlagen. Er aber winkte Jünglinge herbei, gab ihnen Geld und hieß sie Wein, Brot und Fleisch kaufen. Andere Jünglinge halfen ihm, rings um das Haus der Erwählten Tische aufzuschlagen. Er baute auch einen Thron für die Braut, darüber einen Baldachin. Als er so die Tafel zubereitet hatte, bat er die Jünglinge, Hochzeitslieder anzustimmen. Dann ging er an die Tür und klopfte. Als man nicht öffnete, drückte er die Tür ein und nahm die Erwählte an der Hand. Sie hatte die Lieder draußen gehört und sich geschmückt. Nun stand sie da und wartete auf ihn.

Also feierte er Hochzeit zu Thimnath. Als die Eltern der Braut sahen, wie schön die Tische gerichtet waren, freuten sie sich mit Simson und ließen sich bei seinen Eltern nieder. Da sie nun alle viel Wein getrunken hatten, Simson aber nur Quellwasser genoß, wurden seine jungen Festgenossen fröhlich und gaben ihm philistäische Rätsel auf. Simson lehnte jedesmal sein Ohr an die Brust der Braut, und alsbald wußte er die Lösung. Dann gab er ihnen ein Rätsel auf: »Wenn ihr's erratet während dieser sieben Tage, da wir meine Hochzeit feiern, so will ich euch dreißig gestickte Prachthemden geben und dreißig Feierkleider. Könnt ihr's aber nicht erraten, so seid ihr mir dreißig Prachthemden und dreißig Feierkleider schuldig!« Sie sprachen im Chor: »Gib uns dein Rätsel! Die Rätsel Israels können nicht tiefer sein als die Philistäas.« Da stand Simson auf und sagte: »Nun also, was ist das: Speise ging aus von dem Fresser, Süßigkeit von dem Starken!«

An der Hochzeitstafel wurde es still. Alle runzelten die Stirn, aber keiner konnte das Rätsel lösen. So ging es drei Tage hin. Sie rieten hin und her, aber keiner fand es heraus. Da wurde es den Jünglingen bang um die Wette, denn die Prachthemden waren teuer, die Feiertagsgewänder noch teurer. Sie steckten sich also hinter Simsons Braut. Aber sie kannte des Rätsels Lösung auch nicht. Da drohten sie ihr und sagten: »Du allein kannst es herausbekommen. Wenn du es uns nicht vor dem siebten Tag sagen kannst, wer dieser Fresser und wer der Starke ist, werden wir deines Vaters Haus nachts anstecken, und du wirst in den Flammen verbrennen. Oder glaubst du, wir lassen uns zur Hochzeit einladen, damit wir durch euch arm werden?«

Da weinte Simsons Frau vor ihm, sooft sie allein beisammen waren. Unaufhörlich fragte sie ihn nach dem Starken, nach dem Süßen, nach dem Fresser, nach der Speise. Sie herzte ihn, machte ihm Äuglein, weinte auch wieder vor ihm, bis er ihres Drängens satt war und rief: »Lieber wehre ich mich gegen zehn Löwen und gegen hundert Bienenschwärme als gegen eine einzige neugierige Frau, wenn sie hübsch ist.« Und er tat ihr die Lösung kund.

Sie aber ging heimlich hin und verriet das Rätsel den Jünglingen ihres Volkes. Als sie nun am siebten Tag zusammensaßen, erhob sich einer der Jünglinge und sagte: »Ehe die Sonne untergeht, wollen wir dein Rätsel lösen. Es ist so einfach, daß wir zuerst nicht darauf verfielen. Was ist süßer als Honig? Was ist stärker als der Löwe?« Da sprang Simson auf und blickte seine Frau an. Sie verbarg ihr Gesicht. Er rief: »Wenn ihr nicht hättet mit meinem Kalb gepflügt, ihr hättet mein Rätsel nicht gelöst! Ich aber weiß: Ihr habt meine Braut ins Feuer gehalten, sonst hätte sie euch nie verraten, was ich ihr anvertraut habe. Ihr sollt eure Hemden haben, noch ehe es Tag wird. Bleibt hier sitzen, bis ich wiederkomme.« Und er rannte davon, kam in eine Philisterstadt, wo sie gerade auch eine Hochzeit feierten. Er überfiel die dort sitzenden Jünglinge, streckte sie mit Faustschlägen nieder, zog den Betäubten die Feierkleider aus und lief zurück nach Thimnath, wo man noch immer beim Wein saß. Er zählte ihnen die Prachtgewänder hin, nahm seine Eltern an der Hand, spuckte vor den Philistern aus und rief: »Ich gebe euch ein neues Rätsel auf, das euch bald ganz offenbar sein wird: Einer allein erhellt den Tag, hunderttausend zusammen erhellen nicht die Nacht. Wer ist der eine?« Damit wandte er sich von ihnen ab, lief davon und vergaß in seinem Zorn, seine Braut mit sich zu nehmen.

Als er nun nach etlichen Tagen mit einem Ziegenböcklein zurückkam, um seine junge Frau zu besuchen und sie mit sich zu nehmen, da sagte ihr Vater: »Ich dachte, du seiest ihr gram geworden, und so gab ich sie einem der jungen Männer, die hier mitgefeiert haben.« Simson lachte: »Nun hab' ich eine gerechte Sache gegen euch Philister. Ich werde euch lehren, wie ein Mann der Sonne den Tag erhellt, den ihr meinem Volk so viele Jahre schon verdunkelt habt.« Und Simson ging davon. Es war aber gerade Weizenernte. Er rief die Gespielen seiner Jugendzeit zusammen und befahl ihnen, ihm in den nächsten Tagen dreihundert Schakale und Füchse zu fangen. In der Nacht brachte er mit den israelitischen Jünglingen die gebundenen Tiere gegen Thimnath hinab, wo der Weizen in Garben aufgeschichtet stand. Sie verteilten sich der Grenze entlang, banden den Tieren Brände an die Schwänze und jagten sie gegen Westen in die Weizenfelder. In dieser Nacht verbrannte in der Gegend von Gath bis Ekron alles Korn der Philister, das in den Garben und das auf dem Halm.

Nun schrien die Philister gegen den Mann aus Thimnath, der Simson die Braut vorenthalten hatte. Und sie legten Feuer an sein Haus. Simson kam darüber, schlug den Haufen der Brandstifter auseinander und rief hundertmal den Namen seiner Frau. Als keine Antwort kam, lief er in die Nacht und verbarg sich in der Felsenhöhle von Etam, nahe der Stadt Bethlehem. Da sammelten die Philister ein Heer und zogen nach Juda hinauf und lagerten sich in Lehi. Sie forderten, daß man ihnen Simson ausliefere. Alsbald erschienen dreitausend Bewaffnete aus Juda vor der Höhle zu Etam und riefen hinein: »Warum hast du uns die Feinde auf den Hals gehetzt und ins Land gezogen? Weißt du nicht, daß die Philister unsre Herren sind?« »Nicht die meinen«, rief Simson aus der Höhle heraus. Da baten sie, er solle sich für das Wohl des Volkes opfern und herauskommen, oder sie müßten ihn den Philistern ausliefern. Darauf Simson: »Dann schickt mir doch die Philister her, daß sie mich selber aus dieser Höhle herausholen.« Aber die Philister stellten zur Bedingung, daß Simson herauskomme und sich fesseln lasse. Sie schickten zu diesem Zweck zwei philistäische Männer mit frischgedrehten Stricken nach

Etam. Simson ließ seine Landsleute schwören, daß sie ihm kein Leid antäten. Man dürfe ihn nur fesseln. Das schworen sie ihm.

Sofort kam Simson aus der Höhle. Er streckte den zwei Philistern seine Arme hin und sagte: »Bindet, fesselt, knotet! Zieht und haltet fest, damit nicht die Sonne hinterm Berg aufsteige!« Die dreitausend bewaffneten Israeliten führten ihn bis Lehi. Es war sehr heiß, und Simson hatte großen Durst. Aber die vom eignen Volk gaben ihm nichts zu trinken, sondern murrten gegen ihn und sagten: »Nun erhältst du deinen verdienten Lohn. Wir duckten uns vor unsern Feinden und genossen den Frieden, da kamst du und hast den Löwen wachgekitzelt. Nun sieh du zu!«

Als sie nach Lehi kamen, jauchzten ihm die Philister entgegen. Sie tanzten um ihn im Kreis und verhöhnten ihn. Da kam das Feuer des Herrn über Simson. Die Stricke an seinen Armen glimmten in der Glut seines Zornes, seine Arme schwollen an, und wie Wollfäden fielen die Bande herab. Und Simson brüllte. Die Philister stoben auseinander. Er sah den Kadaver eines Esels am Wege liegen. Er riß aus dem Aas einen Knochen, ging gegen sie vor und schlug auf die fliehenden Philister und auf die unentschlossen dastehenden Israeliten ein. Simson schrie: »Ich kämpfe mit eines Esels Kinnbacken, und ihr führt Schwerter!« Da war's den Bewaffneten Israels, als ob sie aus einem langen Schlaf erwachten. Sie sahen die Philister fliehen, hörten Simson lachen, und sie drängten die Philister in die Enge und schlugen viele Tausend, daß sie auf einem Haufen lagen. Simson aber rief: »Die Sonne ist über Israel aufgegangen. Ein Mann der Sonne allein und eines Esels Kinnbacken genügten, um euch frei zu machen.«

Von diesem Tag an war Simson Richter in Israel, und das Land hatte Ruhe zwanzig Jahre lang. Die Philister blieben jenseits der Grenzen. Aber immer wieder tauchte Simson in Philistäa auf, verspottete die Philister und brachte die Israeliten zum Lachen. Er stellte nachts das Bild eines Gottes auf den Kopf, angelte in Askalon die weissagenden Fische aus ihrem Becken und verschmauste sie, die Gräten ließ er liegen. Einst wurde er nachts in Gaza gesehen. Sofort schloß man die Tore, umlagerte das Haus, in dem man ihn entdeckt hatte, mit Wachen und lauerte ihm auf. Simson aber hob an der andern Seite der Stadt die Flügel eines Stadttores aus den Angeln, brach die Pfosten heraus und trug beides, die Tore aus Holz und die Pfosten aus Stein, auf einen Hügel, der an der Grenze lag, und richtete dort das Tor wieder auf.

Aber Simson wurde übermütig und ging zu den Frauen der Philister. Ja, es kam soweit, daß er wiederum eine von ihnen zur Frau nahm, das geschah am Bach Sorek, das Mädchen hieß Delila.

Als er nun wieder einmal durch das Land zog, um das Volk zu richten, kamen einige philistäische Fürsten zu Delila und sagten zu ihr: »Du bist eine Tochter unseres Volkes und hast diesen Israeliten genommen, der unserm Volk nur Übles tut, seit er pfeifen kann. Wir wissen aber nicht, woher er seine Kraft hat und in welchem Ding sie besteht. Nun ist's aber der Frauen Sache, eines Mannes Geheimnis aufzudecken.« Und die Fürsten erzählten Delila von jener ersten Frau Simsons, die auch eine Tochter Philistäas war. »Sie hat ihm damals die Lösung eines Rätsels entlockt. Tu du nun wie seine erste Frau. Denn die Liebe zu deinem Volk muß stärker sein als die Liebe zu diesem Mann, der dein Volk unterdrückt seit zwanzig Jahren. Und wenn du ihm sein Geheimnis entwindest, machen wir dich zu einer Heldin im Volk.«

Als nun Simson nach Hause zurückkehrte, begann Delila allerlei Fragen zu stellen. Simson aber lachte: »Oh, diese Fragen kenne ich. Aber frage mich nur weiter. Deine Fragen machen dich noch hübscher.« Täglich gab er ihr auf ihre Fragen lustige Antworten und lachte über ihre Neugier. Aber Delila fragte weiter, fragte Tag und Nacht, weinte auch, bedrängte ihn mit ihrem Lächeln, mit ihren Vorwürfen, ihren Klagen. Und sie sagte: »Deinen Leib schenkst du mir, aber dein Geheimnis hütest du vor mir wie der Vogel sein Nest, das er dahin baut, wo niemand hinkommt.« Sie sagte sogar: »Wie kannst du sagen, daß du mich liebst wenn du doch dein Herz für dich allein behältst?« Simson aber hörte ihr mit einem Ohr zu, mit dem andern war er auf der Hut. Delila fragte weiter und plagte ihn Tag und Nacht. Er wußte nicht mehr, wo er hinschauen, wo er sich aufhalten sollte. Ihre Fragen trafen ihn wie ein scharfer Schnabel, und seine Seele war ganz wund davon und matt bis zum Tode.

Als sie wieder bei ihm lag und zärtlich begann und ihre Stimme um ihn schlang, sagte er: »Ich weiß, daß du mich liebst und daß ich von deiner Liebe nie freikomme. Also zeige ich dir mein ganzes Herz. Ich bin ein Gott Anverlobter vom Mutterschoße an. Nie hat ein Schermesser mein Haar berührt. Schöre man mich, so wiche meine Kraft von mir, und ich wäre schwach wie die übrigen Menschen.«

Da schickte Delila einen Boten an die Fürsten der Philister und bestellte sie für die folgende Nacht. Sie weinte bei Simson in der Kammer und sagte: »Nun weiß ich, wie sehr du mich liebst. Gerne möchte ich sterben, diese Nacht, ehe die Sonne heraufkommt.« Simson aber war glücklich, daß Delila nicht mehr fragte. Er schlief ein und bettete sein Haupt in ihren Schoß. Sie aber nahm die Schere, schnitt siebenmal zu und hatte alle seine Locken in ihrer Hand. Als sie nun das Pochen an der Tür hörte, rief sie: »Simson, wach auf! Die Philister sind über dir!« Er fuhr empor, blickte sich um und sah die Fackeln der Fremden in seiner Kammer. Da er nun brüllen wollte, klang seine Stimme wie vom Schlaf verstopft. Und er spürte Delilas Arme stärker als die von zehn Männern und vermochte es nicht, sie abzuschütteln. Als ihn die Philister mit Stricken banden, dachte er immer noch bei sich: Bindet, fesselt, knotet, nur zu! Denn er wußte noch immer nicht, daß die Kraft des Herrn von ihm gewichen war. Und er spannte seine Arme und seine Brust, aber die Hanfseile schnitten ihm ins Fleisch und widerstanden seiner Kraft. Da hörte er Delila schreien und sah zwei Dolche ganz nah vor seinen Augen, dann sah er nichts mehr. Blind und unbeweglich lag er ganz allein auf seinem Lager.

Die Philister führten ihn hinab nach Gaza, legten ihn an schwere, eherne Ketten. Und sie stellten ihn an die Handmühle, damit er die Arbeit der alten Sklavinnen verrichte. So gaben sie ihm all seinen Spott zurück. Die Leute von Gaza schauten durch das Loch in der Mauer und sahen zu, wie der starke Richter von Israel das Korn mahlte.

Simson jedoch merkte, wie das Haar auf seinem geschorenen Haupt langsam wieder wuchs. Um es niemand sehen zu lassen, verhüllte er den Kopf und tat, als wäre er ein altes Weib geworden. Die Philister lachten. Als nun das Fest des Gottes Dagon herannahte, kamen die Fürsten zusammen, um ihrem Fischgott für den Sieg über ihren einstigen Unterdrücker zu danken. Sie feierten das Fest in einer großen Halle, deren Dachgebälk auf zwei hölzernen Säulen ruhte. Die Säulen aber standen auf steinernen Sockeln. Zwischen diesen Säulen sollte der blinde Simson vor ihnen tanzen. Die Musik sollte so lächerlich und unschön wie nur irgend möglich klingen.

Als Simson in den Saal trat mit dem Tuch auf dem Kopf und sich wie ein altes Weib gebärdete, da sprangen die Philister in die Höhe und krümmten sich vor Lachen. Simson aber hatte einen Knaben bei sich, der ihn führte. Er wußte, wie das Haus gebaut war. So sprach er zu dem Knaben: »Laß mich doch einmal die Säulen fühlen!« Der Knabe führte ihm die Rechte, dann die Linke, und Simson streichelte die Säulen und sang dabei ein Liebeslied. In seinem Herzen aber rief er: »Herr, du Gott meiner Väter, ich habe gesündigt und über den fremden Frauen dein vergessen. So gib mir, Herr, noch einmal die alte Kraft zurück und laß mich ersticken das Lachen der Philister, ihrer Frauen und Knechte, damit es still wird für deine Stimme!«

Und Simson riß sich das Tuch vom Kopf. Er stand schrecklich da, erhob die Arme, stemmte sie gegen die Säulen nach beiden Seiten und drückte sie von ihren Sockeln herab. Die Dachbalken krachten und stöhnten, standen schief und brachen unter ihrer Last. Die Dachziegel schütteten sich zugleich in den Saal. Das Lachen verwandelte sich in Geschrei und Todesgeröchel. Das Haus fiel auf die Fürsten der Philister und alles Volk, das um sie war. Staub verhüllte die Stelle, wo der Palast gestanden hatte.

Bald hörten die Israeliten von Simsons letzter Tat. Da kamen seine Verwandten herab und suchten seinen Leib unter den Trümmern. Sie trugen ihn hinauf ins Gebirge und begruben ihn im Grab seines Vaters Manoah.

Ruth

Nach Simsons Tod gab es viele Jahre keinen Richter in Israel. Ein jeglicher tat, was ihm gutdünkte. Die Bundeslade stand im heiligen Zelt in Silo. An vielen Orten des Landes richtete man, wie es einst die Söhne Gideons getan hatten, Leibröcke der Hohenpriester als Götzen auf. Anderswo dienten vom Herrn abgefallene Priester und Leviten den Götzen. Die Stämme kämpften gegeneinander statt gegen die Feinde Israels. Und Hunger kam über das Land. Da wanderten viele Männer und Frauen aus. Unter ihnen befand sich ein Mann namens Elimelech. Er hatte bis dahin in Bethlehem-Juda gelebt. Als der Hunger drohte, nahm er seine Frau Naëmi und seine zwei Söhne Mahlon und Chiljon und zog mit ihnen in das Land der Moabiter, denn in Moab gab es Arbeit. Sie verdingten sich als Erntegänger. Die Moabiter waren freundlich zu ihnen, und sie blieben daselbst.

Für Elimelech aber war die Arbeit in seinem Alter zu schwer, er starb bald. So blieb Naëmi allein mit ihren Söhnen im fremden Land. Die Söhne standen der Mutter bei, sie hatten guten Lohn und wollten in Moab bleiben. Darum heirateten beide Moabiterinnen, Mahlon nahm Orpa, Chiljon nahm Ruth zur Frau. So lebten sie zu fünft in Frieden beieinander zehn Jahre lang, aber die beiden Frauen blieben unfruchtbar. Dann starben die Söhne der Naëmi kurz hintereinander im gleichen Jahr. Die drei Frauen trauerten die gebotene Zeit, und Naëmi überlegte, was eine Frau tun könne, die ihren Mann und ihre Söhne überlebt hat. So sprach sie eines Tages zu ihren Schwiegertöchtern: »Ihr habt gehört, daß der Herr sich Israels erbarmt und seine Not abgekürzt hat. Ich will mich also aufmachen und dorthin zurückkehren, woher die Familie meines Mannes stammt. Denn ich kann euch nicht in meinem Alter zur Last fallen. Ihr habt noch keine Kinder und müßt euch wieder Männer nehmen, damit euer Alter nicht so einsam werde wie das meine.«

Sie machten sich zu dritt auf den Weg. Als sie nun an den Jordan kamen, wandte Naëmi ihren Schwiegertöchtern das Gesicht zu und sagte: »Nun seid ihr weit genug mit mir gegangen. Kehrt um und geht heim zu euren Schwestern und Brüdern. Der Herr vergelte euch mit Barmherzigkeit, was ihr überreich meinen Toten und mir an Gutem erwiesen habt. Der Herr gebe euch, daß ihr Ruhe findet im Hause eines Mannes, der es verdient. Ihr seid noch jung und könnt einem Mann wohl gefallen.« Und Naëmi küßte sie. Da weinten die beiden jungen Frauen und sagten: »Nein, wir wollen mit dir gehen zu deinem Volk.« Aber Naëmi antwortete: »Ich darf euer Opfer nicht annehmen. Ich vermag keine Söhne mehr zu gebären, die ich euch zu Männern geben könnte. Kehrt also um, meine lieben Töchter. Ich kann den Anblick eures Unglücks nicht ertragen, an dem auch ich schuld bin, ohne daß ich schuld hätte. Ach, die Hand des Herrn liegt schwer auf mir.« Da weinten die jungen Frauen noch mehr. Und Orpa küßte ihre Schwiegermutter, neigte den Kopf und ging von dannen. Ruth aber blieb bei ihr. Naëmi sagte: »Sieh doch, Orpa ist gegangen zu ihrem Volk und zu ihrem Gott. Tu auch du desgleichen und kehre um.«

Ruth antwortete: »Wie soll ich dich verlassen, jetzt in deinem Alter, da niemand sich um dich sorgen wird? Nein, Mutter, wo du hingehst, da will auch ich hingehn, und wo du bleibst, da bleibe auch ich. Dein Volk sei mein Volk, denn dein Gott ist mein Gott. Wo du stirbst, da will ich leben und begraben sein. Der Herr möge mir dies und das tun, aber nur der Tod kann uns trennen.« Da senkte Naëmi ihr Gesicht auf Ruths Schulter, und sie ließ Ruth mit sich gehen. Sie gingen zu zweit miteinander, bis sie nach Bethlehem gelangten. Da sie nun durch die Straßen der Stadt gingen, regte es sich in den Häusern. Überall rief man: »Ist das nicht die Naëmi?« Sie aber blieb stehen und bedeckte ihr Gesicht und rief: »Nennt mich nicht Naëmi, sondern Mara, denn ich bin nicht mehr die Wonnige, sondern die Bittre. Zwar zog ich hungrig aus, aber mit Mann und Söhnen. Nun seht, wie ich wiederkomme. Der Herr hat mich gedemütigt.«

Es war aber gerade die Zeit, da die Gerstenernte begann. Und Naëmi zeigte Ruth einen Mann, der hieß Boas. Er war wohlhabend und würdig von Ansehen. Naëmi sagte: »Das ist Boas, der stammt aus dem Geschlecht meines Mannes Elimelech. Er ist noch unvermählt. Und hier auf Bethlehems Flur liegt noch ein Acker, der gehörte Elimelech und darum mir und darum dir. Es gibt aber noch einen andern Mann in Bethlehem, auch er ist nicht verheiratet, und er ist deinem Erbe näher als Boas. Wenn er aber deinen Acker erben will, muß er dich heiraten, so will es das Gesetz. Verzichtet aber dieser Erbe auf den Acker, so ist Boas der nächste Erbe.« Da sagte Ruth: »Ich will auf Boas' Felder hinausgehen und Ähren lesen. Vielleicht daß er mich anblickt.« Und Naëmi sagte: »Du hast mich verstanden, meine Tochter!«

Ruth ging hinaus aufs Feld und las Ähren auf, immer hinter den Schnittern drein. Boas kam gerade von Bethlehem und sprach zu den Schnittern: »Der Herr sei mit euch.« Sie antworteten: »Der Herr segne dich!« Und Boas fragte seinen Vertrauten, der über die Schnitter gestellt war: »Wer ist die junge Frau da?« Der Mann antwortete: »Das ist die Moabiterin, Naëmis Schwiegertochter. Sie ist sehr fleißig und liest schon seit heute morgen Ähren und fürchtet die Sonne nicht.« Da trat Boas auf Ruth zu und sagte: »Hörst du, wie er dich lobt? Du bleibst jetzt auf meinem Acker und gehst nirgendwo anders hin lesen. Ich werde meinem Aufseher sagen, daß er achtgibt, daß keiner der Männer dich antastet. Wenn du aber Durst hast, geh an ihren Krug und trinke.« Da verneigte sich Ruth: »Womit hab' ich das verdient, daß du mich so freundlich ansiehst, da ich doch eine Fremde bin?« Boas lächelte ihr zu: »Ich habe gehört, daß du gut warst zu deiner Schwiegermutter, wie eine brave Tochter, und wie du die Deinen und dein Vaterland verlassen hast und zu einem Volk gekommen bist, das du vorher nicht kanntest. Das soll der Gott Israels dir vergelten, daß du unter seinen Flügeln wohnst und Zuversicht hast.« Ruth dankte ihm und sagte: »Du hast mich getröstet und hast so freundlich zu mir gesprochen, und ich bin nicht einmal eine deiner Mägde.«

Als nun die Brotzeit kam, winkte Boas sie heran: »Komm und setz dich zu uns. Und tunk deinen Bissen in den Essig.« Ruth setzte sich in den Kreis der Schnitter, Boas aber legte ihr geröstete Körner vor. Sie aß, wurde satt und knüpfte die Körner, die sie nicht aufessen konnte, in ein Tuch für Naëmi. Als die Arbeit wieder begann, sagte Boas vernehmlich zu den Schnittern: »Und wenn sie zwischen den aufgestellten Garben Ähren liest, laßt sie nur! Und ihr sollt an der Stelle, wo die Garben gestanden haben, nicht den Rechen benutzen. Und laßt alles liegen, was zu Boden fiel, daß sie auch reichlich finde.« Also las Ruth Ähren bis zum Abend. Sie schlug die Gerstenbüschel aus, die Körner füllten fast ein Scheffelmaß. Sie trug es heim zu Naëmi, knüpfte das Tuch auf und gab ihr von den gerösteten Körnern. Alsbald erzählte Ruth, wie freundlich Boas sich ihr erzeigt habe. Und sie ging täglich hinaus und las Ähren bis zu dem Tag, da die Ernte vorüber war.

An jenem Abend nun sagte Naëmi zu Ruth: »Meine Tochter, was ich dir jetzt rate, wird vielleicht dein Leben wieder ruhig machen und dein Herz zuversichtlich. Merkst du, der Wind aus Osten weht gut? Also wird unser Freund Boas heute nacht sein Getreide auf der Tenne worfeln. So nimm nun ein Bad, salbe dich, zieh das beste an und geh hinab auf die Tenne. Geh aber nicht sogleich zu Boas. Gib dich ihm auch nicht von ferne zu erkennen. Warte vielmehr, bis er gegessen und getrunken hat. Du weißt, wenn sie worfeln, trinken die Männer mehr als sonst – die Spreu macht sie durstig. Wenn er sich dann hinlegt, merk dir die Stelle. Ist er eingeschlafen, geh leise hin, leg dich zu seinen Füßen und hebe die Decke, daß seine Zehen kalt werden. Dann erwacht er und wird dir sagen, was du tun sollst.« Ruth antwortete: »Ich verstehe.« Und sie ging hinab zur Tenne. Schon von ferne hörte sie den fröhlichen Lärm und erblickte die Lichter.

Als Boas nun die Arbeit getan und gegessen und getrunken hatte, wurde sein Herz guter Dinge. Er legte sich, zufrieden zu den Sternen hinaufredend, hinter einen Strohhaufen. Als Ruth an seinen Atemzügen merkte, daß er schlief, kam sie leise herbei, tat sich zu seinen Füßen und lupfte ein wenig die Decke. Wie es nun Mitternacht wurde und die Kühle kam, erwachte Boas und erschrak: er spürte in der Dunkelheit eine Frau zu seinen Füßen liegen. Da fragte er: »Wer bist du?« Sie antwortete: »Ich bin Ruth, deine Magd. Breite deine Decke über mich, denn du bist der Erbe.« Boas aber setzte sich hin und sagte leise: »Seit ich dich sehe, weiß ich, du bist dem Herrn angenehm. Auch hinter den jungen Männern bist du nicht mit einem Blick her gewesen. Die ganze Stadt weiß, daß du eine sehr brave Frau bist. Auch bist du stark und hübsch. Was mich nun angeht, so bin ich sehr gern bereit, dir zu tun, was du willst. Doch da ist noch ein anderer Erbe, der steht Naëmi näher als ich. Zunächst aber bleib über Nacht hier. Morgen werden wir sehen, ob er dich nehmen will oder nicht. Gelüstet's ihn nicht nach dir, dann nehm' ich dich zur Frau, so wahr der Herr lebt. Schlaf nun ruhig bis zum Morgen.« So schlief Ruth zu seinen Füßen, bis der Himmel silbrig wurde. Da erhob sie sich. Das Licht war noch so ungewiß, daß keiner den andern erkennen konnte. Aber kaum regte sie sich, war Boas wach. Er blickte umher, ob es auch niemand sähe, daß eine Frau bei ihm um diese Stunde auf der Tenne lag. Er flüsterte: »Breite deinen Mantel aus!« Und er schüttete sechs Maß Gerste darauf, knüpfte ihn zusammen und legte ihn auf ihre Schulter.

Sie aber eilte in die Stadt zu ihrer Schwiegermutter. Naëmi war bereits wach und stand hinter der Tür und wartete. Sie fragte: »Nun, wie steht's mit dir und Boas, meine liebe Tochter?« Ruth berichtete alles, was Boas ihr getan und gesagt hatte. Und knüpfte ihren Mantel auf, da lag das Getreide. Naëmi sprach: »Das sieht gut aus. Der Mann wird nicht ruhen, bis er die Sache noch am heutigen Tag zu einem schönen Ende bringt.«

Boas ging ans Stadttor, wo die Männer sich zu treffen pflegten. Er wartete, bis der andere Erbe kam. Und er sagte zu ihm: »Komm, setz dich zu mir.« Der andre setzte sich auf einen Stein. Boas aber nahm zehn Männer von den Ältesten der Stadt zu Zeugen, sie setzten sich dazu. Da sprach Boas: »Naëmi ist vom Land Moab zurückgekehrt. Sie bietet feil einen Acker, der unserm Verwandten Elimelech gehörte. Willst du das Erbe haben, so kaufe es vor diesen Zeugen. Willst du es nicht haben, so werde ich es kaufen, denn ich bin der nächste nach dir.« Der Erbe sprach: »Ich will es kaufen.« Boas darauf: »Gut. Aber wenn du den Acker kaufst, mußt du Ruth, die Moabiterin, des Verstorbenen Witwe, zur Frau nehmen. Denn nimmst du den Acker, bist du nach dem Gesetz verpflichtet, deinem verstorbenen Verwandten einen Sohn zu erwecken.«

Da stand der Erbe auf und sagte: »Das will ich nicht tun. Denn ich habe eine andre Frau im Sinn.« Es war aber von alters her eine Rechtsgepflogenheit in Israel, daß der Mann, der nicht erben wollte, seinen Schuh auszog und ihn dem gab, der erben wollte. So tat der Erbe und sagte: »Hier nimm meinen Schuh und erbe du den Acker.« Da nahm Boas die zehn Ältesten zu Zeugen. Und er erbte alles, was Elimelech und seinen Söhnen gehört hatte, dazu Ruth, die Moabiterin. Alle Männer, die am Tor waren, sagten: »Wir sind Zeugen!« Und sie wünschten Boas, daß der Herr die Moabiterin Ruth so fruchtbar mache wie einst Lea und Rahel und daß der Name des Boas in Bethlehem wachse wie ein Palmbaum.

Also nahm Boas Ruth zur Frau. Sie wurde fruchtbar und gebar ihm einen Sohn, den nannte der Vater Obed. Die Frauen von Bethlehem aber sprachen zu Naëmi: »Gelobt sei Gott, der dir noch einen Erben gab, da niemand mehr es zu hoffen wagte. Deine Tochter Ruth war dir besser als sieben Söhne. Sie hat dir den Erben geboren, der deine Trauer verscheucht und dich im Alter umgibt wie ein kühler Garten voller Früchte.« Und Naëmi dankte Gott, nahm den Enkel auf ihren Schoß und wurde seine Kinderfrau. Obed wurde der Vater des Jesse, Jesse aber war die Wurzel, aus der David entsproß, der König über ganz Israel.

Die Geburt des Samuel

Im Gebirge Ephraim lebte ein Mann aus dem Stamm Ephraim, der hieß Elkana. Er hatte zwei Frauen, die eine, Peninna, hatte viele Kinder, die andre, die Hanna hieß, war unfruchtbar. Elkana nun zog jedes Jahr mit seiner Familie zur Stiftshütte nach Silo hinauf, betete an und opferte. Und jedesmal gab er von dem Opfermahl Stücke Fleisches Peninna und deren Söhnen und Töchtern. Reichte er aber Hanna ein Stück, konnte sie nicht essen vor Traurigkeit, weil der Herr ihren Leib verschlossen hatte. So verlief das Opfermahl vor der Stiftshütte in Silo immer wieder auf die gleiche Weise. Peninna und ihre Kinder aßen und schmatzten und kicherten und zeigten auf Hanna. Die aber weinte und konnte nicht essen. Elkana fragte sie: »Aber Hanna, iß doch! Bin ich dir nicht lieber als zehn Söhne?« Hanna gab keine Antwort. Sie stand auf und ging zum heiligen Zelt unter der Eiche, warf sich vor der Schwelle nieder, weinte und betete. Sie gewahrte nicht, daß auf einem Stuhl hinter dem Vorhang am Eingang Eli, der Hohepriester, saß und die Kühle genoß. Hanna machte Gott ein Gelübde, sie sprach: »Herr, in deiner Hand sind alle Mächte und alle Kräfte. Alles tut deinen Willen. So gib doch deiner Magd einen Sohn. Ich will ihn nicht für mich, sondern will ihn haben, um ihn dir zurückzugeben. Er sei dir anverlobt wie Simson, der Held.«

Da Hanna so betete, wurde der Hohepriester Eli aufmerksam auf sie und achtete auf ihren Mund. Ihre Lippen bewegten sich, aber ihre Stimme hörte er nicht. Eli meinte, die Frau sei trunken. Er hob den Vorhang zurück und sagte: »Du da! Trunkenheit steht einer Frau schlecht. Wär's nicht besser, du gäbest den Wein von dir, davon du voll bist?« Hanna aber antwortete: »O nein, mein Herr, ich habe keinen Tropfen Wein in mir, aber ein ganzes Meer von Betrübnis.« Da sprach Eli: »Sei getröstet und geh hin in Frieden. Der Gott Israels möge dir schenken, um was du angehalten hast.« Da erhob sich Hanna vom Boden, stützte sich am Pfosten des heiligen Zeltes, dankte Eli und ging zu ihrem Mann. Und sie konnte ein wenig lächeln.

Übers Jahr gebar Hanna einen Sohn. Sie hieß ihn Samuel, das heißt: Sein Name ist Gott, weil sie ihn von Gott erbeten hatte. Als Samuel entwöhnt war, hielt ihn die Mutter noch ein wenig bei sich. Aber kaum daß er sich selber helfen konnte und die Gebete am Morgen, Mittag und Abend zu sprechen wußte, zog Hanna mit ihrem Mann und Samuel nach Silo hinauf. Sie brachte ihn zu Eli und sprach: »Schau mich an, mein Herr, ich bin die Frau, die hier vor dem Zelt um diesen Knaben anhielt. Heute bringe ich ihn dem Herrn zurück.« Und sie betete den Herrn an. Hanna wurde fröhlich in Gott und sang vor dem Zelt alles, was sie von Gott wußte. Elkana zog mit Hanna wieder nach Hause, der Knabe Samuel blieb bei Eli.

Die Söhne Elis

Bei Eli, dem Hohenpriester in Silo, lebten auch seine Söhne. Der Vater wußte nicht, was für böse Burschen sie waren. Sie spielten dem Vater vor, sie seien so, wie er es glaubte. Elis Augen waren schon fast erblindet. Wenn nun das Opferfleisch kochte, kamen die Söhne Elis mit großen Gabeln, stocherten in dem Kessel herum und suchten sich die besten Stücke aus und verzehrten sie. Wenn einer zum Opfern kam und das Fett anzünden wollte, sagten sie: »Nicht! Der Priester will das Fleisch roh haben. Wir braten es dann auf unsere Weise.« Antwortete der Opfernde: »Laßt mich nur das Fett anzünden! Hab' ich mein Opfer erst dargebracht, hernach mögt ihr nehmen, soviel ihr wollt!« dann wurden die Söhne Elis frech, stachen mit ihren großen Gabeln in das Fleisch und trugen es über ihren Köpfen fort und lachten dazu.

Das empörte die Männer, die ihre Gaben zum Altar brachten. Bald wußte es das ganze Land, daß in Silo nicht dem Herrn, sondern den Söhnen des Hohenpriesters geopfert wurde. Der Knabe Samuel sah die Sünde, die so nah vor dem Gnadenstuhl des Herrn geschah. Er wurde sehr ernst und achtete auf sein Kleid aus weißem Linnen, daß es immer ganz sauber sei. Und wenn die Söhne Elis das Opferblut in greulichen Scherzen umherspritzten und ihm das Gewand befleckten, zog er sofort ein frisches an. Hanna kam herauf, wusch Samuel die Leibröcke und brachte ihm ein kurzes Oberkleid und erfreute sich an ihres Sohnes Ernst und Eifer. Der Knabe wuchs heran und erstarkte in Gottes Wohlgefallen.

Eli aber erfuhr eines Tages alles, was seine Söhne Schreckliches im Dienst des Herrn begingen. Da wurde er von einem Tag zum andern ein alter Mann.

Die warnenden Stimmen

In dieser Zeit war es, daß Eli von einem Mann Gottes gewarnt und gescholten wurde. Der Fremde stand plötzlich vor dem Hohenpriester, der vor dem heiligen Zelt saß unter der Eiche auf der Höhe von Silo. Eli spürte den Schatten des Mannes auf seinem Gesicht liegen. Als er den Mann nach seinem Namen fragte, antwortete dieser: »Ich bin einer aus den Hunderttausenden Israels, der über dich und deine Söhne bekümmert ist. So spricht der Herr: Ich habe einen deiner Vorfahren erwählt und ihm das Priestertum verliehen, daß er opfern sollte auf meinem Altar. Ich, der Herr, bedarf zwar eurer Opfer nicht. Aber ich habe sie euch geboten, damit ihr mir opfern könntet auf aller Völker Weise. Warum empfängt nun der Baal seine Opfer nach der Vorschrift, ich aber, der Herr, muß sehen, daß an meinem Altar gesündigt wird? Soll das Volk opfern, damit ihr euch mästet? Dies alles weißt du, aber du liebst deine Söhne mehr als mich. Darum lass' ich, der Herr, dir kundtun: Wer mich ehret, den will ich ehren. Wer mich aber verachtet, der hat sich selbst der Verachtung preisgegeben. Darum will ich dein Haus leer machen.«

Eli hörte diese Worte und gab, da es still wurde, keine Antwort. Dann hob sich auch der Schatten jenes Mannes von seinem Gesicht.

In der folgenden Nacht trat der Knabe Samuel eilig an Elis Lager und fragte: »Du hast mich gerufen, Herr?« Eli aber hatte wach dagelegen und wußte, daß er nicht gerufen hatte. So schickte er den Knaben wieder auf sein Lager im Vorraum des heiligen Zeltes. Samuel sollte bei Nacht auf die Lampe achtgeben, die vor dem Gnadenstuhl des Herrn brannte. Es verging keine Stunde, Eli hatte immer noch keinen Schlaf gefunden, da eilte der Knabe wieder herbei und sagte: »Hier bin ich, Herr.« Eli wurde ungeduldig und rief: »Ich habe niemanden gerufen. Geh schlafen!« Als aber nun gegen Morgen Samuel zum drittenmal in Elis Kammer erschien und fragte: »Was willst du von mir, Herr?« da richtete sich Eli auf seinem Lager auf, und er fragte: »Was hast du gehört?« Samuel antwortete: »Ich schlief, da weckte mich eine Stimme, jedesmal die nämliche. Und ich glaubte, deine Stimme sei es gewesen.« »Und was rief die Stimme?« fragte Eli. Und Samuel: »Nur meinen Namen, sonst nichts.« Da ahnte Eli, daß es der Herr war, der den Knaben rief. Er sprach: »Leg dich hin. Wenn die Stimme noch einmal ruft, antworte: Rede, Herr, dein Diener hört.« Samuel gehorchte.

Als es Morgen geworden war, fragte Eli den Knaben, ob die Stimme noch einmal gerufen habe. Samuel antwortete nicht, und Eli merkte, daß er ihm etwas vorenthielt. Er sprach: »Samuel, mein Sohn, verschweige mir nichts. Ich weiß, der Herr hat zu dir im heiligen Zelt geredet. Sage mir alles!«

Da gestand ihm Samuel, was er vom Herrn vernommen hatte. Und Eli hörte dieselben Drohungen, die ihm der Fremde ins Gesicht geschleudert hatte. Samuel weinte, denn er liebte Eli. Endlich sprach Eli: »Wer das, was du mir sagtest, hören wird in Israel, dem werden die Ohren gellen!« Dann neigte er seinen Kopf: »Er ist der Herr. Sein Wille geschehe!«

Seit diesem Tag saß Eli, ein fetter Mann, noch unbeweglicher auf seinem Stuhl vor dem Zelt. Und er blickte, als könnte er sehen, ins Land hinab. Jede Stunde einmal rief er nach Samuel und fragte ihn: »Bist du da?« und fragte: »Was haben meine Söhne heute wieder Böses getan?« Samuel stärkte Eli: »Erwarte den Herrn, das ist alles, was du tun kannst.« Und er ließ sich von Eli im Gesetz des Herrn unterrichten. Er lernte die Worte der Überlieferung, prägte sie seinem Herzen ein und ließ kein Wort zur Erde fallen. So wurde aus dem Knaben Samuel ein junger Mann. Aus dem Mund des Hohenpriesters, den der Herr verworfen hatte, empfing Samuel die Überlieferung. Vor dem Gnadenstuhl im Zelt empfing er den Geist Gottes. Samuel begann darauf, in Silo zu predigen. Ganz Israel von Dan bis Beer-Seba erkannte, daß ein neuer Prophet dem Volk des Bundes erstanden war. Durch Samuels Mund wurde der Herr offenbart. Aus ganz Israel kamen sie herauf, um die neue Stimme zu hören.

Das Gericht Gottes

Ohne den Herrn zu befragen, zog Israel damals aus gegen die Philister. Seine Obersten waren Schwätzer, des Herrn Wort war teuer geworden. Die Philister schlugen das Volk, das sich selbst vertraute, in offener Feldschlacht, und viertausend lagen für die Vögel des Himmels da. Das geschah zwischen Eben-Ezer und Aphek. Die Anführer Israels wollten diese Niederlage nicht hinnehmen, sie beschlossen, den Herrn zu nötigen und ihm den Sieg abzuzwingen. So ließen sie die Bundeslade von Silo in das Kriegslager überführen. Elis Söhne Hophni und Pinehas brachten mit viel Pomp und Lärm die Lade von Silo ins Lager herab. Sie sprachen: »Wir haben euch die Lade des Bundes gebracht. Nun zieht aus, ihr müßt siegen, Gott ist mit uns!«

Da jauchzte das Kriegsvolk Israels. Die Erde trug den Schall bis ins Lager der Philister. Die schickten Kundschafter aus, denn sie wollten erfahren, warum die Geschlagenen derart jauchzten. Als sie vernahmen, daß die Feinde die Lade ihres Gottes ins Lager geholt hatten, fürchteten sie sich zuerst. Schließlich sprachen die Obersten der Philister ihren Kriegern Mut zu und riefen: »Denkt daran, wie wir die Israeliten so viele Jahre hindurch bedrückt haben. Damals aber hatten sie denselben Gott und dieselbe Lade. Wenn sie uns jetzt besiegen, werden sie Rache nehmen für die Zeit ihrer Knechtschaft. Und wir müssen ihnen mit krummerem Rücken dienen als sie zuvor uns. Darum seid Männer und streitet!« Wiederum wurden die Israeliten geschlagen, ein jeder floh, wohin es ihn trug. Viele Tausende bedeckten das Feld.

Auch die Söhne Elis waren unter den Gefallenen. Die Lade Gottes aber fiel in der Feinde Hand.

Da lief ein Mann aus dem Stamm Benjamin nach Silo hinauf, er hatte seine Kleider zerrissen und Erde auf sein Haupt gestreut. Als er in die Stadt hineinkam, rief er das Unglück nach allen Seiten aus. Die ganze Stadt schrie. Eli saß unter der Eiche vor dem Zelt, sein Stuhl stand erhöht auf dem großen Stein, den Josua einst zum Zeugnis errichtet hatte. Er blickte ins Land hinunter, als könnte er noch sehen, denn er war unruhig wegen der Lade des Herrn. Da kam der Bote herangekeucht. Er rief: »Ich komme vom Schlachtfeld, bin in einem Stück gelaufen.« Eli fragte ruhig: »Und wie steht es mit dem Heer?« Da wurde der Unglücksbote zaghaft: »Eine große Schlacht wurde geschlagen. Israel ist auseinandergelaufen, wir sind vernichtet.« Eli seufzte auf. Der Bote fuhr fort: »Deine beiden Söhne sind gefallen.« Da stemmte Eli seine Füße auf, und der Stuhl schob sich auf dem Stein ein Stück rückwärts. Der Bote dämpfte seine Stimme: »Und die Lade des Herrn ist genommen.« Da stemmte Eli noch einmal seine Füße auf, und ein Schrei drang aus seiner Brust. Der Stuhl kippte vom Stein herab. Eli fiel rückwärts und brach das Genick. Er war fast hundertjährig und hatte vierzig Jahre über Israel gerichtet.

Elis Schwiegertochter, des Pinehas Frau, war damals hoch schwanger. Sie kam und sah Eli vor der Tür des heiligen Zeltes liegen und seinen Stuhl vom Stein herabgestürzt und zerbrochen. Als sie erfuhr, daß das Heer besiegt, die Lade genommen und ihr Mann und ihr Schwager tot seien, da brach sie auf der Stelle nieder, und die Wehen überkamen sie. Sie krümmte sich und gebar. Die Frauen, die herbeigelaufen waren, trösteten sie: »Mut! Du hast einen Sohn geboren.« Aber sie antwortete nicht, sondern blickte gleichgültig in die Eiche hinauf, unter der sie ausgestreckt lag. Sie befahl, man solle den Knaben Ikabod nennen, »denn«, so sagte sie, »die Herrlichkeit Israels ist vorbei«. Als man sie bereits für tot hielt, sagte sie noch einmal: »Die Herrlichkeit Israels ist vorbei, denn die Lade Gottes ist genommen.« Dann starb sie.

Beulen und Mäuse

Die Philister stellten die Bundeslade auf einen Wagen, fuhren sie umher, zeigten sie überall und brachten sie schließlich in die Stadt Asdod. Sie trugen sie in den Tempel des Dagon und machten der Lade einen Platz neben dem Gott, der oben wie ein Mensch und unten wie ein Fisch aussah. Am andern Morgen fanden die Priester des Dagon ihren Gott umgestürzt vor der Lade liegen. Sie wunderten sich und setzten ihn wieder auf seinen Platz. Am nächsten Morgen fanden sie den Gott wieder am Boden. Sein menschlicher Kopf und seine Arme lagen abgehauen neben seinem Fischleib. Zugleich brach an diesem Tag in Asdod eine schlimme Krankheit aus. Die Priester und auch alle andern, die die Bundeslade berührt hatten, wurden von Beulen befallen. Diese Krankheit verbreitete sich in Asdod. Die Beulen verunstalteten die Gesichter und Leiber, und die Geplagten verbargen sich in ihren Häusern.

Da ließ der Fürst von Asdod bei dem Fürsten von Gath heimlich anfragen, ob nicht Gath an der Ehre teilhaben wolle, die Lade des Gottes Israels eine Weile zu beherbergen. Die Überführung der Lade müsse allerdings heimlich geschehen, um das Volk von Asdod nicht zu erzürnen. So ließ der Fürst von Gath die Lade über Nacht hereinholen und im Tempel aufstellen. Am nächsten Morgen mußten die Priester von Gath ihren Gott aus dem Staub auflesen. Und Beulen entstanden an ihrem Fleisch. In Asdod aber, so hörte man in Gath, und in Gath, so hörte man darauf in der nächsten Zeit in Ekron, vermehrten sich unheimlich die großen Mäuse. Es hieß, diese Mäuse hätten die Beulen gebracht. Andre sagten, die Bundeslade habe beides, die Mäuse und die Beulen, ins Land gebracht. Als sich nun die Beulen und die Mäuse weiter vermehrten und viele daran starben, wollte keine Stadt mehr die Bundeslade in ihren Mauern haben. Eine jede wehrte ab. Wo der Prunkwagen mit der Lade erschien, schrien die Philister auf und verschlossen ihre Stadttore.

Sieben Monate war die Lade im Land der Philister umhergefahren worden, da kamen die Fürsten und Priester und Weissager zusammen, um zu überlegen, was man mit dieser siebenmal verfluchten Zauberkiste anstellen solle. Nichts war darin als ein paar Pergamentrollen, ein Töpfchen mit weißlichen Körnern und zwei flache Granitsteine, auf denen unentzifferbare Buchstaben eingekratzt standen. Die Priester und Weissager, die von der Vergangenheit der Völker manches wußten, forderten von den fünf Königen der Philister, daß die Lade alsbald zurückgeschickt und dem Gott der Israeliten ein Sühneopfer dargebracht werden müsse, damit es Philistäa nicht gehe wie damals dem Land Ägypten. Sie schlugen vor, als Sühneopfer fünf goldene Beulen und fünf goldene Mäuse anzufertigen, fünf deshalb, weil die Lade in den fünf Städten Philistäas gestanden hatte. Die fünf Fürsten der Philister nahmen den Beschluß der Weisen sofort an, denn das Volk wurde unruhig im ganzen Land. Die Fürsten befahlen, daß die Lade, sobald die Sühnegeschenke hergestellt seien, auf einen Prunkwagen gesetzt und über die Grenze nach Israel geschickt werden sollte. Junge Milchkühe müßten den Wagen ziehen. Wenn diese Tiere ohne Knechte und Treiber den Weg nach Beth-Semes nähmen, solle das ein Zeichen sein, daß der Gott Israels im Spiele war und seine Hand auf Philistäa gelegt hatte. Zögen die Kühe in eine andre Richtung, sei damit erwiesen, daß das Unglück von ungefähr sie angefallen und nichts mit der Lade des Bundes zu schaffen habe. Aber die Kühe zogen ungestüm den Wagen mit der Lade und den Weihegeschenken geraden Weges nach Beth-Semes. Sie brüllten laut und rissen an den Strängen, als würden sie heftig getrieben.

Wo ein Feld hart und eben genug war, verließen die Kühe die Straße und kürzten den Weg. Wo die Straße sich gabelte, hoben die Kühe die Köpfe, als lauschten sie auf den Wind, daß er ihnen die Richtung sage. Und sie kamen nach Beth-Semes, der Wagen stand still auf dem Acker Josuas, der hier sein Haus gehabt hatte.

Die Leute von Beth-Semes waren gerade bei der Weizenernte. Als sie aufschauten, sahen sie den Wagen mit der Lade. Sie jauchzten auf und riefen nach Leviten, daß sie kämen und die Lade vom Wagen höben. Die Philister aber, die aus der Ferne dem Wagen gefolgt waren, kehrten auf dem Fuße um.

Israels Buße zu Mizpa

Samuel erschien, und die Lade wurde auf sein Geheiß in das Haus des Abinadab auf dem Hügel bei Kirjath-Jearim gebracht. Dort blieb sie zwanzig Jahre lang. Samuel weihte Eleasar, den Sohn des Abinadab, zum Priester, daß er die Lade des Herrn umgebe und sie hüte. Das Volk Israel war von alldem, was mit der Lade geschehen war, beschämt und niedergeschlagen. Die Lade des Bundes war durch Israels Schuld verlorengegangen und ohne Israels Hilfe oder Tugend zurückgekommen. Das Priestertum war von Elis Haus genommen worden. Das Volk begriff diese Sprache des Heiligen und Gewaltigen. Und wieder drohten die Philister an den Grenzen. Zur gleichen Zeit aber hatte das Volk noch die fremden Götter unter sich. So wurde ganz Israel von Furcht ergriffen. Sie wußten keinen Weg aus ihrer Bedrängnis. Viele fürchteten, daß der Herr das Volk der Erwählung für immer verworfen habe.

Da erhob Samuel seine Stimme. Er ließ überall im Land verkünden: »Tut alle fremden Götter von euch ab. Dann schickt eure Ältesten nach Mizpa, daß wir uns vor dem Herrn versammeln.« Sie kamen nach Mizpa, und Samuel hieß alle, die erschienen waren, Wasser schöpfen gehen. Dann goß er zusammen mit allen das Wasser aus zum Zeichen, daß ihr Leben vor dem Herrn wie dies Wasser vor der Sonne vergehe und nichtig sei. Und sie fasteten zusammen den ganzen Tag. Nur ein Wort lag auf allen Lippen: »Wir haben gesündigt wider den Herrn!« Also richtete Samuel die Kinder Israel zu Mizpa.

Da nun die Philister hörten, wieviel Volk sich um Samuel in Mizpa, so nahe an der Grenze, versammelt hatte, glaubten sie, daß Samuel zu einem Kriegszug rüste. Schnell zogen die Fürsten der Philister hinauf wider Israel. Da fürchteten sich die in Mizpa Versammelten, umdrängten Samuel und riefen: »Laß nicht ab, für uns den Herrn anzurufen!« Während nun die Philister heranzogen und immer näher kamen, betete Samuel. Er ließ sich nicht stören, weder vom Lärm der heraufziehenden Feinde noch von dem Angstgeschrei des aufgescheuchten Volkes. Die Philister pochten bereits an die Tore der Stadt. Samuel aber hatte sich seinen Mantel über den Kopf gezogen, betete weiter und rührte sich nicht. Da schrien ihm die Ältesten ins Ohr: »Hörst du denn nicht? Die Philister schlagen die Tore ein!« Samuel sprach: »Nicht die Feinde, es ist der Herr. Er donnert für uns.« Plötzlich fuhr über die Stadt ein Blitz hin. Ein einziger Donnerschlag erschütterte den Himmel. Die Philister fielen betäubt zu Boden. Als sie sich zur Flucht wandten, öffneten sich die Tore von Mizpa, und Israels Krieger stürzten heraus, trieben die Philister vor sich her bis unterhalb von Beth-Kar.

Samuel nahm einen Stein, richtete ihn zwischen Mizpa und Sen auf und sprach zum Volk und wies auf den Stein: »Bis hierher hat der Herr geholfen!« Also wurden die Philister von den Grenzen Israels verbannt, und sie wagten keinen Krieg mehr gegen Israel, solange Samuel lebte.

Israel will einen König haben

Als Samuel betagt war, setzte er seine beiden Söhne zu Richtern ein. Aber sie waren habsüchtig, nahmen Geschenke an und beugten das Recht. Da versammelten sich alle Ältesten in Israel und kamen nach Rama, wo Samuel wohnte. Ohne Umschweife erklärten sie ihm: »Du bist alt geworden. Deine Söhne sind nicht wie du. Ganz Israel zeigt mit dem Finger auf sie. Wer soll uns nun richten, wenn du gestorben bist? Das haben wir uns überlegt. Darum bitten wir dich, setz über uns einen König!«

Samuel erschrak, er rief: »Einen König? Wie die Heiden ihn haben?« Sie antworteten: »Wie alle Heiden ihn haben.« Das gefiel Samuel übel. Er fragte sie: »Wißt ihr, was ihr verlangt? Ihr verwerft nicht mich, sondern Gott, der bis heute euer König war. Bei dem Herrn der Heerscharen allein ist die Herrschaft und alle Macht.« Sie riefen: »Wir wollen einen König haben, den wir sehen und mit dem wir reden können.«

Da bedachte sich Samuel, und er fragte sie: »Habt ihr denn auch schon daran gedacht, was ein solcher König von euch fordern kann? Eure Söhne wird er nehmen und aus ihnen Diener machen, Wagenlenker, Vorreiter, Stallknechte, Boten. Aus den Vornehmen unter euch wählt er sich seine Obersten und Hofleute, Beamte aller Art. Er ruft euch und befiehlt: Bebaut meine Äcker! Bringt mir den Weizen ein, die Trauben! Keltert mir das Öl! Und er ordnet an: Schmiedet mir Waffen! Baut mir Streitwagen! Eure Töchter nimmt er euch fort, daß sie ihm Teppiche weben, Salben bereiten, Essenzen, Duftstoffe, daß sie ihm kochen, backen, vorsingen, daß sie vor ihm tanzen und ihm willfährig sind in allen Stücken. Eure besten Äcker, Weinberge, Ölbäume wird er sich nehmen und nur sagen: Her damit, ich bin der König. Und er wird den Zehnten nehmen von allem, wie die Priester, ja, ihr müßt dann zweimal den Zehnten entrichten. Und er kann in die Schlacht ausziehen, wann es ihm gefällt. Wenn er den Krieg verliert, zahlt ihr den Tribut für seinen Leichtsinn, nicht er. Wenn eure Söhne tot auf dem Feld liegen, weint ihr um sie, nicht er, denn er ist der König. Er kann alles fordern und braucht niemand Rechenschaft abzulegen. Wenn ihr eines Tages schreit über euren König, den ihr euch gewünscht habt, dann wird euch der Herr nicht erhören. Denn ein störrischer Esel läßt sich leichter lenken als ein König, und eher scheucht ein Kind einen hungrigen Löwen von seinem Fraß fort als ein ganzes Volk einen König von seinem Thron.«

So sprach Samuel, aber das Volk weigerte sich, auf ihn zu hören. Bald danach hatte Samuel ein Opfer zu segnen, zu dem dreißig Männer geladen waren. Gerade als er Rama verließ, um auf die Höhe zu steigen, wo das Opfermahl stattfinden sollte, begegnete er vor dem Tor zwei Männern. Der eine war schön und groß gewachsen, er überragte seinen Begleiter, der auch nicht klein war, um Haupteslänge und mochte etwa dreißig Jahre alt sein. Die beiden waren offenbar fremd in Rama. Sie blickten suchend umher. Da trat Samuel auf sie zu und fragte: »Wen sucht ihr?« Der Großgewachsene antwortete: »Den Seher Samuel.« »Der steht vor dir«, sagte Samuel, und er fuhr fort: »Geht mit mir auf die Höhe, du und dein Begleiter. Ihr sollt heute mit mir essen. Morgen kannst du weiterziehen. Inzwischen habe ich dir allerlei zu sagen. Wegen der Eselinnen, die du drei Tage im Gebirge Ephraim gesucht hast, bekümmere dich jetzt nicht, sie sind gefunden. Und du sollst dich überhaupt nicht mehr um alltägliche Dinge kümmern, um Pflug und Ernte und Ochsen und Esel. Denn von nun an wirst du von oben schauen, und das Beste von Israel wird dir gehören. Und der Name Saul wird aufsteigen, denn du bist, was dein Name sagt: der Erbetene.«

Da erschrak der hochgewachsene Mann: »Du bist der große Seher in Israel. Ich heiße Saul, aber ich stamme aus einer der geringsten Sippen des Stammes Benjamin. Meine Familie ist zwar begütert, aber unansehnlich. Wenn mein Vater Kis deine Worte gehört hätte, würde er lachen.« Samuel sagte nur: »Dein Vater Kis schickte dich aus, drei Eselinnen zu suchen, die sich verirrten. Du kehrst in dein Vaterhaus zurück und hast ein Königreich gefunden.«

Damit wandte sich Samuel ab und stieg vor ihnen den Berg hinan. Auf der Höhe trat er an den Altar, segnete das Opfer und führte darauf die jungen Männer in den Speisesaal. Und er gab Saul den obersten Platz am Tisch. Die dreißig Geladenen blickten auf Saul, keiner fragte, wer er sei. Samuel aber sprach zu dem Koch: »Gib her das beste Stück, das ich dir vorher gab, daß du es beiseite legtest.« Da trug der Koch eine Schulter auf und was daranhing. Samuel legte es Saul vor. Also aß Saul mit Samuel an diesem Tag.

Als sie hinabgestiegen waren in die Stadt, nahm Samuel den Saul mit sich auf das Dach und redete mit ihm allein. Dann ging er und ließ ihn schlafen. Kaum daß die Morgenröte über der Höhe stand, weckte Samuel seinen Gast. Sie schickten Sauls Begleiter voraus. Darauf gingen sie langsam nebeneinander durch die Stadt. Als sie draußen vor dem Tor standen, ging Samuel hinter eine dichte Hecke und winkte Saul herbei. Und Samuel sprach, als Saul vor ihm stand: »Steh jetzt still, daß ich an dir tue, was Gott mir aufgetragen hat.« Er zog ein Horn, mit Öl gefüllt, aus seinem Gewand, goß es Saul über das Haupt, küßte ihn und sprach: »Wenn du die Stadt Bethlehem betrittst, wird dir eine Schar von Propheten begegnen, die kommen vom Hügel Gottes herab. Vor ihnen ziehen Musikanten mit Pauken und Flöten und Harfen. Sie werden weissagen. Da wird der Geist über dich geraten, daß du mit ihnen zusammen weissagst. In diesem Augenblick sollst du dich erneuern und ein anderer Mann werden. Diese Zeichen hab' ich dir angesagt, damit du weißt, du gehst nicht irre, sondern Gott ist mit dir.« Samuel dämpfte seine Stimme: »Und nun höre: Ich habe den Herrn angefleht, daß er ein Wunder tue und aus dir einen gehorsamen König mache, einen, der nicht auf sein eigenes Herz hört, sondern auf die Stimme dessen, der allein die Macht und die Herrlichkeit besitzt. Du wirst eines Tages nach Gilgal gehen, wo vor dir Josua gehorsam war. Dort in Gilgal wird Gott erproben, wie weit dein Gehorsam geht.«

Saul versprach Samuel Gehorsam. So schieden sie voneinander. Als Saul sich abwandte und von Samuel fortging, wurde er in seinem Herzen ruhig und voll der Zuversicht. Und alle Zeichen erfüllten sich, wie Samuel sie ihm vorhergesagt hatte. Da er aber unter die Propheten geriet, wunderten sich die Leute und fragten einander: »Was ist denn mit dem Sohn des Kis geschehen? Ist Saul auch unter die Propheten gegangen?« Dieser Ausruf wurde in Israel zu einem Sprichwort, wenn man sich wunderte über einen, der begeisterter war, als man es vermutet hatte. Als nun Saul nach Hause kam, hänselten ihn die Brüder, daß die Eselinnen gefunden worden seien, während er sie noch suchte. Sie fragten ihn, wo er gewesen sei. Saul sagte: »Bei dem Seher Samuel.« So sprach er von diesem und jenem, aber daß ihn Samuel zum König gemacht hatte, behielt er in seinem Herzen.

Und als er vor das Volk trat

Samuel rief das Volk zusammen nach Mizpa. Wieder bedrängten ihn die Ältesten, daß er einen König über Israel setze. Samuel sprach: »Bisher war der Herr euer König und hat für euch die Könige der Heiden besiegt und euch vor ihrem Joch bewahrt. Wenn ich euch nun einen König gebe, könnte es sein, daß ich euch alle zu Sklaven mache. Denn ein König, der nicht Gott gehorcht, ist ein Sklavenhalter. Und gehorcht er auch Gott, wer weiß, was sein Sohn tut oder sein Enkel, sein Urenkel?« Die Ältesten aber schrien: »Wir wollen einen König haben! Wirf das Los!« Da ließ Samuel das Los werfen, und es fiel auf den Stamm Benjamin. Als sie über die Sippen Benjamins das Los warfen, kam heraus die Sippe des Matri. Aus ihr kam heraus die Familie des Kis. Aus den Söhnen des Kis wählte das Los Saul. Er war aber nicht da. Sie suchten nach ihm und fanden ihn versteckt in einem Schuppen hinter allerlei Gerät. Sie zogen ihn hervor und führten ihn vor die Versammlung. Und Saul überragte alle um Haupteslänge.

Samuel zeigte auf Saul und rief: »Da seht ihr den Mann, den ihr dem Herrn abgetrotzt habt. Ihm ist keiner gleich im ganzen Volk.« Da jauchzte Israel seinem König zu. Samuel verkündigte die Rechte des Königs und schrieb sie in ein Buch. Darauf kehrten alle in ihre Heimat zurück. Auch Saul ging heim nach Gibea. Ein Teil des Heeres gab ihm das Ehrengeleit. Das waren Männer, die dem neuen König von Herzen zugetan waren. Es gab aber auch lose Mäuler, die sagten: »Dieser Bursche soll unser König sein?« Andre sagten: »Holz, das schnell wächst, ist nichts wert.« Wieder andre rechneten es Saul als Makel an, daß sie ihn von Jugend auf gekannt hätten: »Der – und König?« murrten sie, »mit dem haben wir ja bei einer Hochzeit in Michmas Wein getrunken!« Es wurden auch allerlei lächerliche Geschichten über Saul erzählt. Das waren dieselben Leute, die Saul keine Geschenke brachten. Saul bemerkte diese Umtriebe der Neidischen, aber er blickte geradeaus und lächelte.

Nicht lange darauf zog Nahas, der Ammoniter König, gen Norden und belagerte Jabes in Gilead. Diese Stadt östlich des Jordans wurde von Israeliten aus dem Stamm Manasse bewohnt. Die Belagerten waren bereit, sich zu unterwerfen. Sie boten Nahas regelmäßige Tributzahlungen an und baten ihn, mit ihnen ein Abkommen zu schließen. Nahas ließ ihnen antworten: »Das ist das Abkommen, das ich mit euch schließe: Ich steche euch das rechte Auge aus, ihr haltet still. Und ganz Israel ist mit Schmach bedeckt, es sieht zu und kann euch nicht helfen.« Da ließen die Ältesten dem König Nahas antworten: »Gib uns sieben Tage Zeit, daß wir überlegen, ob wir dir das rechte Auge und unsre Freiheit opfern oder ob wir es vorziehen, die Stadt zu verteidigen und zu sterben.«

In aller Stille schickten sie Boten zu Saul nach Gibea. Saul pflügte gerade einen Acker, als die Boten die Schmach in den Gassen der Stadt ausriefen. Die Leute weinten und legten die Köpfe an die Mauern ihrer Häuser. Das sah Saul, da er hinter den Ochsen vom Felde heimkam. Er rief: »Was ist geschehen?« Die Boten berichteten, was in Jabes vorging. Als Saul das hörte, erfüllte ihn das Feuer des Herrn. Er tötete auf der Stelle das Paar Ochsen, zerstückelte sie und schickte die Boten mit den blutigen Fleischteilen in alle Städte Israels und ließ sie ausrufen: »Wer nicht ins Feld zieht, Saul und Samuel nach, dessen Rindern soll man also tun, wie ich diesen Ochsen tat.« Da zogen die Krieger aus wie ein einziger Mann. Saul musterte sie in Besek. Der Norden Israels hatte dreißigtausend Mann gestellt, aus dem Süden waren dreitausend gekommen. Und Saul führte sein Heer über den Jordan, umging Jabes in weitem Bogen und griff um die Zeit der ersten Morgenwache die Belagerer von drei Seiten gleichzeitig an. Die Israeliten wüteten mit dem Schwert unter ihren Feinden, bis die Sonne zu heiß wurde und der Arm erlahmte. Von Nahas und seinem stolzen Heer der Ammoniter waren nur Leichen und Blutlachen übriggeblieben.

Am Abend dieses großen Tages traten einige Männer an Saul heran und sagten: »Wir haben uns umgehorcht. Wir könnten dir ein paar hundert Namen von Männern sagen, die nicht wert sind, zu leben. Es sind die Namen derer, die dich in Mizpa verhöhnten. Sag nur ein Wort, und wir schicken sie dem Nahas nach.« Aber Saul hob seine Hände zum Himmel: »Nicht doch! Niemand soll meinetwegen sterben. Erst recht nicht an diesem feinen Tag, da uns der Herr soviel Heil erwiesen hat.« Darauf führte Samuel das Heer nach Gilgal. Sie brachten Dankopfer dar. Samuel legte Saul die Hand auf und betete für ihn. Dann sprach er zum Volk: »Ich habe eurer Stimme gehorcht und euch einen König gemacht. Der ist vor euch hergezogen in die Schlacht. Sagt aber nicht: Saul hat gesiegt! Es war der Herr, der für euch stritt.« Darauf legte Samuel vor dem ganzen Volk sein Richteramt nieder, und er rief laut über die Köpfe hin: »Ist da jemand unter euch, dessen Ochsen oder Esel ich genommen habe? Habe ich jemand unrecht getan? Habe ich meine Macht mißbraucht? Habe ich Geschenke angenommen? Habe ich die Sünden meiner Söhne übersehen und zugedeckt? Der Mann, der mir solches nachweisen kann, stehe auf, ich will ihm Rede und Antwort stehen.« Alle schwiegen. Dann riefen viele Stimmen durcheinander: »Keiner steht gegen dich auf! Du warst untadelig! Samuels Hände sind rein. Samuels Name wird über Israel leuchten!« Samuel verneigte sich vor dem Volk und sprach: »Ich bin alt und müde. Von meiner Jugend bis auf diesen Tag bin ich vor euch hergegangen. Der Weg war lang und mühsam. Nun habt ihr euren König, und ich kann gehen. Aber denkt nicht, daß ihr nun, weil ihr einen König habt, ein Volk seid wie die andern. Der Herr entläßt euch nicht aus seiner Führung. Er hat euch an seinen Pflug gespannt, und er selber ist's, der die Hand am Pflug hält, nicht der König. Was ist dann der König? Er ist der Stecken in der Hand des Pflügers, der euch schlägt, und der Stachel, der euch sticht. Murret also nicht, wenn ihr das Gesetz des Königs über euch spürt, ihr habt ihn euch von Gott ertrotzt. Wenn ihr aber übel handelt und euch vom Herrn entfernt, werdet ihr beide verloren sein, ihr und euer König.« Nach diesen Worten zog sich Samuel in sein Zelt zurück. Saul aber und alle Männer freuten sich an diesem Abend des Sieges, sie tranken Wein und tanzten im Reigen.

Saul in Nöten

Als Saul zwei Jahre König war, wählte er sich dreitausend Mann aus. Davon hielt er zweitausend bei sich, tausend überließ er seinem Sohn Jonathan als Schutz der Grenzen gegen die Philister. Ein größeres Heer konnte er nicht aufstellen, denn es fehlte an Waffen. Seit vielen Jahren bestand ein Abkommen mit den Philistern, das den Hebräern — so nannten alle Fremden die Israeliten — bei hoher Strafe untersagte, in ihrem Land Schmiede zu beschäftigen. Die Philister wollten auf solche Weise verhindern, daß sich die Israeliten heimlich Schwert und Spieß schmiedeten. Wenn nun jemand in Israel eine Pflugschar brauchte oder ihm die Haue, das Beil, die Sichel stumpf geworden waren, der mußte hinunterziehen zu einem Schmied der Philister. Und es zogen viele Späher durchs Land, die sich umsahen, ob nicht irgendwo in den Bergen doch ein Schmied hämmerte.

So war Saul König, sollte dem Land Sicherheit schaffen — und hatte keine Waffen. Heimlich ließ er von Damaskus Beile und Spieße und Schwerter ins Land bringen. Zugleich war er darauf bedacht, mit den Philistern Frieden zu halten. Doch sein Sohn Jonathan war noch jung und verstand seines Vaters Sorgen nicht. Eines Tages verjagte er eine Abteilung der philistäischen Grenzposten. Saul war stolz auf seinen Sohn, aber er wußte auch, daß dieser Vorfall Folgen haben werde. Darum ließ er das ganze Heer nach Gilgal einberufen. Inzwischen zogen die Philister stärkere Kräfte, vor allem aber Streitwagen und Reiterei zusammen. Sie überschritten die Grenzen Israels und lagerten sich in Michmas. Als die Israeliten den unabsehbaren Heerbann der Feinde mitten in ihrem Land sahen, wußten sie sich keine Hilfe mehr. Sie verkrochen sich in Höhlen und Klüften, in Löchern und Gruben. Andre flohen nach Osten über den Jordan. Das ganze Land war wie ausgestorben. Saul aber lag mit dem Heer in Gilgal. Indes auch von hier flohen jeden Tag, wenn die Sonne untergegangen war, ängstliche Krieger gen Osten über den Jordan. Saul aber konnte nichts unternehmen. Samuel hatte ihm durch Boten verkünden lassen: »Warte auf mich! Das ist der Tag, da du in Gilgal dem Herrn gehorchen sollst. In sieben Tagen bin ich bei dir und segne die Opfer.«

So harrte Saul sieben Tage, aber Samuel kam nicht. Die Krieger gingen nun bei hellem Tag davon. Der Nachmittag des siebenten Tages war noch nicht vorüber, da rief Saul: »Bringt mir her die Tiere für das Brandopfer. Es könnte sein, daß die Philister vor Samuel in Gilgal ankommen. Dann müßten wir, ohne geopfert zu haben, in den Kampf ziehen. Und wir hätten das Angesicht des Herrn nicht freundlich gestimmt!«

Als Saul das Opfer dargebracht hatte, da kam Samuel. Saul eilte hinaus vor das Lager, um ihn zu begrüßen. Aber Samuel rief: »Was hast du getan? Ist der siebte Tag vorüber?« Saul antwortete: »Ich sah, wie das Volk auseinanderlief. Die Philister lagern in Michmas. Und du bist nicht gekommen!« »Ich bin gekommen«, versetzte Samuel, »du aber hast töricht gehandelt. Und ich sehe, es wird dem Herrn nicht gelingen, einen König zu finden, der gehorsam wäre. Aber es ist schade für Saul. Gott hätte deine Herrschaft über Israel bestätigt und deine Söhne und Nachkommen zu Königen gemacht für und für. Nun wird dein Reich nicht bestehen. Der Herr wird sich statt deiner einen andern erwählen, einen nach seinem Herzen.«

Damit machte sich Samuel auf und ging davon. Saul und sein Sohn Jonathan blieben mit dem Heer allein. Sie zählten es, es waren ihnen nur noch sechshundert Mann geblieben. Die Philister aber griffen nicht an, sondern zogen in drei Heeressäulen durch Juda, plünderten die leeren Städte, schlugen die Ölbäume um und verwüsteten das Land. Saul aber mußte zusehen und konnte sich nicht rühren.

Da sprach er mit dem Priester Ahia und rief nach der Bundeslade. Während er noch mit dem Priester redete, kamen Boten. Die meldeten ihm, daß Jonathan mit einer Handvoll junger Krieger die Philister in einem Engpaß überfallen und in alle Winde zersprengt habe. Saul eilte mit dem Rest seines Heeres herbei und stürzte sich auf die Feinde, die ihm entgegenflohen. Es war Nachmittag, und ein heftiges Getümmel entstand. Die Israeliten, die sich auf dem Gebirge Ephraim verkrochen hatten, rief Jonathans Sieg herbei. Sie strichen hinter den Philistern her. Also warf der Herr Schrecken über die Philister und stand Israel bei. Die Verfolgung hörte erst auf bei der Stadt Beth-Aven, und die Nacht brach herein.

Sauls Sieg und erneuter Ungehorsam

Eines Tages lud Samuel den König Saul zu sich nach Rama und sprach zu ihm: »Ich habe dich zum König gesalbt über Israel. So bist du nun des Herrn oberster Knecht und dazu bestellt, seinem Willen in Israel Gehorsam zu schaffen. Nun höre gut zu! So spricht der Herr der Heerscharen: Ich erinnere mich des Volkes Amalek und seiner Sünden. Als ich Israel aus Ägypten führte, stellte sich mir Amalek in den Weg und hinderte mein Volk und bekämpfte es ohne Gnade. So soll nun Saul mit Israel gegen die Amalekiter ziehen. Und so lautet mein Bannspruch: Schone ihrer nicht, sondern töte sie alle, Mann und Weib, Kinder und Säuglinge, Ochsen und Schafe, Kamele und Esel.« Und Samuel fragte Saul, ob er den Bannspruch des Herrn Wort für Wort vernommen habe. Saul antwortete: »Der Spruch des Herrn ist hart.« Samuel schwieg eine Weile, dann sagte er: »Ich weiß nicht, was das heißt: hart. Ich weiß nur: Was der Herr befiehlt, ist gerecht!«

Da hob Saul ein starkes Heer aus und zog gen Süden. Unterwegs forderte er überall die Keniter auf, von den Amalekitern fortzuziehen. Er ließ ihnen sagen: »Ihr übtet immer wieder Barmherzigkeit an Israel. Darum trennt euch ganz und gar von den Amalekitern, daß ihr nicht mit ihnen vertilgt werdet.« Die Keniter taten so und flohen gen Norden. Saul aber schlug die Amalekiter bei der Stadt Hevila und noch in der Wüste Sur, die vor Ägypten liegt. Alles Volk verbannte er mit des Schwertes Schärfe. Den König Agag aber ließ er am Leben und führte ihn mit sich fort. Auch die gutgenährten Schafe und die gemästeten Rinder wurden verschont. Nur das minderwertige und unansehnliche Vieh wurde abgeschlachtet.

Nun vernahm Samuel, daß Saul mit seiner Beute in Israel umherziehe, Siegeszeichen errichte und sich sonne in Gilgal. Da machte sich Samuel früh auf, daß er noch am Morgen Saul begegne. Als Samuel auf den König zutrat, eilte dieser ihm entgegen und rief: »Gesegnet seist du vom Herrn. Ich habe sein Wort erfüllt.« Samuel hob die Hand ans Ohr: »Was ist denn das für ein Blöken von Schafen? Und was brüllen in deinem Lager soviel Rinder?« Saul antwortete: »Wir wollten hier in Gilgal dem Herrn ein großes Dankopfer darbringen. So haben wir nur das Schlechte aus den Herden der Amalekiter verbannt.« Da sprach Samuel: »Als du noch klein warst in deinen eigenen Augen und ich dich salbte, da versprachest du mir Gehorsam.« Saul antwortete: »Ich war gehorsam. Ich bin ausgezogen. Ich habe Amalek geschlagen. Ich habe das Volk, soviel uns in die Hände fiel, ausgerottet. Den König Agag aber brachte ich her zu dir. Wenn meine Männer diese fetten Schafe und Mastrinder schonten, so taten sie es, um sie dem Herrn hier in Gilgal zu opfern.« Samuel wies mit dem Finger zur Erde: »Hier in Gilgal hat Josua einen seiner besten Krieger töten lassen, weil er einen Mantel und ein wenig Gold und Silber vom Bann ausnahm. Hier in Gilgal war König Saul schon einmal ungehorsam und wartete nicht auf mich, sondern opferte, bevor der siebte Tag vorüber war. Hier in Gilgal werden dem Herrn keine Schafe und Rinder geopfert, die ihr aus Ungehorsam verschont habt. Meinst du, daß der Herr Lust habe an solchem Opfer? Gehorsam ist besser als Brandopfer und auf den Herrn aufmerken besser als das Fett von Widdern verbrennen.« Damit wandte sich Samuel von Saul ab und sagte: »Wer gibt mir ein Schwert?« Sie reichten ihm eines, und Samuel fuhr fort: »Und wer bringt mir nun her Agag, der Amalekiter König?« Da ließ Saul den Gefangenen herbeiführen. Agag sah das Schwert in der Hand Samuels blinken. Und er kam ruhig heran, lächelte und sprach, während er niederkniete: »Seht, so muß man des Todes Bitterkeit vertreiben.« Samuel sagte zu Agag: »Dein Schwert hat die Mütter ihrer Söhne beraubt. So soll deine Mutter ihres Sohnes beraubt werden.« Und Samuel hieb Agag nieder vor dem Herrn zu Gilgal. Dann wandte er sich gegen Saul und sprach: »Höre! Weil du des Herrn Wort verworfen hast, hat er auch dein Königtum verworfen.« Da sprach Saul zu Samuel: »Ich habe gesündigt, weil ich mich vor meinem Volk fürchtete und seiner Stimme mehr gehorchte als Gottes Stimme. Aber nun erwirk mir

Verzeihung vom Herrn, daß ich mit dir gehe und zusammen mit dir anbete und opfere.« Samuel kehrte sich ab: »Ich will nicht mit dir zusammen anbeten, denn du sollst nicht länger König sein über Israel.« Als Saul das hörte, fürchtete er sich, daß das Volk sich von ihm abwenden könnte. Er lief Samuel nach und griff ihn beim Mantel, daß er bleibe. Aber Samuel entriß ihm den Zipfel, und der Mantel zerriß. Da wies Samuel auf den Mantel und sprach: »Siehst du, wie wenig du in deiner Hand behalten hast. So hat der Herr heute das Königtum aus deiner Hand gerissen. Es ist schon einer da, der es erhält. Er ist besser als du. Der Held in Israel, der Heilige hat es beschlossen, und er ist nicht wie ein Mensch, daß er etwas tut und es ihn hinterher reut.« Saul sagte leise zu Samuel: »Ich habe gesündigt. Aber ehre mich noch für eine Weile vor den Ältesten meines Volkes und den Obersten. Und kehre mit mir um, daß ich mit dir opfere und anbete.« Da tat ihm Samuel nach seinem Willen und ging mit ihm. Denn er fürchtete, das Volk könnte sich wegen Sauls Königtum entzweien. Es dauerte ihn auch, daß der Herr den Saul verworfen hatte. Samuel ging hinaus nach Rama und nahm Abschied von Saul. Und sah ihn nie mehr wieder.

Davids Berufung

Samuel blieb in Rama. Er war eingeschlossen in sein Leid um Saul. Da stieß ihn eines Nachts wieder die Stimme an, die er kannte als des Herrn Stimme. Sie befahl ihm: »Fülle dein Horn mit Öl und geh hinab nach Bethlehem in das Haus Jesses. Unter seinen Söhnen ist der, den ich mir zum König erkoren habe.« Da erschrak Samuel und dachte bei sich selbst. »Das wird Saul erfahren und mich umbringen.« Samuel war alt, doch wollte er nicht, daß Saul sich an ihm versündige. So beschloß er, Jesse und seine Söhne, so wie vor Zeiten Saul, zum Opfermahl einzuladen.

Als nun Samuel nach Bethlehem kam und die Ältesten ihn erkannten, erschraken sie und fragten: »Gibt es Krieg, daß du kommst?« Samuel beruhigte sie und forderte die Ältesten auf, sich zu heiligen, er wolle mit ihnen ein Friedensopfer feiern. Er lud den Jesse und alle seine Söhne zum Mahl. Als nun die Söhne Jesses in den Speisesaal hereinkamen, dachte Samuel, Eliab sei es, Jesses Ältester, denn er war gewachsen wie Saul. Aber Samuel spürte, daß Eliab es nicht war. Und er sprach zu sich: »So geht es immer: Ein Mensch sieht, was er vor Augen hat, der Herr aber sieht ins Herz.« Darauf schritt der Abinadab an Samuel vorüber. Jesse war stolz, daß Samuel jeden seiner Söhne so aufmerksam ansah. Aber auch Abinadab war es nicht. Dann kam Samma. Samuel bewegte verneinend den Kopf. Jesse wußte nicht, warum der Ehrwürdige seine Söhne so genau anschaute und jedesmal den Kopf schüttelte. So geschah es siebenmal.

Samuel fragte nun Jesse: »Sind das alle deine Söhne?« Jesse antwortete: »Da gibt es noch den Jüngsten, der hütet die Schafe.« Samuel befahl, ihn sofort herbeizuholen. Er wollte nicht mit dem Mahl beginnen, bis der jüngste Sohn Jesses im Saal wäre. So saßen sie da und warteten. Das Opferfleisch stand auf dem Tisch und wurde kalt.

Da trat er herein. Er war bräunlich, hatte schöne Augen und eine gute Gestalt. Und Samuel hörte inwendig die Stimme: »Auf, und salbe ihn, er ist's!« Da griff Samuel unter seinen Mantel und zog das Salbhorn hervor. Er dachte nicht mehr an Saul und daß er's erfahre, sondern salbte David im Saal vor aller Augen. Doch sie begriffen nicht, was diese Salbung bedeutete. Nur dies sahen sie: Der Geist des Herrn erfüllte David. Samuel aber machte sich auf und ging heim nach Rama.

Seit jenem Tag war alle Zuversicht von Saul gewichen. Angst und Mißtrauen plagten ihn. Es trieb ihn umher durch sein Haus und durch die Wälder. Er blickte jäh hinter sich und verbarg sich oft für Stunden und Tage. Die Männer seiner Umgebung nahmen an, er habe einen bösen Geist. Sie sagten zu ihm: »Wir suchen dir einen, der auf der Harfe spielt. Wenn es dann über dich kommt, greift er in die Saiten, und es geht dir besser.« Saul willigte ein. Da sagte einer der Vertrauten Sauls: »Ich kenne den jüngsten Sohn des Jesse von Bethlehem, der spielt und singt wie sonst keiner.« Saul sandte Boten zu Jesse. Davids Vater nahm einen Esel, belud ihn mit frischem Brot, einem Schlauch Wein und einem Ziegenböcklein und sandte mit seinem Sohn David diese Geschenke an Saul. Also kam David zu Saul und diente ihm und spielte vor ihm auf der Harfe. Saul gewann David lieb und ernannte ihn zu seinem Waffenträger. Wenn nun der Quälgeist über Saul kam und er, von Angst und Betrübnis getrieben, im Saal umherschlich, griff David zur Harfe und spielte und erquickte Saul und machte ihn ruhig. Und Saul blickte David an und sprach: »Wenigstens einer, der mit mir ist.«

David und Goliath

Wieder war es zum Krieg gekommen zwischen den Philistern und Israel. Die beiden Heere lagen einander bei Ephes-Dammim gegenüber, nur ein Tal trennte sie. Eines Tages trat nun aus dem Lager der Philister ein Mann hervor, der war, so hieß es, sechs Ellen und eine Handbreit groß. Er stammte aus Gath und hieß Goliath. Am ganzen Leib war er gepanzert und geschient und trug einen Spieß wie ein Weberbaum. Wenn er mit seinem Schwert an den Schild schlug, hallte das Tal wie eine Schmiede, und wenn der Riese lachte, zitterten die Herzen aller Israeliten. Goliath ging zwischen den Heeren allein auf und ab, und immer wiederholte er dasselbe: er wolle einen Israeliten zum Zweikampf fordern. »Wenn ich unterliege«, so schrie er, »dann dient ganz Philistäa den Israeliten — siege ich, dann umgekehrt. Nun? Wer wagt's? Habt ihr keine Männer mehr in Israel? Dann holt doch die Bundeslade!« So höhnte der Riese täglich und stündlich das Heer Israels. Saul und seine Getreuen hörten es und blickten aneinander vorbei. Keiner wagte es, gegen Goliath anzutreten. Allein sein Gelächter lähmte den Schritt.

David war daheim bei den Schafen. Seine Brüder standen im Heer. Eines Tages nun schickte Jesse seinen Jüngsten mit dem Esel hinaus, daß er die Brüder im Kriegslager besuche und ihnen und ihrem Hauptmann Brot und Käse und Wein bringe. Als nun David noch früh am Morgen zur Wagenburg der Israeliten kam, waren die Krieger in die vordere Linie gezogen. Es sollte heute zu einem Kampf kommen. David ließ die Geschenke für die Brüder bei dem Mann, der das Gerät bewachte, und lief nach vorn und fragte nach seinen Brüdern. Kaum daß sie ihn erblickten, wurden sie zornig und riefen: »Was machst du hier? Warum bist du nicht bei den Schafen?«

Da war's, daß Goliath wieder aus dem gegnerischen Lager heraustrat und wie jeden Tag einherstolzierte, an seinen Schild schlug und das Heer Israels verhöhnte. An diesem Morgen rief er: »Ich habe es mir überlegt. Es dürfen auch zwei gegen mich kämpfen, zwei Männer, wie ihr sie so habt. Morgen werde ich drei sagen. Nun, wer wagt's?« Und David sah, wie seine Brüder und die andern Krieger zur Erde blickten und mit den Zähnen malmten. Da rief er laut: »Wer ist dieser Philister, daß er das Heer des lebendigen Gottes verhöhnen darf?« Die Männer erklärten ihm, wie der Riese täglich ganz Israel verhöhne. Eliab aber, der älteste Bruder, hob die Hand gegen David und rief: »Das ist kein Ort für Knaben, die noch keinen Bart haben, daß du es weißt!«

David eilte davon. Aber er ging nicht heim, sondern zu Saul und sprach zu ihm: »Die Angst der israelitischen Männer vor diesem Unbeschnittenen drückt mich zu Boden. Laß mich, mein König, ich will gegen Goliath kämpfen.« Saul betrachtete David und mußte lächeln. Er schüttelte den Kopf. »Dieser Philister bändigt einen wilden Stier und trägt ihn davon«, sagte er. Da rief David: »Und ich habe es, wenn es um meine Schafe ging, mit einer Löwin aufgenommen und einmal mit einem Bären. Der Herr, der mir gegen die Tiere beistand, wird mich auch aus der Hand dieses Philisters erretten.« Und David bat so lange, bis Saul einwilligte und ihm seine eigene Rüstung umtat. David machte ein paar Schritte unter dem schweren Panzer und sagte: »Ich kann mich nicht frei bewegen unter dem schweren Helm und in dem Panzer und den Beinschienen.« Und er tat alles Erz und Leder von sich ab, ergriff seinen Stab, die Schleuder, tat fünf glatte Steine in seine Hirtentasche und betrat die Ebene des Tals.

Er spürte vieltausend Augen auf sich gerichtet, ihm war nicht wohl. Er sah, wie der Riese langsam auf ihn zukam. Goliath schlug bei jedem Schritt leicht an seinen Schild. Als er sich David näherte, lachte er: »Was? Bin ich etwa ein Hund, daß du mit einem Stock kommst?« Und er höhnte weiter: »Aber was suchst du denn hier, mein Knäbchen? Wir müssen wohl noch auf deinen Vater warten? Oder soll ich am Ende die Vögel des Himmels mit Kinderfleisch nähren?« So höhnte der Riese und begann, als David schwieg, den Gott Israels zu lästern. Da rief David: »Du kommst zu mir mit Schwert und Schild. Ich komme zu dir im Namen dessen, den du gelästert hast. Aber du wirst sehen, was für ein Gott das ist, gegen den du dein unreines Maul auftust. Heute wird der Herr dich in meine Hand geben, hinstürzen wirst du vor mir, und ich haue dir das Haupt vom Rumpf. Die Leichname deiner Mitstreiter gebe ich den Vögeln unter dem Himmel zum Fraß und den wilden Tieren auf Erden. Dann wird das ganze Land wissen, daß Israel einen Gott hat, der einen Riesen zerschmettert durch die Hand eines Knaben.«

Da hob Goliath seinen Speer und brüllte vor Wut und kam herbei. David aber griff in seine Hirtentasche, nahm einen Stein heraus, schwang die Schleuder und traf den Philister unter dem Helm ins Auge. Der Riese blieb stehen und fiel dann mit seiner ganzen Länge vornüber auf sein Gesicht, sein Panzer dröhnte. David, der kein Schwert hatte, lief hinzu, zog dem Gestürzten das Schwert aus der Scheide und hieb ihm damit den Kopf ab. Und hob den Kopf Goliaths empor gegen die Schlachtreihen der Philister. Da entstand eine große Stille. Gleich darauf sprang ein wirres Geschrei in den blinkenden Reihen der Philister auf, und sie flohen. Die Heere Israels und Judas stürmten vor, jagten hinter den Flüchtenden her, verfolgten sie bis vor die Tore Ekrons. Der Weg bis Ekron und Gath lag bedeckt mit den Leichen der Geflüchteten. David aber trat vor Saul und trug das Haupt des Goliath und das Schwert des Riesen. Beides legte er vor Saul nieder. Der König umarmte ihn und sprach: »Diesmal hast du besser auf der Harfe gespielt als je.«

Jonathan liebt David, Saul verfolgt ihn

Der junge Held Jonathan war nicht neidisch auf David, sondern hatte ihn lieb wie sein eignes Herz. Er schenkte David seinen Rock, seinen Mantel, sein Schwert, seinen Bogen und seinen Gürtel. Saul setzte David über hundert und dann über tausend Mann. David zog aus, wohin Saul ihn schickte, und hielt sich wacker und klug, und er gefiel bei Hof, im Heer und im ganzen Volk.

Nun geschah es, daß David zum erstenmal den Oberbefehl erhielt in einem Kriegszug gegen die Philister und siegreich heimkehrte. Da zogen die Frauen dem Heimkommenden entgegen mit Pauken- und Zimbelschlag. Und sie riefen in Doppelchören einander zu: »Saul, der König, hat tausend geschlagen; David, der Held, schlug heute zehntausend!«

Das kam Saul zu Ohren, und der Vers gefiel ihm übel. Er gedachte des Tages, da David das Haupt des Goliath zwischen den Heeren in die Höhe hob. Und er hörte bei Tag und Nacht in seinem Ohr die Worte Samuels, als der alte Seher Sauls Königtum im Namen des Herrn verworfen hatte: »Er ist besser als du!« Nun erst begann Saul, sich über die Begebenheit in Bethlehem Gedanken zu machen. Man hatte ihm hinterbracht, daß Samuel den jüngsten Sohn des Jesse gesalbt hatte. Zuerst hatte Saul gelacht und zu den Leuten gesagt: »Der Alte hat's mit dem Salben!« Als nun Davids Name über dem Volk aufging und glänzte, sprach Saul zu sich selbst: »Er wird mich eines Tages vom Thron stoßen.« Und er blickte David giftig an.

Da wurde dem König eines Tages hinterbracht, daß seine Tochter Michal den David liebhabe. Saul erzürnte sich darüber. Er rief David zu sich und fragte ihn geradezu: »Willst du mein Schwiegersohn werden?« David verneigte sich tief und sagte: »Ich bin ein armer und geringer Mann.« Saul lachte: »Du verneigst dich sehr geschickt. Und gering bist du schon lange nicht mehr. Was aber die Armut angeht, so sollst du wissen, ich verlange von dir keine Morgengabe für Michal. Aber da du doch ein stolzer Mann bist und nicht ohne Geschenke vor Michal erscheinen willst, geh hin und erschlage hundert Philister, aber allein. Und bring mir zum Beweis für jeden Erschlagenen das rechte Ohr. Ich gebe dir Zeit, bis der Mond voll ist, das sind noch elf Tage. Eine Hundertschaft bringt dich bis an die Grenze und wartet dort auf dich. Deinen Waffenträger kannst du mitnehmen.«

Wieder verbeugte sich David tief und verließ den König. Saul blickte ihm nach, und er dachte: Du kommst nicht wieder! Aber bereits nach zehn Tagen erschien David. Sein Waffenträger trug einen Korb und zählte vor Saul die abgeschnittenen Ohren hin, und es waren nicht hundert, sondern zweihundert. Saul zählte genau und gab acht, ob nicht etwa linke Ohren darunter seien, aber es waren nur rechte. Da ließ Saul seine Tochter Michal rufen und sagte: »Da steht dein Mann.« David nahm Michals Hand und ging mit ihr davon. Saul aber ließ die Tür schließen, nur sein Sohn Jonathan und einige vertraute Männer waren im Saal. Saul sprach: »Wer mich von diesem Sohn des Jesse befreit, der soll an meiner Rechten sitzen und meine Tochter Michal als Preis haben.«

Da erschraken die Männer und blickten scheu um sich. Jonathan aber trat auf seinen Vater zu und sprach voll Güte über David, pries seine Tapferkeit, seine Treue und all seine Taten im Feld und zu Hause. Zum Schluß seiner Rede rief Jonathan: »Und zum Lohn willst du ihn töten? Glaubst du nicht, daß alles Übel über dich kommt, wenn du deine Hand an einen Mann legst, mit dem doch offenkundig der Herr ist?« Da beugte sich Saul der Stimme seines Sohnes und versprach ihm das Leben Davids in die Hand.

Keinen Monat später befehligte David zum zweitenmal das Heer und errang einen großen Sieg über die Philister. Er trat zu Saul in den Saal. Aber der grüßte ihn nicht, sondern hörte nur den Jubel draußen in den Straßen. Saul saß im Winkel, wo es dunkel war, und verbarg sein Gesicht vor David. Und atmete laut und stöhnte. Da ergriff David die Harfe, lehnte sich an die Wand und spielte und sang. Saul aber griff heimlich nach seinem Speer und zielte mit ihm auf Davids Brust, um ihn an die Wand zu spießen. David war versunken in sein Lied, er wandte sich um und warf sich mit der Harfe an seiner Brust empor. Da traf der Speer die Stelle in der Wand, an der der Singende zuvor gestanden hatte. David sah den Speer dicht neben sich stecken. Er warf die Harfe zu Boden und stürzte hinaus.

Saul tobte. Als er ruhiger geworden war, schickte er Bewaffnete aus, daß sie Davids Schwelle bewachten. Sobald er das Haus verlasse, sollten sie sich auf ihn stürzen. Michal hatte aber die Männer, die auf der Gasse umherstanden, erspäht. Sie zog David ans Fenster und flüsterte: »Siehst du die da unten stehen? Wenn du nicht fliehst, wird Saul dich diesmal töten. Noch kannst du ihm entkommen.«

David vermummte sich, nahm ein Seil und ließ sich, als es dunkel wurde, an der Rückwand des Hauses hinab. Drunten im Hof war der Eselsstall. Er nahm sich ein Tier und ritt durch die Gärten davon. Michal aber nahm ein Götzenbild und legte es in Davids Bett, den Kopf des Bildes bedeckte sie mit einem Ziegenfell.

Am andern Morgen kamen die Männer, die vor dem Tor gestanden hatten, herauf und fragten nach David, sie müßten ihn zum König bringen. Da sagte Michal: »Mein Mann ist krank und liegt zu Bett.« »Dann tragen wir ihn im Bett zum König«, antwortete einer der Männer. Michal breitete noch eine Decke über das Bett und sagte: »Aber daß ihr mir sanft mit meinem Mann umgeht und ihn vorsichtig tragt, daß er nicht aus dem Bett fällt.« Die Männer versprachen es und trugen das Bett mit großer Behutsamkeit von dannen und stellten es vor den König hin und sagten leise: »Er hat einen guten Schlaf. Er ist nicht wach geworden die ganze Zeit, da wir ihn trugen.«

Da sprach Saul: »So soll er auch nicht mehr wach werden!« Und hob vorsichtig die Decke hoch und zugleich seinen Speer. Da lag im Bett das Bild. Und auf der Schwelle des Saales stand Michal und lachte. Saul hob nun noch einmal den Speer und zielte nach seiner Tochter, er schrie: »Du hast meinen Feind entrinnen lassen!« Michal antwortete: »Wie konnte ich wissen, daß du mir deinen Feind zum Manne gabst? Daß du deinen Feind an die Spitze deines Heeres stelltest? Daß dein Feind der Freund meines Bruders ist? Daß dein Feind dir so wohlwill und deinen Quälgeist mit der Harfe beschwichtigte? Ja, wie konnte ich das wissen?« Da wandte sich Saul ab und weinte.

David war nach Rama geeilt, er trat in Samuels Haus und sprach: »Besser, du hättest mich nicht gesalbt. Solange Saul lebt, werde ich flüchtig sein und ein Fremdling in meiner Heimat.«

Die Schaubrote und Sauls Untat an den Priestern

Jonathan schickte David einen Boten und ließ ihm sagen: »Mein Vater Saul hat erfahren, wo du dich aufhältst. Was wir beide einander geschworen haben, bestehe ewiglich. Der Herr sei zwischen mir und dir und deinen und meinen Kindern. Geh hin in Frieden!«

Da nahm David Abschied von Samuel. Der alte Seher schickte ihn nach Nobe, wo das Zelt des Herrn stand. Als der Priester Ahimelech David allein herankommen sah, ergriff ihn Entsetzen, und er rief: »Was ist geschehen? Du, der Feldherr des Königs, bist ohne Waffen und ohne Begleitung?« David täuschte Ahimelech und sagte ihm nicht, daß er auf der Flucht vor Saul sei. Er befinde sich, so sagte er, im Auftrag des Königs in einer geheimen Sache unterwegs. Da man ihn aber überall kenne, habe er's nicht gewagt, sich ein Brot zu kaufen. Denn ein jeder stelle alsbald seine Fragen. David schloß: »Du stellst mir keine überflüssigen Fragen, wenn ich dich bitte: Gib mir Brot! Ich habe einen ganzen Tag lang nichts gegessen.« Ahimelech beteuerte, er habe kein gewöhnliches Brot zu Hause, nur heiliges: die Schaubrote auf dem Altar. Und die dürfe ja niemand essen als die Priester. Da antwortete David: »Ja, das heilige Brot ist für den Herrn da. Wird es erneuert, essen die Priester das alte. Das ist das Gesetz. Aber das Gesetz ist für den Menschen da. Ich will in meiner Not heiligen, was ohne Not zu tun unheilig wäre. Gib mir zu essen!«

Da gab ihm Ahimelech die Schaubrote. Es war aber ein Mann Sauls in der Nähe, Doëg, ein Edomiter, der über den Herden des Königs stand. Doëg regte sich nicht und lauschte. Nachdem David gegessen hatte, fragte er Ahimelech, ob er ein Schwert oder einen Spieß zur Hand habe. »Die Sache des Königs war so eilig, daß ich reiste, ohne an meine Waffen zu denken.« So sprach David. Da ging der Priester und brachte einen Gegenstand herbei, um den ein Mantel gewickelt war. Ahimelech sagte: »Das ist das Schwert des Riesen Goliath, das du ihm abnahmst im Eichengrund, da dir der Bart noch nicht wuchs. Nimm es, keiner außer dir darf es führen.«

David machte sich auf und schlich auf Ziegenpfaden zur Westgrenze. Bis unter die Philister, so sagte er sich, würden ihn Sauls Späher nicht verfolgen. Er befand sich bereits in der Nähe von Gath, da suchte er nach einem Brunnen, aber er fand keinen. Als er eine Frau um einen Trunk Wasser bat, erkannte sie ihn an der Sprache als Israeliten. Und sie schickte Männer hinter ihm her. Die brachten ihn in die Stadt hinein zu König Achis, der in Gath herrschte. In der Umgebung des Königs nun waren Männer, die David erkannten. Sie riefen: »Das ist der David, und das ist das Schwert des Goliath.« Sie nahmen ihm das Schwert ab, und David fürchtete, daß sie ihn im nächsten Augenblick vor dem Angesicht des Königs niederschlügen. Da verstellte sich David und tat, als wäre er ein Tobsüchtiger. Er dachte an Saul und machte alle seine Gebärden nach. Der Geifer lief ihm in den Bart. Da wurde Achis ärgerlich. Er saß gerade beim Abendtrunk und rief: »Ihr seht doch, daß der arme Hund von Sinnen ist. Vor dem brauchen wir uns nicht mehr zu fürchten. Warum habt ihr ihn zu mir hergebracht, Narren, die ihr seid? Als ob ich nicht genug Verrückte um mich herum hätte! Schickt ihn dem Saul zurück, dann mögen sie zusammen toben und zucken und heulen.«

Da brachten die Männer David zurück an die Grenze. Im Dunkel entwand er sich ihren Händen und verschwand in der Nacht. Er fand Zuflucht in der großen Höhle Adullam. Sie lag im Grenzgebiet, knapp drei Stunden von Gath entfernt. In dieser Einöde lebte allerlei flüchtiges Volk: Männer, die in Not geraten waren, ihre Steuern nicht bezahlen konnten, oder ihrem Herrn entlaufene Sklaven, arme und betrübte Leute, die von Diebstahl und Raub lebten. Es waren etwa vierhundert Mann. Sie scharten sich um David und machten ihn zu ihrem Hauptmann. David schickte alsbald einen Boten zu seinen Eltern und Brüdern und versammelte alle in seiner Einöde. Denn er fürchtete, Saul könne an ihnen Rache nehmen. Er reiste mit seinen alten Eltern heimlich über den Jordan und empfahl sie dem König der Moabiter, daß er sie dort wohnen lasse. Er werde von Zeit zu Zeit nach ihnen schauen und dem König Geld bringen, »bis ich weiß«, so sprach David, »was Gott mit mir vorhat«.

Kaum war David wieder an seinem sicheren Ort in der Höhle Adullam, da kam der Prophet Gad zu ihm und sprach: »Bleib nicht verborgen, sonst weiß das Volk nicht, was es von dir halten soll. Komm aus der Höhle hervor, geh nach Judäa hinauf, zeige dich, Saul soll wüten.«

David gehorchte dem Propheten. Und es kam Saul zu Ohren, daß David mit seinen Männern offen durch das Land ziehe. Saul wurde unruhig auf seinem Hof zu Gibea und begann mit seinen Leuten zu rechten. Er warf ihnen ihre Tatenlosigkeit vor und verdächtigte sie, daß sie es im stillen mit David hielten. Eines Tages rief Saul alle obersten Kriegsleute und viele Älteste zusammen und sprach zu ihnen: »Ich will euch heute zeigen, wie sich der König selber hilft, wenn ihn seine Vertrauten und sogar die eigenen Söhne im Stich lassen.« Und Saul schickte Doëg, den Edomiter, auf den Platz vor dem Hof und sagte: »Bring den Hohenpriester Ahimelech und alle Priester, die bei ihm sind, herein vor meine Augen.« Der Edomiter lief und führte die Priester unter die Eiche, wo Saul saß, es waren ihrer fünfundachtzig. Der König sprach: »Höre, du Sohn Ahitobs!« Ahimelech antwortete: »Hier bin ich, mein Herr.« Und Saul begann: »Warum habt ihr euch gegen mich verschworen, du und der Sohn des Jesse? Warum hast du ihm von den Schaubroten zu essen gegeben? Warum hast du ihm das Schwert Goliaths gereicht, das ich vor dem Herrn niederlegte? Warum hast du für ihn von Gott Orakel geholt? Warum hast du meinen Feind munter gemacht, daß er mir offen nachstellt, daß er keine drei Stunden von hier entfernt mit seinen Männern lagert? Er ist ein Räuber, der nach meinem Königtum die Hand ausstreckt. Ja, du Sohn Ahitobs, warum hast du so untreu an deinem König gehandelt?«

Da antwortete Ahimelech dem König: »Wer ist unter allen deinen Männern wie David, treu, gehorsam und dir so nah? Ist er nicht dein Schwiegersohn? Und hast du ihn nicht herrlich gehalten in deinem Hause? Ich habe dem Herrn im heiligen Zelt gedient und hielt mein Ohr abgewandt von den Händeln der Welt. Es ist nicht bis zu mir gedrungen, daß du David verworfen hast. David aber hat kein Wort gegen dich gesprochen. Ich hielt ihn für deinen Freund. Er hatte Hunger, ich habe ihn gespeist. Er hatte keine Waffen, ich gab ihm das Schwert, das er sich durch seinen Sieg erwarb. Sonst tat ich nichts, nichts Kleines und nichts Großes. Wie kann ich also gegen dich, mein Herr, gesündigt haben?« Doch der König sprach: »Ahimelech, du mußt sterben, du und deines Vaters ganzes Haus.« Damit wandte sich Saul an seine Obersten, die neben ihm standen: »Nun will ich sehen, wer für mich ist und diese da tötet, alle diese, die mit David im Bunde stehen.« Aber die Männer rührten sich nicht, sie wollten ihre Hand nicht an die Priester des Herrn legen. Da sprach Saul zu Doëg: »Wohlan, du hast es mir angesagt, was David mit Ahimelech verhandelte. So mußt du auch vollenden, was du begonnen hast.« Da zückte Doëg sein Schwert und erschlug die Priester, einen um den andern, daß des Tages starben fünfundachtzig Männer, die das ehrwürdige linnene Gewand trugen.

Saul schickte einen Trupp Krieger nach Nobe, daß sie in der Stadt der Priester alles Leben vernichteten, Männer und Frauen, Kinder und Knechte, Ochs und Esel und Schafe. Nur einer entrann, Abjathar, der Sohn des Ahimelech. Er floh zu David und brachte ihm die Botschaft, daß Saul alle Priester des Herrn getötet habe. Da schrie David auf: »Ich ahnte etwas, als ich an jenem Tag den düsteren Edomiter Doëg sah. Nun ist es so gekommen, und ich bin schuldig an dem Unglück in deines Vaters Haus. Aber bleibe du bei mir und fürchte dich nicht. Ich stehe mit meinem Leben für deines ein. Und du sollst mit mir bewahrt werden.«

Gehetzt und gehegt

Es wurde David angesagt: Die Philister belagern Kegila und plündern die Tennen. Da zog er mit seinen Männern gegen Kegila, stritt wider die Philister, besiegte sie und trieb ihnen ihr Vieh weg. Aber kaum daß David friedlich bei den Bewohnern von Kegila in ihren festen Mauern saß, zog Saul heran, um die Stadt einzuschließen und David zu fangen. David floh mit seinen Männern in die Wüste Siph und verbarg sich auf einem Berg. Aber die Siphiter schickten Boten zu Saul und verrieten den Ort von Davids Aufenthalt. Saul durchkämmte mit seinem Heer die Steppe um Siph herum und die benachbarten Berge. David behielt das Heer Sauls im Auge, zog eine halbe Tagesreise südwärts und kam nach Maon. Keinen Tag später kannte Saul seinen Aufenthalt. Er eilte heran und zog an der Westseite des Berges entlang, an dessen Ostseite David und seine Männer marschierten, das wußte Saul. Wo der Berg aufhörte, legte er einen Hinterhalt. Und er sprach: »Noch an diesem Abend werde ich David in meiner Hand haben. Diesmal kann er mir nicht entgehen, und Ruhe wird einkehren in mein Reich.« Aber da kamen eilige Boten mit der Nachricht: »Die Philister sind eingefallen und bedrohen deine Stadt.« Saul knirschte mit den Zähnen, brach die Jagd auf David ab und zog gegen die Philister. Daher heißt man die Stelle, wo Saul umkehrte: Sela-Mahlekoth, das heißt: Scheidefels.

Damals starb Samuel. Ganz Israel versammelte sich zu Rama und trug Leid um ihn. David wagte es nicht, mit seinen Männern in Rama zu erscheinen. Er zog nach Raub aus in die Wüste Pharan. Denn seine Männer hungerten. Aber sie fanden keine Herden zu dieser Zeit. Da zogen sie wieder in das Gebiet der Israeliten und hielten Ausschau nach einem Mann, dessen Herden sie vor Räubern beschützen könnten, um von ihm das tägliche Brot zu haben. Es gab einen Mann in Maon, der war sehr reich und hatte große Herden, er hieß Nabal und stammte von Kaleb ab. Aber er war dem großen Vorfahren nicht nachgeraten, sondern töricht und hart und an seine Habe gebunden. Seine Frau Abigail hatte eine helle Seele und war schön von Angesicht. Da nun David in der Wüste hörte, daß Nabal seine Herden schor, schickte er einige junge Männer zu ihm. Sie sollten Nabal freundlich grüßen und ihm sagen: »David und seine Männer sind in Not und leiden Hunger. Trotzdem haben sie deinen Hirten kein Stück Schaf entwendet und hätten es doch leicht gekonnt. Sei du nun auch freundlich zu den Flüchtigen und gib ihnen mit, was du vor deinen Händen findest.«

Aber Nabal antwortete ihnen: »Wer ist dieser David? Es werden jetzt der Knechte viel, die sich von ihrem Herrn lossagen. Das Brot, das Wasser und das Fleisch, das da steht, ist für meine Schafscherer bestimmt. Soll ich's meinen Arbeitern wegnehmen und hergelaufenen Leuten geben, die ich nicht kenne?« Die Boten kehrten zu David zurück und berichteten ihm, wie Nabal sie empfangen habe. Da sprach David: »Auf, gürtet eure Schwerter um!« Er ließ zweihundert Männer bei dem Gerät und Gepäck, mit vierhundert machte er sich auf den Weg nach Maon. Als sie im Dunkel den Berg hinaufschritten, begegnete ihnen eine schöne Frau. Sie ritt auf einem Esel und war von jungen Männern umgeben. Alle Esel waren schwer bepackt. David trat an die Frau heran und fragte: »Wer bist du?« Sie antwortete: »Ich bin Abigail, die Frau des Nabal, der dir, mein Herr, unrecht tat.« Und sie ließ sich aus dem Sattel gleiten und verbeugte sich tief vor David: »Ich weiß, warum du mit so viel bewaffneten Männern heraufkommst. Schwer trägt deine Magd unter der Missetat, die dir zugefügt wurde. Mein Mann Nabal ist ein heilloser

Narr, wie schon sein Name es sagt. Aber nun höre mich an: Ich habe deine Männer, die du schicktest, nicht gesehen und nicht gehört. Einer meiner Hirten berichtete mir, wie mein Mann die Freundlichkeit deiner Männer mit Undankbarkeit und Schmähung erwiderte. Darum machte ich mich auf, lud Brot und Wein und gekochtes Lamm und auch Feigen- und Rosinenkuchen auf die Tiere, um euch zu erquicken. Aber auch um zu verhindern, daß du, mein Herr, eine Blutschuld auf dich lädst, denn Gott ist der Richter. Derselbe Gott wird dir bessere Tage schicken. Darum laß kein Böses an dir gefunden werden dein Leben lang. Wenn sich dann ein Mensch erheben wird, dich zu verfolgen, so wird die Seele Davids, meines Herrn, im Bündlein der Lebendigen mittendrin liegen auf dem Schoße unseres Gottes und in seiner Hand. Aber die Seelen deiner Feinde werden aus dem Leben geschleudert wie der Stein aus der Schleuder.«

Da sprach David zu Abigail: »Gelobt sei der Herr, der Gott Israels, daß er dir eingab, mir entgegenzukommen. Und gesegnet sei jedes Wort, das du mir ins Herz gesprochen hast. Denn so wahr der Herr lebt, der Gott Israels, wärest du mir nicht hier begegnet, hätte ich auch dein Herz mit Trauer erfüllt. Nabals Haus sollte ums Morgenrot ausgerottet sein.« Also nahm David von Abigails Hand, was sie gebracht hatte. Er sagte ihr beim Abschied: »Zieh in Frieden. Dein Haus steht unter dem Schutz deiner Augen und meines Schwertes. Ich habe deiner Stimme gehorcht und deine Güte und Schönheit angesehen.«

Da ritt Abigail nach Hause. Nabal wußte nicht, wo sie gewesen war. Er hatte ein Mahl zugerichtet, als wäre er ein König, hatte eingeladen und war guter Dinge, lachte und trank viel Wein, daß er sehr trunken wurde. Abigail aber saß vor Nabal und sagte ihm nichts. Erst am Morgen, als er seinen Rausch ausgeschlafen hatte, sagte sie zu ihm: »Wach auf! Und daß du noch lebst, verdankst du der Gnade Davids.« Und sie erzählte, was sie getan hatte, und schloß: »Ums Morgenrot wäre in diesem Hause das Schwert über uns alle gekommen. Die Flammen hätten uns verzehrt, weil du ein Narr bist und ein Narr bleibst und keine Vernunft annimmst vor dem Herrn, deinem Gott.« Da traf Nabal der Schlag. Zehn Tage lag er wie ein Stein da, dann starb er.

Als David vernahm, daß Nabal tot sei, war er sehr erleichtert, daß er der Hand des Herrn nicht zuvorgekommen war. Er schickte einen Boten zu Abigail und ließ sie fragen, ob sie den Gejagten zum Mann haben wolle. Abigail ließ David ausrichten: »Hier ist deine Magd, ich komme, daß ich dir und deinen Männern die Füße wasche und euch diene.« Einige Tage darauf zog sie dem Boten Davids nach. Sie ritt auf einem Esel, fünf ihrer Mägde begleiteten sie. So verließ sie ihr Haus und kam zu David in die Einöde und wurde seine Frau.

Die Leute von Siph verrieten David, noch während er mit Abigail Hochzeit feierte, zum zweitenmal an Saul. Damals verbarg sich David in den Klüften des Berges Hachila. Nach wenigen Tagen erschien Saul mit dreitausend Mann.

David verließ seine Höhle und zog südwärts mit Männern und Frauen und Kindern. Auch die Herden mußten vor den Feinden weggetrieben werden. Saul rückte David in die Wüste nach. Die Wagen des Königs kamen aber in der weglosen Steppe nur langsam vorwärts, abends lagen die Königlichen wie Tote inmitten ihrer Wagenburg.

In einer Nacht nun, als Kundschafter ausgemacht hatten, wo die Königlichen lagerten, schlichen sich David und Abisai, der Sohn des Zeruja, zur Wagenburg. Sie hörten die Männer im Kreise der Wagen schnarchen, auch die Wachen schliefen. Der Mond leuchtete, und sie sahen Saul neben Abner, seinem Feldherrn, liegen. Abner lag auf dem Rücken, Saul aber auf dem Gesicht. Sein Speer stand, in den Boden gestoßen, neben seinem Kopf.

Abisai zog leise sein Schwert aus der Scheide und sagte: »Sieh nur, wie Saul uns den Nacken darbietet. Der Herr hat ihn heute in deine Hand gegeben.« David aber hob schützend seine Hand, beugte sich über den Wagen und zog Sauls Speer aus der Erde. Er bückte sich noch einmal und ergriff den Wasserbecher des Königs, der im Mondlicht glänzte. Und er legte den Finger auf die Lippen und winkte Abisai, daß er ihm folge. Als sie so weit von der Wagenburg entfernt waren, daß sie das Schnarchen nicht mehr hörten, sagte Abisai: »Dieser Schlaf ist vom Herrn auf sie gefallen. Warum hast du nicht getan, was dein Recht und der Wille des Herrn war?« Aber David anwortete: »Wie könnte ich wider einen Gesalbten die Hand aufheben?« Und er blickte sich noch einmal um: »Er gehört dem Herrn. Der wird mit ihm verfahren, wie er es will.«

David stieg mit Abisai auf den Felsen, der steil über der Wagenburg ragte. Sie warteten, bis der Morgen kam. Da erhob sich David, trat an den Rand des Felsens und rief hinab. Abners Stimme antwortete: »Wer schreit da oben? Hier ist das Lager des Königs von Israel!« David schrie zurück: »Du bist ein Mann und bist Sauls Feldherr. Warum hast du deinen Herrn nicht behütet diese Nacht? Es stand einer über dem König und konnte ihn töten. Dafür hat Abner den Tod verdient. Alle habt ihr den Tod verdient, daß ihr den Schlaf eures Königs nicht bewacht.« Und David hob den Speer des Königs, seinen silbernen Becher, schrie: »Hier, was ist das? Wo ist eures Königs Speer, wo sein Becher?« Da erkannte Saul die Stimme Davids, er rief: »Ist das nicht deine Stimme, mein Sohn David?« David antwortete: »Ja, es ist meine Stimme, mein Herr und König.« Und er sprach weiter: »Warum verfolgst du mich? Ich bin ausgestoßen aus Israel und lebe in der Einöde. Der König von Israel ist ausgezogen und sucht mich, als wäre ich ein Floh, ein Rebhuhn, das man jagt auf dem Berg.«

Da rief Saul von unten: »Ich habe gesündigt. Komm wieder, mein Sohn David! Ich will dir kein Leid tun, denn du hast mein Leben geschont, weil es dir kostbar erschien.« David antwortete: »Hier ist dein Speer und dein Becher. Schicke einen der Männer, die um dich her schliefen, daß er hier abhole, was dein ist. Du hast recht, mein König, ich habe in dieser Nacht dein Leben als kostbar erachtet. So möge meine Seele vor den Augen des Herrn kostbar erachtet werden. Er soll mich retten aus aller Trübsal.«

Saul bedeckte sein Gesicht und rief hinauf: »Gesegnet seist du, mein Sohn David! Ich möchte dich lieben – und doch hasse ich dich immer wieder. Du stehst im Auge des Herrn, ich nicht!« So schieden sie voneinander. David blieb auf dem Berg, bis Sauls Männer und Wagen davongezogen waren.

Sauls Ende und Davids Klage

Damals trat David mit seiner Schar über die Grenze Philistäas und stellte sich in den Dienst des Königs Achis von Gath. Achis gab ihm die Stadt Ziklag, und David mußte Ausfälle über die Grenze unternehmen, Rinder und Schafe rauben und sie mit Achis teilen. Achis nahm an, daß David in Judäa räubere, aber er zog stets südwärts in die Steppe, wo die Amalekiter ihre Herden hin und her trieben. So lebten David und seine Männer über ein Jahr als Räuber. Da kam es zu neuen Kämpfen zwischen Philistäa und Israel. Achis verlangte, daß David und seine Krieger mit ihm zögen. Die übrigen Fürsten der Philister wehrten sich dagegen, denn sie mißtrauten David. So blieb er in Ziklag.

Die Philister lagerten sich in Sunem, in der Ebene von Jesreel, Saul aber dachte an Gideon und nahm die Höhe von Gilboa ein. Der König von Israel erschrak beim Anblick des feindlichen Heeres. Gideon hatte einst mit dreihundert Mann die Räuber aus der Wüste verjagt, weil Gott mit ihm war. So betete Saul und fragte Gott um Rat, doch sein Herz vernahm keine Antwort. Er wartete auf einen Traum, und es kam keiner. Nun hatte Saul im ersten Jahr seiner Herrschaft, dem Gesetz getreu, alle Wahrsager und Zauberer aus dem Land verbannt. Da er nun ohne Antwort von Gott blieb, wandte er sich an seine Vertrauten und fragte, wo es einen Beschwörer gebe, er wolle mit Samuel sprechen, dem toten Seher. Da kam es heraus, daß in Endor, ganz in der Nähe, eine Alte wohnte, von der es hieß, sie könne Tote heraufholen und auch sonst allerlei Zauber verüben.

Saul verkleidete sich, nahm zwei seiner Vertrauten mit sich und ging nach Endor. Es war Nacht, als sie an die Tür der Wahrsagerin klopften. Sie bekannten ihr, was sie von ihr wollten. Aber die Frau sagte: »Ihr wißt, daß auf Totenbeschwören Todesstrafe steht.« Darauf schwor ihr Saul bei dem Herrn, daß es niemand erführe. Und ihr Tun sei keine Missetat, denn Israels Wohl hange von dieser Nacht ab. Da fragte die Frau: »Wen soll ich denn heraufbringen?« Und Saul: »Bring mir Samuel herauf.« Da nun die Zauberin den Toten beschwor und der Tote, noch ehe er erschien, Sauls Namen aussprach, schrie die Frau entsetzt auf und fiel zu Boden und zuckte. Aber Saul ermunterte sie: »Nur zu! Fürchte dich nicht und fahre fort! Was siehst du?« Die Frau murmelte: »Er steigt herauf – aus der Erde – ich sehe ihn – er ist mit einem Priesterrock bekleidet – hörst du? – wieder sagt er deinen Namen.« Saul verneigte sich tief und fiel zur Erde. Und er vernahm jene Stimme, die er wohl kannte, und diese Stimme fragte ihn: »Warum hast du mich ruhelos gemacht?« Saul antwortete: »Ich bin in Angst mit jedem Atemzug. Die Philister sind stärker als je. Gott ist von mir gewichen – er antwortet mir nicht mehr. Und kein Prophet ist im Land. Darum ließ ich dich durch diese Frau rufen, daß du mir sagst, was ich tun soll.« Samuel antwortete: »Der Herr wird dir tun, wie er durch mich geredet hat, als ich noch lebte. Nun ich tot bin, kann ich dir nichts anderes sagen. Der Herr wird das Reich von deiner Hand reißen und es David geben. Und du bist überliefert in die Hände der Philister. Morgen wirst du mit deinen Söhnen sein, wo ich bin.«

Da wand sich Saul auf der Erde, wo er lag, und vermochte nicht aufzustehn, so schwach war er geworden. Auch hatte er nicht gegessen den ganzen Tag und die ganze Nacht. Die Frau brachte den Männern zu essen. Saul wollte nichts zu sich nehmen. Dann aß er doch ein wenig. Noch vor dem Morgenrot standen sie auf und gingen auf den Berg zurück.

Die Philister zwangen Saul an diesem Tag zum Kampf. Die Männer Israels flohen, kaum daß die silbernen Posaunen nicht mehr tönten. Saul mit den Seinen stand allein vor dem Feind. Die Philister drängten heran und erschlugen Jonathan und noch zwei andere der Söhne Sauls. Der König stellte sich, kämpfte und schuf sich Luft. Da trafen ihn Pfeile, er blutete aus vielen Wunden. Saul bat seinen Waffenträger: »Auf, mach mit mir ein Ende, daß nicht diese Unbeschnittenen ihren Mutwillen mit mir treiben.« Aber sein Waffenträger konnte es nicht tun. Da stürzte sich Saul in sein Schwert. Als nun sein Waffenträger sah, daß der König tot war, stürzte auch er sich in sein Schwert und starb mit ihm. So starben Saul, seine drei Söhne, sein Waffenträger und alle seine Obersten auf diesen Tag, wie es vorhergesagt war.

Die Philister schlugen Saul das Haupt ab, beraubten den Leichnam seiner Waffen und schickten beides, Kopf und Waffen, in ganz Philistäa umher. Sie legten seinen Harnisch nieder im Tempel der Astharoth, seinen enthaupteten Leichnam hängten sie auf an der Stadtmauer von Beth-Sean. Als nun die Leute von Jabes in Gilead hörten, was die Philister dem toten Saul angetan hatten, erinnerten sie sich des Tags, da der König Saul die Stadt Jabes vor Nahas, dem Ammoniter, errettet hatte. Und die streitbaren Männer aus Jabes machten sich auf und gingen die ganze Nacht hindurch, bis sie nach Beth-Sean kamen. Sie stahlen die Leichen Sauls und seiner Söhne von der Stadtmauer, brachten sie nach Jabes und verbrannten sie daselbst. Und sie fasteten sieben Tage zu Ehren Sauls und seiner Söhne.

Drei Tage nach der Schlacht erfuhr David von einem jungen Amalekiter, der sich einen guten Botenlohn erwartete, daß Saul und seine Söhne tot seien und die Philister den ganzen Norden des Reiches beherrschten. Der Amalekiter log, er selber habe dem verwundeten König das Haupt abgeschlagen, Saul habe ihn darum angefleht. Da sprach David zu ihm: »Wie, und du hast dich nicht gefürchtet, deine Hand an den Gesalbten des Herrn zu legen?« Und David gab einem seiner jungen Männer einen Wink, der zog sein Schwert und schlug dem Amalekiter den Kopf ab.

David aber verhüllte sein Gesicht und klagte über Saul, den König, und Jonathan, seinen Freund. Es kam über ihn, und er sang ein Klagelied, das überliefert wurde im Buch der Redlichen. Die Kinder in Juda lernten das Bogenlied, sie sangen:

»Die Edelsten von Israel liegen erschlagen auf der Höhe,
die Helden liegen unbeweglich auf Gilboa.
Sagt nichts von unserm Unglück zu Gath,
verbergt eure Tränen in den Gassen von Askalon,
daß sich nicht freuen die Töchter der Philister,
daß nicht frohlocken die Frauen unserer Feinde.
Ihr Berge von Gilboa, ihr sollt liegen ohne Tau und Regen,
ihr fruchtbaren Äcker dürftet nicht mehr fruchtbar sein.
Denn auf Gilboa ward den Helden abgeschlagen der Schild,
der Schild Sauls, und er war doch gesalbt mit dem Öl.
Der Bogen Jonathans, der immer traf, ist zerbrochen;
das Schwert Sauls, glatt von Siegen, geraubt.
Saul und Jonathan, königlich, voll der Kraft und Jugend in ihrem Leben,
ihre Namen glänzen im Tode, stehn wie zwei Sterne nah beieinander.
Ihr Töchter, weint über Saul, der euch schmückte,
ihr Schönen im Land, tragt Trauer um Jonathan, der euch erfreute.
Ach, wie unversehens fallen die Helden,
und wie laufen sie doch gleich Hirschen in ihren Tod.
Es ist mir leid um dich, mein Bruder Jonathan,
du hast mein Herz tiefer und schöner bewegt als Frauen.«

Davids Stern steigt auf

David fragte den Herrn, wohin er sich begeben solle, und es trieb ihn nach Hebron. Er zog mit seinen Frauen und Kindern und seinen Kriegern hinauf in die alte, feste Stadt. Die Ältesten von Juda kamen dorthin und salbten David zu ihrem König. Er aber sagte allen, die noch an Saul und seinem

Hause hingen, daß er sie nicht zwingen wolle, sondern ihre Gefühle für den toten König ehre. Darum schickte er auch eine Botschaft nach Jabes und ließ den Ältesten dort sagen: »Gesegnet seid ihr, daß ihr Barmherzigkeit getan habt an Saul, eurem König und Herrn, und seinen Söhnen, daß ihr sie bestattet habt und euch als dankbar erwieset. So tut nun der Herr an euch, und auch ich will euch Gutes tun. Euer Herr Saul ist tot. Darauf hat mich das Haus Juda zum König über sich gesalbt. Seid getrost und freudig und wartet mit mir auf die neue Zeit.«

Aber was David befürchtet hatte, geschah. Abner, der Feldherr Sauls, nahm den Is-Boseth, der ein Sohn Sauls war, und machte ihn zum König über den ganzen Norden des Landes, er war damals vierzig Jahre alt. Is-Boseths Feldherr Abner und Davids Feldherr Joab zogen gegeneinander zu Feld. Sie stießen aufeinander am Teich Gibeon und lagerten sich so, daß sie den Teich zwischen sich hatten.

Abner forderte Joab zu einem Waffenspiel der jungen Männer auf. Joab sprach: »Wohlan, es gilt.« Aus beiden Linien traten ihrer zwölf auf den Plan. Die jungen Krieger näherten sich einander, in der einen Hand das gezückte Schwert, mit der andern schnappten sie nach dem Schopf des Gegners. Sobald sie ihn gefaßt hielten, stießen sie ihr Schwert dem Gegner in die Seite. So fielen sie miteinander und übereinander.

Darauf drangen die beiden Heere vor, und ein sehr harter Kampf brach an. Is-Boseths Heer wurde geschlagen. Abner selbst floh. Asahel, ein Bruder Joabs, verfolgte ihn. Asahel war noch jung und leichtfüßig wie ein Reh auf dem Felde, Abner dagegen schon über fünfzig und schwerfüßig, aber furchtbar mit seinem Speer. Als nun Asahel derart hinter Abner herstürmte und ihn bald von rechts, bald von links angriff, blieb Abner stehen und rief: »Bist du Asahel?« und Asahel: »Ja, der bin ich!« Und er bedrängte weiter den Abner, daß der im Laufen zu keuchen begann. Abner blieb wieder stehen und schrie: »Jetzt heb dich von mir! Warum willst du meinem Speer begegnen? Und wie soll ich hernach dastehen vor deinem Bruder Joab!« Aber Asahel sprang weiter gegen Abner an, bald von rechts, bald von links. Da schrie Abner: »Ich kann nicht mehr laufen, also muß ich dich töten.« Er ließ seinen Speer spielen, und ehe sich's Asahel versah, hing er in dem Schaft und starb vor Abners Augen. Der wagte nicht, den Speer herauszuziehen, und floh. Wer nun an den Ort kam, wo Asahel lag, stand stille. Joab erkannte Abners Speer. Er rannte Abner nach, bis die Sonne unterging. Hinter Abner versammelten sich viele Krieger aus Benjamin und schützten ihn. Sie kletterten auf einen Hügel hinauf und sahen auf einem andern Hügel Joab und seine Männer. Da rief Abner hinüber: »Soll denn das Schwert ohne Ende fressen? Denkst du nicht an den Jammer, der aus diesem Wüten wächst? Warum befiehlst du nicht deinem Heer, abzulassen von dieser Jagd? Kämpfen hier nicht Brüder gegen Brüder?«

Joab schrie zurück: »So wahr Gott lebt, hättest du das heute morgen gesagt! Alle, die gefallen sind, lebten noch, auch mein Bruder Asahel. Aber du hast den Kampf gewollt und begonnen.« Joab ließ die Posaunen blasen, sein Kriegsvolk stand still und ließ ab von der Jagd auf Israel und dem Streit mit ihm. Abner zog mit seinen Kriegern die ganze Nacht gen Osten, setzte über den Jordan und kam nach Mahanaim. Joab ließ nun sein Heer zählen. Es fehlten an den Kriegern Davids neunzehn Mann und Asahel. Von den Männern Abners lagen über dreihundert auf dem Feld. Joab ließ seinen Bruder Asahel aufheben, und sie begruben ihn in seines Vaters Grab in Bethlehem. Dann wanderte er mit seinen Männern weiter die ganze Nacht, bis ihnen das Licht anbrach, als sie vor Hebron ankamen.

Sieben Jahre und sechs Monate wohnte David zu Hebron. In dieser Zeit ging der Streit zwischen dem Hause Saul und dem Hause David weiter. Davids Zepter erstarkte immer mehr. Er hatte sechs Frauen, und sie alle gebaren ihm Söhne. Und überall gewann David Freunde.

Die Eroberung Jerusalems

David war dreißig Jahre alt, als sich ganz Israel zu ihm bekannte. Die Ältesten aus allen Stämmen kamen nach Hebron und riefen ihn zu ihrem König aus. Bald darauf zog David mit seinem Heer gen Jerusalem. Es war wie ein Fieber in ihm, diese Stadt endlich zu erobern und von ihren festen Höhen herab das Zepter über ganz Israel auszustrecken.

Die Jebusiter aber in ihrer uneinnehmbaren Stadt verhöhnten David, sie riefen: »Hier kommst du nicht herein. Auf diesen Mauern reichen Blinde und Lahme hin, dich draußen zu halten!« Da setzte David eine hohe Belohnung aus für den, der zuerst die Dachrinnen der Stadt erreiche und dem König helfe, diese Lahmen und Blinden aus ihrer Stadt zu verjagen. Und er eroberte die Burg und wohnte hier und nannte sie Davids Stadt. Der König Hiram von Tyrus sandte Zimmerleute und Steinmetzen und Zedern vom Libanon. Sie bauten dem König von Israel ein prächtiges Haus.

Nun sah David, daß der Herr um seines Volkes willen das Königreich stärkte und vor aller Welt erhöhte. David glaubte, er müsse sein Haus von allen Seiten stützen durch eine Vielzahl von Söhnen. Und er nahm auch von den Töchtern Jerusalems Frauen, um sein Königreich mit der neuen Hauptstadt zu vermählen und um Kinder zu haben die Fülle.

Die Philister aber fürchteten Davids Macht und zogen zweimal gegen ihn herauf. Beide Male schlug sie der König von Israel, daß sie flohen und ihre Götzen aus Gold verloren. David aber und seine Männer hoben sie auf. Als die Philister abermals heraufzogen, sprach der Herr zu David: »Komm von hinten zu ihnen, gegenüber den Maulbeerbäumen. Und wenn du das Rauschen in ihren Wipfeln hörst, so säume nicht.« Da tat David nach dem Gebot und siegte nach der Verheißung. Nun machte sich David mit einem Heer aus dreißigtausend ausgewählten jungen Kriegern auf, um die Bundeslade von Baale-Juda nach Jerusalem heraufzuholen. Viel Volk begleitete den König und sein Heer.

Die Lade stand auf einem neugebauten Wagen. Um den Wagen herum schritten die Musikanten und spielten auf Instrumenten, deren Saiten auf Holz gespannt waren. Und spielten auf Harfen, schlugen die Pauken und ließen die Zimbeln klingen und rüttelten die Schellen und Glöckchen. David tanzte vor der Lade mit aller Macht und sang. Es war heiß, so hatte er sein Obergewand abgetan und war nur mit einem linnenen Rock bekleidet. Als nun die Lade in die Stadt kam, guckten die Frauen des Königs zum Fenster heraus. Sie lachten und klatschten in die Hände. Aber Michal, Sauls Tochter, schüttelte den Kopf, sie sprach: »Darf ein König vor allen daherspringen und sich verrenken?« Und sie verachtete ihn in ihrem Herzen.

Sie stellten die Lade Gottes in die heilige Hütte, die David hatte aufschlagen lassen neben seinem Haus. David brachte Brandopfer und Dankopfer dar. Darauf öffnete er seine Vorratskammer. Ein jeder aus der Menge, Mann und Frau, erhielt einen Brotkuchen, ein Stück Fleisch und ein halbes Maß Öl und Wein. Das Volk aß und trank und jubelte dem König zu.

Als David sein Haus betrat, um es mit dem Opferblut zu segnen, kam ihm Michal entgegen und sagte ihm vor allen übrigen Frauen: »Was für ein Schauspiel hat doch heute der König von Israel aufgeführt! Vor dem gemeinen Volk ist er halbnackt herumgesprungen wie eine Tänzerin von Tyrus.« David blieb ruhig und antwortete ihr: »Ich habe vor dem Herrn getanzt und gesungen und werde es weiterhin tun — vor demselben, der mich erwählt hat zum Fürsten über ganz Israel, der mich vorzog deinem Vater und deinem ganzen Haus. Aber ich will mich deswegen nicht überheben und ein schlichter Mann bleiben.« Michal aber blieb zeitlebens unfruchtbar.

Das Reich Davids

Es kam der Tag, da saß David in seinem Haus und hatte Ruhe vor allen seinen Feinden. Israel lag befriedet, die Grenzen waren hinausgeschoben von Damaskus bis zum Gebirge der Edomiter. Die Zeit, da Israel den Philistern Tribut zahlte, war vorüber. Die Heiden schwiegen, und nun mußten sie Tribute leisten: die Syrer, Moabiter, Ammoniter, Amalekiter. Auch Edom diente Israel. Denn der Herr half David, was er auch unternahm. Da wollte David dem Herrn einen Tempel bauen. Aber der Prophet Nathan, der in Jerusalem lebte, befragte den Herrn. Dann kam er zum König und sagte ihm: »Die Zeit, um dem Herrn ein Haus zu bauen, ist noch nicht gekommen. Du bist auch kein Mann der Ruhe und hast viel Blut vergossen. Das Haus soll dein Sohn bauen. Du aber sollst Gott im Zelt suchen. Der Herr ist mit unseren Vätern aus Ägypten fortgezogen und ist mit ihnen gewandelt von Ort zu Ort wie ein Hirte, welcher auch in keinem festen Haus wohnt. Und dich hat der Herr von den Schafherden genommen. Und er war dir nicht nah in Tempeln, sondern überall auf den Bergen und in den Tälern beim Abendrot und ums Morgengrauen in der Wüste und in den Gassen der Stadt. Er hat deine Wurfschaufel geführt, deine Schleuder, dein Schwert. Er hat vor dem Hirtenknaben die wilden Tiere gescheucht und die Feinde hingestreckt vor dem König. Du willst dem Herrn ein Haus bauen? Sieh doch, er will dir ein Haus bauen! Und das soll ewiglich stehen. Wenn deine Zeit hin ist und du ruhst bei deinen Vätern, dann wird einer aus deinen Nachkommen aufstehen, der baut dem Namen Gottes ein heiliges und unvergängliches Haus. Und der Herr wird zu ihm sagen: Ich bin dein Vater und du bist mein Sohn. Und wenn dieser mein Sohn Israel, so spricht der Herr, eine Missetat begeht, will ich mir aus Menschen Ruten machen und ihn züchtigen. Aber meine Barmherzigkeit werde ich nicht von ihm abwenden.«

Nathan ging davon, und David blieb vor dem Herrn allein und sprach in seinem Herzen: »Wer bin ich, Herr, und was ist mein Haus, daß du mich bis hierher gebracht hast?« Und er sang: »Ich erhebe dich, Herr, in meinem Gemüte! Du hast mich bei dir aufgenommen, meine Feinde nicht über mich triumphieren lassen. Mein Gott, wie schrie ich Tag und Nacht zu dir, und du hast mich vor dem Abgrund bewahrt und mich mitten aus dem Haufen derer, die zur Grube fahren, herausgeholt.«

Davids Sünde

Es kam die Jahreszeit, da die Könige ins Feld zu ziehen pflegten. Da erinnerte sich David der Schmach, die seine Gesandten von den Kindern Ammons erlitten hatten. »Ich wollte dem König Gutes, weil sein Vater Gutes getan hat an meinen Eltern, als ich ein Flüchtling war. Aber er ließ meinen Gesandten die Bärte verschandeln und die Kleider abschneiden bis zum Gürtel. Und sie mußten in Jericho bleiben, bis ihnen die Bärte nachgewachsen waren. Wie könnte ein König eine solche Schmach vergessen. Räche mich!« So sprach David zu Joab und sandte ihn hin, daß er die Ammoniter strafe. Das Heer belagerte die Hauptstadt Rabbath, David aber blieb in Jerusalem.

Es geschah nun, daß David in den heißen Mittagsstunden von seinem Lager aufstand und auf dem Dach des Hauses umherwandelte. Da sah er, wie sich in einem der Höfe, in die er hinabblicken konnte, eine junge Frau wusch. Sie war von sehr schöner Gestalt. David ließ fragen, wer die Frau sei, und erfuhr: es war Bath-Seba, die Frau des Urias, des Hethiters. Darauf sandte David einen Vertrauten hin, ließ die Frau holen, betrachtete sie aus der Nähe und nahm sie in seine Arme. Dann badete sie in des Königs Gemächern und ging nach Hause. Nach einiger Zeit teilte sie David mit: »Ich bin von dir gesegneten Leibs.« Der König schickte darauf einen Boten an Joab und befahl ihm: »Schick mir Urias, den Hethiter, hierher.« Und David sprach mit Urias, fragte ihn nach Joab und dem Heer und wie alles stehe. Dann entließ ihn David und sagte: »Geh hinab in dein Haus und wasch dich und erquick dich bei deiner Frau.« Da Urias unten an dem Tor des königlichen Palasts anlangte, erreichte ihn ein Vertrauter Davids und gab ihm ein großes Geschenk. Urias sah das Gold im Beutel leuchten und den Höfling lächeln. Der Mann der Bath-Seba schlug die Augen nieder und wurde rot im Gesicht, sein Herz klopfte. Er ging nicht in sein Haus, sondern legte sich vor die Tür des Palasts, wo die Waffenknechte unter Zeltdächern lagen, wenn sie nicht Wache standen. David aber ging an Urias vorüber, blieb stehen und fragte ihn: »Warum bist du nicht hinab in dein Haus gegangen?« Urias schwieg eine Weile, dann reichte er dem König den Beutel mit den Goldstücken zurück und sagte: »Ich kann dein Geschenk nicht bei mir tragen, ich verlöre es ja doch.« David sagte zu Urias: »Gut, ich will es dir aufheben. Aber nun geh nach Hause und erquick dich.« Urias antwortete: »Ich weiß nicht, wie das geschehen soll.« Er blickte zu Boden und schwieg abermals. Endlich fuhr er fort: »Die Lade Gottes steht in einem Zelt. Joab, dein Feldherr, lebt im Zelt. Die Besten aus ganz Israel und Juda leben zur Zeit in Zelten. Wie sollte ich da in mein Haus gehen und essen und trinken und mich bei meiner Frau erquicken. Erquicken mag sich in dieser Zeit, wer will, ich tu es nicht.«

Da schrieb David einen Brief an Joab und gab ihn Urias, daß er ihn dem Feldherrn überbringe. In dem Brief stand: »Dieser Hethiter Urias ist ein widerspenstiger Mann. Das Geschenk, das ich ihm für seinen Botendienst reichen ließ, gab er mir zurück. Solche Männer verderben mit ihrer stolzen Tugend die andern und sind die Ursache allen Aufruhrs. Stell darum diesen Hethiter Urias dorthin, wo der Streit am heftigsten ist. Und dir sei verstattet, dich mit einigen deiner Getreuen hinter Urias zur Flucht zu wenden, damit er allein stehe und falle.«

Einige Wochen später, nachdem David diesen Brief geschrieben hatte, kam ein Bote zu ihm mit der Nachricht, daß bei einem Ausfall der Ammoniter über fünfzig Kriegsleute zu Tode gekommen seien. Der König erzürnte sich und rief: »Weiß denn dieser Joab nicht, wie man seine Krieger vor einem Ausfall des Feindes schützt?« Darauf fuhr der Bote, wie ihm befohlen war, fort: »Auch Urias, der Hethiter, ist unter den Toten.« Da atmete David auf und sprach: »Sag Joab: Nimm's dir nicht zu Herzen. Das Schwert frißt heute diesen, morgen jenen. Fahre fort, die Stadt zu pressen, bis sie zerbricht. Dann ruf mich, daß ich komme und sie strafe.«

Als nun die Frau des Urias hörte, daß ihr Mann tot sei, trug sie Trauer um ihn, wie es die Sitte forderte. Nach der Zeit der Trauer schickte David zu ihr und ließ sie in sein Haus holen. Sie wurde seine Frau und gebar ihm einen Sohn.

Bald darauf erschien der Prophet Nathan im Palast des Königs und sprach zu ihm: »Es ist etwas in deinem Reich geschehen, das zum Himmel stinkt.« David wurde eifrig und rief: »Rede!« Nathan begann und ereiferte sich beim Erzählen: »Da lebten zwei Männer in einer Stadt deines Reiches, der eine reich, der andre arm. Der Reiche hatte sehr viele Schafe und Rinder, der Arme hatte nur ein einziges Schäflein zu eigen. Er hatte es gekauft und von Herzen liebgewonnen. Er zog es auf, als wäre es eines seiner Kinder. Es bekam vom Teller seines Herrn die besten Brocken, und wenn es einschlief, legte das Schäfchen seinen Kopf dem armen Mann in den Schoß. Als aber nun zu dem reichen Mann ein Gast kam und er ihm ein Mahl zubereiten sollte, mochte der Reiche nicht ein Stück aus seinen Herden opfern. Er schickte vielmehr seinen Knecht über die Straße, der holte das Schäflein des Armen. Der Reiche ließ es schlachten und setzte es seinem Gast vor.«

Da sprang David auf und rief: »So wahr der Herr lebt, der Mann, der das getan hat, ist ein Kind des Todes.« Auch Nathan erhob sich. Er wies mit dem Finger auf David und sprach: »Du bist der Mann! So spricht der Herr: Ich gab dir das Königtum und alle deine Siege und deine Frauen und deine Söhne und ganz Israel und Juda. Ist das alles noch zu wenig, so sage es mir, damit ich dir noch etwas dazutue. Warum verübst du nun solchen Greuel vor meinem Angesicht? Du hast eines andern Mannes Frau genommen und mit ihr die Ehe gebrochen. Und hast ihren Mann ermorden lassen durch das Schwert der Kinder Ammons. Nun, so soll von deinem Haus das Schwert nicht lassen, weil du mich so gründlich verachtet hast.«

Nathan schwieg. David stöhnte auf. Der Prophet fuhr fort: »Nun höre, was der Herr dir als Strafe auferlegt: Aus deinem eigenen Haus wird das Unglück über dich kommen. Einer deiner Söhne wird in die Gemächer deiner Frauen eindringen und dich lächerlich machen vor ganz Israel am hellichten Tag.«

Da brach David auf die Knie: »Ich habe gesündigt wider den Herrn.« Nathan neigte sich über David und sagte: »So nimmt der Herr deine Sünde hinweg. Du wirst nicht sterben. Aber weil du durch dein Tun die Feinde des Herrn hast triumphieren lassen, daß sie sein Gesetz lästern, muß der Sohn, der dir geboren wird, sterben.« Darauf wandte sich Nathan und ging.

Das Kind der Bath-Seba erkrankte noch in derselben Nacht. David suchte Gott um des Knäbleins willen und fastete und lag über Nacht auf der Erde. Und er betete:

»Gott, sei mir gnädig in all deiner Güte,
  tilge meine Sünde im Meer deiner Barmherzigkeit.
 Brenne mich rein von meiner Sünde.

Denn ich seh' nun, was ich getan habe.
Meine Sünde steht Tag und Nacht vor mir.
An dir allein habe ich gesündigt, als ich übel tat.
Du stehst rein da in deinen Geboten.
Du bist der Sieger, wenn die Menschen über dein Gesetz zu Gericht sitzen.
Sieh, ich bin vom Mutterschoß an zum Bösen geneigt,
und meine Mutter war schon in Sünden, als sie mich empfing.
Du aber bist immer ganz Wahrheit und Licht
und hast mich herausgeführt aus der Ungewißheit und Torheit.
Besprenge mich mit deinem Isop, und ich bin entsündigt,
wasch mich, und ich glänze heller als der Schnee.
Sprich in mein Ohr, und ich bin getröstet,
rühr mich an, und mein zerschlagenes Gebein wird tanzen.
Sieh doch nicht hin auf meine Sünden,
tilg an mir, was dein Auge verletzt.
Erschaff in mir ein reines Herz, o Gott,
erneuere in meinem Innersten den Geist der Gradheit.
Und verwirf mich nicht vor deinem Angesicht,
nimm deinen heiligen Geist nicht von mir.
Gib mir zurück die Freude, die auf deinem Heilsweg gefunden wird,
stärke mich in dem Geist, in dem ich begann.
Ich will die Übertreter deine Wege lehren,
die Sünder bringe ich zu dir zurück.
Aber erst befreie mich, Gott, von meiner Blutschuld,
und ich werde jubeln und von deiner Gerechtigkeit singen.
Herr, berühre wieder meine Lippen, öffne sie,
daß ich deinen Ruhm überall hintrage.
Hättest du Lust auf Tieropfer, ich gäb' sie dir gern,
aber Brandopfer ergötzen dich nicht.
Das rechte Opfer vor dir, o Gott, ist ein erschüttertes Herz,
ein Herz, das bereut um deinetwillen, wirst du nicht zurückweisen.«

Am siebten Tag redeten alle im Palast leise, und niemand näherte sich David. Auf dem Tisch stand seine Fastenspeise, alle waren aus dem Saal geflohen. Da fragte David Abigail: »Ist das Kind der Bath-Seba gestorben?« Und die Frau neigte den Kopf und weinte. Darauf ging David ins Bad, wusch sich, salbte sich, tat andre Kleider an, ging in die Hütte des Herrn und betete an. Seine Umgebung wunderte sich, und seine Frauen sprachen zu ihm: »Da das Kind lebte, hast du gefastet; nun es tot ist, schmeckt es dir wieder.« David antwortete: »Als das Kind lebte, hatte ich noch Hoffnung, daß Gott mir gnädig sei, darum fastete ich. Nun ist es tot. Warum soll ich noch fasten? Kann ich es wieder beleben? So werde ich wohl zu ihm hinabfahren.« David ging zu seiner Frau Bath-Seba, tröstete sie und war viel bei ihr. Sie gebar ihm einen neuen Sohn, den nannte er Salomon. Und David gab ihn in die Hand Nathans, des Propheten, daß er ihn erziehe.

Absalom

Absaloms Mutter hieß Maacha und war eine Tochter des aramäischen Königs Thalmai aus dem Lande Gessur. Dies Land, das südlich vom Hermon liegt, wurde von Josua nicht erobert, erst David machte es tributpflichtig. Er verband sich mit dem König von Gessur, indem er seine Tochter Maacha zur Frau nahm. Maacha, die Königstocher aus den freien Bergen, rühmte bei jeder Gelegenheit ihren Sohn Absalom. Sie sagte sogar: »Ist er nicht hundertmal schöner und königlicher als Amnon, Davids Erstgeborener?«

Nun geschah es, daß Amnon in Liebe zu seiner Halbschwester Thamar entbrannte. Thamar war so schön wie ihr Bruder Absalom. Amnon brachte Thamar mit List auf sein Lager und verstieß sie noch am selben Tag, da er ihr beigewohnt hatte. Thamar zerriß ihren bunten Rock, den nur die Königstöchter tragen durften, solange sie Jungfrauen waren. Und sie lief durch den Palast, bestreute sich mit Asche, schlug zum Zeichen der Trauer ihre Hände über dem Kopf zusammen, ging wie blind umher und schrie.

So fand Absalom seine Schwester. Er nahm sie mit in sein Haus, stellte ihr keine Fragen, sagte nur: »Ja, so ist er, Amnon, unser Halbbruder. Aber nehmen wir's uns nicht zu Herzen.« Und Thamar blieb einsam in Absaloms, ihres Bruders, Haus. Da der König von der Sache erfuhr, ward er sehr zornig gegen seinen Erstgeborenen. Absalom aber redete nicht mit Amnon, weder Böses noch Gutes.

Nach zwei Jahren ließ Absalom zu Baal-Hazor seine Herden scheren. Er hatte alle Kinder des Königs dazu eingeladen und ihnen ein großes Fest versprochen. David wollte zwar nicht, daß Amnon mit den andern zu Absalom hinaufreite, aber Ammon zog doch mit. Als das Fest lärmend wurde und Amnon vom Wein trunken war, erschlugen ihn die Schafscherer, wie ihnen ihr Herr befohlen hatte. Da schwangen sich die andern Geschwister auf ihre Maultiere und ritten eilends davon. Absalom rief ihnen nach: »Warum fürchtet ihr euch vor mir? Meine Männer haben nur den Leithammel geschoren, dessen Wolle meiner Schwester Thamar und mir gehörte.« David wurde aber gemeldet, Absalom habe alle seine Geschwister erschlagen. Da stand der König auf, zerriß seine Kleider und legte sich stumm auf die Erde.

Absalom nützte die Zeit und floh zu dem Vater seiner Mutter in das Land Gessur. Dort blieb er drei Jahre, bis sich David über den Tod seines Erstgeborenen getröstet hatte. Absaloms Mutter aber und der Feldherr Joab bereiteten die Heimkehr Absaloms vor. Doch lebte er zwei Jahre in seinem Haus in Jerusalem, ehe ihn sein Vater David sehen wollte und zu sich ließ. Als Absalom nun nach fünf Jahren zum erstenmal in der Halle des Königs erschien, da sahen es alle: Es gab keinen Mann in ganz Israel, der so stand und ging wie er. Von der Fußsohle bis zum Scheitel gab's keinen Fehl an ihm. Und von Absaloms Frau hatte man's erfahren: Er mußte sich jedes Jahr wenigstens einmal das Haar scheren lassen, sonst hing es ihm zu schwer um den Kopf.

Nunmehr war Chileab der älteste Sohn, die kluge Abigail hatte ihn David geboren. Chileab aber stand immer in Absaloms Schatten, und Absaloms Name nahm jeden Tag zu und leuchtete wie der Mond im Wachsen. Absalom ließ sich einen Wagen bauen, der war schöner und größer als der des Königs. Wohin er kam, immer umgaben ihn fünfzig gutgewachsene und bewaffnete Männer. Mit der Sonne tauchte er auf den Plätzen der Stadt auf, vor allem aber an den Wegen, die zur Stadt hereinführten. Er fragte die Hereinkommenden, aus welcher Stadt Israels sie seien und was sie in Jerusalem suchten und ob er nicht etwas für sie tun könne beim König, der ja nun langsam alt werde und nicht mehr wie früher alles versehen könne. Wenn jemand auf ihn zutrat und sich vor ihm niederwerfen wollte, packte ihn Absalom unter den Ellbogen, zog ihn empor und küßte ihn. Auf diese Weise verstand es Absalom, das Herz der Männer Israels zu stehlen. So ging es vier Jahre fort. David blickte voll Innigkeit auf seinen Sohn und sagte zu jedem, der gerade bei ihm war: »Ist er nicht die Wonne Israels?«

Davids Flucht

In dieser Zeit kam Absalom zum König und bat ihn um Urlaub. Er müsse nach Hebron, um dort ein Gelübde zu erfüllen. In Gessur habe er während seiner Verbannung dem Herrn ein Dankopfer gelobt, das er in Hebron, seiner Geburtsstadt, darbringen wolle. David entließ Absalom mit seinem Segen. Absalom hatte aber, als er in Jerusalem wohnte, geheime Botschafter in den Norden geschickt, aber auch zu den übrigen Stämmen Israels. Die Botschafter brachten überallhin Grüße von Absalom, Versprechungen und Gold für die Ältesten. Die Botschaft hieß: »Wenn ihr die Posaunen so und so tönen hört, dann laßt alles stehn und liegen und sprecht: Absalom ist König geworden in Hebron. Und brecht auf und stoßt zu eurem neuen König.«

Nun hörte man eines Tages in Jerusalem, wie überall auf dem Land die Posaunen ertönten. Dann kam die Kunde, daß viel Volk nach Hebron unterwegs sei und dort Absalom umdränge und ihm zujuble. Schließlich kam einer, der es David ins Gesicht sagte: »Das Herz deines Volkes gehört Absalom.«

Da erhob sich David, blickte seine Getreuen an und sprach: »Dann laßt uns fliehen! Es soll nicht dahin kommen, daß Absalom diese Stadt erobert. Und daß der Sohn seinen Vater gefangennimmt.« Der König zog hinaus, sein ganzes Haus folgte ihm. Nur zehn Nebenfrauen hatte David zurückgelassen, sie sollten das Haus bewahren. Das Volk von Jerusalem weinte mit lauter Stimme hinter seinem König drein. David ging über den Bach Kidron und wählte den Weg, der zum Jordan führte und zur Wüste. Von allen Seiten strömte das Volk herzu und schloß sich ihm an.

Auch Zadok, der Hohepriester, kam mit. Seine Priester trugen die Bundeslade und setzten sie nieder und ließen alles Volk aus der Stadt und den Dörfern an der Lade Gottes vorüberziehn. Aber David wollte nicht, daß die Lade entfernt werde von ihrem Ort in Jerusalem. So sprach er: »Bringt die Lade zurück. Wenn mir der Herr Gnade erweist, sehe ich die Lade Gottes wieder in Jerusalem. Spricht aber der Herr: Das Reich ist Absalom übergeben, so will ich dem Herrn antworten: Hier bin ich. Tu mit mir nach deinem Willen.« Und der Hohepriester brachte mit seinen Söhnen die Lade zurück.

David schritt den Ölberg hinan und weinte. Er hatte sein Haupt verhüllt und ging barfuß wie die Priester im Tempel; wie ein Mann, der zu den Ärmsten rechnet; wie ein Büßender, der erfahren hat, wie hart der Weg zum Heil ist. Und alle, die den König begleiteten, hatten wie er das Haupt verhüllt und weinten wie er.

Als der Zug gegen Bahurim kam, einem kleinen Ort, der auf dem Weg nach Jericho liegt, da kam ein Mann aus dem Tor heraus. Er hieß Simëi und war mit Saul verwandt. Als er David drunten auf dem Weg erblickte, begann er zu fluchen und warf nach ihm mit Steinen, traf aber nur die Getreuen, die links und rechts vom König gingen. Simëi schrie: »Heraus, heraus und fort mit dir, hinaus in die Wüste! Du heilloser Mann! Siehst du, jetzt hat's der Herr dir vergolten, was du an Saul Übles getan hast. Bald bist du in dem Blut, das du vergossen hast, ganz versunken, du Bluthund! Nun hat der Herr das Reich in die Hände deines Sohnes Absalom gegeben!«

Abisai, Joabs Bruder, rief: »Darf dieser nasse Hund meinem König fluchen? Ich will mich hinaufmachen und ihm den Kopf abreißen.« Aber David sprach: »Laß ihn fluchen. Ist's nicht der Herr, der gegen mich steht in dieser Stunde und mich straft?« David ward erschüttert in seinem Geist und rief: »Seht doch: Mein Sohn, der von meinem Leibe stammt, trachtet mir nach dem Leben. Warum nicht auch dieser Mensch aus Sauls Sippe?«

Inzwischen war Absalom mit seinen Kriegern in die fast menschenleere Stadt Jerusalem eingedrungen. Da er keinen Widerstand fand, fragte er einen gewissen Ahitophel, einen Rat des Königs David, was zu tun sei. Da riet ihm Ahitophel, der ein sehr listiger Mann war: »Geh vor aller Augen zu den Nebenfrauen deines Vaters, die er in seinem Palast zurückgelassen hat. Ganz Israel wird es vernehmen, daß du deinen Vater lächerlich gemacht hast vor dem Volk auf der Straße. Dann ist zwischen dir und David das Band der Kindschaft für immer zerrissen, und deine Anhänger wissen, woran sie sind. Sie

entscheiden sich für dich und werden mutig wie Männer, denen keine Wahl mehr bleibt.« So ließ Absalom auf dem Dach des königlichen Palasts eine Laube errichten und die Nebenfrauen des Königs hineinführen. Und ging zu ihnen. Das Volk blickte atemlos zum Dach, dann lachten sie alle.
 Wieder fragte Absalom den Ahitophel, was nunmehr zu tun sei. Der königliche Rat sagte: »Ich werde mit zwölftausend Mann David noch in dieser Nacht nachjagen. Er ist betrübt bis zum Tode. Seine Getreuen sind müde. Das Volk wird fliehen und den König allein lassen. Wir aber werden seine Seele aus ihm treiben.« Absalom fand den Plan gut. Doch da gab es noch andere Räte, die es in ihrem Herzen mit David hielten. Sie kamen mit anderen Plänen. Absalom wog alle Pläne und konnte sich nicht entscheiden. Da sattelte Ahitophel seinen Esel, zog heim in seine Stadt, bestellte sein Haus und erhängte sich. Absalom aber zog erst Tage später über den Jordan.
 Inzwischen hatte David dem Drängen seiner Feldherren nachgegeben und ordnete das Volk, das bei ihm war, und machte daraus drei Heerhaufen. Er wollte selber mit in die Schlacht ziehn, doch Joab sagte zu ihm: »Wenn von unserer Macht ein Drittel oder sogar die Hälfte fällt, bist du immer noch da. Du zählst für zehntausend.« Aber ehe das Heer auszog, gebot David den Feldherren: »Verfahrt mir sanft mit dem Knaben Absalom!«
 Im Wald Ephraim stießen die Heere aufeinander. Die Anhänger Absaloms wurden geschlagen, so viele ihrer auch waren. Der Wald mit seinen Abstürzen, seinen Wurzeln und dem niedrigen Astwerk war schlimmer als das Schwert der Krieger Davids. Absalom ritt auf einem Maultier und stieg nicht ab, um zu Fuß zu kämpfen. Da wurde das Maultier von dem Kriegsgeschrei und den Pfeilen wild, kehrte um und lief unter einer alten Eiche her. Absalom trug, um sein Haar flattern zu lassen, nie einen Helm. Da blieb er mit dem gewaltigen Schopf in dem Astwerk der Eiche hängen. Das Maultier raste unter ihm fort, und er schwebte zwischen Himmel und Erde. Ein Mann, der das sah, lief zu Joab und sagte es ihm. Joab sprach: »Ich hätte dir die Hand mit Gold gefüllt, hättest du getan, was du tun solltest.« Aber der Mann erwiderte: »Nicht wenn du mir meinen Helm mit Gold fülltest. Es ist der Sohn des Königs, und ich bin ein kleiner Mann und wage mich nicht an ihn.« »Dann muß ich selber es tun«, sagte Joab und nahm drei Speere. Er stieß sie Absalom, der noch lebend an der Eiche hing, nacheinander ins Herz. Sie verscharrten Absalom in einer Grube des Waldes. Sie warfen, einer um den andern, viele Steine auf seine Leiche, bis sich ein kleiner Hügel über der Stelle erhob, wo der drittgeborene Sohn des Königs lag.

Wehklage und Lobgesang

David saß zwischen den beiden Toren und wartete auf den Boten. Der Wächter ging aufs Dach des Tores und spähte hinaus. Gegen Abend sah er einen Mann heranreiten. Der Wächter rief's herab, David sagte: »Ein Bote allein, das ist eine gute Botschaft.« Der Mann brach vor dem König in die Knie und keuchte nur das Wort: »Friede!« Und gleich darauf: »Sieg!« Da fragte ihn David: »Und geht's auch wohl meinem Sohn Absalom?« Da lief der zweite Bote auf den König zu und schrie: »Der Herr hat dir Recht verschafft, mein König.« Wieder fragte David: »Und mein Sohn Absalom, geht's ihm wohl?« Da sprach der Bote, wie es ihm von Joab befohlen war: »So soll es allen Feinden des Königs ergehn, wie es Absalom ergangen ist.« Da stand der König auf und ging auf den Söller im Tor. Im Hinaufsteigen weinte er und rief: »Mein Sohn Absalom! Mein Sohn, mein Sohn Absalom! Wollte Gott, ich wäre statt deiner hinabgefahren. O Absalom, mein Sohn, mein Sohn!« Und aus dem Sieg des Tages ergoß sich Leid in das Herz des ganzen Volks. Das Volk zog sich zurück vom Tor, auf dem David weinte. Die Männer stahlen sich in die Stadt wie ein geschlagener Kriegshaufen, der sich leise davonmacht.

Joab aber kam zum König auf den Söller des Tores und sprach: »So nicht, mein König und Herr! Wir, die wir kämpften, haben dir Thron und Leben und das Leben deiner Kinder und Frauen errettet gegen diesen Empörer, um den du weinst. Nun merken wir: Wenn dir nur dieser Absalom lebte und wir alle tot wären, wär's dir recht. Aber ich schwöre dir, wenn du jetzt nicht hinausgehst und freundlich zu deinem Volk sprichst, wird morgen früh kein Mann mehr in der Stadt sein und dir gehorchen. Das wäre dir in dieser Stunde ärger als alles Übel, das über dich gekommen ist seit deiner Jugend. Denn die Tage der Gefahr sind noch nicht vorüber.«

Da erhob sich der König mühsam, wankte die Treppe hinab und setzte sich ins Tor. Alles Kriegsvolk, das für ihn gekämpft hatte, kam zu ihm. Die Männer Absaloms aber kehrten heim in ihre Häuser in den Norden des Landes. Sie kamen nicht zum König, von dem sie abgefallen waren, um ihm aufs neue zu huldigen. Darüber erhob sich überall Klage und Anklage, und im ganzen Land war Zank. Die dem König Treugebliebenen sprachen zu den Anhängern Absaloms: »Ihr habt euch ja fein betragen gegen David, der euch von allen euren Feinden errettet hat. Nachdem ihr euch von dieser großen Perücke habt verführen lassen, sitzt ihr jetzt auch noch trotzig umher.« Die Beschämung bei den besiegten Anhängern Absaloms war groß. Es dauerte fast ein Jahr, bis David sich die Herzen aller seiner Gegner wieder zugeneigt hatten. Da sandten sie Botschafter und ließen ihn bitten: »Komm wieder, du und alle deine Kriegsleute.« Also kam David wieder. Dort, wo er über den

Jordan setzte, erwarteten ihn Abgesandte aus ganz Israel und führten ihn heim in seine Stadt Jerusalem.

David sang in dieser Zeit dem Herrn seinen Dank für die Errettung aus der Hand all seiner Feinde:

>»Herr, meine Stärke, ich liebe dich,
> du bist meine Feste, meine Fluchtburg, mein Befreier.
> Du bist das Horn am Altar, das ich zu meiner Rettung anfasse,
> der Herbergsvater, der mich aufnimmt.
> Ich ruf' dich unter Lobgesang an,
> so werde ich frei von meinen Bedrängern.
> Mich hielten des Todes Bande umschlungen,
> die Wildbäche der Bosheit umtosten mich.
> In meiner Drangsal rief ich zu Gott,
> und mein Geschrei drang vor ihn, es wurde erhört.
> Da bebte beim Zorn meines Gottes die Erde,
> die Füße der Berge bewegten sich.
> Dampf stieg auf, Feuer ging aus von seinem Antlitz,
> Blitze verzehrten das Land.
> Er neigte seinen Himmel und fuhr herab,
> Dunkelheit schwebte vor seinen Füßen.
> Auf dem Cherub flog er daher,
> schwebte auf den Schwingen des Windes.
> Finster war sein Gezelt um ihn her,
> schwarze Wolken, schwer von Wasser, verhüllten ihn.
> Vor seinem Glanz entluden sich die Wolken,
> Hagel und Blitz fielen herab.
> Die Quellen der Tiefe taten sich auf,
> das Wasser floß und legte die Felsen unter dem Boden bloß.
> Er aber reckte seine Hand aus der Höhe mir entgegen
> und zog mich aus dem Wasser auf sein Land.
> Er errettete mich vor meinen Feinden, die sehr stark waren,
> von meinen Verfolgern, die ihre Rachen nach mir öffneten.
> Ach Gott, du Heiland der Kleinen, der Schlichtherzigen,
> du Fels, an dem die Hochmütigen zerbrechen,
> du Licht meines Lichts, von dem ich lebe,
> leuchte mir hin, mein Gott, durch die Welt der Schatten.
> Bist du bei mir, ertrage ich jede Heimsuchung,
> mit dir zusammen spring' ich über die Mauer.«

Davids Tod

König David war siebzig Jahre alt und von den Sorgen und Mühen zu Hause und im Felde müde und verbraucht. Er konnte in seinem Bett nicht mehr warm werden, wieviel seiner Kleider man auch über ihn legte. Da brachten ihm seine Vertrauten ein Mädchen namens Abisag. Es war jung und schön und wußte noch nichts von einem Manne. Abisag sollte um den König sein und ihn pflegen und ihn mit ihrem Leib wärmen. Als nun David so fröstelnd in seinem Bett lag, erschreckte ihn eine böse Nachricht. Sein viertgeborener Sohn Adonia, der von der Haggith, tat dasselbe wie Absalom. Auch Adonia war ein sehr schöner Mann, und zwischen ihm und seinem Vater hatte es nie einen Zwist gegeben. Nun hatte er sich mit Joab und dem Hohenpriester Abjathar verschworen gegen Salomon, den Sohn der Bath-Seba, den David zu seinem Erben ernannt hatte.

Da rief David den Propheten Nathan und den Priester Zadok und Benaja, den Obersten seiner Leibwache. Er befahl ihnen: »Nehmt meinen Sohn Salomon, setzt ihn auf mein Maultier und führt ihn hinab ins Tal zur Quelle Gihon und salbt ihn alldort zum König von ganz Israel. Dann kommt herauf, und ich setze ihn auf meinen Thron. Alles Volk soll sprechen: Heil dem König Salomon.«

So geschah es. Als nun Adonia hörte, daß David Ernst gemacht und Salomon wirklich auf den Thron gesetzt hatte, eilte er sofort in die Stiftshütte und umfaßte das Horn des Altars. Salomon schickte Adonia zunächst in sein Haus und sagte zu ihm, als er sich vor Salomon niedergeworfen hatte: »Wenn du redlich bist, will ich dir kein Haar krümmen.« Joab war auch in die Stiftshütte geflohen, ihn jedoch ließ Salomon, obgleich er die Hörner des Altars anfaßte, niederhauen, weil David es Salomon so geraten hatte. Denn Joab hatte Abner, den Verwandten und Feldherrn Sauls, ermordet, und David fürchtete sich vor Abners Anhang. So wandte Salomon durch Joabs Hinrichtung die Blutrache ab von Davids Haus.

Als nun die Zeit herankam, daß David sterben sollte, erteilte er seinem Sohn Salomon noch viele Ratschläge, wie er seinen Thron befestigen könne, und dies waren seine letzten Worte:

»Der Geist des Herrn hat durch mich geredet,
und so redet er noch: Der Gerechte herrscht in der Furcht des Herrn.
Ein gerechter Fürst ist wie das Licht des Morgens:
Es hat die Nacht geregnet, auf dem Grase glänzen die Tropfen,
der Himmel ist nun ohne Wolken.
Aber die heillosen Leute sind wie ausgerissene Disteln,
man kann sie nur greifen mit Zangen und wirft sie ins Feuer.«

Dann schwieg der alte König David und nannte noch einmal leise die Namen der Helden, die neben ihm gestritten hatten. Er nannte Jasobeam, Eleasar, Samma. Und David lächelte ein letztes Mal und flüsterte: »Wie schön waren wir versammelt. Wie haben wir die tapferen Philister herausgefordert. Wie haben wir gestritten, bis unsere Hand müde und starr war am Schwert. Und als sie mir zu trinken holten das Wasser aus dem Brunnen in Bethlehem – als die drei Helden heimlich über die Stadtmauer kletterten, mitten unter den Feinden Wasser schöpften und es mir brachten –, aber ich konnte es nicht trinken – es war zu heilig – es war das Blut der Männer, die ihr Leben gewagt hatten – und ich goß es aus – vor dem Herrn.«

Mit diesen Worten entschlief David zu seinen Vätern. Mit dreißig Jahren war er König geworden, sieben Jahre hatte er zu Hebron geherrscht und dreiunddreißig zu Jerusalem.

Salomon

Salomon saß mit zwanzig Jahren auf dem Stuhl seines Vaters David, und sein Königtum lag im Frieden des Herrn. Aber Adonia, der Sohn der Haggith, kam zu Bath-Seba, daß sie bei ihrem Sohn Salomon für ihn bitte. Adonia wollte Abisag, das Mädchen von Sunem, das den alten König David mit seinem Leib gewärmt hatte, zur Frau haben. Salomon durchschaute die Absichten Adonias und sagte zu seiner Mutter: »Adonia ist mein ältester Bruder. Schon einmal hat er den Fuß auf die Stufen meines Thrones gesetzt. Warum wohl will er jetzt Abisag, die Blume von Sunem, zur Frau nehmen? Weil auf ihr die Augen meines Vaters David zuletzt lagen, wie die scheidende Sonne auf der Zeder oben, da unten in den Gärten schon Nacht ist.« Und Salomon schwor bei dem Herrn: »So wahr der Herr lebt, der mich auf den Thron meines Vaters David erhoben hat, heute noch soll Adonia sterben.« Er schickte Benaja, den Obersten seiner Leibwache, zu Adonia und ließ ihn töten. Den Hohenpriester Abjathar, der mit Adonia im Bunde gewesen war, ließ er auf seine Güter verbannen und setzte an seine Stelle Zadok. So erfüllte sich das Wort des Herrn, das er über das Haus Elis geworfen hatte zu Silo. Und Salomon schuf Ordnung und Gerechtigkeit, wohin er kam.

David hatte seinem Sohn unermeßliche Schätze an Gold und Silber und allerlei Erze und kostbare Steine hinterlassen, damit er dem Herrn in Jerusalem ein Haus baue. In dieser Zeit opferte und räucherte das Volk dem Herrn noch immer auf den Höhen. Aber auch die Heiden opferten ihren Göttern auf den Höhen. So geschah es, daß Israels Opfer für den Herrn häufig in heidnische Lautheit, in Rausch und Ausgelassenheit umschlugen. Darum verlangten nun auch die Propheten und die Frommen, die bis zu dieser Zeit das heilige Zelt einem Bau aus Stein vorgezogen hatten, nach der Errichtung eines Tempels in Jerusalem, in dem ganz Israel opfern und anbeten könne. Salomon trug den Plan zum Tempelbau in seinem Herzen. Er hatte den Herrn lieb und wandelte auf den Wegen seines Vaters David, nur daß auch Salomon den Höhen als Opferstätte den Vorzug gab. So zog er noch im ersten Jahr seiner Regierung nach Gibeon, einem Berg in der Nähe von Jerusalem. Salomon brachte dem Herrn tausend Brandopfer dar. In der Nacht darauf erschien ihm der Herr und fragte ihn: »Was soll ich dir schenken?« Salomon antwortete: »Herr, mein Gott, du hast mich, deinen Knecht, zum König gemacht an meines Vaters Statt. Ich bin aber noch sehr jung und unerfahren. So bitte ich dich: Gib mir ein dir gehorsames Herz, daß ich deinen Willen erkenne, wenn ich ein Urteil fällen muß. Denn das Volk, über dem ich sitze, ist zahlreich, und welcher König könnte, ohne deine Stimme im Ohr zu haben, regieren?« Der Herr sprach zu Salomon: »Weil du um das Notwendige bittest und nicht um Reichtum, langes Leben und die Macht über das Leben deiner Feinde, will ich dir ein weises Herz geben und einen scharfen Geist. Und das andre gebe ich dir hinzu: soviel Reichtum und Ehre, daß kein König in dieser Zeit sich mit dir vergleichen kann. Und wenn du wie dein Vater David auf meinen Wegen wandeln wirst, so laß ich dich auch lange leben in deinem Glanz. Fällst du aber von mir ab —«, bei diesen Worten des Herrn erschrak Salomon und fuhr auf und erwachte und sah, daß der Herr ihm begegnet war im Traum.

Kurze Zeit danach hielt Salomon Gerichtstag. Da traten zwei Frauen — Dirnen alle beide — vor seinem Thron. Die eine begann: »Ach, mein Herr und König! Diese Frau und ich wohnen in einem Haus. Und ich gebar neulich einen Sohn. Drei Tage später gebar auch sie einen Sohn. Wir waren ganz allein in unserm Haus. Da erdrückte diese Frau ihren Sohn, als sie sich im Schlaf herumwälzte. Als sie es merkte, stand sie leise auf, nahm mir meinen Sohn von der Seite und legte mir ihr totes Kind in den Arm. Da ich nun des Morgens aufstand, um meinem Sohn die Brust zu geben, da war er tot. Als ich ihn aber beim Licht der Sonne genauer betrachtete, da sah ich, es war gar nicht mein, sondern ihr Sohn.« Darauf erwiderte die andre Frau: »Wie sie lügt, mein König! Mein Sohn lebt, der ihre ist tot.« Und die erste: »Du bist es, die lügt. Dein Sohn ist tot, meiner lebt.«

Der König wandte sich von den Frauen ab und ließ ein Schwert herbeibringen. Dann sprach Salomon: »Teilt das lebendige Kind säuberlich der Länge nach in zwei Teile. Und gebt dieser die eine Hälfte und jener die andere Hälfte.« Da sprach die Frau, die das lebendige Kind auf dem Arm hielt, zum König: »Ach nein, mein Herr. Hier ist mein Kind. Tötet es nicht, gebt es ihr lebendig.« Und sie reichte das Kind der andern Frau. Da erhob Salomon seine Stimme: »Gebt es dieser da lebendig, sie ist seine Mutter.« Ganz Israel bewunderte die Weisheit des jungen Königs, und die Übeltäter fürchteten ihn.

Sulamith

Abisag lebte in den Gemächern von Salomons Mutter. Der junge König sah die schöne Sunamitin, wenn sie hinter Bath-Seba einherging und sie in die Stadt begleitete. Bath-Seba nahm Abisag auch mit auf die Gutshöfe des Königs und in die Sommerhäuser auf den Bergen. Im Frühling des zweiten Jahres, als Salomon König war, reiste Bath-Seba nach Baal-Hermon. Dort besaß der König einen großen Weinberg. Salomon kannte sein Gut in Baal-Hermon noch nicht, so zog auch er mit hinaus. Der König war gekleidet wie einer seiner Vögte, er sprach mit den Hütern des Weinbergs, mit den Hirten auf den Hügeln, hörte sie von fern singen. Sie wußten nicht, daß er der König sei. Nur Bath-Seba, seine Mutter, und Abisag wußten es. Die jungen Männer von Baal-Hermon lehrten Salomon ein Lied, das Sänftenlied. Salomon hatte es noch nie gehört. So lautete es:

>»Um das Bett Salomons herum stehen ihrer sechzig,
>sechzig Starke aus den Starken in Israel.
>Alle halten sie Schwerter, sehr erfahren im Streit ist ein jeder.
>Und ein jeder hat noch ein Schwert an der Hüfte,
>wegen der Nacht, wegen der Schrecken der Nacht.
>Salomon, unser König, ersann eine Sänfte,
>eine schwebende Sänfte aus dem Holz der Zedern vom Libanon.
>Die Sänfte hat Säulchen aus Silber, das Dach ist aus Gold,
>> aus Purpur der Sitz.
>Ausgeziert ist das Innre, lieblich ausgeziert für die Töchter
>> Jerusalems.
>Kommt, ihr Töchter Sions, schaut ihn an, euren König Salomon
>> im Glanz der Krone,
>womit ihn die Mutter krönte am Tag seiner Hochzeit,
>> am großen Tag seiner Freude.«

Salomon hörte dies Lied und wunderte sich, daß diese Männer vom Tag seiner Hochzeit sangen, der noch nicht gekommen war. Abisag lernte von den Frauen in Baal-Hermon ein anderes Lied, sie lernte es, weil der Name des Königs·Salomon darin erklang. So sangen die Frauen und mit ihnen Abisag:

>»Meine Haut ist dunkel,
>aber lieblich bin ich, ihr Töchter Jerusalems.
>Dunkel und schön wie die Zelte Kedars,
>wie die Teppiche Salomons.
>Blickt nicht auf mich herab, weil ich so dunkel bin.

Ich bin von der Sonne so braun verbrannt,
meine Brüder waren immer hart zu mir,
ich, die kleinste, mußte ihre Weinberge bewachen.
Aber meinen eigenen Weinberg ließ ich unbehütet.
Sag mir an, du, den meine Seele liebt,
wo du gehst mit deiner Herde,
wo du ruhst am Mittag,
daß ich nicht hin und her suchen muß zwischen den Herden,
daß ich nicht fragen muß deine Gesellen.«

Salomon hörte Abisag dies Lied singen, und er gab ihr Antwort zu Baal-Hermon in den Tagen, als seine Weinberge zu blühen begannen:

»Siehe, meine Freundin,
  der Winter ist vergangen,
  der Regen wich über die Berge davon.
Die Blumen stehn leuchtend auf unserm Gefild,
die Zeit für den Baumschnitt ist da.
Hört! Die Stimme der Turteltaube!
Der Feigenbaum schwillt und macht Knoten,
Duft liegt über den Weinbergen, sie blühn!
Komm herbei, meine Freundin, du auserwählt Schöne, es wird Zeit.
Die Turteltaube wohnt in den Felsenklüften, in den Höhlen
                                der Lehmwände.
Flöge sie doch herbei! Könnte ich ihr Gurren von nahem hören!
Denn deine Stimme, du Schöne, erquickt mir das Herz,
und du bist lieblich anzusehn.
Du hast mein Innerstes süß verwundet, meine Schwester,
das Herz mir durchbohrt, liebe Braut, mit dem Blick deiner Augen.
Deine Brüste unter der Halskette, wie schön sind sie,
üppig wie Trauben, berauschender als Wein.
Und der Duft deiner Haut übertrifft allen Wohlgeruch.
Deine Lippen, meine Braut, sind mir Honigseim.
Deine Zunge ist wie die eines Kindes.
Aus deinen Kleidern duftet der Libanon.
Denn du bist ein verschlossener Garten, meine Braut, meine Schöne,
ein hoch ummauerter Garten, ein versiegelter Quell.
Du bist ein Brunnen mitten im Garten,
ein Born lebendigen Wassers,
der kühl und stark herabströmt vom Libanon.«

So lebten und sangen Salomon und Abisag in Baal-Hermon zu der Zeit, als die Weinberge blühten.

Salomon, der König

Salomons Macht reichte vom Euphrat bis in die Wüste vor Ägypten. Die Stämme der Heiden, die noch in seinen Grenzen wohnten, und viele Nachbarvölker zahlten ihm Tribut. Alle Straßen vom Euphrat zum Nil und von Arabien herauf zum Meer der Philister führten durch Salomons Reich, und wer sie ging, mußte Salomon Zoll zahlen. Um diese Straßen zu schützen, baute er viele Festungen und legte schnelle Truppen hinein, Wagenkämpfer und Reiter.

Als nun der Pharao versuchte, seine Handelsstraßen von Israels Macht zu befreien, befreundete Salomon sich mit ihm, schloß mit ihm einen Vertrag und verband sich ihm durch Blutsbande: Er nahm eine Tochter Pharaos zur Frau und führte sie in die Stadt Davids, nach Jerusalem. Er wohnte mit ihr im Palast seines Vaters.

Bald darauf begann Salomon mit dem Bau des Tempels. Er errichtete auch einen neuen Königspalast und erneuerte die Stadtmauern von Jerusalem. Aber er hatte in seinem Reich keine Handwerker, die ein feines Mauerwerk errichten und edle Hölzer und Metalle bearbeiten konnten. So sandte er zu Hiram, dem König von Tyrus, und ließ ihm sagen: »Du weißt, schon mein Vater David wollte dem Herrn ein Haus bauen. Aber er hatte mit seinen Feinden zu schaffen sein Leben lang. Nun aber hat der Herr mir Ruhe gegeben umher, daß kein Widersacher mich stören könnte. Auch hat mir mein Vater David für den Bau des Tempels große Schätze hinterlassen. So befiehl nun, daß man mir Zedern vom Libanon haue, deine Leute sollen mit den meinen jede Arbeit zusammen tun. Ich werde deinen Leuten den Lohn zahlen, den du forderst.«

Salomon hob Fronarbeiter im ganzen Land aus. Er sandte sie zu den Holzhauern Hirams auf den Libanon. Je zehntausend mußten einen Monat dienen, dann kam die Schicht der nächsten Zehntausend, die arbeitete wiederum einen Monat. So arbeiteten sie einen Monat droben im Gebirge und waren zwei Monate zu Hause. Auf dieselbe Weise arbeitete eine noch größere Anzahl von Lastträgern und Arbeitern in den Steinbrüchen. Salomon gebot, daß sie für die Grundfesten der Bauten große und schöne Blöcke ausbrächen und behauten. Das geschlagene Zedern- und Tannenholz wurde bergab geschafft, zu Flößen verbunden und auf dem Meer südwärts geschleppt bis Jaffa. Von dort mußten die Steinblöcke und Stämme landeinwärts bis nach Jerusalem befördert werden, die Strecke betrug mehrere Tagereisen. Der Weg ging bergauf und bergab, die Last lag auf Wagen und Rollen, die von Ochsen gezogen wurden.

Im vierhundertundachtzigsten Jahr nach dem Auszug aus Ägypten, im vierten Jahr der Regierungszeit Salomons, im zweiten Monat wurde der Grundstein gelegt für das Haus des Herrn. Der Plan des Tempels schrieb in der Länge sechzig Ellen vor, in der Breite zwanzig, in der Höhe dreißig Ellen. Eine Halle lag quer vor dem Tempel, zehn Ellen tief und zwanzig breit. Die Fenster hatten feste Stäbe aus Erz. Ein Umgang umgab den Tempel mit Seitengemächern.

Die Blöcke und Steine für den Tempel waren so fein zugehauen, daß man, als der Tempel errichtet wurde, keinen Hammer und keinen Pickel hörte noch das Geräusch irgendeines andern Baugeräts. Salomon ließ den Tempel decken, mit Balken verkleiden und mit Tafeln aus Zedernholz. Als er nun fertig dastand, ließ er im Allerheiligsten zwei Cherubim aufrichten. Sie waren zehn Ellen hoch, aus Ölbaumholz und mit Gold überzogen. Die Cherubim breiteten ihre Flügel aus von Wand zu Wand. Sieben Jahre hatte der Tempelbau gedauert. Da versammelte Salomon die Ältesten von Israel und die Obersten des Heers in Jerusalem. Sie überführten die Lade des Bundes aus dem Zelt, das neben dem Haus Davids stand, an ihren neuen Ort unter die Flügel der Cherubim. Der König Salomon und die ganze Gemeinde gingen vor der Lade her.

Der König segnete sodann die ganze Gemeinde Israel. Er trat vor den Altar des Herrn, breitete seine Arme aus zum Himmel hinauf und sprach: »Herr, Gott Israels, kein Gott ist dir gleich. Du hältst deinen Bund und bist barmherzig zu denen, die vor dir wandeln und dich meinen in ihrem Herzen. Nun, Gott Israels, laß deine Worte wahr werden, die du zu deinem Knecht, meinem Vater David, gesprochen hast. Wir erinnern uns heute, daß du mit deinem Volk gezogen bist. In einem Zelt haben wir zu dir gesprochen, und in einem Zelt hast du uns erhört. Wir wußten und wissen es, daß du nicht irgendwo auf Erden wohnst wie ein Mensch. Siehe, der Himmel und aller Himmel umfangender Himmel vermögen dich nicht zu fassen. Aber wir wissen, daß du dich wendest zum Gebet deiner Geschöpfe. So flehen wir in diesem Hause: Du wollest uns in all unsern Nöten erhören in deinem innersten Himmel und uns unsere Sünden vergeben. Und wenn ein Fremder kommt, der nicht aus deinem Volk Israel stammt — sie werden hören von deinem großen Namen —, wenn er kommt und vor dir betet, so wollest du auch ihn erhören. Auf daß alle Völker der Erde deinen Namen erkennen und dich fürchten.«

Salomon erhob sich von den Knien und schloß sein Gebet mit den Worten: »Der Herr, unser Gott, sei mit uns, wie er gewesen ist mit unsern Vätern. Er verlasse uns nicht und nehme seine Hand nie von uns.«

Salomon richtete in dieser Zeit ein großes Fest aus, ganz Israel feierte mit ihm vierzehn Tage lang und war fröhlich von Hamath an, das an den Ufern des Orontes liegt, bis in die Einöde vor Ägypten. Sie saßen und tranken und waren frohen Muts über all dem Guten, das der Herr an seinem Volk Israel getan hatte.

Salomon, der Glückliche

Nach zwanzig Jahren beendete Salomon all seine Bauten, den Tempel, den Königspalast, die Mauern Jerusalems und die Mauern vieler anderer Städte. Der König war damals vierzig Jahre alt und unternahm alles, wonach er Lust verspürte, er wußte alles zu vollenden, alles glückte ihm.

In jener Zeit, da Salomon glücklich war, wurde er gehalten und geführt durch die Stimme des Herrn, die ihm in der ersten Nacht nach der Vollendung des Tempels versprochen hatte: »Meine Augen und mein Herz sollen in diesem Hause gegenwärtig sein, solange die Augen und das Herz meines Volkes auf mich gerichtet sind. Werdet ihr aber von mir abfallen und andern Göttern dienen und mein Gesetz mißachten, so werde ich Israel ausrotten aus dem Lande, das ich ihm gab. Und das Haus, das du mir erbautest und das ich heiligte mit meinem Namen, will ich durch die Hände der Fremden umstoßen. Israel wird ein Sprichwort und eine Fabel sein unter allen Völkern. Und wenn du, den ich auf den Stuhl Davids gesetzt habe, dich von deinen Füßen auf die Straße der Heiden tragen läßt, werde ich dir alle Weisheit, die ich dir ins Herz gab, fortnehmen. Dann wird das Glück nicht mehr mit dir sein, du wirst alt sein mit jungen Jahren und betrübt und an allem, was du siehst und hast, Ekel empfinden. Und dein Reich wird zerfallen wie das Haus, das du mir gebaut hast.«

Salomon spürte diese Worte des Herrn wie die goldenen Spangen an seinem Arm und spürte sie wie das Diadem, das seine Stirn umschloß. Er sprach zu sich selbst und ließ es auch die andern wissen, die um ihn waren: »Auch ich bin ein sterblicher Mensch und habe, als ich geboren wurde, die Luft geatmet, die alle atmen. Und wenn ich als Kind hinstürzte, fiel ich auf die Erde, die alle trägt. Und im Weinen tat sich wie bei den andern meine Stimme zum erstenmal kund. Und ich wurde in Windeln aufgezogen mit Sorgen. Denn es hat ein König keinen andern Anfang als die andern. Sondern alle Menschen haben den gleichen Eingang und den gleichen Ausgang.«

So machte Weisheit, daß Salomon glücklich war. Die Kunde seiner Weisheit und seines Glücks erreichte den Hof der Königin von Saba. Sie kam nach Jerusalem mit sehr viel Volk und Kamelen, die Geschenke für Salomon trugen: Gold, Spezerei und Edelgestein. Aus solchen Dingen bestand die Handelsware der Sabäer, welche sie aus ihrem Land nach Tyrus schafften. Ihre Straße aber ging quer durch Israel. So wollte die Königin mit ihrem Besuch den weisen und großen König Salomon bewundern, aber sich auch ihn zum Freund machen, daß er ihren Karawanen weiterhin sicheren Durchgang nach Tyrus gewähre.

Da sich nun die Königin in Jerusalem umgesehen und den Tempel und den Palast des Königs und all seinen Reichtum bewundert hatte, sprach sie zu Salomon: »Es ist wahr, was ich in meinem Land gehört habe über deinen

Reichtum und deine Weisheit. Selig sind die Leute deiner Umgebung, die allezeit um dich sind und deine Weisheit hören.« Und sie überreichte Salomon die Geschenke ihres Landes. Der König erwiderte ihre Freundlichkeit mit den Geschenken des seinen. Die Königin von Saba konnte sich wünschen, was sie wollte, sie erhielt's, auch den Durchgang nach Tyrus. Und viele Tage währte ihr Abschied von Salomon, bis sie mit ihrem Gefolge in ihr Land zurückkehrte.

Ende der Weisheit

Mit fünfzig Jahren begann Salomon zu altern. Er liebte viele Frauen. Der König fing an, von der Vergeblichkeit alles Menschlichen zu sprechen, die Schreiber hörten seine Worte und schrieben sie auf. Schließlich sprach Salomon bei allem, was er gesagt oder getan hatte, als letztes stets dieselben Worte: »Es ist alles ganz vergeblich und ganz und gar eitel.« Wenn irgend etwas geschehen war, worüber sich seine Umgebung wunderte oder erregte, sagte er: »Was ist's denn, was der Mann tat? Doch nichts anderes, als was ein anderer morgen oder übermorgen tut. Und selbst dort am Himmel und auf der Erde, wohin der Mensch nicht greifen kann: Nichts Neues geschieht unter der Sonne.« Auch nach dem Mahl oder wenn er sich irgendeiner andern Lust ergeben hatte, sagte Salomon: »Ja, da wollte ich also leben, mir einen guten Tag machen. Aber ich wußte es doch: Auch das war eitel und ein Haschen nach dem Wind.«

Salomons Frauen machten seine Seele, da er nun alt wurde, immer trauriger und führten ihn fort von der Freude im Herrn. Der König hatte das Gesetz mißachtet und sich Frauen aus den Heiden erwählt, siebenhundert Frauen zur rechten Hand, dreihundert zur linken. Er konnte sie nicht zum Herrn bekehren, sie aber neigten sein Herz den fremden Göttern zu. Und er opferte zusammen mit seinen Frauen den Greuelgöttern und räucherte auf den Höhen. In Salomons Traum erschien nicht mehr der Herr, er vernahm auch nicht mehr wie einst die göttliche Stimme. Salomon hörte, wenn er allein war, nur noch das Schweigen über seinem Lager. Und er seufzte und fand nicht zurück zum Herrn. Die Frauen der Heiden verdrängten die Stimme des Herrn, und ihr Fleisch umgab Salomon wie eine Mauer gegen den Herrn, welcher ihn mit seinem Schweigen belagerte.

In dieser Zeit sprach Salomon: »Ich tat große Dinge. Ich baute Häuser, pflanzte Weinberge. Ich legte mir Gärten an mit allerlei fruchtbaren Bäumen, Lustgärten mit Lauben und Pergeln und Schattenbäumen und Duftgebüsch aller Art. Ich hatte Knechte und Mägde die Fülle und Rinder und Schafe und Silber und Gold und Sänger und Sängerinnen und — die Wonne des Menschen —: allerlei Saitenspiel aus altem Tannen- und Sandelholz gebaut, aus dem Sandelholz von Saba. Und alles, was meine Augen wünschten, das ließ ich sie haben und wehrte meinem Herzen keine Freuden. So dachte ich: Meine Arbeit hat doch einen Sinn, denn sie beschafft mir dies alles. Da ich aber die Frucht meiner Arbeit genauer ansah, wußte ich: Das alles muß ich meinen Erben überlassen. Was ich davon hatte, war Grämen und Mühe. Selbst des Nachts habe ich an meine Arbeit gedacht und nicht geruht. Gewiß, ich konnte essen und trinken und in meiner Arbeit mich und meine Pein vergessen. Das ist schon viel, und es kommt von Gott. Aber danach hab' ich alles, was ich besitze und mir schuf, genau angesehen, und nun weiß ich es: Alles ist vergeblich, ganz und gar eitel und ein Haschen nach dem Wind.«

Am Ende seines Lebens erstanden Salomons Reich Widersacher an den Grenzen. Aber die Gegnerschaft im Lande war gefährlicher. Das Volk seufzte unter der Last der Abgaben. Die zwölf Vögte Salomons und ihre Rentmeister und Steuerknechte hielten wie eine fremde Kriegsmacht das Land besetzt. Der Vogt, den Salomon über das Haus Joseph gesetzt hatte, war ein umsichtiger und noch junger Mann, er hieß Jerobeam. Als er sah, daß der Hof Salomons nur die Abgaben heischte und sich um das Volk und das, was es dachte und litt, nicht kümmerte, machte er sich überall Freunde. Er erließ den Armen die Steuern, tadelte die Regierung des »alten vom Gesetz abgefallenen Lüstlings« — so nannte er den König — und war alsbald im Norden des Reiches der Mann, auf den jeder im stillen hoffte. Der Prophet Ahia näherte sich eines Tages dem jungen Vogt, zog ihm seinen Mantel von den Schultern, zerriß ihn in zwölf Teile und sprach zu Jerobeam: »Sei nicht ärgerlich über mich. Nimm zehn Stücke des Mantels, die gehören dir. Denn so spricht der Gott Israels: Ich will das Königreich von den Schultern Salomons reißen. Zehn Teile gehören Jerobeam, der Rest bleibe beim Sohn Salomons, um Davids, meines Knechtes, willen. Das ist meine Antwort auf die Sünde dessen, der von mir erwählt war und der mich vergaß.«

Die Worte des Propheten Ahia kamen vor Salomon. Er befahl, Jerobeam zu fangen. Aber der entkam zum König Sisak nach Ägypten und blieb dort, bis Salomon starb.

Der König Salomon war nur ein wenig über sechzig, als er sich auf seinem Lager ausstreckte und es nicht mehr verließ. Er blickte mit offenen Augen zu dem Purpur des Betthimmels und sprach von Dingen, die keiner verstand. Er deutete alle Strophen im Lied der Nachtigall, sprach mit den Worten des Hirsches und gab an, wie den Eidechsen zu pfeifen sei. Zu Rehabeam, seinem ältesten Sohn, sagte er: »Freu dich, du bist jung. Laß dein Herz guter Dinge sein. Tu, was dich gelüstet! Nur zu, greif nach allem, was deinen Augen gefällt! Aber übersieh nicht, daß dich Gott für alles einmal zur Rechenschaft ziehen wird.«

Tagelang sprach Salomon mit sich selbst. Immer wieder nannte er Zahlen, die seiner Umgebung geheimnisvoll erschienen, bis man merkte, es handelte sich um die Zahlen der Maße des Weizenmehls und des Gerstenmehls, die täglich an den königlichen Hof abgeliefert werden mußten: »Dreißigtausend, sechzigtausend, jedes Tausend zu Tausend.« Manchmal sagte er zu den Frauen, die ihn umbetteten: »Dies ist täglich zu fordern, mein Hof ist groß und glänzend. Seht nach und zählt! Zehn gemästete Rinder! Zwanzig Weiderinder! Hundert Schafe! Und Hirsche und Rehe – und Gemsen und gemästetes Federvieh. Und vergeßt nicht die Gerste für die Pferde – und das Stroh!«

Als seine Augen trüb wurden, schickte er auch seine Lieblingsfrauen, die wimmernd und flüsternd sein Lager umstanden, hinaus. Er murmelte, da sie ihn verließen: »Schmutzige Fliegen verderben gute Salben. Aber das zu wissen und dann doch die Salbentöpfe nicht zu schließen, es ist vergebliches Wissen und ganz und gar eitel.«

Salomon wurde in der Nacht, als er starb, eisig still. Er lag da, als wäre er schon gestorben. Dann erhob sich seine Stimme, als wollte sie singen, und er sagte: »Abisag! Wo ist dein Freund hingegangen, o du schönste unter den Frauen? Wo hat er sich hingewandt, dein Freund? Komm, wir wollen ihn mit dir zusammen suchen.« Danach wurde kein Wort und kein Atem mehr hinter dem Purpurvorhang vernommen. Salomon wurde begraben in der Stadt seines Vaters David. Rehabeam, sein Sohn, wurde König an seiner Statt.

Die Teilung des Reiches

Kaum war der König tot, da schickten die Ältesten aus dem Nordreich Boten nach Ägypten. Sie brachten Jerobeam nach Sichem, wohin der Sohn Salomons ganz Israel bestellt hatte. Der neue König Rehabeam war vierzig Jahre alt. Die Ältesten redeten ihm zu, daß er das schwere Joch seines Vaters Salomon nun von dem Volk abnehme oder es doch leichter mache. Rehabeam forderte Bedenkzeit, er müsse seinen Rat befragen. Die Ältesten baten ihn, dem Volk doch willfährig zu sein und die Abgaben und Frondienste einzuschränken. Die jungen Leute aber, mit denen Rehabeam aufgewachsen war, verhöhnten die Forderungen des Volks und stachelten den König an, sich seines Vaters würdig zu erweisen und dem Volk nicht eine einzige Bitte zu erfüllen: Sie sagten: »Eine einzige erfüllte Bitte des Volkes ist eine Bresche in der Mauer der unbegrenzten Königsmacht!« Dieser Rat gefiel Rehabeam. Er trat vor das Volk, gab auf alle Fragen harte Antworten, sagte sogar: »Mein kleiner Finger ist dicker als meines Vaters Lenden. Schlug Salomon mit Peitschen, so sollen meine Peitschen auch noch Stacheln tragen.«

Da schrie das Volk auf. Sie riefen: »Was geht uns das Haus David an, was schert uns dieser Erbe Salomons, der Sohn eines Heidenweibes, einer Ammoniterin, ein Nachfahr der Töchter Lots!« Und es lief durch die Reihen der Versammelten: »Israel, heb dich hinweg zu deinen Hütten!« So taten sie und ließen Rehabeam stehen. Und Jerobeam zog mit den vom Haus David Abgefallenen gegen Norden. Nur das Haus Juda blieb Rehabeam treu.

Als Rehabeam kurze Zeit darauf mit seinem Rentmeister Adoram und seiner Leibgarde jenseits der Grenzen des Stammes Juda erschien und den Zehnten forderte, da hoben die Männer und Frauen Steine auf und warfen damit Adoram, den Rentmeister, tot. Der König sprang auf seinen Wagen und konnte mit seiner Leibwache entkommen. Das war der Tag, da der Norden vom Haus David für immer abfiel und seither Israel hieß. Sie machten Jerobeam zu ihrem König. Rehabeam zog sein Heer zusammen und wollte gegen Israel zu Felde ziehen, aber der Prophet Semaja ging zum König und sprach zu ihm: »Es ist der Wille des Herrn, daß ihr nicht zu Felde zieht wider eure Brüder, die Kinder Israel. Alle sollen nach Hause gehen. Was geschehen ist, geschah von Gott. Die Sünde Salomons hat Israel vom Haus David gerissen, nicht Jerobeam.«

Jerobeam sah aber, wie die Bewohner seines Landes nach Jerusalem hinaufzogen zum Tempel, um dort zu opfern. Er sprach zu sich selber: »Wo das Volk betet und opfert, da ist auch sein Herz. Eines Tages, wenn Rehabeam den Kindern Israel schöntut, werden sie mich im Stich lassen, ja mich töten und wieder dem Haus David anhangen. Denn von David und Salomons Namen geht eine Zauberkraft aus. Ich muß die Grenzen schließen und in Israel Orte schaffen, an denen das Volk den Herrn anbeten und ihm opfern kann.«

Jerobeam ließ also zwei goldene Stiere anfertigen und stellte das eine Bild in Bethel auf, das andere in Dan. Und er sprach zum Volk: »Ich tue euch, wie Aaron, der Bruder des Mose, den Kindern Israel tat. Ich zeige euch Jahwe in der Gestalt des Stieres. So könnt ihr ihn sehen und ihm opfern und braucht nicht nach Jerusalem zu reisen, in das Land des bösen Königs, der euch das Joch seines Vaters Salomon noch schwerer machen wollte.« Und Jerobeam wählte Priester aus allem Volk aus, aber nicht aus den Kindern Levi, welche in Judäa wohnten. Er gab dem Volk dieselben Feste, wie sie in Judäa gefeiert wurden von alters her. Alsbald kamen Propheten aus Juda herüber, die sprachen Drohungen gegen Jerobeam aus und verfluchten die Altäre vor den goldenen Stierbildern.

Der Prophet Ahia

Jerobeam hatte Stadt um Stadt zur Wohnung ausgesucht und eine jede befestigt. Zuletzt wohnte er in Thirza. Da erkrankte der Sohn Jerobeams. Der König sagte zu seiner Frau: »Verkleide und verschleiere dich wie eine Hure, daß niemand merkt, wer du bist. Dann mach dich auf und geh nach Silo. Da wohnt der Prophet Ahia, der mir mein Königtum einst verheißen hat. Nimm ihm Geschenke mit, Brot und Kuchen und Honig, und er wird freundlich zu dir sein und dir weissagen, wie es unserem Sohn ergehen wird.«

Die Frau Jerobeams tat so, ritt nach Silo hinauf und trat in das Haus Ahias. Der Prophet konnte sie nicht sehen – seine Augen waren vor Alter starr und dunkel geworden. Aber Ahia wußte vom Herrn, wer die Fremde war und weswegen sie ihn besuchte. Als er das Rauschen ihres Gewandes und ihre Schritte vernahm, sagte er zu ihr: »Komm, setz dich, du Frau des Jerobeam.« Als sie vor Verwirrung nichts entgegnen konnte, fuhr Ahia fort: »Ich habe eine harte Botschaft für dich. Sage Jerobeam, so spricht der Herr: Du hast übel getan mehr als alle, die vor dir Fürsten waren über mein Volk. Du hast die Götterbilder gemacht und sie aufgestellt. Darum wird Unglück über das Haus Jerobeam kommen. So mach dich auf und geh heim. Wenn dein Fuß zur Stadt eintritt, wird das Kind sterben. Es wird aber ein anderer König über Israel herrschen, der wird das Haus Jerobeam ausrotten. Und der Herr wird auch Israel schlagen und wird den Baum Israel ausreißen aus diesem guten Land, das er den Vätern dieses Volks gegeben hat. Das alles sage Jerobeam, wie ich es ganz Israel sagen werde.«

Die Frau des Jerobeam machte sich auf und kam heim nach Thirza. Da sie den Fuß auf die Schwelle des Hauses setzte, starb der Knabe. Und Jerobeam stritt gegen Rehabeam sein Leben lang. Er regierte zweiundzwanzig Jahre und entschlief zu seinen Vätern. Sein Sohn Nadab folgte ihm und tat, was dem Herrn übel gefiel, und wandelte auf den Wegen seines Vaters und in dessen Sünde.

Der große Abfall

Die Könige von Juda stritten gegen die Könige von Israel, die Könige von Israel stritten wider die Könige von Juda. Und die Könige opferten in Juda ebenso wie in Israel den Götzen und verführten das Volk. Nur die Armen und Geringen im Lande hörten auf die Stimmen der Männer Gottes, welche immer zahlreicher auftraten. Sie predigten wider den Bruderkrieg, der von Geschlecht zu Geschlecht anhielt und die Männer und Jünglinge dahinraffte, die Städte zerstörte und unerträgliche Lasten dem Volk auferlegte. Wie zu den Zeiten Salomons mußten die Männer fronen, dem König Festungen bauen und im Land des Feindes – es war aber das Land von Israeliten – heimlich bei Nacht Ölbäume ausrotten. Damals wurde auch die große Festung Samaria erbaut von Omri, der ein Feldhauptmann gewesen war und sich dann zum König über Israel gemacht hatte. Denn die Königsthrone waren nicht mehr sicher. Jeder, der sich König nannte, hatte seine Späher, seine

Leibwache, Streitwagen und Reiterei, um sich vor allem gegen seine eigenen Untertanen zu schützen. So schwächte sich Israel im Streit mit Juda und Juda im Streit mit Israel, so daß im fünften Jahr der Regierung Rehabeams der König von Ägypten heraufzog und Jerusalem erobern konnte. Er plünderte den Tempel Salomons, doch sollte das Heiligtum diesmal noch nicht zerstört werden. Aber das Volk Juda verstand diese Drohung so wenig wie das Volk Israel. Sie verbanden sich sogar mit den Fremden, um über den Bruder zu siegen. So tat Asa, der König von Juda, und schloß einen Bund mit Benhadad, dem König von Syrien, der in Damaskus wohnte.

Gott, der Herr, herrschte nur noch in den Herzen der letzten Gerechten, Männern und Frauen, die im Verborgenen lebten oder vor dem König und dem Hof ihren Glauben verhüllten. So einer war auch der Haushofmeister des Königs Achab, Obadja, der die Propheten verbarg und ihnen heimlich Brot brachte. Die Könige von Israel glichen den Königen von Juda in allen Stücken. Die Söhne der Könige aber in beiden Reichen unterschieden sich darin von ihren Vätern, daß sie jeweils ärger waren als ihre Vorgänger. Achab, der Sohn des Omri, wandelte in der Sünde Jerobeams und opferte den goldenen Stieren in Bethel und Dan. Dazu nahm er sich Jezabel zur Frau, eine Tochter des Königs von Sidon, eine Heidin. Achab dachte, da er dem goldenen Stier opferte, nicht mehr an Jahwe, wie es noch Jerobeam getan hatte, sondern er betete im Stier den Baal an, den Gott in der Sonne. Sie brachten dem Baal zur Zeit der Dürre, wenn die Sonne die Felder verwüstete, Menschenopfer dar, um den Glut-Gott in der Sonne zu versöhnen. Achab, der Sohn des Omri, König von Israel, errichtete dem Baal Tempel und Altar und ließ auch Ascherabilder aufstellen, trieb es mit den Götzen nach dem Willen Jezabels und verfolgte die Propheten Gottes.

Elia steht auf

Da stand Elia vor Achab. Der König hatte diesen Mann noch nie gesehen. Er trug ein härenes Gewand und war um die Lenden gegürtet. Sein Kopf war auf dem Scheitel geschoren nach Art der Propheten. Seine Stimme schlug und stach zu wie ein Schwert aus Feuer. Elia sprach zu Achab: »So wahr der Herr lebt, der Gott Israels, vor dem ich lebe, es soll weder Tau noch Regen fallen, bis ich es sage.«

Achab hörte diese Worte, sah den Mann und ließ ihn davongehen, er konnte nicht sagen: Faßt ihn, erschlagt ihn. Elia verbarg sich am Bach Krith, der in den Jordan fließt. Die Raben brachten ihm Brot und Fleisch des Morgens und des Abends, und aus dem Bach trank er. Doch da vertrocknete der Bach, und Elia sah, daß die Dürre begonnen hatte.

Die Stimme des Herrn trieb ihn nach Sarepta, das im Gebiet von Sidon liegt. Er kam an das Tor der Stadt und sah eine arme Frau, die Holz auflas. Elia sagte zu ihr: »Mein Gott hat mich zu dir geschickt. Hol mir Wasser, daß ich trinke.« Und da sie sich umwandte, ihm Wasser zu holen, rief er ihr nach: »Bring mir auch einen Bissen Brot mit.« Sie antwortete: »Ich habe nur noch eine Handvoll Mehl im Schaff und ein wenig Öl im Krug. Darum bin ich hierhergekommen, um Holz zu sammeln. Ich geh' dann in mein Haus und mach' meinem Sohn und mir noch etwas zu essen. Ist nichts mehr da, müssen wir sterben. Die Teuerung ist groß, und niemand schenkt einer armen Witwe ein Stück Brot.«

Elia tröstete sie und sagte: »Geh hin und bereite uns dreien etwas Gebackenes. Du wirst sehen, das Mehl im Schaff wird nicht verzehrt werden, und dem kleinen Ölkrug soll nichts mangeln bis auf den Tag, da der Herr regnen lassen wird über diesem Lande.« Die Witwe ging hin und tat, wie Elia es ihr befohlen hatte. Sie aßen an diesem ersten Tage alle drei. Und an jedem Tag, der folgte, aßen sie. Das Mehl nahm nicht ab, und das Ölkrüglein blieb feucht.

Die Dürre wurde so schlimm, daß selbst viele Quellen austrockneten. Nur noch wenige flossen in Israel, aber sie gaben nicht genug Wasser für alle. Es geschah, daß im zwanzigsten Monat der Dürre an vielen Orten Mensch und Vieh vor Durst und Hunger starben. Da ließ Achab den Obadja, der seinem Hauswesen vorstand, zu sich kommen. Obadja war einer von den verborgenen Gerechten, die zu Elia und den Gottkündern standen. Achab sagte zu Obadja: »Zieh durch das Land und sieh zu, wo etwas Wasser fließt und noch etwas Gras steht. Wir müssen überall Heu machen oder das Vieh abschlachten.« Sie grenzten die Gegenden, die sie durchziehen wollten, gegeneinander ab. Achab zog mit seinen Leuten allein seinen Weg, Obadja ebenso den seinen.

Da nun Obadja ein Stück hinter seinen Knechten zurückgeblieben war, um seinen Gedanken nachzuhangen, stand vor ihm Elia. Obadja fiel vor ihm nieder und rief: »Bist du's wirklich?« Und Elia: »Geh hin und sage deinem Herrn, Elia ist hier.« Obadja hob die Hände abwehrend hoch: »Warum willst du mich töten? Es ist kein Volk, kein Königreich rund um uns her, wohin Achab nicht seine Meuchler geschickt hätte, dich aufzustöbern und zu töten. Und ich soll zu Achab gehen und sagen: Elia ist hier? Dann erkennt er mich als einen deiner Getreuen. Weißt du nicht, daß Jezabel die Propheten mordet und alle, die ihnen helfen? Ich habe hundert Männer Gottes in Höhlen versteckt. Wenn ich durch Achabs Hand sterbe, verhungern und verdursten sie.«

Elia bewegte sich nicht. Er sprach: »So wahr der Herr der Heerscharen lebt, vor dem ich stehe, ich will mich heute Achab zeigen.« Da gehorchte Obadja, suchte Achab auf und teilte ihm mit, daß Elia den König erwarte. Achab ging hin, Elia entgegen. Als er ihn von nahem sah, rief Achab: »Das ist er, der

Israel zerrüttet.« Elia antwortete: »Nicht ich, sondern du und deines Vaters Haus, ihr habt Israel zerrüttet. Denn ihr habt den Herrn verlassen und seid Baalsknechte geworden. Aber nun geh hin und versammle mir die Ältesten von Israel auf dem Berg Karmel und die vierhundertfünfzig Baalspriester und die vierhundert Priester der Pfahlgöttin, alle, die zur Zeit vom Tisch der Jezabel, der Königin von Israel, essen.«

Achab gehorchte und berief die Versammlung ein. Da trat Elia zum Volk und sprach: »Wie lange hüpft ihr von einem Ast zum andern? Ist Gott der Herr, so hangt ihm an. Ist's aber Baal, so dient ihm.« Das Volk antwortete mit keinem Laut. Wieder erhob Elia seine Stimme: »Seht doch, ich stehe hier allein als der Prophet des Herrn. Aber der Propheten Baals sind viele. So gebt uns zwei junge Stiere, den Baalspriestern einen und mir einen. Sie sollen ihren Stier dem Baal als Opfer zurichten; ich richte meinen Stier dem Gott zu, der Himmel und Erde gemacht hat. Aber wir legen kein Feuer an das Opfer. Sondern die Diener des Baal rufen ihren Gott an. Ich rufe den Namen des Herrn an. Welcher Gott nun mit Feuer antwortet und das Opfer, das ihm dargebracht wird, verbrennt und also annimmt, das ist der lebendige Gott, jener, der ist und immer sein wird.«

Das Volk rief: »So sei es, das ist recht.« Die Baalspriester richteten darauf ihren Opferstier zu, tanzten um den Altar und riefen den Namen Baals, viele Stunden hindurch, bis die Sonne über ihnen stand. Aber keine Stimme antwortete, nichts geschah. Da es nun Mittag wurde, spottete Elia: »Lauter! Vielleicht schläft euer Gott. Oder er dichtet. Oder er macht gerade Wasser über dem dürren Land. Oder er ruht bei Aschera. Ruft lauter, wirklich, er schläft, euer Gott!« Die Stimmen der Baalspriester wurden heiser von ihrem Geschrei. Sie tanzten und schwitzten, ritzten sich mit Messern und Pfriemen nach ihrer Weise die Haut, daß ihnen das Blut über den nackten Oberkörper herabfloß. Als ihre Stimmen in der Hitze immer dünner und schriller wurden, als einer um den andern umfiel, in Zuckungen dalag und immer noch keine Antwort aus der Höhe gekommen war, rief Elia: »Kommt zu mir!« Er trat vor den andern Altar. Es war gerade die Stunde, das Speiseopfer darzubringen. Elia erhob seine Stimme: »Herr, Gott Abrahams, Isaaks und Israels, tu heute kund, daß du Gott in Israel bist, und daß ich dein Knecht bin und dies alles auf dein Wort hin tue. Erhöre mich, Herr, daß dieses Volk aufs neue erfährt, du, Herr, bist Gott allein.«

Da fiel Feuer vom Himmel herab und fraß das Brandopfer, Holz, Stein und Erde. Das Volk fiel vor der Gewalt des Herrn aufs Antlitz, alles schrie durcheinander: »Der Herr ist Gott, unser Gott ist der Herr.« Elia aber hieß sie Hand anlegen an die Baalspriester. Die törichten und betäubten Männer wurden gebunden und hinabgetrieben an den Bach Kison. Und Elia gebot, sie alle hier zu töten. Es entkam keiner.

Gott ist nicht im Sturm

Achab hatte alles geschehen lassen. Darauf schickte ihn Elia auf den Berg und sagte: »Setz dich hin, iß und trink und warte. Ich höre ein Rauschen in der Ferne. Bald wird ein Regen fallen.« Da Achab hinaufging, stieg Elia auf des Karmels Spitze, zog seine Beine an, bückte sich und legte seinen Kopf zwischen die Knie. Er sagte zu seinem Schüler: »Geh noch ein Stück höher hinauf und schaue aufs Meer.« Der Schüler tat, wie ihm geheißen, kehrte zurück und sagte: »Es ist nichts zu sehen.« Nach einer Weile schickte ihn Elia wieder hinauf. Er kam zurück wie das erstemal und meldete dasselbe. So schickte ihn Elia abermals hinauf. Beim siebtenmal kehrte der Schüler zurück und sagte: »Ein Wölkchen steht niedrig über dem Meer.« Elia sprach: »Geh hin zu Achab und sage ihm: Spanne an und fahre hinab, daß du nicht in den Regen gerätst.« Ehe man es begriff, war der Himmel von Wolken schwarz und vom Wind erregt. Schwer und gewaltig strömte der Regen herab und ergoß sich über das Land, Tag und Nacht, und alles trank.

Elia aber machte sich auf und floh unter den Fittichen des strömenden Regens durch Tal und Schlucht. Er wußte, daß Jezabel, kaum daß sie vom König erführe, was geschehen war, ihre Meuchler hinter ihm her schicken werde. Noch in Beer-Seba fühlte sich Elia nicht sicher, ließ seinen Schüler zurück und floh weiter in die Wüste hinein, eine ganze Tagereise. Da sank er unter einem Wacholderstrauch zu Boden und betete zu Gott, er möge ihn sterben lassen. »Es ist genug«, sprach er, »nimm dahin, o Gott, meine Seele. Ich bin nicht mehr als meine Väter. Warum soll es mir besser ergehen als ihnen?«

So legte er sich unter den Wacholder und schlief ein. Da rührte ihn eine Hand im Schlaf an, es war ein Bote des Herrn. Elia hörte ihn sagen: »Steh auf und iß!« Er erwachte, und siehe: Neben ihm lag ein geröstetes Brot und stand eine Kanne mit Wasser. Er trank und aß und legte sich wieder schlafen. Noch einmal geschah dasselbe, er vernahm die Worte: »Steh auf und iß! Du hast einen weiten Weg vor dir.« Da erhob er sich, aß und trank und ging kraft dieser Speise ununterbrochen vierzig Tage und vierzig Nächte, wohin es ihn trieb: zum Berg Gottes, auf dem Mose die Gebote empfangen hatte.

Er fand im Gebirge eine Höhle und blieb daselbst über Nacht. Da kam das Wort des Herrn zu ihm und fragte an seinem Ohr: »Was machst du hier, Elia?« Er antwortete: »Ich habe geeifert für den Herrn, den Gott, inmitten seiner flammenden Boten. Denn die Kinder Israel haben das Bündnis mit dir gebrochen, deine Altäre verlassen, deine Propheten mit dem Schwert stumm gemacht. Ich allein bin übriggeblieben.« Die Stimme sprach: »Heraus! Tritt vor deine Höhle und öffne all deine Sinne!« Und Elia hörte: Vorüber brauste ein Sturm, die Felsen bebten, die Steine stürzten herab. Aber nur der Vorreiter war es vor seinem Antlitz. Er selbst war nicht im Sturm. Und ein Erdbeben rüttelte vorüber. Aber es war nur der Schall der Räder an seinem Wagen. Er selbst: nicht im Schall, nicht im Beben. Und ein Feuer flammte vorüber. Aber es war nur die Glut seines Nahens. Er selbst: nicht im Feuer, nicht in der Glut. Da nahte ein Stimme, sanft wie der Morgenwind, ein Wort, halb noch im Schweigen. Elia verhüllte sein Haupt und betete an. Er hörte die Stimme, wie sie ihn durchdrang und zu ihm sprach und ihm auferlegte, drei Männer zu salben: den Hasael zum König über Syrien, den Jehu zum König über Israel und den Elisa zum Propheten und zum Vollender des Werkes, das Gott durch Elia begonnen hatte. Die Stimme des Herrn wurde furchtbar in Elia, als sie sprach: »So soll geschehen, daß von Jehu getötet wird, wer dem Schwert Hasaels entrinnt, und wer Jehu entrinnt, den soll Elisa töten. Ich will in Israel aufrecht lassen nur die Knie derer, die sich nicht gebeugt haben vor Baal, und Atem lassen nur im Munde derer, die Aschera nicht geküßt haben.«

Elia ging von dannen. Er fand Elisa, den Sohn Saphats. Der pflügte mit zwölf Ochsen das Feld seines Vaters. Elia trat auf ihn zu und warf seinen Mantel auf ihn. Elisa verstand und lief hinter ihm her und rief: »Laß mich nur meinen Vater und meine Mutter zum Abschied küssen, dann folge ich dir nach.« Elia sagte: »Tu's und komm alsbald zu mir.«

Elisa nahm ein Joch Rinder, opferte es und kochte das Fleisch und gab es den Nachbarn, daß sie mit ihm aßen. Dann machte er sich auf und folgte Elia nach und wurde sein Schüler und diente ihm.

Könige und Propheten

Benhadad, der König von Syrien, versammelte all seine Macht und zweiunddreißig Könige um sich und zog hinauf nach Israel und belagerte Achab in seiner Stadt Samaria. Er forderte Achab zur Übergabe auf und verlangte als Tribut Gold und Silber und Achabs Frauen und Kinder. Achab hatte Furcht, erniedrigte sich und ließ Benhadad sagen: »Mein Herr und König, ich bin dein und alles, was ich habe.«

Da kam ein Mann Gottes zu Achab, einer aus der Schar, die Elia anhing. Er gebot Achab: »Du sollst nicht dem Fremden gehorchen, sondern kämpfen für Israel.« Und er stützte Achabs Mut und versprach ihm den Sieg. Die Israeliten brachen also am hellen Mittag auf. Benhadad saß in seinem Zelt und trank mit seinen Obersten und den zweiunddreißig Königen, alle waren betrunken. Die Syrer wurden geschlagen und verloren alle ihre Streitwagen. Benhadad schickte Boten und flehte Achab um sein Leben an. In der Freude des Sieges gewährte Achab dem geschlagenen König Gnade und ließ ihn neben sich sitzen auf seinem Streitwagen. Wieder erschien derselbe Mann Gottes vor Achab und tadelte ihn hart, daß der König Israels großmütig handele auf Kosten seines Volkes. »Benhadad war ein Mann des Todes. Er gehörte nicht dir, sondern dem Herrn.« Da zog Achab voll Zorn dahin. Er kam nach Samaria und verbarg sich unmutig in seinem Palast. Um seinen Ärger über den Propheten loszuwerden, reiste er weiter und kam in seinen Sommerpalast bei Jesreel. Er stand am Fenster des großen Hauses und schaute in den Weinberg hinab, der dem Naboth gehörte. Achab sprach zu sich selbst: »Nun habe ich gesiegt in einem herrlichen Streit und bin groß und stark geworden über Israels Grenzen hinaus. Darum kann ich nun endlich das Werk vollbringen, das ich mir vorgenommen habe, seit ich König von Israel bin und jeden Sommer in diesem Haus wohne.« Darauf ließ er Naboth, den Besitzer des Weinberges, zu sich kommen und sprach zu ihm: »Möchtest du nicht deinem König und deinem ganzen Volk einen Dienst erweisen? Da ich ein großer König bin, will ich aber nichts zum Geschenk erhalten. Ich gebe dir für das, was ich von dir wünsche, etwas Schöneres oder ich bezahle dir einen guten Preis in Silber auf den Tisch. Sieh da, unter meinem Palast liegt dein Weinberg. Er stößt an meinen Garten und fast an mein Haus. Nun habe ich den Feind so oft geschlagen, und du und Israel, ihr solltet mir meinen Herzenswunsch erfüllen. Ja, ich möchte deinen Weinberg kaufen und mir einen großen Kohlgarten daraus machen. Ich kann dann von hier aus zusehen, wie meine Knechte Kohl und Lauch und Zwiebeln ziehen, das tut meinem Herzen wohl.«

Naboth hob seine Hände abwehrend vor seine Brust und sagte: »Der Weingarten ist meiner Väter Erbe. Die Augen des Herrn ruhen darauf, daß die Söhne ihr Angestammtes bewahren. Der Weinberg, den du mir statt diesem da gäbest, stammte nicht mehr aus dem Erbteil.« Achab konnte vor Zorn und Verdruß kein Wort hervorbringen. Er entließ Naboth mit einem Wink. Und er legte sich auf das Bett, kehrte sich zur Wand und wollte nicht essen. Als Jezabel erfuhr, weswegen Achab sich derart grämte, lachte sie nur: »Jetzt wollen wir doch sehen, ob du König von Israel bist. Steh auf und iß und laß mich gewähren. In einer Woche hast du den Weinberg und in einem Jahr deinen Kohlgarten.«

Jezabel ging in das Gemach des Königs, rief den Schreiber und diktierte ihm einen Brief. Den sollte er siebenmal abschreiben und den Ältesten der Stadt übergeben. Der Brief lautete: »Ruft ein Fasten aus. Ladet Naboth vor das Volk. Stellt ihm zwei Zeugen gegenüber, die des Königs Gnade sicher sind. Die zwei Zeugen sollen aussagen: Du hast Gott und dem König abgesagt. Das ist die Wahrheit: Wer seinem König einen so kleinen Dienst verweigert und nicht einmal einen Weinberg für gutes Geld verkaufen will, ist ein Verräter am König und am Volk. Wer aber den König und das Volk verrät, hat keine Götter.«

Die Boten kamen nach zwei Tagen zurück und meldeten: »Sie führten Naboth vor die Stadt und haben ihn gesteinigt.« Da ging Jezabel zu Achab, der noch immer auf dem Bett lag, und sprach: »Steh auf und geh hinunter. Der Weinberg ist dein. Sogar die Kaufsumme hast du dir erspart.«

Es war aber schon Abend, und Achab zeigte keine Lust, in der Dunkelheit hinunterzugehen. Als er nun am andern Morgen in Naboths Weinberg eintreten wollte, stand Elia in der Steinmauer. Er stand da wie der Pfosten des Tores und rührte sich nicht. Als Achab ihn erblickte, fuhr er zurück und sagte: »Ah, sieh an, da ist er schon wieder, mein Feind!«

Elia sprach: »So spricht der Herr: Du hast gemordet und das Gut des unschuldig Ermordeten in Besitz genommen. Die Hunde, die das Blut Naboths geleckt haben, sollen auch dein Blut lecken. Dein Haus wird ausgerottet werden. Und sage dem Weib, das dich überredet hat zu allem Bösen, so spricht der Herr: Die Hunde werden Jezabel fressen an der Stadtmauer von Jesreel.« Und Elia ließ Achab stehen, schritt an ihm vorüber und ging weg.

Da blickte sich Achab um und sah, daß niemand bei ihm war, und die Angst vor dem Herrn übermannte ihn. Er eilte nach Hause, zerriß seine Kleider und legte zur Buße das Sackgewand an, fastete, schlief im Sack und ging jammernd umher. Drei Jahre lebte er noch geduckt und unsicher dahin. Jede Stunde lagen auf ihm die Worte des Propheten und drückten ihn nieder. Überall sah er die Hunde, die sein Blut lecken würden. Da machte er sich Mut und sprach zu sich selbst: »In der Schlacht gibt es keine Hunde. Dort also bin ich sicher vor ihnen.« Und er lud Josaphat, den König von Juda, ein, mit ihm gegen Ramoth in Gilead zu ziehn.

Am Morgen vor der Schlacht erblickte Achab einen Hund in seiner Nähe. Der Schrecken des Todes überkam ihn so sehr, daß er alle Zeichen seines Königtums abtat und wie ein einfacher Hauptmann gekleidet auf seinen Streitwagen stieg. Doch ein Syrer spannte seinen Bogen und ließ einen Pfeil aufs Geratewohl in die Masse der Israeliten entschwirren. Der Pfeil traf zwischen Panzer und Wehrgehänge einen Hauptmann, und es war Achab, der König von Israel. Er sagte zu seinem Wagenlenker: »Wende! Bring mich heraus! Ich bin getroffen.«

Aber das Kampfgewühl war dicht, und der Wagen konnte nicht wenden. Achab hockte darin bis zum Abend und starb. Da ließ man den Tod des Königs im Heer ausrufen. Seine Getreuen brachten ihn nach Samaria und begruben ihn am folgenden Tag. Achabs Wagen stand am Teich von Samaria. Es war die Stunde, da die Huren dort badeten. Da kamen die Knechte, den Wagen des Königs zu waschen. Sie fanden einige Hunde auf dem Wagen, und sie sahen: Der Wagen war voll vom Blut Achabs, die Hunde leckten es auf. Als das Jezabel hörte, erschrak sie zu Tode. Von diesem Augenblick an kamen ihre Gedanken von den Hunden nicht mehr los.

Elia wird hinweggenommen

Ahasja, der Sohn Achabs, wurde König von Israel. Er herrschte zwei Jahre. Da stürzte er durch das schadhafte Geländer vom Söller seines Palastes herab und lag gelähmt zu Bett. In diesem Jahr gingen Elia und Elisa aus Gilgal hinaus. Elia wußte, daß es für ihn Zeit sei, zum Herrn heimzugehen. So sagte er zu Elisa: »Bleib du hier. Der Herr drängt mich nach Jericho.« Elisa antwortete: »Ich verlasse dich nicht.« Da sie nun nach Jericho kamen, traten Prophetenschüler zu ihnen und sagten zu Elisa: »Weißt du auch, daß der Herr deinen Meister heute von dir nimmt?« Elisa seufzte: »Ich weiß es. Schweigt doch, schweigt!« Und Elia sprach nochmals zu Elisa: »Bleibe du hier. Mich drängt der Herr zum Jordan hinab.«

Elisa antwortete: »So wahr der Herr lebt, ich verlasse dich nicht.« Und die beiden gingen miteinander zum Jordan. Da nahm Elia seinen Mantel, wikkelte ihn zusammen und schlug damit ins Wasser. Es teilte sich, daß sie trockenen Fußes hindurchgingen. Da sie aufs andere Ufer stiegen, sprach Elia zu Elisa: »Sag mir, was ich dir tun kann, eh ich von dir genommen werde.« Elisa bat: »Laß über mich kommen deinen Geist in doppelter Fülle.« Und Elia: »Du hast um ein hartes und schweres Los angehalten. Doch so du mich siehst, wie ich nun von dir genommen werde, wird dein Wunsch in Erfüllung gehen. Siehst du mich nicht, bist du nicht erhört.«

Da sie noch miteinander gingen und redeten, siehe da: Feuer und Wetter! Ein Wagen aus Flammen und Rosse aus Flammen! Und Elia inmitten! Er wurde hinaufgerissen in die Höhe. Elisa sah's und schrie: »Mein Vater, mein Vater! Du Israels Wagen! Du Israels Retter!« Und sah ihn nicht mehr. Elisa weinte und zerriß seine Kleider. Er nahm den Mantel des Elia auf, welcher dem Entschwundenen entfallen war, und kehrte ans Ufer des Jordans zurück. Er rollte den Mantel des Meisters zusammen und schlug damit aufs Wasser. Sofort wich das Wasser, und er ging auf dem Sandbett hindurch. Das hatten die jungen Propheten gesehen, die auf der andern Seite des Jordans warteten. So erkannten sie die Gnade des Herrn und sprachen: »Der Geist des Elia ruht auf Elisa.« Sie gingen ihm entgegen, fielen vor ihm nieder und nahmen ihn an als ihr neues Haupt. Und Elisa tat wie Elia Wunder, stärkte den Mut seiner Schüler, erbarmte sich der Armen, führte die Könige und wehrte der Bosheit der Mächtigen und der Zeiten Not und zeigte in allem auf den Herrn.

Jehu, der Rächer

Es war zu der Zeit, als König Joram von Israel gegen Hasael, den König von Syrien, zu Felde zog und ihn in Ramoth in Gilead belagerte. Dort wurde Joram verwundet und ließ sich nach Jesreel bringen. Joram liebte wie einst sein Vater den Sommerpalast in den Weingärten. Er wollte bei seiner Mutter Jezabel seine Wunden pflegen. Das vernahm Elisa, und er befahl einem Schüler: »Mach dich reisefertig, nimm ein Horn mit Öl und geh nach Ramoth in Gilead. Sobald du ins Lager kommst, frag nach Jehu. Das ist der Sohn Josaphats, der Enkel des Nimsi. Geh in sein Zelt, heiß ihn herauskommen, führe ihn abseits und salbe ihn. Und teile ihm diese Worte mit: So spricht der Herr: Du bist zum König gesalbt durch Elisa, meinen Knecht. Du sollst das Haus Achab schlagen, daß es verschwinde ganz und gar. Gerächt sei das Blut aller Gerechten, das Jezabel vergossen hat. Die Hunde warten auf Jezabel, sie sollen ihr Fleisch fressen, wie Elia es vorausgesagt hat, und niemand soll sie begraben. — Hast du diese Worte Jehu mitgeteilt, dann lauf davon, so schnell du kannst, und kehr zu mir zurück.«

Der Schüler des Propheten machte sich auf, eilte nach Ramoth und tat, wie ihm befohlen war.

Als nun der Hauptmann Jehu zu seinen Mitstreitern wieder ins Zelt trat, fragten sie ihn, was der junge Mann im härenen Prophetengewand von ihm gewollt habe. Jehu blickte einen um den andern an, endlich sagte er: »Der Bote kam von Elisa. Und seht, auf meinem Scheitel ist Öl. Der Prophet des Höchsten hat mich zum König über Israel gesalbt.« Sie schwiegen alle so lange, als ein Mann braucht, einen langen Atemzug zu tun. Dann sprangen sie auf. Sie führten Jehu in das Zelt des Königs, das leer stand. Und legten ihre Mäntel auf die Stufen des Thrones unter Jehus Füße und ließen die Posaunen blasen und im Lager ausrufen: »Jehu ist unser König!«

Am andern Tag zog Jehu mit einem Teil des Heeres gen Jesreel. Zur Zeit befand sich auch der König von Juda in der Stadt, um Joram, der noch immer seine Wunden pflegte, zu besuchen. Der Wächter, der auf dem Turm in Jesreel stand, rief hinunter: »Ein Haufen Reiter rückt heran.« Da schickte Joram den Unbekannten einen Reiter entgegen und ließ fragen: »Kommt ihr in Frieden?« Jehu antwortete dem Reiter: »Frieden? Mach dich hinter mich und reihe dich ein.«

Das sah der Wächter auf dem Turm und meldete: »Der reitende Bote hat sie erreicht — und reiht sich ein.« Da schickte Joram einen zweiten Reiter. Dem antwortete Jehu auf dieselbe Weise, und auch er reihte sich in Jehus Reiterschar ein. Der Wächter meldete vom Turm: »Auch er kommt nicht zurück. Die Reiter treiben nun ihre Pferde an. Sie stürmen wie die Unsinnigen aus der Wüste. Reiten wie Jehu und seine Schar!«

Da sagte Joram: »Spannt an!« Man spannte seinen Wagen an. So zogen sie aus, Joram und Ahasja, der König von Juda, ein jeder auf seinem Streitwagen. Sie begegneten Jehu und seiner Schar auf dem Acker, der früher ein Weinberg war und dem Naboth gehörte. Nun wuchs Kohl und Lauch weit umher.

Da Joram seinen Hauptmann Jehu erkannte, rief er: »Kommt ihr in Frieden?« Jehu rief zurück: »Was Frieden? Bei dem Krieg deiner Mutter Jezabel gegen den Herrn und alles, was ihm heilig ist!« Da schrie Joram zu Ahasjas Wagen hinüber: »Verrat! Rette dich!« Und floh. Jehu hatte seine Hand ruhig am Bogen, hob ihn und schoß Joram einen Pfeil zwischen die Schulterblätter, von hinten ins Herz. Joram brach auf seinem Wagen zusammen. Jehu befahl Bidekar, seinem Waffenfreund: »Werft den Leib Jorams auf diesen Acker, auf den Acker Naboths, des Jesreeliters. Nach dem Wort des Herrn!« Als Ahasja das sah, floh er und wollte das Haus erreichen, das im Kohlfeld lag. Aber Jehu setzte ihm nach und ließ auch Ahasja erschlagen. Die Getreuen des Königs von Juda brachten seinen Leib nach Jerusalem und begruben ihn dort.

Da nun Jorams Mutter Jezabel erfuhr, daß sich Jehu der Stadt nahte, schminkte sie ihr Gesicht und schmückte sich und guckte zum Fenster hinaus, als hätte sie Langeweile. Als Jehu unter dem Palast entlangzog, rief sie hinab: »Nun, Jehu, wie geht's den Knechten, die ihren Herrn erschlagen?« Jehu blickte hinauf und sah zwei oder drei Kämmerer hinter Jezabel stehen, er rief: »Wer hält's mit mir? Herab mit der Baalshure, herab!« Die Kämmerer stürzten sie kopfüber in die Tiefe. Die Wand des Palastes und die Rosse waren von Jezabels Blut bespritzt, die Hufe des Reitertrupps zertraten sie.

Da nun Jehu beim Mahl saß, erinnerte er sich Jezabels und sprach: »Seht doch nach der Verfluchten und begrabt sie. Sie ist eines Königs Tochter.« Die Knechte gingen hin, fanden aber nichts mehr von Jezabel als ihren Schädel und einige Knochen. Sie kamen zurück und meldeten es Jehu. Er bedeckte sein Gesicht, dann sprach er: »So ist es gekommen, wie der Herr geredet hat durch Elia, seinen Knecht: Die Hunde sollen Jezabels Fleisch fressen.«

Achab hatte siebzig Enkelsöhne in Samaria. Jehu ließ sie alle erschlagen, dazu auch viele Kinder des Ahasja und alle Priester des Baal. Und zerbrach die Säulen des Baal und schleifte seinen Tempel. In dem restlichen Gemäuer ließ Jehu Abtritte für das Volk errichten. Also vertilgte er den Baalsdienst in Israel. Aber von der Sünde Jerobeams konnte er sich nicht frei machen. Er wollte nicht, daß sein Volk nach Jerusalem hinaufgehe, darum ließ er in Bethel und Dan die Jahwe-Stiere, die Jerobeam errichtet hatte, bestehen. Jehu regierte in Samaria achtundzwanzig Jahre und entschlief zu seinen Vätern. Und Joahas, sein Sohn, wurde König an seiner Statt.

Jezabels Tochter

Jezabels und Achabs Tochter hieß Athalja. Sie war die Mutter des Ahasja, des Königs von Juda. Als sie nun die Nachricht vom Tod ihres Sohnes erhielt, wollte sie selber Königin sein und ließ darum alle Kinder ihres Sohnes, die noch übriggeblieben waren, töten. Aber die Schwester Ahasjas, Joseba, rettete dem kleinen Joas das Leben, indem sie ihn, als das Schwert der Kindsmörderin wütete, in der Bettkammer seiner Amme versteckte. Joseba brachte das Kind in den Tempel des Herrn und gab ihn in die Hut des Hohenpriesters Jojada, dieser verbarg ihn. Athalja aber herrschte über Juda und machte das Volk sündigen vor den Götzen ihrer Mutter Jezabel.

Als nun der Knabe Joas sieben Jahre alt war, hielt der Hohepriester die Zeit für gekommen. Er hatte mit den Besten des Landes in aller Heimlichkeit einen Bund geschlossen und auch die Obersten des Heeres und der Leibwache für den im Tempel verborgenen Knaben gewonnen. Er zeigte ihnen den einzigen überlebenden Sohn des Königs Ahasja. An dem Tag, als der Knabe Joas aus seiner Verborgenheit hervortreten sollte, errichtete der Hohepriester einen Thron im Tempel, versammelte alle Verschworenen, führte Joas auf den Thron, salbte ihn und setzte ihm eine Krone auf sein Haupt. Alle schlugen die Hände zusammen und riefen: »Heil unserm König!« Sie öffneten die Tore des Tempels und zeigten dem Volk seinen König. Da brauste Jubel durch ganz Jerusalem. Als Athalja das Volk schreien hörte, ging sie dem Getöse nach und kam in den Tempel. Und da sah sie in der Vorhalle auf dem Thron den kleinen König sitzen, um ihn die Obersten und Trabanten. Und alles Volk war fröhlich, die Trompeten bliesen, die Pauken und Zimbeln machten ihre Herzen erregt.

Da blieb Athalja stehen, zerriß ihre Kleider und schrie: »Aufruhr! Aufruhr!« Der Hohepriester aber befahl, die Mörderin ihrer Enkel nicht im Tempel zu töten. So wurde sie von den Obersten hinausgeführt. Alles Volk wich vor ihr zurück. Auf dem Sandweg, der für die Rosse des Königs bestimmt war, wurde sie in den Palast geführt, in das Haus, das Salomon errichtet hatte. Dort fand sie den Tod.

Der Hohepriester ließ darauf den Tempel des Baal abbrechen. Das Volk erwürgte Matthan, den Baalspriester, vor seinem Altar. Alle in Juda waren fröhlich, Jerusalem lebte auf.

Der Tempel wird wiederhergestellt

Athalja hatte das Haus Gottes und alle seine Schätze in den Tempel des Baal überführen lassen. Da befahl der junge König Joas, daß die alte Steuer, die Mose noch in der Wüste auf das Haus Israel gelegt hatte, wieder erhoben werde. Der Kasten mit dem Loch, der im Tempel aufgestellt war, wurde jeden Tag voll von Silber und Gold, denn alles Volk opferte. Und jeden Tag kamen die Schreiber des Königs und zählten das Geld im Kasten. Als eine stattliche Summe beisammen war, gaben der König und der Hohepriester das Geld den Werkmeistern. Die dingten Steinmetze und Zimmerleute, ebenso Meister in Eisen und Erz und viele Maurer und Handlanger. Sie richteten das baufällige

Haus des Herrn auf und machten es wieder ansehnlich und schön, wie es gewesen war zu Salomons Zeit. Aus dem Gold, das übrigblieb, ließ man Gefäße für den Gottesdienst verfertigen. Und sie opferten Brandopfer vor dem Haus des Herrn, solange der Hohepriester Jojada lebte, wie in alter Zeit.

Jojada war schon betagt, als Joas auf den Thron kam. Als der Hohepriester nun starb, nahmen seinen Platz beim König die Kriegsleute ein. Sie führten ihn aber nicht auf den Weg des Gesetzes, sondern bückten sich vor ihm, hielten ihn Tag und Nacht im Wein gefangen und führten ihn von Fest zu Fest. Da waren auch bald wieder die Tänzerinnen der Aschera zu sehen und die hüpfenden Priester des Baal. In den erneuerten Tempel des Herrn fand nur noch das Volk seinen Weg, der König und seine Obersten dienten den Götzen.

Wieder erschienen Männer Gottes. Sie standen im Vorhof des Tempels und gaben Zeugnis wider den Abfall. Aber die Vornehmen und Obersten im Heer nahmen es nicht zu Gehör. Da erfüllte der Geist Gottes den Priester Sacharja, einen Sohn des verstorbenen Jojada. Er predigte täglich im Tempel, und viel Volk hing ihm an. Eines Tages erschienen der König und sein Hofstaat, um dem Sacharja ins Gesicht zu sehen und seine Worte zu wiegen. Als der Prophet den vom Herrn abgefallenen König und seine Würdenträger erblickte, rief er ihnen zu: »So spricht der Herr: Warum übertretet ihr meine Gebote? Warum handelt ihr wie die Toren? Warum wollt ihr kein Gelingen haben für all euer Tun? Ihr habt mich verlassen, euren Gott. So will ich denn auch euch verlassen.«

Die Hofleute blickten einer den andern an. Während sie aus dem Tempel hinausgingen, sprachen sie zueinander: »Sacharja muß sterben. Er hat den König einen Toren genannt und ihm geflucht. Denn er hat gesagt, daß Gott ihn verlassen habe.« Der König gebot, den Sacharja zu steinigen. So nahmen die Hofleute und Obersten, als sie das nächstemal in den Tempel gingen, unter ihren Mänteln Steine mit, weil im Hause des Herrn keine Steine umherlagen. Und sie steinigten Sacharja, als er seinen Mund aufs neue gegen den König auftat, zwischen Vorhof und Altar.

So hatte der König Joas der Barmherzigkeit vergessen, die ihm von Jojada erwiesen worden war. Er erwies sich wert seiner Großmutter Athalja. Sacharja rief, als er von den Steinen getroffen wurde und sterbend dalag: »Der Herr sieht alles und sucht heim alles!« Da nun das Jahr um war, zog ein Heer der Syrer herauf und brachte alle Obersten in Juda um und den ganzen Hofstaat des Königs, raubte, was zu rauben und fortzutragen war, und schickte die Beute an den König in Damaskus. Der König Joas aber wurde verwundet. Er verkroch sich irgendwo unten in den Gewölben des Palasts, den Salomon erbaut hatte.

Das Volk von Jerusalem geriet ins Staunen, denn das Heer der Syrer zählte keine fünftausend Mann. Niemand begriff, warum der König ihnen die Tore geöffnet hatte. Als sich Joas nun vor seinem Heer abschloß und niemandem eine Antwort gab, da verschworen sich einige Hauptleute gegen ihn, weil er Jerusalem den Syrern kampflos überliefert und das Blut des Sacharja vergossen hatte. Und es kamen Sabad und Josabad bei Nacht zum König und erstachen ihn in seinem Bett. Sein Sohn Amasja folgte ihm auf den Thron. Dieser war fünfundzwanzig Jahre alt, als er König wurde. Er kämpfte gegen die Edomiter. Aber als er sie zu Tausenden von einem hohen Berg hinabgestürzt hatte, nahm er ihre goldenen Götter mit nach Jerusalem, betete zu ihnen und spendete ihnen Räucherwerk. Da erschien ein Mann Gottes vor Amasja und sprach: »Wie kannst du dich beugen vor Göttern, die ihr Volk gegen dich nicht verteidigen konnten?« Aber der König Amasja fragte den Propheten: »Hab' ich dich zu meinem Rat ernannt? Habe ich auf deine Klugheit gewartet? Warum redest du also? Oder willst du vierzig Stockschläge auf deinen Rücken bekommen?« Da schüttelte der Mann Gottes den Kopf: »Ich merke wohl, du bist gut beraten zu deinem Verderben!«

Amasja hörte auf niemand, er kam sich nach dem Sieg über Edom als ein gewaltiger Herrscher vor. Er schickte zu Joas, dem König von Israel, und ließ ihm sagen: »Komm mit deinem Heer, mach es so groß und stark, wie du willst. Ich, der Sieger von Edom, möchte mich mit dir messen.« Joas ließ ihm antworten: »Bleib daheim! Du ringst die Hände, um das Unglück herbeizuzwingen über dich und dein Volk.« Doch Amasja hörte nicht auf Joas' Warnungen, sondern zog in den Kampf gegen Israel. In Beth-Semes stießen die Heere aufeinander, und Joas, der König von Israel, zerschlug Amasjas Heer und verjagte die Kinder Judas in alle Winde. Er zog weiter bis Jerusalem, das ungeschützt dalag. Joas ließ die Stadtmauer niederreißen vom Tor Ephraim bis an das Ecktor, eine Strecke von vierhundert Ellen. Alles Gold und Silber trug er aus dem Tempel und dem Palast davon. Und er nahm Geiseln mit nach Samaria. Amasja, der geflohen war, überlebte seinen Gegner Joas um fünfzehn Jahre. Aber er führte das Leben eines Gejagten. In Jerusalem waren alle, die es mit dem Tempel hielten, gegen den König. Amasja wurde unstet und verbarg sich im Lande, bis sie ihn in Lachis fanden und töteten. Sie brachten ihn auf Rossen heim nach Jerusalem und begruben ihn bei seinen Vätern.

Der Prophet Jona

Auf Joas, den König von Israel, folgte sein Sohn Jerobeam, der zweite König dieses Namens. Er herrschte vierzig Jahre lang. Er ließ nicht ab von den Sünden Jerobeams, des ersten Königs von Israel, sondern ließ das Volk Israel Jahwe verehren in der Gestalt des Stieres zu Bethel und Dan. Aber Jerobeam hörte auf Jona, den Sohn des Amitthais, den Propheten, der von Gath-Hepher stammte. Und er führte das Heer Israels gen Hamath. Die Stadt, die einst zum Reich Salomons gehört hatte, brachte er zurück an Israel, dazu die ganze Landschaft zwischen Hamath und dem Meer.

Danach erging an Jona das Wort des Herrn. Die Stimme sprach zu ihm: »Mach dich auf und geh in die große Stadt Ninive, die hinter dem Tigris liegt. Und rufe ihr ins Ohr, daß ihre Bosheit bis in den Himmel herauf gestiegen ist.« Jona aber machte sich davon und floh vor dem Herrn. Denn er dachte: »In Israel ist kein Helfer und keine Stimme von oben. Was soll ich das Wort, das so kostbar geworden ist, hintragen zu jenen, die unsere Feinde sind? Überdies werden sie mich töten, wenn ich ihnen den Untergang verkünde. Und warum soll man seinem Feind den Untergang vorhersagen? Ist es nicht besser, der Tag des Gerichts trifft ihn unversehens? Dann können sie sich nicht bekehren.«

So kam er nach Jaffa und bestieg ein Schiff, das nach Tharsis fuhr. Er dachte im stillen, im fernen Silberland werde der Herr ihn nicht finden. Aber Gott ließ einen Sturm aufs Meer fallen – hinter das Schiff. Die Schiffsleute fürchteten sich und schrien zu ihren Göttern. Und sie machten das Schiff leicht und warfen alles Gerät in die Flut. Jona war hinuntergestiegen in den Schiffsbauch und schlief. Da trat der Schiffsherr zu ihm und sagte: »Komm zu uns herauf und bete zu deinem Gott, statt zu schlafen.« Die Matrosen aber überlegten, ob sich nicht der Zorn der Götter gegen einen auf dem Schiff richte. Sie warfen, den Schuldigen zu finden, das Los – es fiel auf Jona. Da fingen sie an, ihn auszufragen. Und er antwortete ihnen, er sei ein Hebräer und gehöre dem Gott, der Himmel und Erde, das Meer und das Trockene gemacht habe. Dieser Gott aber habe ihm etwas aufgetragen, was er nicht tun wolle, denn der Auftrag seines Gottes komme ihm unsinnig vor. Und so fliehe er vor seinen Augen.

Da sprachen die Schiffsleute: »Wie sollen wir uns denn von dir befreien, auf daß dein Gott uns nicht allesamt vernichtet? Wir fürchten ihn und seine Rache.« Jona antwortete: »Nehmt mich und werft mich ins Meer. Es wird sich gleich wieder beruhigen.«

Die Matrosen versuchten ans Land zu kommen, aber der Sturm stand immer gegen sie, nach welcher Richtung sie auch das Steuer umwarfen. Da riefen sie zum Herrn und sprachen: »Laß uns nicht verderben um dieses Mannes willen und rechne uns sein Blut nicht an. Wir wollen ihn ja nicht töten, sondern dir überliefern.« Darauf packten sie Jona und warfen ihn über Bord. Sogleich stand das Meer still in seinem Wüten.

Und der Herr bestimmte den großen Fisch, Jona zu verschlingen. Jona lag im Leib des Fisches drei Tage und drei Nächte. Da betete er zum Herrn und demütigte sein Herz. Und der Herr befahl wieder dem Fisch, der spie Jona ans Land. Zum andernmal geschah das Wort des Herrn an Jona, es lautete so: »Mach dich auf, wandre in die große Stadt Ninive und rufe ihr zu, was ich dir eingeben werde.« Nun stand Jona auf und wanderte nach Ninive, wie es der Herr von ihm forderte. Ninive war groß, es dauerte drei Tage, die Stadt zu durchwandern. Jona rief, während er durch die Straßen ging: »Noch vierzig Tage, und Ninives Häuser stürzen zusammen.« Die Leute in Ninive hörten auf das Wort, fürchteten sich vor Gott, legten zur Buße Sackkleider an und fasteten. Der König selber, welcher von Jonas Predigt gehört hatte, stand von seinem Thron auf, tat seinen Purpur ab, bedeckte sich mit dem Sack und setzte sich in die Asche. Und er ließ ausrufen: Weder Mensch noch Vieh solle Speise zu sich nehmen, sondern auf Mensch und Vieh solle das Gewand der Buße gelegt werden. Die ganze Stadt solle zu Gott rufen aus allen Kräften der Seele, und jeder solle von den Werken seiner Bosheit lassen. »Wer weiß, wenn Gott unsere Buße sieht, wird sein Zorn gegen uns nachlassen, und er wird uns schonen.«

Gott gewahrte ihren Herzenswandel, den seine Drohung bewirkt hatte. In seiner Huld sah er Ninive seine Sünden nach und ließ die Stadt am Leben. Jona aber wartete auf Ninives Untergang Tag für Tag. Als er nicht eintraf, verdroß es ihn sehr. So betete er in seinem Zorn: »Zu den Heiden hast du mich gesandt, und du hast an ihnen deine Wunder getan. Sie haben meine Predigt vom Untergang angenommen. Und du hast dich ihrer erbarmt. Das war es also, was ich von meiner tiefsten Seele von dir wußte und wovor ich mich gefürchtet habe: daß du ein schenkender und erbarmender Gott bist, daß du in deiner Huld lange zusiehst und nicht gern zuschlägst. Ja, ich habe mich davor gefürchtet, du könntest unsern Feinden Huld erweisen. So nimm denn mein Leben von mir, ich will, nachdem ich das gesehen habe, lieber tot sein als fortan leben.« Und Jona ging zur Stadt hinaus, setzte sich auf einen Hügel, machte sich aus Kürbisblättern ein Sonnendach, ließ sich darunter nieder und blickte auf die Stadt hinab und wartete, ob nicht doch vielleicht die Hand des Herrn Ninive zerbräche. Aber Gott bestimmte für die Kürbisstaude einen Wurm. Der kam am nächsten Morgen und stach in die Wurzel, und der Kürbis verdorrte.

Als nun der Tag anbrach, ließ Gott einen heißen Ostwind wehen, und die Sonne stach Jona auf den Kopf, daß ihm übel wurde. Wieder wünschte er sich von Herzen den Tod herbei. Da sprach Gottes Stimme nah an Jonas Ohr: »Der Kürbis ist verdorrt. Darüber bist du traurig und ergrimmt in deinem Herzen. Glaubst du aber, daß du recht hast mit deinem Grimm?« Jona antwortete: »Doch! Und ich werde voll Grimm sein, bis ich tot bin!« Da sprach der Herr: »Dir geht das Verdorren dieses Schattenstrauches nah. Und du hast ihn nicht aus dem Samen gezogen, ihn nicht gepflanzt. Er schoß dies Frühjahr auf und verging über Nacht. Und mir sollte das Schicksal dieser Stadt nicht nahegehen, darin mehr als hundertundzwanzigtausend Kinder sind, die nicht wissen, was links ist und rechts, und dazu all das Vieh?«

Amos

In den Tagen Jerobeams, als der zweite dieses Namens König von Israel war und Usia in Juda herrschte, erweckte der Herr seinen Knecht Amos. Er war ein Hirt aus Thekoa. Amos erhob seine Stimme und rief: »Der Herr wird aus Sion brüllen und von Jerusalem her seine Stimme hören lassen. Da welken die Triften der Hirten, da verdorrt das Grün oben auf dem Karmel.«

Amos stieg herab vom Gebirge, zog durch Juda gen Norden und kam nach Israel. Unterwegs weissagte er, und das Volk hörte ihm zu, und seine Drohreden gingen von Mund zu Mund. Amos drohte dem König von Damaskus, daß der Assyrer komme und das Volk von Syrien wegführe nach Kir jenseits des Euphrats. Und Amos drohte den Philistern und sagte ihnen, daß bald umkommen werde, was von ihnen noch übrig sei. Und Amos drohte den Städten Tyrus und Sidon und drohte den Kindern Ammon und Moab.

Mitten in Juda aber ließ Amos sein Drohwort gegen Jerusalem hören, das lautete: »So spricht der Herr: Um der Frevel Judas willen kehre ich das Unheil nicht von ihm ab. Juda hat das Gesetz verachtet und sich von Wahnbildern führen lassen, wie gestern und vorgestern seine Väter. Darum schicke ich Feuer über Juda, das soll die Paläste Jerusalems verbrennen.«

Amos kam nach Israel. Er ging nach Bethel und stellte sich vor das Tor des königlichen Stifts, wo der Stier Jahwes stand. Er sah, was im Heiligtum geschah, sprach es aus auf dem Platz draußen und rief: »So spricht der Herr: Ich werde Israel um seiner Frevel willen nicht schonen. In diesem Land verkauft man den Gerechten um Geld, der Arme ist nicht mehr wert als ein Paar Sandalen. Den Kopf des Armen tritt man im Reich Jerobeams in den Kot. Den ohnehin unter seiner Last Keuchenden drängt man vom Pflaster fort in die Gosse. Sohn und Vater gehen zusammen zur Dirne und besudeln die Heiligung, die sie durch meinen Namen empfangen haben. Bei den Altären drinnen in diesem Heiligtum liegen sie auf den Gewändern, die sie gepfändet haben, versaufen sie das Geld, das Büßer in den Opferstock zahlten.«

Amos besang vor seinen Zuhörern all die Wunder und Gnaden des Herrn, mit denen er sein Volk überschüttet hatte. Und er zeigte auf die lange Reihe der Propheten. »Ist es nicht also, ihr Kinder Israel?« rief Amos und fuhr fort: »Ihr aber gebietet den Propheten und sprecht: Ihr sollt nicht weissagen. Wohlan! Euer schön dahinfahrendes Leben soll steckenbleiben im Kot eurer Missetaten, wie ein Wagen im Schlamm steckenbleibt. Dann wird der Leichtfüßige nicht von der Stelle kommen, der Starke wird den Wagen nicht anheben können, und selbst der Mächtige kommt nicht mehr weiter. Der Bogen trägt nicht mehr, das Roß trabt nicht mehr. Und was der Tapferste unter den Tapferen als Höchstes vermag: Nackt flieht er davon an jenem Tag. So spricht der Herr!«

Vor allem Volk verhöhnte Amos die Ältesten und Obersten in Israel, nannte sie fettes Rindvieh, das auf den Bergen Samarias die Triften der Armen blankweidet. Und er rief sein Wehe über jene, die sich nach dem großen Gerichtstag sehnten, weil sie glaubten, der Herr richte die Feinde Israels, nicht aber das Volk seiner Erwählung. Amos sprach: »Wehe denen, die des Herrn Tag begehren. Was macht ihr euch für ein Bild von seinem Tag? Des Herrn Tag ist Finsternis und nicht Licht. Mit dem großen Gerichtstag verhält es sich so: Da fliehst du vor dem Löwen und stößt auf den Bären, und entrinnst du dem Bären und kommst nach Haus und lehnst dich aufatmend mit der Hand an die Wand, da sticht dich die Schlange. Die ihr den Gerichtstag für die andern herbeisehnt und dem Herrn nahe zu sein glaubt in all eurer Werkheiligkeit, so spricht zu euch der Herr: Wie viele Brand- und Speiseopfer ihr mir auch darbringt, ich finde keinen Gefallen daran. Und eure Mastochsen beim Friedensmahl, ich gönne ihnen keinen Blick. Hört auf mit dem Geplärr eurer Lieder, mit dem Psaltersingen, es gefällt mir nicht. Ich will hören, wie in meinem Volk die Gerechtigkeit aufrauscht wie Wasser, will sehen, wie die Wahrhaftigkeit blinkt und blitzt wie Bäche aus dem Gebirge.«

Alle Tage stand Amos vor dem Tor des Stifts zu Bethel. Eines Tages verkündete er das Gesicht, das er von der Bleischnur hatte. Er sah den Herrn auf einer hohen Mauer stehen, in seiner Hand hielt er ein Senkblei, und er maß die Mauer, ob sie auch senkrecht stehe. Und Gott sprach zu Amos: »Siehe, ich lege die Bleischnur an die Mauer meines Volkes, ich will genau messen und meinem Volk nichts mehr nachsehen. Ich habe gemessen, und wohlan: Die Höhen Isaaks sollen verwüstet und die Heiligtümer Israels zerstört werden.«

Da sandte der Hohepriester von Bethel, Amasja, dem König einen Brief und schrieb: »Dieser Amos bereitet einen Aufstand gegen dich vor. Darum schicke den Prediger heim in sein Land Juda.«

Und Amasja erhielt Weisung vom König. Der Priester ließ Amos zu sich kommen und sprach zu ihm: »Wenn du ein Seher bist, mußt du auch wissen, daß es für dich besser ist, von Bethel wegzugehen. Ja, ich rate dir, flieh in deine Heimat, iß dein Brot daselbst als Hirte, mehr bist du ja nicht, und wenn du ein Prophet sein willst, weissage dort in Thekoa. Aber weissage nicht noch einmal in Bethel.« Und Amos: »Ich bin kein Prophet. Ich bin ein Rinderhirt. Der Herr nahm mich von meiner Herde und befahl mir: Geh hin und weissage meinem Volk Israel. Du aber, der Priester von Bethel, hast mir befohlen: Weissage nicht gegen Israel, predige nicht wider das Haus Isaak! Darum spricht der Herr zu dir durch meinen Mund: Dein Weib wird in dieser Stadt zur Hure werden. Deine Söhne und Töchter kommen um durch das Schwert. Dein Grundbesitz wird mit der Schnur vermessen, aufgeteilt und verkauft werden. Du selbst wirst in einem fremden Land sterben und in unreiner Erde begraben werden. Israel aber wird aus seinem Lande ausgetrieben an jenem Tag. Die Lieder in den Palästen sollen sich in Heulen verwandeln. Überall werden die Leichen umherliegen, man wirft sie hin wie alte Kleider und kümmert sich nicht um sie. Hört dies, die ihr die Armen unterdrückt und den Elenden den Atem abquetscht mit euren Gesetzen.«

Ehe aber Amos davonging, tröstete er das Volk und wies es hin auf die Gnade des Herrn, der Davids zerfallenes Haus nach dem Tag des Gerichts wieder aufrichten werde.

Das Ende des Nordreiches Israel

Der Tag des Gerichts, den Amos verkündet hatte, nahte heran. Es lebte damals der Prophet Hosea in Israel. Er pries den Bund Gottes mit dem Volk Israel als heilige Ehe, schalt das Volk wegen seiner Götzendienerei und nannte es eine Hure, welche um Brot, Wasser, Wolle, Flachs, Öl und Wein dem Buhlen nachläuft und ihres Ehemannes vergißt. Aber Hosea sah auch die Zeit voraus, da das Volk Gottes zu seinem heiligen Bund zurückkehren werde. »Dann wird der Herr«, so verkündete Hosea, »zu seinem Volk sprechen: Ich verlobe mich dir bis zum Ende der Welt. Du sollst wahrhaftig sein und recht tun, ich aber schenk' dir meine Huld, mein Erbarmen.«

Aber Hosea schrie auch den kommenden Schrecken über das Land und verkündete, daß Israel lange Zeit ohne König sein werde, ohne Fürsten, ohne Opfer, ohne Altar, ohne Heiligtum, ohne Heimat.

Tag und Nacht zog Hosea umher und warnte und drohte, und jedermann konnte seine Worte vernehmen. Er rief: »So spricht der Herr: Ich bin dem Haus Israel eine Motte, dem Haus Juda eine Made.« Dem Volk Israel, das die Heiden mit Demut und Tributzahlungen zu beschwichtigen suchten, sagte Hosea ins Gesicht: »Israel wird aufgefressen werden! Die Zeit der Heimsuchung ist gekommen, der Zahltag ist nah. Ich sehe, wie sich die Tore öffnen, wie die Städte herauslassen ihre Söhne, und wer wartet draußen? Die Totschläger aus Assyrien. Nun hat sie also der Herr verworfen, sie haben nicht auf ihn gehört. Nun sollen sie umherirren unter den Heiden.«

Und es geschah am Hause Israel, was Hosea und zuvor Amos vorausgesagt hatten. Damals war in Israel ein König, der hieß ebenfalls Hosea, der Sohn des Ela. Er lebte in der Stadt Samaria und herrschte neun Jahre lang. Dieser König Hosea hörte nicht auf den Propheten Hosea, sondern zahlte dem König von Assyrien Tribut. Im stillen aber suchte er sich mit Pharao zu verbünden. Als nun Hosea den jährlichen Tribut nicht nach Ninive zu den Assyrern schickte und als deren König Salmanassar einen Boten abfing, den Hosea nach Ägypten geschickt hatte, brach der Assyrer mit seiner ganzen Kriegsmacht auf, belagerte Samaria und eroberte es nach drei Jahren durch die Macht des Hungers. Salmanassar führte ganz Israel fort und verteilte die Gefangenen über sein ganzes Reich.

So tat der Herr dem Königreich und dem Volk Israel. Er schaute sie nicht an, sondern ließ sie in die Gewalt der Heiden fallen, wie er es vorausgesagt hatte durch die Propheten, die Künder seines Wortes. Der König von Assyrien aber ließ Volk kommen von Babel, Kutha, Avva, Hamath, Sepharvaim und hieß es siedeln in den Städten Israels und den Boden bebauen. Eine Löwenplage brach aus in dem leeren Land. Auch mehrte sich alles andere wilde Getier. Die neuen Ansässigen fürchteten sich und sagten: »Das ist die Rache des alten Gottes, den Israel hier verehrt hat.« Das kam zu den Ohren des Königs von Ninive. Er schickte einen israelitischen Priester in das wüste Land. Der setzte sich nach Bethel und lehrte die neuen Bewohner, auf welche Weise sie dem Herrn dienen könnten. Aber die Siedler aus den fremden Ländern ließen nicht von ihren alten Göttern, die sie mitgebracht hatten. Also fürchteten sie den Herrn, dienten aber auch ihren Göttern nach hergebrachter Weise. So taten ihre Kinder und Kindeskinder. So entstand das Volk und der Glaube der Samariter.

Jesaia

Zur Zeit, da Usia König von Jerusalem war, wurde einem vornehmen Mann namens Amoz in Jerusalem ein Sohn geboren, den nannte er Jesaia. Der Knabe wuchs in der Stille heran. Als er ein Mann geworden war, schauten alle hinter ihm her, so königlich war sein Wuchs und so vom Herrn bestimmt jedes seiner Worte. Seine Frau war gottesfürchtig und hörte wie er auf die Eingebungen des Herrn. Als ihm der erste Sohn geboren wurde, nannte er ihn Schearjaschub, das heißt »Ein Rest wird sich bekehren«. Jeder, der diesen seltsamen Namen hörte, schüttelte den Kopf und fragte den Vater, was er zu bedeuten habe. Und Jesaia: »Das, was er sagt: Ein Rest wird sich bekehren.« Als nun der zweite Sohn geboren wurde, nannte er ihn Maherschalal-chaschbas, das heißt »Eilend ist Beute, rasch ist Raub«. Diesen Namen wollten die Vornehmen von Jerusalem noch weniger verstehn. Aber Jesaia sprach zu ihnen: »Ein Ochse kennt seinen Herrn, ein Esel die Krippe, aber Israel versteht nicht, mein Volk kann nicht unterscheiden.«

Damals wurde der König Usia übermütig und maßte sich die Rechte der Priester an und ging ins Heiligtum, um zu räuchern. Gott schlug ihn mit Aussatz. Da sah Jesaia den König Usia, und er erblickte in der Gestalt des Königs das Volk des Bundes. Und er sprach: »Was soll der Herr noch weiter auf euch einschlagen. Jede seiner Strafen macht euch nur noch schlimmer. Das Haupt des Volkes ist krank, das Herz ist siech. Von der Fußsohle bis zum Scheitel ist keine heile Stelle mehr an ihm. Wunden bedecken diesen Leib, blaue Stellen, Eiterbeulen. Und nichts ist verbunden, nichts mit Öl gelindert.«

Jesaia stellte sich im Tempel mitten unter die Vornehmen, unter den Hofstaat, unter die Priester. Und er nannte sie Sodoms-Schöffen, Gomorrha-Volk. Er rief: »So spricht der Herr: Was soll mir die Menge eures zum Opfer geschlachteten Viehs – und die Fülle des verbrannten Fetts? Hab' ich denn Lust am Blut? Am Blut der Stiere, der Lämmer, der Böcke? Wer verlangt das von euch, die ihr meinen Vorhof mit euren Füßen zerstampft? Wascht eure blutigen Hände, reinigt euch, tut euer böses Wesen vor mir ab. Lernt endlich das Gute tun, das Recht schaffen. Helft den Unterdrückten, gebt den Waisen ihr Recht, führt der Witwen Sache. Und dann wollen wir uns vergleichen. Wenn eure Sünde blutrot ist, soll sie doch schneeweiß werden. Und wenn sie wie Scharlach brennt, soll sie doch weich und weiß werden wie gewaschene Wolle.«

Vor den Obersten des Heeres und den Reichen in der Stadt klagte Jesaia: »Wie geht das zu, daß diese fromme Stadt zur Hure geworden ist? Hier wohnte einst das Recht, hier nächtigte die Wahrheit. Nun aber gehen Mörder unter uns umher.«

Und zum Volk sprach Jesaia: »Was geht ihr aufeinander los, jeder gegen jeden? Was erdreistet sich der Junge gegen den Alten? Der Niedrige gegen den Ehrwürdigen?« Gegen die Schamlosen sprach Jesaia, gegen jene, die ihre Sünde als gute neue Sitte ausgaben: »So trotzt ihr Gottes Heiligkeit ins Angesicht? Wer ihr seid, das haben eure Gesichter längst verraten. Ihr rühmt euch eurer Sünde wie die zu Sodom.« Und Jesaia trat unter die reigentanzenden Frauen und rief ihnen zu: »Wie hochfahrend seid ihr, Töchter Sions! Was reckt ihr den Hals, was werft ihr Blicke aus den Augenwinkeln! Was trippelt und schwänzt ihr und klirrt mit dem Fußschmuck! Wehe euch, die Zeit ist nah, der Tag des Gerichts. Da wird mein Herr euren Scheitel mit Grind bedecken und euch wie Sklavinnen entblößen. An jenem Tag fallen ab das Gepränge, die Zierschuhe, die Knöchelkettchen, die Schleierchen, die Prachtmäntel, die Seidenbeutel, die Schürzen, die Duftkapseln, die Siegelringe, der Nasenschmuck, die Spiegelchen, die Schleierhemden, die Überwürfe aus Flor. Wenn der Herr aufsteht, dann habt ihr statt Balsamdüften: Modergestank, statt eurer Gürtel: Stricke, statt eurer gekräuselten Locken: Glatzen, statt eurer fliegenden Mäntel: den Sack. Und Schande statt Schöne. An jenem Tage umringen sieben Frauen einen Mann und sagen zu ihm: Wir wollen uns ja selber kleiden und ernähren. Gib uns nur deinen Namen. Nimm von uns die Schande, unvermählt zu sein.«

So hatte Jesaia in Jerusalem viele Jahre gescholten und gedroht. Die Obersten und Ältesten fragten ihn, in welchem Auftrag er denn so böse Dinge verkündige. Und sie beriefen sich auf den Bund, den Gott mit seinem Volk geschlossen habe. Und Jesaia: »Ihr sollt nicht immer sagen: David! Und nicht immer reden vom Bund, den ihr doch verraten habt. Ihr sollt den Heiligen in Israel heilighalten. Er wird zum Heiligtum werden. Aber noch ist er ein Stein des Anstoßes, ein Fels, an dem sie straucheln – beide Häuser Israels.«

Da verlangten sie ein Zeichen von ihm. Das war im Jahr, als Usia, der

König von Juda, starb. Und Jesaia kam zu den Schriftgelehrten und Ältesten und brachte ihnen dieses Zeichen. Er sprach: »Ich ging in den Tempel und sah den Herrn sitzen auf einem hochragenden Stuhl, sein Mantelsaum füllte gefältet die Halle. Seraphim, ganz Feuer, umstanden ihn oben, ein jeder bewegte sechs flammende Schwingen. Mit zweien verhüllten sie vor dem Herrn ihr Antlitz, mit zweien ihre Füße, mit zweien bewegten sie sich und schwebten. Und sie riefen einander zu: Heilig, heilig, heilig ist der Herr, Gott inmitten seiner Engel, seiner Himmel. Voll ist alles, was er schuf, von seiner Herrlichkeit. Die Stimme der Rufenden erschütterte die Grundfesten des Hauses, der Hauch ihrer Stimmen füllte das Gebälk oben mit Rauch. Da seufzte ich: Weh mir, ich werde erdrückt. Denn ich kann nicht antworten, meine Lippen sind unrein. Und ich wohne in einem Volk von unreinen Lippen. Da flog der Seraphim einer zu mir, in seiner Hand eine Zange, in der Zange eine glühende Kohle. Er berührte damit meinen Mund und sprach: Nun sind deine Lippen rein, deine Missetat ist von dir genommen, deine Sünde gesühnt. Darauf konnte ich die Stimme meines Herrn hören, er sprach: Wen soll ich senden? Ich aber sagte: Hier bin ich. Seine Antwort war: Verfettet ist das Herz dieses Volkes, seine Ohren sind abgestumpft, seine Augen verklebt. Ich fragte: Wie lange noch, Herr? Er sprach: Bis das Land wüst und tot daliegt, die Städte ohne Einwohner sind, die Häuser ohne Kinder, das Feld ohne Grün. Ich, der Herr, will die Menschen hinwegfegen in die Ferne und das Land einsam machen. Dann, wenn nur noch ein Zehntel seiner Bewohner übriggeblieben ist und auch dieser Rest hinweggeweidet wurde, wenn dies Land wie eine gefällte Eiche daliegt, dann rufe ich, der Herr, aus dem Stumpf einen neuen Trieb, und aus dem Trieb, der sprießen soll, ziehe ich mir einen neuen, einen heiligen Samen.«

Als die Ältesten vernommen hatten, welche Prophezeiung ihnen Jesaia als das Zeichen seiner Sendung gab, da sprachen sie zueinander: »Er ist von Sinnen.« Andre sagten: »Er hat einen Teufel.« Und sie stellten ihm nach und wollten ihn töten. Aber um diese Zeit war es, daß sich am Nordreich alles erfüllte, was Jesaia und die andern Propheten vorausgesagt hatten. Als nun Jerusalem sah, wie das starke Samaria zu einem Trümmerhaufen geworden war und das ganze Land umher zu einer Wüste, da überfiel die Stadt ein Schrecken des Herrn. Jesaia fragte das Volk, das sich in diesen Tagen der Angst im Vorhof des Tempels drängte, er fragte laut: »Seht gen Samaria hin! Nun ist es so gekommen, wie Amos, wie Hosea, wie alle, die es vom Herrn wußten, vorausgesagt haben: Das Land ist wüst, die Städte sind verbrannt. Und du, Tochter Sion, was wird übrigbleiben von dir? Ach, es ist so wenig wie eine Weinbergshütte, wie ein Schutzdach im Gurkenfeld.«

Die Ältesten hüteten sich seit dieser Zeit, Jesaia, dem Mann der Gesichte zu begegnen. Sie wußten keine Antwort auf seine Fragen. Und jeder, der sich vor dem Tag des Herrn fürchtete, hing an Jesaias Lippen und hörte auf ihn, auch Hiskia, der junge König. Er war mit fünfundzwanzig Jahren seinem schlimmen Vater Ahas auf den Thron gefolgt und regierte neunundzwanzig Jahre. Und Hiskia tat, was dem Herrn wohlgefiel, wie sein Vorfahr David. Er verbot den Kult auf den Höhen, zerbrach die Säule des Baal und zerstörte das Ascherabild. Der Hof, die Obersten und die Ältesten aber haßten Jesaia nun noch inbrünstiger. Sie verschworen sich gegen ihn. Die Falle war gestellt, doch da zog der Assyrer mit seinem Heer herauf und belagerte Jerusalem, weil ihm Hiskia nicht den Tribut gezahlt hatte. Sanherib schickte einen hohen Beamten vor die Stadtmauer, der Schmähreden gegen Jesaia und den König Hiskia hielt und das Volk aufforderte, nicht zu kämpfen, sondern ihm die Stadt kampflos zu übergeben.

Da schickte der König seinen Haushofmeister, seinen Kanzler, die Ältesten und Obersten zu Jesaia, dieselben, die ihm noch vor wenigen Tagen nach dem Leben getrachtet hatten. Sie sahen sehr zerknirscht aus und flehten Jesaia an: »Du bist ein Prophet des Allerhöchsten, erhebe dein Gebet für uns zum Herrn, daß wir am Leben bleiben.« Jesaia sprach zu ihnen: »Geht zum König und sagt ihm: Fürchte dich nicht vor den hochtrabenden Worten Sanheribs. Die Knechte des Königs von Assyrien haben den Allerhöchsten gelästert und gesagt, er könne euch nicht helfen. So verkünde den Assyrern: Die Tochter Sion verachtet dich. Du hast dich erhoben gegen den Heiligen in Israel. Weil du nun wider mich tobst, will ich dir einen Ring durch die Nase ziehen, eine Kandare dir in dein unflätiges Maul legen und dich den Weg zurückführen, den du gekommen bist. Sie wird dir verschlossen sein, und du sollst deinen Fuß nicht in diese Stadt setzen, nicht einmal mit einem Pfeil sie erreichen. Ich bin's, der Herr, der dies sagt.«

In derselben Nacht stand der Engel des Herrn über dem Lager der Assyrer und schlug das Heer mit der Beulenseuche. Da brach Sanherib auf und floh heimwärts und blieb in Ninive. Da er aber im Haus seines Gottes anbetete, erschlugen ihn zwei seiner Söhne. Und sein Sohn Asar-Haddon wurde König an seiner Statt.

Manasse läßt Jesaia hinrichten

Manasse war zwölf Jahre alt, als er König wurde. Und er tat, was dem Herrn übel gefiel. Die Greuel der Heiden, die sein Vater Hiskia abgetan hatte, brachte er zurück. Er ließ die Götzen in beide Höfe des Tempels herein. Und es kam der Tag, da er im Allerheiligsten einen Altar für die Aschera errichtete, neben der Lade des Bundes. Jerusalem war eine Stadt geworden, die von Heiden bewohnt schien. Und Manasse tat, wozu es ihn trieb, und verführte das Volk, alle Grenzen zu überschreiten.

Da trat Jesaia vor Manasse hin und sprach zu ihm: »Darum daß du, der König von Juda, schlimmeren Greuel tust als ein Heidenfürst, wird der Gott Israels soviel Schlimmes über Jerusalem und Juda ausgießen, daß jedem, der davon hört, die Ohren gellen werden. So spricht der Herr: Dieselbe Meßschnur, mit der Samaria aufgeteilt wurde, liegt für Juda bereit. Ich wische Jerusalem aus, wie man eine Schüssel auswischt und sie umstülpt, daß auch das letzte herauskommt. Ich verstoße den Rest meines Eigentums und gebe mein Volk in die Hand seiner Feinde als einen Raub, als eine Beute.«

Da sprach Manasse zu Jesaia: »Du willst mein Reich mit der Meßschnur aufteilen? Laß mich zuvor deinen Leib aufteilen. Und du willst den letzten Tropfen aus Jerusalem herauswischen? So wollen wir dir zuvor alles Blut aus deinem Leib herauszapfen.« Und Manasse ließ eine Holzsäge bringen und Jesaia vor seinen Augen in soviel Stücke schneiden, als es Städte gab in Juda.

Täglich vergoß Manasse unschuldiges Blut, man hätte damit die Pfosten der Häuser in ganz Jerusalem bestreichen können. Denn Manasse herrschte fünfundzwanzig Jahre. Und die verborgenen Gerechten warteten vergeblich auf seinen Tod und den Tag des Gerichts.

Amon, Manasses Sohn, herrschte zwei Jahre, er betrat den Weg seines Vaters und wurde nach zwei Jahren ermordet. Ihm folgte sein Sohn Josia mit acht Jahren auf dem Thron. Sein Herz war gottesfürchtig, und er wandelte auf den Wegen seines Ahnherrn David. Er reinigte das Haus des Herrn und ließ, was baufällig war, aufrichten. Bei den Arbeiten fand man eine Buchrolle, das war im achtzehnten Jahr der Regierung des Josia. Der Hohepriester schickte das Buch dem König. Der ließ sich von seinem Schreiber daraus vorlesen. Als er die Worte vernahm, zerriß er seine Kleider und rief: »Du liest aus dem Gesetzbuch des Herrn, in dem meine Väter nicht gelesen haben. Wir haben das Gesetz des Herrn vergessen, darum hängt seine Wolke drohend über uns.«

Der König Josia ließ umherfragen, bei welchen Propheten Weisung zu holen sei. Es gab in dieser Zeit keine Künder in Jerusalem. So schickten sie zu der Prophetin Hulda. Sie versprach Josia, daß die Strafe über Jerusalem und Juda erst nach seinem Tode eintrete.

Seit diesem Tag begann Josia in ganz Juda und sogar im Nordreich die Häuser des Baal und der Aschera abzureißen und ließ die Baalspriester vor ihren Altären abschlachten, ihre Gebeine verbrennen und die Altäre schleifen. Auch fegte Josia aus alle Zauberer, Weissager, Traumdeuter und Totenbeschwörer. Und er gebot dem Volk, das Passahfest zu feiern, wie es in dem gebundenen Gesetzbuch vorgeschrieben war. Ein solches Passahfest war nicht mehr gefeiert worden seit der Zeit der Richter.

Jeremia kommt nach Jerusalem

In den Jahren, da Josia das Volk reinigte von den Greueln der Heiden, kam aus der Priesterstadt Anathoth der Sohn des Priesters Hilkia nach Jerusalem herauf. Er war erst zwanzig Jahre alt und zaghaft. Die Frommen in der Stadt berichteten ihm, wie Jesaia gepredigt hatte und wie er gestorben war. Sie sagten zu ihm: »Heute hast du es leicht in dieser Stadt mit jeglichem Wort. Der König beschützt die Propheten, sein Vater und sein Großvater dagegen ließen sie ermorden.« Jeremia antwortete: »Ich bin noch zu jung.« Doch Jeremia konnte den Gesichten, die ihn erschreckten, und den Stimmen, die ihn drängten und voranschoben, nicht ausweichen. Eines Nachts hörte er in seinem Innern die Worte: »Auf, gürte deine Lenden! Stell dich vor sie, rede zu ihnen, was ich dir in den Mund lege. Erschrick nicht vor ihnen, auf daß ich dich nicht erschrecke. Von heut' ab bist du meine Festung, meine eiserne Säule.«

Seit der Stunde war alle Schüchternheit von Jeremia abgefallen. Er fürchtete sich nicht mehr vor den Fürsten und Priestern. In dieser Zeit hoffte Jeremia noch, seine Worte und die Taten des frommen Königs Josia könnten den Zorn des Herrn abwenden. Er wies mit der Hand vor allen, die ihm zuzuhören bereit waren, gegen Norden und rief: »Von daher ist er erschienen, der siedende Topf des Unheils, und wieder wird er aus derselben Richtung erscheinen. Seht doch, wie hat sich der siedende Topf über den Norden Israels ergossen, über Samaria, der festen, der üppigen Stadt. Jerusalem, du Schwester Samarias, warum bist du so verstockt? Den Ehebruch deiner Schwester Samaria hat der Herr bestraft und ihr einen Scheidebrief gegeben. Und du, Jerusalem, glaubst du ungestraft in deinem Ehebruch leben zu dürfen? Josia, euer König, hat dem Götzendienst abgeschworen. Aber heimlich hurt ihr weiter mit Stein und Holz. Warum mußt du mit dem Fremden buhlen und deinem Feind nachlaufen? Reist doch zu den Küsten Sittims und schaut euch um, schickt nach Kedar und beobachtet genau, ob es da zugeht wie bei euch. Vertauscht denn irgendwo in der Welt ein Volksstamm seine Götter? Und was sie anbeten, sind nur Götzen! Mein Volk aber, so spricht der Herr, tauscht meine Herrlichkeit ein gegen ein Nichts. Soll darüber der Himmel nicht gerinnen vor Schrecken? Das Böse, das mein Volk tut, ist zwiefacher Art: Mich, den Born lebendigen Wassers, verlassen sie und graben sich Zisternen im Sand, die kein Wasser halten.«

Wie Jesaia und alle übrigen Propheten sprach Jeremia fast immer in Bildern und Gleichnissen, damit ihn jeder, auch der ungelehrte Mann, verstünde, aber sie wollten ihn nicht verstehen. Und Jeremia schüttelte, da sie von ihm weggingen und lachten, den Kopf hinter ihnen her und sagte zu den Priestern, die stehengeblieben waren und ihn mit düsteren Augen betrachteten: »Es steht schlecht in diesem Land, die Haare sträuben sich mir. Da steht ihr vor mir, ihr Volkspropheten, ihr fetten Priester. Ihr, die ihr euch für

Künder haltet, ihr weissagt, was jeder gern hören will – ihr Lügner! Und ihr Priester wirtschaftet in eure Taschen. Und die dummen Leute merken nichts, sie kümmern sich nur um das Ihre. Wie soll das nur gutgehn am Ende? Ihr lügt von morgens bis abends. Ihr vermeint den Niedergang dieses Volkes mit euren Sprüchlein heilen zu können. Ihr bepflastert jede Wunde mit euren Lügen und flüstert darüber: Der Friede bleibt uns erhalten! Und ihr sagt: Es ist alles gar nicht so schlimm. Aber sieht es denn wirklich nach Frieden aus, ihr Lügner, ihr Beschwichtiger, ihr Unverschämten, die ihr euch nicht mehr schämen könnt, nicht schämen wollt? Ihr werdet einer über den andern geschmissen, ein schöner Haufe, an jenem Tag, da ich diese Stadt heimsuche – so hat der Herr gesprochen.«

Die Priester und bezahlten Volksbeschwichtiger haßten Jeremia, wie ihre Väter Jesaia gehaßt hatten. In jener Zeit zog Pharao Necho wider den König von Assyrien und wählte den Weg durch das Land Juda. Da stellte sich ihm Josia entgegen, aber er wurde besiegt und starb an seinen Wunden auf dem Heimweg nach Jerusalem. Joahas folgte seinem Vater auf dem Thron, er war dreiundzwanzig Jahre alt, als er König wurde. Und er tat, was dem Herrn übel gefiel. Pharao Necho kam herbei, legte ihn in Ketten und brachte ihn in das Gefängnis zu Ribla im Land Hamath. Er preßte auch hundert Zentner Silber und einen Zentner Gold aus dem wehrlosen Land heraus, setzte einen andern Sohn des Josia auf den Thron der Könige von Jerusalem, der hieß Jojakim. Den gestürzten Joahas führte er später mit sich nach Ägypten, wo er starb.

Das Verderben rückt näher

Jojakim zählte fünfundzwanzig Jahre, als ihn Pharao einsetzte über das ausgeplünderte Land. Auch er tat, was dem Herrn übel gefiel. Acht Jahre hatte er das Volk bedrückt, da stellte sich Jeremia vor den Tempel und erhob seine Stimme gegen diesen König, der das Land ausraubte für den König von Ägypten und für das Lasterleben seines Hofstaats. Jeremia rief: »Du Sohn des Josia, wenn du stirbst, wird keiner um dich klagen. Du wirst hinausgeschleift werden aus dieser Stadt, wie ein Esel wirst du verscharrt werden im fremden Land. Ich hab's dir vorausgesagt, da es noch wohl um dich stand. Aber du antwortetest: Ich will nicht hören. So hast du es dein Lebtag gehalten. Die Stimme des Herrn ist in deinem Ohr nur ein Wind. So wird denn der Wind alle deine Herden weiden, und die mit dir gefestet und Wein gesoffen haben, ziehen mit dir gefangen und gefesselt dahin.«

Die Lauscher hinterbrachten dem König all diese Worte. Jojakim hielt Rat mit den Ältesten, wie er den Propheten in aller Heimlichkeit zum Verstummen bringen könnte. Da erhob sich im Norden der Stadt eine Staubwolke und kam näher und näher. Aus ihr hervor trat Nebukadnezar mit seiner Macht.

Er legte seine Hand auf Jerusalem und machte Jojakim zum Eintreiber seiner Tribute. Der König wurde noch verhaßter vor seinem Volk, und seine Hand wagte sich nicht an Jeremia. So ging es drei Jahre hin. Jojakim geriet in Umtriebe und verband sich mit dem König von Ägypten. Da ließ Jeremia den König wissen: »Statt Buße zu tun und den Herrn zu fürchten, brichst du deinen Bund mit Assur. So wird es dir ergehen, wie es dir vorhergesagt ist.« Vor dem Tempel rief Jeremia in diesen Tagen: »O du mein Volk, Tochter Sion, lege dich in die Asche, trage Leid, wie um den einzigen Sohn. Der Verderber rückt heran, bald ist er da!«

Im elften Jahr der Regierung des Jojakim geschah es, daß Nebukadnezar, der seinem Vater Nabopolassar auf dem Thron gefolgt war, eine Menge Kriegsvolk gegen Jerusalem schickte. Der König Jojakim übergab die Stadt ohne Kampf und wurde an Ketten durch das Tor geschleift, hinter ihm seine Hofleute und die Obersten und Ältesten.

Auf Jojakim folgte Jojachin. Er kam mit achtzehn Jahren auf den Thron und tat in allen Stücken, was dem Herrn ein Greuel war. Jeremia rief, als der König vorüberging, laut aus: »So spricht der Herr: Wenn du, Jojachin, Sohn Jojakims, ein Siegelring wärest an meiner Hand, so wollte ich dich doch abreißen und in die Hände dessen geben, vor dem du dich fürchtest, in die Hände Nebukadnezars, des Königs von Babel. Welch ein elender, verachteter Mann ist doch Jojachin, ein alter irdener Unratkübel. Er wird fortgeworfen. O Land, Land, Land, höre des Herrn Wort!«

Nach drei Monaten klopfte Nebukadnezar wieder an die Tore der Stadt, umgab sie mit Wällen und Schleudermaschinen, schlug Breschen in die Mauern und eroberte sie. Jojachin, der König von Juda, kam heraus mit seiner Mutter, seinen Frauen und Kindern, seinem Hofstaat und den Obersten. Und der König von Babylon nahm ihn und sein Haus gefangen. Alle goldenen Gefäße, die noch im Haus des Herrn verblieben waren, ließ der König zusammentragen und brachte sie fort. Den Tempel zerstörte er nicht. Nebukadnezar führte aus Jerusalem fort alle Offiziere und einflußreichen Leute, aber auch Handwerker aller Art, nur ein paar Priester, Beamte und einfaches Volk ließ er in der Stadt zurück.

Der König von Babel ernannte den Bruder des Jojachin zum König, nahm ihm seinen alten Namen und nannte ihn Zekedia. Der war einundzwanzig Jahre, als er König wurde. Und er tat, was dem Herrn übel gefiel. Im königlichen Haus ging es zu wie zu den Zeiten Jojakims und Jojachims, man aß und trank vor den Hungernden, feierte die Feste der Götzen und des Herrn auf dieselbe Weise. In den Palästen der fortgetriebenen Reichen wohnten nun weniger reiche Leute. Aber sie waren nicht besser, sie verdrehten das Recht, fälschten die Gewichte, bedrückten und betrogen die Hilflosen und mehrten ihr eigenes Hab und Gut.

Die falschen Propheten aber zogen genau wie früher umher und beschwichtigten die Sorgen derer, die in Nebukadnezar den erhobenen Arm des Herrn erblickten. Er war nun zweimal gegen Jerusalem heraufgezogen. Sie fürchteten die Einsichtigen, die glaubten, er werde ein drittes Mal kommen und den Tempel und die ganze Stadt zerstören. Diese falschen Propheten beschwichtigten das Volk. Sie verwiesen auf den Bund, den Gott mit Abraham und seinen Nachkommen geschlossen habe. Sie verkündeten dem Volk jeden Tag ihre Träume, überaus freundliche Träume, und sprachen von ihren Gesichten, die von Friedensbildern überquollen. Jeremia warnte das Volk vor diesen Propheten und den Priestern, er nannte sie Betrüger, die ihren Vorteil suchten, Knechtsnaturen, Bösewichter. Und er drohte: »Hört doch, es steigt ein Unwetter vom Herrn auf und fällt auf den Gottlosen auf den Kopf. So spricht der Herr: Mein Wort ist wie Feuer am Pfeil und wie ein Rammbock, der Mauern umstößt. Darum will ich mich an die Propheten machen, die mein Wort stehlen aus der Schrift und aus dem Mund der Wahrhaftigen und es dann verdrehen und ihr eigenes dazwischenmischen und sprechen, der Herr hat's gesprochen! Zu mir aber sprach der Herr: Wenn dich das Volk oder ein Priester fragen wird, worin die Last des Herrn besteht, die er auf sein Volk legt, so sollst du antworten: Das ist die Last: Ich will euch aus dieser Stadt und aus diesem Land hinauswerfen.«

Jeremia ließ sich in diesen Tagen ein hölzernes Joch machen und trug es öffentlich auf den Schultern umher und beschwor den König und das Volk, dem König von Babel zu gehorchen. Er rief: »Hört nicht auf die Verführer, die zu euch sprechen: Jerusalem wird geschont, der Tempel wieder aufgebaut, die heiligen Gefäße werden bald zurückgebracht. Sie weissagen euch falsch und wollen euch in die Irre führen. Dienet vielmehr dem König von Babel, so werdet ihr am Leben bleiben.«

Da riß Hananja, ein falscher Prophet, der das Volk gegen Babel aufhetzte, Jeremia das Joch von den Schultern, zerbrach es und rief: »So spricht der Herr: Ebenso will ich zerbrechen das Joch Nebukadnezars, des Königs von Babel, ehe zwei Jahre um sind!«

Jeremia ging seines Wegs. Als er am andern Tag Hananja im Vorhof des Tempels traf, trat er zu ihm und sagte zu ihm vor dem Volk und den Priestern: »Höre, Hananja, der Herr spricht nicht durch deinen Mund. Und damit das Volk sieht, daß ich die Wahrheit rede: Kein Jahr mehr dauert es, daß du das Volk verführst!« Nach sieben Monaten starb Hananja.

Auch in Babel wurde das Volk von falschen Propheten mit allerlei Wahnhoffnungen erregt. Da schrieb Jeremia an die Fortgeführten einen Brief und sandte ihn durch Eleasa an die Ältesten zu Babel zur selben Zeit, als Zekedia, der König von Juda, dem Nebukadnezar seinen Tribut überbringen ließ. Jeremia schrieb: »So spricht der Herr Zebaoth, der Gott Israels, zu allen Gefangenen, die ich habe von Jerusalem wegführen lassen gen Babel: Baut, wo ihr seid, Häuser, pflanzt Gärten, zeugt Kinder. Sucht der Stadt Bestes, dahin ich euch habe bringen lassen. Betet zum Herrn für das Volk, in dem ihr wohnt. Denn wenn's ihm wohl ergeht, so geht's auch euch wohl. Laßt euch nicht durch falsche Propheten und Wahrsager, die unter euch sind, betrügen. Achtet nicht auf eure hellen Träume, die euch in eurer Nacht kommen. Wenn siebzig Jahre vorüber sind, will ich euch, so spricht der Herr, in Babel besuchen und will euch wieder zurückbringen in eure Heimat. Denn meine Gedanken über euch sind Gedanken des Friedens und nicht des Leids. Wenn ihr mich sucht mit ganzem Herzen, so will ich mich von euch finden lassen. Wenn ihr aber an Jerusalem denkt und den König und das Volk, das noch nicht hinweggeführt wurde, wisset denn, so spricht der Herr: Ich will Hunger und Pest und zuletzt das Schwert über sie schicken. Ich will mit ihnen verfahren wie mit faulenden Feigen, die zu essen einen ekelt.«

Diese Worte schrieb Jeremia. Und er sprach weiter auf den Plätzen und im Tempel zum Volk. Niemand legte Hand an ihn. In früheren Jahren hatte der König Jojakim das Buch des Jeremia, in dem seine Prophezeiungen enthalten waren, zerschnitten und im Kaminfeuer verbrannt, weil ihm diese Vorhersagen nicht gefielen. Aber Jojakim war lange tot. Alle Drohworte jedoch, die Jeremia gesprochen und geschrieben hatte, blieben lebendig und gingen in Erfüllung. Und wieder rückte der König Nebukadnezar mit seinem Heer gegen Jerusalem. Damals lag Jeremia im Gefängnis, weil er das Kommen des Königs prophezeit hatte. Die Gerüchte über die Unruhen in Jerusalem waren bis zu Nebukadnezar gedrungen. So kam er, um sich von der Stadt für immer Ruhe zu verschaffen. Die Obersten holten Jeremia aus seinem Gefängnis, damit er im Volk sei. Doch gleich darauf rückte Pharao heran, und das Heer der Chaldäer zog sich zurück. Die Stadt jubelte, und die falschen Propheten ließen all ihren Haß gegen Babel und all ihre Unbußfertigkeit los und stammelten wiederum Vorhersagen über den Sieg Israels und die Heimkehr der Fortgeführten. Aber Jeremia stellte sich vor den Tempel und rief: »Kündet dem König Zekedia: Der König von Ägypten zieht nach Ägypten und läßt dich allein. Die Chaldäer aber kehren bald wieder und erobern die Stadt. Vorher jedoch wird Hunger und Pest das ganze Volk zerreiben. Und dein Los, König Zekedia, wird sein, wie du es verdient hast.«

Der Herr ist gerecht

In der Zeit nun, da die Chaldäer abgezogen waren, machte sich Jeremia auf, Jerusalem zu verlassen. Er hatte zum Zeugnis seiner Hoffnung, daß Jerusalem wieder erstehe, einen Acker in seiner Heimatstadt gekauft und wollte ihn besichtigen. Da er nun unter das Benjamin-Tor trat, saß da als Torhüter der Sohn des falschen Propheten Hananja. Der ließ ihn nicht durch, sondern sagte: »Du willst nur den Chaldäern nachreisen und uns ihnen überliefern.« Er nahm Jeremia gefangen und führte ihn zum Rat der Obersten. Die schlossen ihn ein im Gewölbe unter dem Haus des Schreibers Jonathan. Denselben setzten sie auch über ihn als Kerkermeister. Jeremia lag im Dunkel, hungerte und dürstete und lauschte hinauf, was in Jerusalems Straßen geschehe. Als nun die Chaldäer wiederkamen und Jerusalem mit einem Wall umgaben, ließ Zekedia den Propheten heimlich zu sich in den Palast bringen. Er näherte sich ihm voller Zagen und fragte: »Ist ein Wort für mich da vom Herrn?« Jeremia antwortete: »Ja. Und es ist immer noch dasselbe. Als ich es an dich weitergab, hast du mich zum Dank einsperren lassen. Warum fragst du jetzt nicht deine Propheten, denen du bisher vertraut hast, den Lügnern, die da sagten, der Herr werde dich nicht strafen, der König von Babel werde nicht kommen?« Als Zekedia sah, wie übel sie Jeremia im Hause Jonathans, des Schreibers, zugerichtet hatten, setzte er ihn fest im Vorhof des königlichen Gefängnisses hinter dem Palast, denn er wollte sein Leben schützen. Er ließ ihm auch täglich einen kleinen Laib Brot aus der Bäckergasse bringen, bis daß alles Brot in der Stadt aufgezehrt war. Da hungerte Jeremia zusammen mit allem Volk, aß Gras und Würmer und was ihm seine Freunde brachten. Und er hörte, was sie ihm von dem Hunger in der Stadt erzählten, wie alles Volk seufzte und die letzten Kleinodien hingab für eine Handvoll Mehl. Es kam der Tag, da man Jeremia erzählte, daß Mütter ihre Kinder getötet und gekocht hätten, um den Rest der Familie am Leben zu erhalten. Die Ratten waren aufgezehrt, und einen Spatz konnte niemand mehr fangen, denn die Vögel fanden keine Brosamen mehr in den Straßen der Stadt und waren ins Land hinaus geflohen.

Da erhob Jeremia im Vorhof des Gefängnisses seine Stimme, er rief immer dasselbe: »Diese Stadt soll übergeben werden. Und wird sie nicht übergeben, so flieht hinaus ins Lager eurer Feinde, damit ihr euer Leben rettet.«

Die Obersten sprachen zum König: »Laß den Mann töten, er hält es mit dem Feind, denn er lähmt den Kriegern den Arm und dem Volk den Mut zum Aushalten.« Und Zekedia sprach: »Er ist in eurer Gewalt, der König vermag ja nichts mehr wider euch.« Da nahmen die Obersten Jeremia, schlangen ihm ein langes Seil um den Leib und ließen ihn hinab in eine Zisterne im Hof, in der kein Wasser war, sondern Schlamm. Er versank darin, nur noch sein Kopf ragte heraus.

Ebed-Melech, der Mohr, ein Eunuch am Hof, ging zum König und bat für Jeremia. Der König gab ihm dreißig Männer mit, daß sie Jeremia heraufzögen. Der Mohr warf alte Lumpen in die Zisterne und rief hinab: »Tu dir die Lumpen unter die Achseln, zwischen Haut und Seil, daß wir dich heraufziehen!« So befreiten sie Jeremia aus der Schlammgrube, und er blieb weiter im Vorhof des Gefängnisses und predigte durch die Gitter zum Volk, das ängstlich und staunend auf ihn hörte.

Wiederum sandte der König Zekedia zu Jeremia, holte ihn heimlich bei Nacht herauf in den Palast und sagte zu ihm: »Was soll ich tun? Sag es mir, halte mit nichts zurück!« Und Jeremia: »Sag' ich dir die Wahrheit, tötest du mich; geb' ich dir einen Rat, gehorchst du mir doch nicht.« Da schwor ihm Zekedia, daß ihm kein Leid geschehe und daß er ihn verteidigen werde gegen die Obersten. Darauf Jeremia: »Ich kann dir nichts anderes sagen, als ich allem Volk geraten habe: Ergib dich dem Nebukadnezar, hinter dessen Macht der Herr steht, und du wirst leben und die Stadt retten. Verteidigst du sie, wirst du sie zerstören. Und über dich und dein Haus kommt, wenn du nicht gehorchst, das Unheil, das ich dir vorhergesagt habe.« Da erbebte Zekedia und sprach: »Im Lager der Chaldäer warten auf mich alle jene, die aus Jerusalem geflohen und zum Feind abgefallen sind. Ich fürchte nicht die Chaldäer, sondern die Juden. Die Sieger werden mich ihnen übergeben, und die mir untertan waren, werden mich zum Wurm erniedrigen.« Und Jeremia: »Man wird dich ihnen nicht übergeben! Gehorche doch der Stimme des Herrn, und du wirst gerettet werden. Und denke auch an deine Frauen und Kinder und was sie dir zurufen werden, wenn die Feinde ihre Schwerter erheben, um sie niederzumachen.« Darauf gab ihm Zekedia keine Antwort. Jeremia ging hinaus, er weinte. Es war Morgen. Die Geschütze der Belagerer begannen zu schleudern, die Rammböcke zu stoßen, die Pfeile ihre feurige Fracht auf die Dächer zu heften. Jeremia saß im Vorhof des Gefängnisses und schwieg. Er wußte, daß es für jedes Wort zu spät sei, denn der Herr erhob sich zum Gerichtstag.

Und es geschah, daß Jerusalem genommen wurde. Das war im elften Regierungsjahr des Zekedia, am neunten Tag des vierten Monats, als das Kriegsvolk in die Stadt einbrach und mit dem Schwert erschlug, was Hunger und Pest noch übriggelassen hatten. Zekedia aber und sein Hof und seine Kriegsleute waren in der Nacht zuvor hinter des Königs Garten durch ein kleines Tor hinausgeschlüpft und nahmen den Weg nach Jericho, um über den Jordan zu fliehen. Aber im Blachfeld vor Jericho stießen die in der Dunkelheit Umherirrenden auf chaldäische Wachen. Die umzingelten den König und seine Begleitung, nahmen sie gefangen und brachten sie in das Lager Nebukadnezars in Ribla, nahe bei Hamath. Und der König von Babylon saß über den König von Juda zu Gericht. Vor den Augen des Zekedia wurden alle seine Kinder, alle seine Frauen, alle seine Freunde und alle seine Obersten hingeschlachtet. Dann ließ Nebukadnezar dem Zekedia die Augen ausstechen und Ketten um seine Hände und Füße schmieden. So wurde er nach Babel geführt. Und die Chaldäer legten Feuer an das Haus des Herrn und an das Haus des Königs, zerstörten der Bürger Häuser und zerbrachen die Mauern der Stadt Jerusalem. Nebusaradan, der Feldhauptmann des Königs von Babel, führte, was noch lebte, aus der Stadt heraus in die Gefangenschaft. Und Jerusalem lag tot und wüst da, kein Mensch war mehr inmitten der

Trümmer, die große Stille zu hören, außer Jeremia, den Nebusaradan aus dem Gefängnis befreit hatte. Die Chaldäer waren freundlich zu dem Propheten des Herrn und gewährten ihm jede Freiheit. Sie boten ihm auch einen ehrenvollen Platz in Chaldäa an. Aber Jeremia wollte in Juda bleiben, mitten unter dem geringen Volk, das die Chaldäer nicht fortführten, damit das Land nicht gänzlich veröde.

Jeremia saß auf den Trümmern des Hauses des Herrn, das Salomon erbaut hatte, blickte über die Stadt, die so schrecklich öde und verwüstet dalag. Da sang Jeremia seine Lieder der Klage, sein Schüler Baruch hörte zu und bewahrte die Worte:

>»Wie liegt die Stadt so still da
>und wie war sie voll des Volks.
>Die Fürstin unter den Heiden ist zur Witwe geworden,
>   eine Dienstmagd!
>Unflat klebt an ihrem Gewand.
>So sprich denn, du Tochter Sion: Der Herr ist gerecht.
>Alle seine Warnungen schlug ich in den Wind
>und war ungehorsam bei Tag und bei Nacht.
>Alle, die vorübergehen, klatschen in die Hände,
>pfeifen schadenfroh und schütteln den Kopf über mich.
>Und sie fragen: Ist das Jerusalem, die Stadt, von der man sagt,
>sie sei die allerschönste, die Freude und Zierde des Landes?«

Und Jeremia sang die Klage über sein eigenes Los:

>»Ich bin ein elender Mann, daß ich sehen muß die Rute des Herrn.
>Er hat mein Fleisch schwach, meine Haut alt gemacht,
>und mein Gebein hat er mir zerschlagen.
>Er hat mich in die Finsternis gelegt, als wäre ich ein Toter.
>Und wenn ich schreie, stopft er sich die Ohren zu
>und erhört nicht mein Gebet.
>Oh, wie ist meine Seele vertrieben aus den Gehegen des Friedens!
>Ich darf mich nicht erinnern, des Guten muß ich vergessen,
>sonst bin ich ganz Wermut und Galle.
>Aber meine Seele sagt mir, daß du, o Herr, meiner doch noch
>   gedenkst.
>Und deine Barmherzigkeit ist wie der Tau jeden Morgen neu,
>deine Treue beständiger als die Sonne.«

An den Wassern Babylons

Als Nebukadnezar, der König von Babel, Jerusalem und Juda zum drittenmal unterwarf und die aufständische Bevölkerung in die Verbannung fortführte, da rief er nicht, wie die Assyrer es in Israel getan hatten, fremde Völker herbei, die das öde Land besiedeln sollten. Er übergab es jüdischen Winzern und Ackerbauern. Die blieben in diesem stillgewordenen Land, hielten den Boden fruchtbar und überlieferten ihren Kindern, wie das Land zu den Zeiten der Könige voll war von Abgötterei und Gewalttat und jeglichem Laster. Und wie alle Könige, ausgenommen David, Hiskia und Josia, das Gesetz des Höchsten verlassen hatten. Und wie es mit den Königen in Juda eines Tages zu Ende ging, wie zuvor mit den Königen von Israel. Und wie die Herrlichkeit des Volkes von den Fremden in Knechtschaft verwandelt wurde. Sie erzählten ihren Kindern, was sie mit eigenen Augen gesehen hatten: daß Könige gleich wilden Tieren an Ketten davongeführt wurden; daß die fremden Kriegsknechte die Obersten und Ältesten wie hungrige Widder dahintrieben; daß die Söhne und Jungfrauen aus vornehmen Häusern barfuß und mit blutenden Füßen über die steinigen Wege zogen. Und sie erzählten ihnen von Briefen, welche die Fortgeführten durch Kaufleute heimlich an die Zurückgebliebenen in Juda schickten. Es gingen Gesänge um, in denen die Verpflanzten die Hände nach Jerusalem ausstreckten. Die Bauernkinder in Juda lernten diese Gesänge, der eine lautete so:

»An den Wassern Babylons sitzen wir und weinen,
wenn unser Herz sich erinnert,
wenn unser Herz klopft und sich erinnert an Sion.
Unsere Harfen haben wir an die Weiden gehängt,
an die Weiden am Fluß.
Und die uns gefangenhalten, heißen uns singen.
Statt zu schluchzen, sollen wir singen, so sagen sie:
singen von Sion.
Wie soll das gehn?
Im fremden Land zu singen das Lied vom Herrn,
das wir im Tempel gesungen?
Vergäß' ich, singend, dein, Jerusalem,
soll Gott mich vergessen, die Kraft mir nehmen aus meinem Arm.
Meine Zunge soll kleben an meinem Gaumen,
verdursten will ich, wenn nicht Jerusalem
der Trank meiner Seele ist, meine Freude, mein Glück!«

Der neue Atem

Unter den Gefangenen in Chaldäa befand sich auch ein Priester mit Namen Ezechiel. Er hatte ein Haus am Kanal Chebar und lebte mitten im Volk, stand ihm bei in Zweifeln und Ängsten. Als nun Jerusalem zerstört worden war, verloren alle Hoffnungen des Volkes auf eine Heimkehr Halt und Grund. Die falschen Propheten, die es auch unter den Fortgeführten gab, hatten über Nacht keine hochgemuten Gesichte mehr. Statt ihrer leichtfertigen Verheißungen trugen sie nun ihren Grimm gegen Babel ins Volk und dichteten die Lieder der Sehnsucht nach Jerusalem in Haßgesänge um.

Jeremia schrieb in einem Brief, die Juden sollten für Chaldäa beten. Diese falschen Propheten aber riefen zu Gott, daß der Tag der Rache komme, und sie sangen in aller Heimlichkeit: »Dann werden wir ihren kleinen Kindern die Köpfe an den Steinen zerschmettern.« Gegen diese Propheten des Hasses stand Ezechiel auf und brachte dem Volk die Gesichte und Worte, die er vom Herrn empfing. Mit diesen Worten hatte er ihn berufen: »Du Menschenkind, ich sende dich zu einem abtrünnigen Volk. Diese Kinder Israel haben harte Köpfe und verstockte Herzen. Aber sie sollen wissen, daß ein Prophet unter ihnen ist. Und du sollst ihnen meine Worte sagen: Sie gehorchen oder sie lassen es, denn es ist wahrlich ein ungehorsames Volk.«

Als sich nun die Kunde vom Untergang Jerusalems in ganz Chaldäa verbreitete und die fortgeführten Juden ins Herz traf, so daß sie an Israels Erwählung zweifelten, da führte die Hand Gottes den Priester Ezechiel im Geist auf ein weites, ebenes Feld. Das lag bis zum Himmelsrand voller Totengebein. Und das Tote war in der Sonne verdorrt. Da vernahm Ezechiel die Stimme: »Sprich zu diesen toten vertrockneten Knochen: Höre, du bleiches Gebein, höre des Herrn Worte: Über dich wachse Fleisch, Adern sollen dich durchziehen, Haut dich bedecken!«

Und Ezechiel sprach die Worte, die ihm vorgesagt wurden, über das Gebein in der großen Ebene. Da er noch sprach, rauschte es im Acker des Todes, die Knochen regten sich, Bein kam zu Bein, Adern liefen, Fleisch blühte, Haut glänzte. Und Ezechiel hörte die Stimme sagen: »Noch ist mein Odem nicht in ihnen. Gebiete dem Wind, sprich: Wind, komm herzu von den vier Enden der Welt. Blase das Tote an, daß wieder Leben in ihm sei.« Ezechiel sprach die Worte, die er vernommen hatte, nach, der Odem blies über die Leiber, Leben floß in sie hinein. Auf der Ebene richteten sich die Totgewesenen auf und erhoben sich. Und ihrer war ein sehr großes Heer. Ezechiel hörte nun die Stimme sagen: »Du Menschenkind, was du siehst, ist das ganze Haus Israel. Hörst du, wie sie sprechen: Unser Gebein ist verdorrt, unsere Hoffnung ist verloren, es ist vorbei mit uns. So weissage ihnen denn: Hört das Wort des Herrn: Ja, ich will eure Gräber aufreißen. Ich will dich, mein Volk, aus der Grube heraufholen. Ich will dich heimbringen in das Land, das ich dir versprochen habe. Und ihr sollt erfahren, daß ich der Herr bin.«

Als nun Ezechiel aus seinem Gesicht zurückgekehrt war in sein Haus und in seinen Tag, da stand er von der Erde auf, wo er gelegen hatte, und ging hinaus und ging durch ganz Chaldäa und schickte auch Boten in ferne Städte und verkündete überall, was er gesehen und gehört hatte. Und tröstete alles Volk und gab ihm neue Hoffnung auf den Herrn.

Nebukadnezar begegnet Gott

Als Nebukadnezar zum erstenmal gen Jerusalem zog und den König von Juda nach Babel fortführte, befanden sich unter den Gefangenen die vornehmen und reichen Familien Jerusalems. Nebukadnezar war ein Fürst, der die ganze Welt in seinem Reich versammeln wollte. So betrachtete er die Vornehmen aus Juda als einen Schmuck seines Hofes. Und er ließ aus den Königs- und Herrenkindern gesunde, schöne und begabte Knaben an seinem Hof erziehen und sie in der Weisheit der Chaldäer unterrichten. Unter ihnen befanden sich Daniel, Hananja, Misael und Asarja. Diese vier Knaben waren zum Dienst vor dem König bestimmt. Sie hatten chaldäische Namen empfangen, trugen chaldäische Gewandung, aber in ihren Herzen blieben sie dem Gott ihrer Väter treu. Der Herr schenkte ihnen Kunst und Verstand in allerlei Schrift und Weisheit. Daniel aber gab er das Vermögen, das er einst Joseph, dem Sohn Jakobs, dem Gefangenen in Ägypten, gegeben hatte: Daniel sah wie Joseph in die Herzen und konnte aus den Träumen der Menschen das ihnen von Gott zugedachte Los erkennen. Und wie einst Joseph zu Pharao gerufen wurde, als kein Weiser den Traum des Königs deuten konnte, so erging es Daniel. Er übertraf sogar Joseph in seiner Hellsicht: Er deutete nicht nur den Traum des Königs, sondern fand den Traum, den der König vergessen hatte, im Gebet wieder und offenbarte dem König, was er zu bedeuten habe. So gelangte Daniel mitsamt seinen Freunden vor Nebukadnezar zu großem Ansehen. Der Hof aber beneidete die Jünglinge als Fremde und beobachtete sie heimlich.

Nun ließ der König in der Ebene von Dura, in der Nähe von Babylon, ein goldenes Bild errichten. Es war der Stadtgott von Babel. Bei den Feierlichkeiten zu Ehren des neu errichteten Bildes fehlten Daniel und seine Freunde. Bereits am andern Tag wurde ihr Wegbleiben dem König hinterbracht. Nebukadnezar ließ darauf seine Pagen Hananja, Misael und Asarja kommen und fragte sie, warum sie dem Gott nicht die schuldige Ehrfurcht erwiesen hätten. Sie erklärten ihm bescheiden, aber in aller Offenheit, daß die Juden keine von Menschenhand gemachten Bilder verehren dürften, selbst nicht Bilder, die ihren eigenen Gott darstellten. Worauf Nebukadnezar ihnen bedeutete, daß sie sich nicht mehr in Juda befänden, sondern in Chaldäa, und daß ihr Gott sein Volk offenbar im Stich gelassen habe. »Ja«, rief Nebukadnezar, »mein Gott ist stärker als der eure, das hat sich erwiesen. Und ich möchte keine Diener um mich haben, die einen andern Gott haben als ich. Darum entscheidet euch. Empfangt entweder wie bisher meine Huld, oder ihr wandert in den Feuerofen, der, wie ihr wißt, für die Feinde des Königs immer bereitsteht.«

Die Jünglinge erwiderten: »Deine Huld, o König, ist uns teuer, aber Gottes Huld gilt uns mehr.« Nebukadnezar hatte es nie erlebt, daß ihm ein Mensch widersprach. Darum versetzte ihn die Antwort seiner Pagen in solche Wut, daß er sie auf der Stelle binden und zum Feuerofen führen ließ. Die Jünglinge blieben vor dem großen flammenden Tor des Ofens ganz ruhig. Hananja sagte zum König: »Wir sind jung und sterben nicht gern. Aber unser Gott verlangt unbedingte Treue.« Misael sagte: »Weißt du, o König, daß unser Gott allmächtig ist? Er kann Könige wie Flammen auslöschen, und Flammen kann er sanft und kühl machen wie die Zunge eines Mutterschafs, das ihr Junges leckt.« Asarja sagte: »Aber wenn uns die Flammen auch verbrennen, so loben wir dennoch die Güte unseres Gottes.«

Da schrie Nebukadnezar: »So wahr ich Jerusalem und den Tempel eures Gottes verbrannt habe, verbrennen will ich euch samt der Treue zu eurem Gott.« Damit hob er die Hand, winkte, die Henker stürzten die Jünglinge durch das Loch in die Tiefe. Und sie warfen ihnen Erdharz und Werg und dürre Reiser in großen Haufen nach, daß die Lohe bei vierzig Ellen hoch über dem Ofenloch stand. Der König und sein Hof und die Henker lauschten dem Geprassel der Flammen. Da hörten sie, wie das Feuer leiser wurde, wie aus der Tiefe Stimmen kamen, zuerst eine, dann waren es zwei — drei — schließlich waren es vier. Und sie hörten, wie die vier Stimmen sangen:

> »Preiset den Herrn, all seine Werke,
> rühmt ihn ohne Unterlaß in Ewigkeit.
> Ihr Himmel der Himmel, preiset den Herrn,
> rühmt ihn ohne Unterlaß in Ewigkeit.
> Preiset den Herrn, ihr Engelschöre, alle sieben,
> rühmt ihn ohne Unterlaß in Ewigkeit.
> Sonne, Mond, Sternenstaub, preiset den Herrn,
> rühmt ihn ohne Unterlaß in Ewigkeit.
> Preiset den Herrn, Wasser, Regen und Tau,
> rühmt ihn ohne Unterlaß in Ewigkeit.
> Winde, Sturm und Wettergraus, preiset den Herrn,
> rühmt ihn ohne Unterlaß in Ewigkeit.
> Feuer und Frost, preiset den Herrn,
> rühmt ihn ohne Unterlaß in Ewigkeit.

> Ihr Tiere alle, wo ihr auch lebt, preiset den Herrn,
> rühmt ihn ohne Unterlaß in Ewigkeit.
> Ihr Menschenkinder, rund auf dem Erdkreis, preiset den Herrn,
> rühmt ihn ohne Unterlaß in Ewigkeit.
> Ihr hohen Geister und abgestorbenen Seelen, wo ihr auch seid,
> preiset den Herrn,
> rühmt ihn ohne Unterlaß in Ewigkeit.
> Ihr Heiligen in Trübsal und Bedrängnis, preiset den Herrn,
> rühmt ihn ohne Unterlaß in Ewigkeit.
> Wir, Hananja, Misael, Asarja, preisen den Herrn,
> wir rühmen seinen Namen ohne Unterlaß in Ewigkeit.«

So sangen sie, und der König und sein Hof hörten es. Und sie bemerkten, wie die Flammen sich duckten, und sie spürten, wie es kühl aus dem Feuerofen heraufwehte. Da beugte sich der König über das Loch und sah: Es waren nicht drei, sondern vier Männer! Sie gingen im Kreise, und ihre Füße traten die letzten Flammen nieder. Auf dem Boden des Ofens aber leuchtete und duftete es wie von einer Blütenstreu. Da ließ Nebukadnezar die untere Tür öffnen und rief: »Ihr Freunde eures Gottes, kommt heraus!« Und die drei Jünglinge traten durch die untere Tür aus Erz hervor. Kein Haar an ihnen war versehrt, kein Faden ihrer Gewänder versengt. Der König betastete sie und fragte: »Wer war der vierte?« Sie antworteten: »Wir sind drei und haben keinen vierten gesehen.« Und Nebukadnezar: »Aber es war ein vierter bei euch. Er hatte das Aussehen eures Freundes Daniel.« Staunen ergriff die drei Jünglinge, und sie gestanden dem König, daß Daniel ihnen an diesem Morgen versprochen hatte, für sie zum Herrn zu beten. Und Daniel habe ihnen gesagt, Gott werde das Königreich von Nebukadnezar nehmen.

Da zitterte der König am ganzen Leib, und er konnte nicht mehr sprechen. Er wurde unruhig, schüttelte den Kopf, lief umher und wollte nicht mehr in seinen Palast zurückkehren. Auf freiem Feld schlief er, brüllte des Nachts wie ein Tier und ging auf Mensch und Vieh los. Da legten sie ihn in schwere Ketten, die sie aber, da er der König war, aus Gold schmiedeten. Und er fraß Gras, als wäre er ein Ochse. Die Kleider fielen ihm in Fetzen vom Leib. Er lag nackt im Tau, und sein Haar umgab ihn schwarz und fettig und bedeckte ihn wie Fittiche. Seine Nägel wuchsen, daß seine Hände aussahen wie Vogelkrallen.

Bis Gott, der den Hochmut des Königs züchtigen wollte, ihm wieder das Licht der Vernunft eingab. Da erhob der König sein Auge zum Himmel, sah sich, wie er war, und gab Gott die Ehre und stellte sich selber an den Platz, der ihm zukam. Er stand auf, ging in den Palast zurück, ließ sich die Ketten abnehmen, nahm ein Bad, kleidete sich königlich und diktierte dem Schreiber einen Brief, der im ganzen Reich verlesen werden sollte. Er beschrieb die Zeit seiner Demütigung durch Gott, und sein Brief endete so: »Er macht's, wie er will und wie es gut ist. Er hat die Kräfte des Himmels in seiner Hand und das Schicksal aller Menschen und das Los aller Tiere. Und niemand kann seiner Macht wehren und ihn fragen: Was machst du?«

Die Schrift an der Wand

Auch die gewaltigen Könige von Babel lebten nicht länger, als anderswo die Könige leben. Auf Nebukadnezar folgte Nabonid. Da das Reich von innen und außen bedroht war, machte dieser seinen Sohn Belsazar zu seinem Mitregenten. Belsazar hatte vergessen, auf welche Weise Nebukadnezar die Grenzen zwischen sich und Gott erfahren hatte. Der junge Fürst liebte die lauten Feste und prahlte dann vor seinem Hof. Als er nun wieder einmal seinen Großen und seinen Frauen ein Mahl gerichtet und mit ihnen ausgelassen gezecht hatte, sprach einer der Mitzecher von den heiligen Gefäßen, die Nebukadnezar aus Salomons Tempel nach Babel gebracht hatte. Juden hätten ihnen gesagt, daß sie nur von den jüdischen Priestern beim Tempeldienst benutzt werden dürften, wer sonst daraus trinke, dem wandle sich der Wein im Becher in Blut.

Da lachte Belsazar, stand auf und schickte seine Hofbeamten los, die heiligen Gefäße herbeizuholen. Der Fürst ließ sie mit Wein füllen und trank daraus mit seinen Frauen und Nebenfrauen, mit seinen Freunden und Offizieren. Und Belsazar rief: »Ich seh' noch immer kein Blut im Becher!« Er lachte über den Gott Jahwe und pries die Götter seines Landes. Alle hörten Belsazar zu und spotteten des Gottes, dessen Tempel Nebukadnezar zerstört hatte. Da wurden Belsazars Augen von einem Punkt auf der weißgetünchten Wand im königlichen Saal festgehalten. Der Punkt wurde zu einem Finger, der Finger zu einer Hand, und die Hand schrieb an die Wand und verging. Die schwarzen Lettern auf der weißen Tünche aber vergingen nicht. Belsazar versuchte, die Worte zu lesen, doch er zitterte am ganzen Leib, der Wein stürmte in ihm, und er wurde wild geschüttelt. Als er wieder sprechen konnte, rief er nach den Magiern und Traumdeutern. Sie kamen, standen vor der Schrift, konnten sie jedoch nicht lesen und schlichen davon. Da trat die Königin in den Saal, führte Daniel herein, stellte ihn vor den König und sprach zu ihm: »Der König lebe ewiglich! Ich habe gehört, als es sehr laut wurde hier im Saal, und ich habe gehört, als es sehr still wurde. Da habe ich die Diener gefragt, was hier geschehen sei. Als ich es erfuhr, schickte ich zu Daniel, dem Künder und Weisen, der schon Nebukadnezar einen Traum, den der König verloren hatte, wiederfand und deutete. Darum habe Mut, mein König, und sitz nicht so erstarrt da.« Belsazar hob die Hand, zeigte auf die Schrift und sagte zu Daniel, ohne die Augen von den großen schwarzen Lettern zu lösen und ohne Daniel auch nur mit einem Blick anzuschauen: »Wenn du diese Worte lesen kannst, wenn du mir sagst, was sie bedeuten, kleide ich dich in meinen Purpurmantel und setze dich über alle Weisen im Lande.«

Daniel blickte auf die Wand und sprach: »Deinen Purpur, deine Ketten, deine königliche Gunst, Fürst, gib dies alles, wem du willst, nicht mir.« Und Daniel blickte auf die goldenen Gefäße, die auf dem Tisch umherstanden und umgestürzt dalagen: »Du mußt dich aber eilen, wenn du noch jemand eine Gunst erweisen willst. Denn du hast über den Gott, der dich in der Hand hat wie du diesen Becher, du hast über ihn gelacht. Darum hat eine Hand, die er schickte, diese Worte an die Wand geschrieben, sie lauten: Mene, Thekel, Phares. Das bedeutet: Gezählt, gewogen, geteilt. Gezählt sind deine Tage, gewogen bist du auf der Waage und zu leicht befunden. Geteilt ist dein Königreich jetzt schon unter deine Feinde. Die Perser stehen an der Tür und klopfen daran.« Da blieb Belsazar sitzen, weiß wie die gekalkte Wand. Er starrte weiter auf die Schrift, blieb allein sitzen im Saal. Alle verließen ihn. Noch in derselben Nacht wurde die Stadt Babylon ohne einen Schwertstreich von den Persern genommen, Belsazar wurde da, wo er saß, getötet.

Heimkehr

Als Kyros, der König der Perser, die Stadt Babylon genommen hatte, trat vor ihn Daniel, der Prophet, und bat den König für sein Volk. Er erzählte dem König einiges aus der Geschichte, die der Gott Abrahams mit dem Volk Israel, da er es erwählte, begonnen hatte. Und Kyros wunderte sich über das Volk Israel und die Taten des Zorns und der Gnade, die Gott an ihm gewirkt hatte im Kommen und Gehen der Zeit. Noch im ersten Jahr, da er auch Herr in Chaldäa geworden war, ließ er ausrufen in seinem ganzen Reich überall, wo Juden wohnten, sie dürften heimziehen nach Judäa. Dort sollten sie ihrem Gott den Tempel wieder aufbauen, den Nebukadnezar zerstört hatte. Allen denen, die heimzukehren bereit seien, sollten die Obrigkeit und die Bürger der Städte, die sie bewohnt hätten, mit Geld und Gut auf den Weg helfen, damit das Haus des Herrn wieder errichtet werde.

So geschah es denn: Alle, die um sie her wohnten, stärkten die Hände der nach Jerusalem Heimziehenden mit silbernem und goldenem Gerät, mit Vieh und Nahrung und allerlei Gut. Die Gemeinde, die sich um Serubbabel, den Urenkel des letzten Königs von Juda, sammelte und gegen Jerusalem zog, betrug zweiundvierzigtausenddreihundertundsechzig Seelen. Hinzu kamen über siebentausend Knechte und Mägde und zweihundert Sänger und Sängerinnen. Sie besaßen über siebenhundert Pferde, zweihundertfünfzig Maultiere, über vierhundert Kamele und fast siebentausend Esel.

Sie kamen nach Judäa und suchten ihre alten Plätze auf rings um die Stadt Jerusalem. Ein jeder verlangte nach der Stadt und dem Haus, wo seine Vorfahren gewohnt hatten. Sie machten sich an die Arbeit und begannen die Häuser wieder zu errichten. Die Winzer und Ackerbauern, die im Land geblieben waren, kamen herbei und liehen ihnen ihren Rat und ihre Hand. Manche der Alten unter ihnen waren als Kinder oder junge Leute aus Jerusalem und den andern Städten fortgeführt worden. Sie erinnerten sich noch, wo der Brunnen lag und wo die Zisterne, wo es einen Steinbruch gab und zu welchem Vaterhaus dieses zerfallende Gemäuer oder jener Garten gehörte. Und die Ältesten gaben acht, daß nichts in Besitz genommen wurde, was den Familien gehörte, die noch in Babel weilten und nicht heimkommen konnten oder wollten. Denn alle Vaterhäuser, so hofften die Heimgekehrten, würden eines Tages ihre Glieder wieder am alten Ort versammeln.

Als nun die Heimgekehrten sieben Monate an den Plätzen wohnten, von denen ihre Väter aufgebrochen waren, zogen sie wie ein Mann nach Jerusalem hinauf. Sie bauten vor den Trümmern des Tempels einen Altar und brachten, ehe sie den Grund zum neuen Tempel legten, dem Herrn Brand- und Dankopfer dar. Sie feierten auch das Laubhüttenfest und ordneten aufs neue den Jahreskreis der Feste. Darauf gaben sie Geld den Steinmetzen und Zimmerleuten und ließen Zedernholz vom Libanon kommen, das sie aus Jaffa herbeiholten. So war es einst zur Zeit Salomons geschehen, so ordnete es nun Kyros, der König, an, als er seinen Untertanen in Tyrus und Sidon befahl, mitzuhelfen an der Wiedererrichtung des Tempels.

Juda schafft sich seinen größten Feind

Zwei Jahre nach der Heimkehr in das versprochene Land versammelten sich das Volk und seine Ältesten an der Stelle, wo der Tempel Salomons gestanden hatte. Die Bauleute legten den Grund zu einem neuen Tempel. Die Priester standen da in ihren neuen Gewändern, wie sie Mose vorgeschrieben hatte, und bliesen die Posaunen. Die Leviten schlugen die Zimbeln, und die Sänger lobten den Herrn mit den Liedern Davids. Sie sangen und dankten dem Herrn und priesen seine Güte und Barmherzigkeit, die ewiglich währt. Alles Volk jauchzte, als der Grund gelegt war zum neuen Haus des Herrn. Aber viele der alten Priester und Leviten und Obersten der Vaterhäuser, die noch den Tempel Salomons gesehen hatten, weinten laut. Viele aber auch unter den Alten jauchzten. Das Freudengeschrei wuchs an, so daß das Volk, das weiter entfernt stand, das Jauchzen nicht unterscheiden konnte vom lauten Weinen. Das Gebraus der Stimmen und Instrumente drang durch die Trümmer, durch die offenen Fenster der neuen Häuser und durch alle Gassen.

In diesen Tagen kamen die Samariter zu Serubbabel und den andern Obersten der Vaterhäuser und sprachen: »Wir wollen mit euch an eurem Tempel bauen, denn wir suchen ja einen Gott. Und wir dienen und opfern ihm, seit uns die Assyrer aus aller Welt gesammelt und nach Samaria gebracht haben. Und stammen wir auch nicht von Abraham ab dem Fleische nach, so sind wir doch seine Kinder, indem wir das Gesetz halten und in dem Land wohnen, das ihm und seinen Nachkommen verheißen wurde.« Aber Serubbabel und die Obersten schüttelten über die Männer von Samaria die Köpfe. Schon die Sprache, in der diese Fremden redeten, klang ihren Ohren fremd. Diese Männer sprachen nicht Hebräisch, sondern Aramäisch. In ganz Kanaan hörten die Heimgekehrten nur noch diese Allerweltssprache. Selbst die Winzer und Bauern, die Nebukadnezar nicht fortgeführt hatte, verstanden vom Hebräischen nur noch einige Segenssprüche. Aber auch die heimgekehrten Juden sprachen Aramäisch, wie sie es in Chaldäa zu sprechen gewohnt waren. Allein die Schriftkundigen und Gelehrten waren im Hebräischen daheim. Und sie hatten sich nach der alten Sprache in Kanaan ebensosehr wie nach dem alten heiligen Boden des Landes gesehnt. Nun aber war das Aramäische über Juda hin bis an die Grenzen Ägyptens gedrungen; und die alte Sprache, in der die Väter gedacht und gebetet hatten, war zurückgedrängt worden in die heiligen Grenzen von Tempel und Buch. In den Augen der heimgekehrten Juden aber war kein anderer daran schuld als diese Samariter, diese Eindringlinge, die weder Heiden noch Juden waren, mochten sie an Jahwe und sogar an die Auferstehung glauben und ihren Messias erwarten.

So sprach Serubbabel zu den Boten aus Samaria: »Es ziemt sich nicht, daß ihr mitbaut am Haus des Herrn. Wir bauen es allein, denn wir sind sein Volk. Überdies hat der König Kyros uns den Bau aufgetragen, nicht euch.« Da kehrten die Männer aus Samaria ohne ein Wort der Entgegnung auf der Stelle um und gingen davon. Seit dieser Stunde stand zwischen Juda und Samaria die Feindschaft wie eine Mauer bis zum Himmel. Bald schon bekamen es die Erbauer des Tempels zu spüren, wie mächtig der neue Feind war. Die Samariter schickten nach Babylon Briefe und Boten und streuten böse Gerüchte über die Juden aus. Sie überfielen nachts die Fuhrleute, die von Jaffa nach Jerusalem Steine und Zedernholz schafften. Und nach Kyros' Tod gelang es ihnen sogar, den neuen Perserkönig davon zu überzeugen, daß die Juden Jerusalem zu einer uneinnehmbaren Stadt machen wollten. In ihren Briefen nannten sie Jerusalem eine aufrührerische und böse Stadt und forderten den König auf, in den alten Chroniken nachzulesen, da werde ihm alles bestätigt. Der Perserkönig schickte seine Antwort nach Samaria. Er ließ die Ankläger Jerusalems wissen, aus den alten Chroniken gehe in der Tat hervor, »daß diese Stadt«, so schrieb der Perser, »sich von alters her gegen die Könige empört hat und Abfall aus sich hervorbrachte«. Und der König befahl den Samaritern in seinem Brief: »Wehret den Juden, daß die Stadt nicht wieder aufgebaut wird, bis daß von mir der ausdrückliche Befehl ergeht.«

Dieselben Ratsherren von Samaria, die vor einigen Jahren nach Jerusalem gekommen waren, um ihre Hilfe am Tempelbau anzubieten, sie kehrten nun zurück, den Brief des Perserkönigs in der Hand, und sie brachten viel Kriegsvolk, Rammböcke und Schleudermaschinen mit sich. Serubbabel und die Obersten der Vaterhäuser lasen den Brief des Königs, sie sahen auch die Macht ihrer Feinde und wichen vor ihnen zurück. So hörte auf das Werk am Hause Gottes in Jerusalem.

Prophetenwort erbaut den Tempel

Im zweiten Regierungsjahr des Perserkönigs Darius weissagten die Propheten Haggai und Sacharja. Haggai sprach zu Serubbabel, dem Fürsten Judas, und zu Josua, dem Hohenpriester: »Dies Volk spricht: Die Zeit ist noch nicht da, des Herrn Haus zu errichten. Aber eure Zeit ist da, daß ihr in getäfelten Zimmern wohnt. Und das Haus Gottes steht wüst. Geht darum hin in das Gebirge und haut Holz und baut das Haus!« Und Sacharja kündete: »So spricht der Herr: Ich will mich wieder zu Jerusalem kehren mit Barmherzigkeit, und mein Haus soll drinnen gebaut werden. Jerusalem wird wieder bewohnt sein. Die Stadt wird soviel Menschen und Vieh beherbergen, daß die Häuser und Ställe die Stadtmauern überfluten.« Sacharja ermunterte den Serubbabel und sprach zu ihm: »Das ist das Wort des Herrn für dich: Nicht durch Heeres- und Menschenkraft und die Macht der Waffen soll das Neue geschehen, sondern durch meinen Geist. Siehe, Serubbabel, du Sohn Davids, du stehst vor einem Berg. Aber vertraue auf mich, so spricht der Herr, und der Berg wird zu einer Ebene. Setze als erster den Stein des neuen Anfangs, und über Nacht rufen alle: Glück zu, Glück zu! Denn deine Hände haben dieses mein Haus gegründet, deine Hände sollen es vollenden.« Da gehorchten Serubbabel und Josua, und sie bauten weiter am Hause des Herrn und mit ihnen die Propheten Gottes, die ihnen Stärke gaben.

Da erschien der Landpfleger des Perserkönigs, Thathnai, in Jerusalem und stellte die Frage: »Wer hat euch befohlen, dies Haus zu bauen?« Serubbabel und Josua erzählten Thathnai, daß Kyros ihnen den Bau des Tempels aufgetragen habe. Da schrieb der Landpfleger an den Bibliothekar des Königs Darius und ließ nachforschen, ob es einen solchen Befehl gebe. Man fand ihn zwar nicht in der königlichen Kanzlei zu Babel, aber auf dem Schloß Ahmetha in Medien entdeckte man ein Buch, das die Taten des Königs Kyros beschrieb. Darin war auch der Befehl des Königs enthalten, das Haus des Herrn in Jerusalem wieder zu errichten, und die Anweisung, daß der persische König alle Ausgaben bestreiten werde.

Da schickte der König Darius den Bescheid an seinen Landpfleger: »Laß sie wieder errichten das Haus ihres Gottes und stört sie nicht!« Darauf bauten Serubbabel und Josua weiter, und alles ging gut vonstatten, ermuntert durch die Propheten. Am dritten Tag des Monats Adar, im sechsten Regierungsjahr des Königs Darius, vollendeten sie den Bau. Die Priester, die Leviten, die Sänger, die Musikanten, das ganze heimgekehrte Volk beging die Einweihung des Hauses mit Jubelschall und Opfern und Gebeten. Am vierzehnten Tag desselben Monats feierten sie das erste Passahfest. Er dauerte sieben Tage, und der Herr machte sie alle fröhlich. Der Prophet Sacharja stand vor dem neuen Tempel und rief: »Tochter Sion, freue dich von Herzen! Jauchze, du Tochter Jerusalem! Sieh, dein König wird kommen, ein Gerechter, zum Helfen gebeugt und arm. Er reitet auf einem Esel, auf dem Füllen einer Eselin. Er wird den Frieden lehren unter den Heiden. Und seine Herrschaft wird reichen von einem Meer bis ans andre, vom Ufer des Heute bis an das Ende der Welt!«

Esras Kampf gegen die Kinder der Heiden

Im siebten Jahr der Regierung des Artaxerxes, des Königs von Persien, kam Esra mit Priestern, Leviten, Sängern und viel Volk — im ganzen waren es etwa eintausendfünfhundert Menschen — von Babel nach Jerusalem herauf. Sie machten die Reise in knapp vier Monaten. Esra stammte aus Aarons Geschlecht. Er ging nach Jerusalem, um dort als Gesetzeslehrer zu wirken. Artaxerxes hatte Esra einen Vollmachtsbrief mitgegeben. Darin verfügte auch er, daß die Kosten des Tempelbaus, wenn die Opfergaben des Volkes nicht hinreichten, vom persischen Staatsschatz getragen werden sollten. Den Priestern wurde Steuerfreiheit bewilligt. Esra sollte in Juda auch Richter und Lehrer einsetzen, daß alles Volk gerichtet, aber ebenso im Gesetz unterwiesen werde.

Esra und die von ihm Heimgeführten gingen in den ersten Tagen voll inneren Jubels durch Jerusalem. Unaufhörlich betrachteten sie den Tempel. Die einen küßten die Fliesen des neuen Heiligtums und jubelten, die andern gestanden, sie hätten ihn sich größer und herrlicher vorgestellt, denn aus den Erzählungen der Alten war ihnen der Tempel Salomons so vertraut, als hätten sie ihn mit eigenen Augen gesehen. Esra aber sagte: »Der Tempel ist groß und schön genug. Und der Herr zählt nicht das Maß der Ellen.« Aber die verfallenen Stadtmauern Jerusalems und die unzähligen Ruinen stimmten Esra traurig. Er rief in den ersten Tagen seiner Ankunft die Obersten zusammen und überlegte mit ihnen, wie die Stadt am ehesten wieder aufzurichten und zu befestigen sei. In den Gesprächen erfuhr er von den Obersten der Vaterhäuser, daß viele der israelitischen Männer, kaum daß sie im Land der Verheißung waren, sich Töchter der Heiden zu Frauen genommen hätten. Und nicht nur das einfache Volk habe sich mit den Kanaanitern, Hethitern, Jebusitern, Ammonitern und Ägyptern vermischt, vor allem die Vornehmen hätten auf solche Weise das Gesetz des Herrn überschritten. Als Esra das hörte, zerriß er vor Trauer sein Gewand, raufte sich Haar und Bart und blieb bestürzt sitzen, wo er saß. Erst um die Zeit des Abendopfers faßte er sich, betete und sprach nun zu den Ältesten: »Von der Zeit unserer Vorfahren an bis auf diesen Tag stehen wir in großer Schuld vor Gott. Wir dürfen es nicht wagen, zu ihm die Augen zu erheben. Nun, da er uns einen Augenblick der Gnade wiedergeschenkt hat, verlassen wir bereits seine Gebote. Denn der Herr hat gesprochen: Das Land, in das ich euch führe, ist unreines Land. Ihr sollt eure Töchter nicht geben ihren Söhnen, und ihre Töchter sollt ihr nicht nehmen für eure Söhne zu Frauen. Sollen wir wiederum alle Gebote des Herrn fahrenlassen?«

Da Esra so sprach an diesem und dem nächsten Tag, versammelte er um sich eine große Gemeinde. Sie sprachen zu ihm: »Wir haben uns versündigt. So wollen wir vor Gott unsere heidnischen Frauen und was von ihnen geboren ist von uns tun.« Und sie ermunterten Esra, daß er das Werk der Reinigung des Volkes von allem Fremden beginne. Da erhob sich Esra, ging in den Tempel und fastete und betete. Sodann forderte er die Obersten und Ältesten auf, das Volk der Heimgekehrten innerhalb von drei Tagen in Jerusalem zu versammeln. Wer nicht komme, dessen Habe solle eingezogen und er selber verbannt sein aus der Gemeinschaft des Volkes.

Am zwanzigsten des neuen Monats füllten sich die Straßen von Jerusalem mit Volk. Es war aber die Zeit des Regens. Das Volk saß auf dem Platz vor dem Tempel und zitterte vor Kälte und von der Sorge, daß das Gesetz nun viele Familien auseinanderreißen werde. Manche der Obersten, die das Volk so elend sahen und die selber auch um ihrer fremden Frauen willen in ihren Herzen elend waren, sprachen zu Esra: »Sieh nur, wie sie dasitzen und zittern. Wir können sie nicht im Regen krank werden lassen. Außerdem sind es deren sehr viele, die sich gegen das Gesetz verheiratet haben. Die Sache läßt sich also nicht in ein paar Tagen ordnen. Bestellen wir darum im ganzen Land in jeder Stadt eine Versammlung von Richtern, die jeden einzelnen Fall prüft und entscheidet.«

Esra fügte sich diesem Beschluß, der von vielen Vornehmen und angesehenen Männern unterstützt wurde, weil die Betroffenen Zeit gewinnen wollten in ihrer Notlage. Diese in der Überlieferung des Volkes erfahrenen Männer, unter ihnen Priester und Schriftgelehrte, verwiesen in jenen Tagen auf Ruth, die Moabiterin, die Boas geheiratet hatte, den Urgroßvater des Königs David. Ganz Bethlehem hatte sich damals gefreut über diese Ehe zwischen einem wohlhabenden Israeliten und einer armen, flüchtigen Moabstochter. Die Anhänger der milden Auslegung des Gesetzes sprachen öffentlich darüber, wie fest diese demütige und ihrer Schwiegermutter so anhängliche

Ruth den Gott Israels mit ihrem ganzen Herzen angenommen habe. Und das sei vor Gott mehr, als dem Fleische nach vom Patriarchen Jakob abzustammen. Wie viele Israeliten seien noch zuletzt in den Tagen der Gefangenschaft zu Babel von ihrem Gott abgefallen! Und wie viele Heiden hätten sich zu dem einen und heiligen Gott, der Himmel und Erde gemacht hat, bekehrt! So entstand ein Murren im Volk. Und als es dazu kam, daß sich viele Männer von ihren Frauen und auch Kindern trennten, war Weinen und Wehklagen auf beiden Seiten.

Mit Schwert und Kelle

Dreizehn Jahre nach Esra zog Nehemia von Chaldäa nach Jerusalem herauf. Er war der Mundschenk des Königs am Hofe zu Susa. Als er hörte, daß die von Esra erbauten Mauern von den Feinden Judas zerstört worden seien und die Stadt sich in großer Bedrängnis befinde, bat er den König Artaxerxes, ihn nach Jerusalem zu schicken, daß er seinem Volk beistehen könne. Der König ernannte seinen Mundschenk zum Statthalter von Judäa. Noch am selben Abend, als Nehemia in Jerusalem angekommen war, sonderte er sich von seiner Begleitung ab und ritt die zerstörten Mauern entlang. Die Trümmer bedeckten den Weg so dicht, daß er nicht weiterreiten konnte, sondern umkehren mußte. Er kam zu den Obersten und Ältesten der Stadt und sprach zu ihnen: »Ich habe das Unglück gesehen, das unsere Feinde uns angetan haben. Diese Schmach zu ertragen ist schwerer, als die Mauern Jerusalems wieder aufzubauen.« Und er stellte ihnen dar, wie Gott ihnen bisher geholfen und das Herz des Königs Artaxerxes gnädig gegen die Juden gestimmt habe. Da riefen alle: »Auf, herbei! Erbauen wir die Mauern!«

Kaum aber hatten sie begonnen, da nahte sich von Samaria der Feind in der Gestalt Saneballats. Er stammte von den Assyrern ab, die einst nach Samarias Zerstörung Salmanassar dort angesiedelt hatte. Er bekleidete das Amt eines Rentmeisters des Perserkönigs, und ihm standen Soldaten zu Gebot. In ihm aber glühte der ganze Haß Samarias, der sich in drei Generationen angestaut hatte. Saneballat tat sich mit den Arabern und Moabitern zusammen. Zuerst spotteten sie über das Werk der unablässig Tag und Nacht mauernden Juden. Sie hielten es nicht für möglich, daß dieselben Männer, die bis dahin Gelehrte waren, königliche Beamte, reiche Gutsbesitzer und verwöhnte Städter, zusammen mit den armen Leuten Steine schleppen würden und Mörtel, und vor allem: daß sie überhaupt mit Kelle und Richtmaß umgehen könnten. Aber eines Tages erhielt Saneballat die unglaubliche Nachricht, daß die Mauern in Jerusalem wieder stünden, daß die Lücken demnächst geschlossen und die Tore eingehängt würden. Da raffte Saneballat einen Haufen Kriegsvolk zusammen und zog gen Jerusalem. Er legte sich in den Ortschaften ringsumher in den Hinterhalt. Die judäischen Winzer und Bauern jedoch schickten Boten in die Stadt. Und Nehemia teilte das Volk in Maurer und Soldaten. Die Soldaten stellte er in den Gräben vor der Stadt auf, daß sie die Störenfriede fernhielten. Die übrigen, die auf der Mauer, bauten weiter. Auch die Lastträger, die Mörtel und Steine heranschafften, trugen das Schwert an der Hüfte, und selbst die auf der Mauer oben hatten Spieß und Bogen bereitliegen. Überall standen Wachtposten, die Posaunen immer bereit, um den Feind, falls er heraufstürmte, zur Zeit anzukünden.

So arbeiteten die Juden in Waffen am Werk der Mauer. Die Hälfte der Männer stand vom Aufgang der Morgenröte bis daß die Sterne hervortraten gerüstet mit Schwert und Spieß. Dann gingen sie nach Haus und ruhten. Nehemia aber wachte mit seinen Brüdern und Getreuen und legte viele Wochen nicht die Kleider vom Leib und verzichtete auf das Bad. Endlich kam der Tag, daß die Mauer stand und der Feind von draußen nur noch ohnmächtig drohen konnte.

Also hatte Nehemia eine starke Schutzwehr gegen den Feind von außen aufgerichtet. Darauf ging er daran, die unsichtbaren Mauern im Innern, die das Volk in arm und reich, in Knechte und Herren aufteilte, niederzureißen. Er hörte das Geschrei des Volkes. Viele der Armen mußten ihre Äcker und Weinberge versetzen, um den Schuldforderungen ihrer Gläubiger nachzukommen. Andre mußten ihre Töchter und Söhne als Schuldsklaven bei ihren eigenen Landsleuten arbeiten sehen. Nehemia, der selber zu den Reichen gehörte, sah dies Elend der Armen an, bis es eines Tages aus ihm herausbrach und er zu den Ratsherren und Obersten sprach, sie laut schalt und rief: »Jetzt haben wir die Stadtmauern gebaut. Da wart ihr tapfer und fleißig. Ein jeder dachte nicht nur an das Seine, sondern wußte, daß das Wohl aller das Fundament des Volkes sei. Jetzt aber seid ihr Wucherer geworden und zieht euren Mitbürgern die Haut ab. Wir haben in Chaldäa viele Juden, die in Sklaverei geraten waren, mit unserm Geld freigekauft. Und jetzt wagt ihr es, sie hier in Jerusalem zu euren Zinsknechten zu machen. Seht doch, die Heiden hinter der Mauer dort schauen diesem Treiben zu und lachen über uns.«

Da schwiegen sie und fanden keine Antwort. Nehemia fuhr fort: »Aber ich will euch nicht nur mit Worten belehren. Ich, meine Brüder und meine Getreuen haben in Persien und hier in Jerusalem unsern Mitbürgern Geld geliehen und Getreide. Wir erlassen in diesem Augenblick allen unsern Schuldnern ihre Schuld.« Da erhob sich Freudengeschrei im Volk. Nehemia ließ darauf Gläubiger um Gläubiger vor sich hintreten. Unter einem Eid verpflichtete sich ein jeder, seinen Schuldnern Äcker, Weinberge, Obstgärten und Häuser zurückzugeben. Darauf schüttelte Nehemia den Brustbausch seines Gewandes aus und rief: »Also sei jedermann aus dem Busen Gottes ausgeschüttelt, wer diesen Eid, den er hier vor den Priestern und dem Volk ablegte, nicht hält.« Und die ganze Gemeinde rief: »Amen, so sei es!« Zwölf Jahre war Nehemia Landpfleger in Jerusalem, dann kehrte er in den Dienst seines Königs zurück. Nach einigen Jahren jedoch kam er hochbetagt nach Jerusalem zurück und starb alldort.

Die Juden sollen Griechen werden

Alexander, der Sohn des Philippos, König von Makedonien, hatte das persische Reich und dazu viele andere Länder und Königreiche erobert. Nach seinem Tod zerfiel sein Reich. Alexanders Feldherren machten sich zu Königen in dem Land, das sie zu Lebzeiten des Königs an seiner Statt verwaltet hatten. Diese Nachfolger Alexanders bekämpften einander, und die Welt war voll Kriegsgeschrei. Einer dieser Fürsten hieß Seleukos. Er herrschte über Asien, Syrien und Kanaan. Von ihm stieg auf ein böser und gottloser Sproß, Antiochos der Große genannt. Er kannte und ließ allein gelten die griechische Sitte. Von den Juden und ihrem Glauben hatte er nur allerlei gehört, was ihm lächerlich vorkam. Zu dieser Zeit war es für einen Fremden auch schwer, die Wahrheit über die Juden zu erfahren. Denn es gab damals in Israel viele, zumal aus den oberen Klassen, die ihren väterlichen Glauben als veraltet empfanden und sich seiner, wenn sie mit Heiden zusammenkamen, sogar schämten. Sie wählten griechische Namen, trugen griechische Kleider, schnitten sich die Schläfenlocken ab und oft sogar den Bart, wie es die Mode nach Alexander vorschrieb. Und sie kannten die griechischen Dichter besser als ihre heiligen Bücher. Diese im Herzen bereits abgefallenen Juden gingen unters Volk und warben für die Aussöhnung mit den Heiden, wie sie es nannten. Sie sprachen etwa so: »Da haben wir uns nun durch tausend Jahre von den andern Völkern abgesondert. Und wir hatten davon nur Nachteile aller Art. Wir blieben ein verachtetes Volk. In jedem Jahrhundert waren wir von Ausrottung bedroht. Vermischen wir uns darum mit den Völkern, nehmen wir an ihre Sitten, ihre Dichter, ihre Künste, ihre Gottesdienste!«

Viele aus den unwissenden Schichten des Volkes stimmten diesem Werben für die Welt der Griechen bei. Und da der König Antiochos selber sich als ein Grieche gebärdete, erhofften sie sich Vorteile davon, wenn sie mit dem Herrscher und seinen Beamten einig wären in Sitte und Glaube. Antiochos aber freute sich über dieses Verlangen der Vornehmen und Einflußreichen im jüdischen Volk. Er erbaute zunächst ein Gymnasium in Jerusalem, in dem die jüdische Jugend in der Art der Griechen ringen, springen, laufen und sich im Diskuswerfen ertüchtigen sollte.

Damals nun zog Antiochos gegen Ägypten, er wollte dies Land zu dem seinen schlagen. Um nun während des Feldzugs in seinem Rücken Ruhe zu haben, erwies er Judäa viele Zeichen seines Wohlwollens. Er kam auch der griechenfreundlichen Partei in Jerusalem entgegen, setzte den glaubensstrengen Hohenpriester Onias ab und übertrug dessen Bruder, dem griechischgesinnten Jason, die immer noch einflußreiche Würde. Antiochos siegte in Ägypten und nahm Ptolemaios gefangen. Im Jahr darauf zog Antiochos wieder nach Ägypten, weil man dort einen neuen König aufgestellt hatte. Diesmal stand Antiochos' Sache schlecht. Alexandria, die große Stadt, hielt sich gegen ihn, und in Jerusalem lief das Gerücht um, Antiochos sei gestorben. Auf Jason war als Hoherpriester Menelaos gefolgt, ein Mann, der nicht einmal aus einem Priestergeschlecht stammte. Jason hatte die Würde bei Antiochos für dreihundertsechzig Talente gekauft. Als Jason nun den Menelaos mit dieser gewaltigen Summe zu Antiochos schickte, bot Menelaos dem König dreihundert Talente mehr als Jason. Und der Verräter erhielt das Amt Aarons, noch ehe er die Kaufsumme erlegt hatte. Menelaos handelte aber in keinem Betracht wie ein Hoherpriester, er war ein Heuchler und ein Tyrann, wütete gegen seine Gegner und war voll Blutdurst und Grausamkeit. Jason floh vor Menelaos nach Moab. Da aber der neue Hohepriester die Kaufsumme, die er Antiochos versprochen hatte, nicht mit Mord und Raub zusammenschaffen konnte, stahl er etliche goldne Kleinode aus dem Tempel und übergab sie dem Vertreter des Königs. Der alte Hohepriester Onias lebte in Antiochien in der Verbannung, und zwar in Daphne, wo zu Ehren des Gottes Apoll eine Freistatt für Flüchtende errichtet war: Wer hier wohnte, durfte von niemand getötet werden. Als nun Onias von dem Diebstahl des Menelaos hörte, verwies er ihm aus der Ferne seine Tat. Darauf ging Menelaos zu Andronikos, dem Statthalter des Antiochos, und redete mit ihm. Dann reiste er nach Daphne, heuchelte vor Onias Reue und beredete ihn, mit ihm zu kommen. Er gab ihm sogar seinen Eid, daß er ihm kein Leid zufügen werde. Menelaos hielt auch seinen Eid, denn nicht er, sondern Andronikos erdolchte den alten Onias, kaum daß er die Freistatt verlassen hatte. Über dieses Verbrechen waren nicht allein die Juden, sondern auch viele Heiden empört. Als nun Antiochos von seinem Feldzug in Kleinasien zurückkam, liefen ihm die Juden aus der ganzen Stadt entgegen, auch viele Heiden. Alle beklagten sich über seinen Statthalter und über Menelaos. Antiochos ergrimmte und ließ den ungetreuen und blutrünstigen Andronikos an derselben Stelle hinrichten, an der er den Onias ermordet hatte. Menelaos aber verstand es, mit noch mehr goldenen Gefäßen, die er aus dem Tempel stahl, den Antiochos zu bestechen, daß ihm nichts geschah. Der König ließ sogar die Juden, die sich gegen Menelaos empört hatten, hinrichten.

So standen die Dinge, als zu Antiochos in Ägypten die Nachricht drang, er sei in Jerusalem totgesagt und das Volk juble über sein Ende. Hinzu kam, daß Jason aus Moab nach Jerusalem zurückgekehrt war und mit einer Handvoll Räuber die Stadt eroberte. Menelaos floh in die feste Burg und verhielt sich still, während Jason mit dem Schwert in den Gassen Jerusalems wütete, als hätte er eine fremde und nicht die eigene Stadt erobert, wo er noch kurze Zeit zuvor als der oberste Priester im Allerheiligsten geräuchert und das Volk mit Gott versöhnt hatte. Jasons Herrschaft aber war nicht von Dauer. Er floh zurück nach Moab und erlitt das Los, das er verdiente. Von den Arabern verachtet und gejagt, floh er von Stadt zu Stadt und starb irgendwo in Ägypten, verflucht und vergessen, im Elend.

Antiochos nun verstand die Wirren in Jerusalem, als wären sie gegen ihn gerichtet. Er fürchtete, das Land Juda wolle von ihm abfallen. Er zog also schnell herbei und nahm die Stadt mit Gewalt. Er ließ seine Kriegsknechte auf den Gassen und in den Häusern wüten und würgen. In drei Tagen des Grauens wurden vierzigtausend Menschen erschlagen. Vierzigtausend verloren ihre Freiheit. Der König ließ sie als Sklaven auf den Markt bringen. Aber das genügte Antiochos noch nicht. Er ging in den Tempel hinauf, Menelaos begleitete ihn. Und die unreinen Hände des Königs griffen nach den heiligen Geräten, die der Dieb Menelaos noch übriggelassen hatte. Antiochos ließ alles forttragen, was andre fromme Könige an diesem Ort zu seiner Zierde dem Herrn dargebracht hatten. Der räuberische König blähte sich über diese seine Taten auf und merkte nicht, daß er nur eine Geißel war in der Hand des Herrn. Denn er war es, der Jerusalem züchtigte, denn es hatte nur kurze Zeit in der Gnade seines Gottes geblüht und ihn wiederum verlassen.

Mattathias und seine Söhne

In dieser Zeit, als die frommen Juden in die Einöde flohen und auf dem Altar des heiligen Gottes Fleisch von Säuen zu Ehren der Götzen geopfert wurde, lebte in der Stadt Modin der Priester Mattathias. Er hatte fünf Söhne, aufrechte und gottesfürchtige Männer allesamt. Sie litten unter dem großen Elend in Juda und Jerusalem. Mattathias seufzte täglich: »Wie kann man noch so weiterleben! Und wie verdienen wir es überhaupt noch, am Leben zu sein, wenn wir uns nicht gegen den Übermut der Heiden und gegen die Gottlosigkeit in unserm eigenen Volk zur Wehr setzen?« Seine Söhne fühlten wie er, vor allem Judas, der später den Zunamen Makkabäus erhielt. Denn er war zum Zuschlagen geschaffen wie ein Hammer, ein Kriegsmann wie Josua und noch jung und voller Bereitschaft für den Herrn und sein Volk.

Nun schickte Antiochos auch nach Modin einige Hauptleute mit Soldaten. Die sollten hier wie in anderen Städten den Willen des Königs Antiochos mit Gewalt durchsetzen und die Juden zum Abfall zwingen. Als erste forderten die Abgesandten des Königs den Mattathias und seine Söhne vor ganz Modin auf, um, wie sie sagten, den andern mit gutem Beispiel voranzugehen und den Götzen zu opfern. Als Gegenleistung verhießen sie ihnen des Königs

Gunst. Mattathias antwortete ihnen: »Und wenn auch der ganze Erdkreis dem Antiochos gehorsam wäre und seinen Götzen opferte, ich und meine Söhne nimmermehr!« Während er noch sprach, lief ein Jude zu der Opferflamme vor dem Götzenbild, nahm Weihrauch und warf die Körner in die Kohlen und verneigte sich tief. Aber er kam nicht mehr dazu, den Kopf zu heben. Mattathias sprang hin, schwang sein Schwert und schlug dem Abtrünnigen, da er noch geneigt stand, den Kopf ab. Und stürzte die Opferpfanne um und das Götzenbild dazu, wandte sich und lief mit seinen Söhnen durch die Stadt und schrie wie einst Mose, als das Volk dem goldenen Kalb geopfert hatte: »Her zu mir, wer für den Herrn ist!« Er floh mit seinen Söhnen aus der Stadt ins Gebirge. Viele Männer und Frauen aus Modin folgten ihnen bei Nacht, trieben ihr Vieh zur Stadt hinaus und verließen Haus und Hof und alle Geborgenheit.

Es wurde Mattathias berichtet, daß die Soldaten des Antiochos am Sabbath Juden angegriffen hätten, die sich in Höhlen verborgen hielten. Die Männer und Frauen hatten sich ohne Gegenwehr von den Soldaten niedermetzeln lassen, nur um den Sabbath nicht zu verletzen. Da schickte Mattathias Boten durch das Land und ließ überall bekanntgeben: »Der Kampf für den Herrn und sein Gesetz hebt den Sabbath auf. Solange die Heiden uns abwürgen, ruht Gott selber nicht am Sabbath, sondern kämpft für uns.« Es sammelten sich um Mattathias und seine Söhne viel fromme Leute, eine tapfere Schar. Alle, die vor der Tyrannei flohen, mehrten die Stärke des kleinen Heerhaufens. Mattathias überfiel mit den Seinen die abgefallenen Juden, strafte sie mit Feuer und Schwert, schüchterte die Heiden ein und verschwand in der Nacht, bald ins Gebirge hinauf, bald in die Wüste.

Als Mattathias alt und des Kampfes müde geworden war, ernannte er Judas Makkabäus zum Hauptmann aller Krieger und seinen Sohn Simon zum geistigen Oberhaupt des Volkes. Danach segnete er seine Söhne und das Heer der Frommen und wurde versammelt zu seinen Vätern. Ganz Israel, soweit es noch dem Herrn treu war, trauerte um seinen Tod. Antiochos aber fand ein schreckliches Ende, als er in Elam einen Tempel zu plündern versuchte.

Judas, der Hammer der Feinde Gottes

»Was Gott im Himmel will, das geschehe«, so pflegte Judas Makkabäus zu sprechen, wenn er vor der Übermacht seiner Feinde stand. Und sein Leben lang kämpfte er gegen eine Übermacht. Bevor er in eine Schlacht zog, betete er mit seinen Soldaten, fastete und zeigte ihnen, wofür sie kämpften: für die Befreiung Israels vom äußeren und inneren Feind. Der äußere Feind war Antiochos Epiphanes, Antiochos des Großen Sohn, der Mann, der Jahr um Jahr seine besten Feldherren gegen Israel schickte. Zuerst wollte dieser rechthaberische Tyrann das Judenvolk zu Griechen machen. Als ihm das nicht gelang, beschloß er, es auszurotten, seine Habe einzuziehen und ganz Israel neu zu besiedeln. Dieser Feind von außen war zwar übermächtig, der Kampf gegen ihn schien aussichtslos. Jede Schlacht konnte das Schicksal des jüdischen Volkes besiegeln. Aber schlimmer war der Feind von innen, der Kampf gegen ihn tausendmal widerwärtiger. Die abgefallenen Juden, meist den oberen Schichten angehörend, paktierten mit den Heiden und ersehnten den Sieg des Antiochos Epiphanes und, als dieser starb, den Sieg seiner Nachfolger. So zog denn Judas mit seinen Scharen durch die Städte Israels. Wo sie in eine Stadt eindrangen, mußten sie das elende Handwerk des Henkers ausüben und die Abtrünnigen und Verräter niedermachen.

Nachdem Judas in ganz Israel die Gottlosen in Schrecken versetzt hatte, zog er gegen die Feldherren des Königs, gegen Apollonios und Seron, gegen Gorgias und Lysias, und er besiegte sie alle. Niemand inner- und außerhalb Israels konnte es begreifen, wie eine kleine, schlecht bewaffnete Kriegerschar gegen große, wohlausgerüstete und gutgeführte Heere den Sieg erringen konnte. Judas aber und seine Brüder sagten nach der Schlacht von Bethzur zu den Kriegern: »Da nun unser Feind uns für eine Weile frei atmen läßt, wollen wir hinaufziehen nach Jerusalem und das Heiligtum vom Greuel der Heiden reinigen.« So zogen sie auf den Berg Sion. Und da sie sahen, wie das Heiligtum verwüstet war, der Altar entheiligt, die Pforte verbrannt, wie der Vorhof mit Gras bewachsen, wie kleine Bäume zwischen den umgestürzten Steinen hervorwuchsen und aus den eingebrochenen Zellen der Priester Ungeziefer hervorkroch, da zerrissen sie vor Trauer ihre Kleider, streuten Asche auf ihr Haupt, setzten sich mitten in die Verwüstung hinein und stimmten Klagegesänge an. Darauf bliesen sie die großen Posaunen.

Da tauchte auf den Zinnen der Burg die Besatzung des Königs auf, welche noch immer die fast uneinnehmbare Turmfeste innehatte. Diese Burg lag vom Tempel kaum einen Steinwurf weit entfernt. Um zu verhindern, daß die Besatzung einen Ausfall mache und die Arbeit der Tempelreinigung störe, errichtete Judas eine Wehr und stellte dahinter Krieger auf, welche die Burg im Auge behielten. Und er wählte Priester aus, die sich nicht verunreinigt hatten, sondern beständig im Gesetz geblieben waren. Die räumten die unreinen Steine und Götzenbilder fort und trugen sie an verlassene Orte. Judas baute mit den Seinen das Heiligtum wieder auf, ließ heilige Gefäße herstellen, legte Räucherwerk auf den Altar und zündete die Lampen wieder an, daß sie den Tempel erleuchteten.

Am fünfundzwanzigsten Tag des neunten Monats im Jahr einhundertachtundvierzig standen sie früh auf und brachten auf dem Brandopferaltar das erste Opfer dar. Das Haus des Herrn war voll Gesang und voll vom Tönen der Pfeifen, Harfen und Zimbeln. Alles Volk fiel nieder und betete an und dankte dem Herrn im Himmel, der Israel durch Judas Makkabäus Glück und Sieg verliehen hatte.

Judas ließ feste Mauern und Türme um den Tempel aufführen und legte eine starke Besatzung hinein, daß die Heiden das Heiligtum nicht einnehmen und zertreten könnten wie zuvor. Da nun die Heiden ringsumher hörten, der Altar sei wieder aufgerichtet und das Heiligtum befestigt, erhoben sie sich an allen Grenzen Israels: die Edomiter, die Araber, die Ammoniter, die Phönizier, aufgestachelt von den abtrünnigen Juden, die vor Judas Makkabäus zu den Heiden geflohen waren. Aber Judas besiegte sie alle. Angesichts dieser unerklärlichen Kraft, die vom Heer und vom Namen des Makkabäers ausging, schloß Lysias, der Reichsverweser des Königs, mit Judas Frieden. Zwar war Israel noch immer ein Teil vom Reich des Antiochos, aber es war den Juden freigestellt, auch öffentlich nach dem Gesetz ihres Gottes zu leben wie zuvor.

Im Krieg gegen die Edomiter geschah es, daß man bei den wenigen Toten aus dem Heer des Makkabäers, als man sie begraben wollte, heidnische Amulette am Hals unter den Hemden verborgen fand. Judas ermahnte seine Krieger und wies ihnen am Gesetz nach, daß solcher Aberglaube unter Strafe stehe. Dann ließ er unter seinen Kriegern eine Sammlung veranstalten, es kamen zweitausend Drachmen zusammen. Diese Summe schickte er nach Jerusalem als ein Sühnopfer. Daran tat er wohl, denn er gedachte der Auferstehung der Toten. Hätte er nicht gehofft, daß die im Kampf Gefallenen einst auferstünden, wäre es vergeblich und eine Torheit gewesen, für die Verstorbenen bei Gott anzuhalten.

Judas Makkabäus hatte erlebt, wie viele der Feinde seines Volkes umgekommen waren. Antiochos Epiphanes stürzte vom Wagen und starb, als er in Eilmärschen gegen Jerusalem vorrückte, um diese Stadt zum zweitenmal zu zerstören. Auch für Menelaos kam die Stunde. Dieser Verräter, der sich einen Hohenpriester nannte, reiste, kaum daß Antiochos tot war und der neue Antiochos auf dem Thron saß, zu Lysias, dem Reichsverweser; denn der neue König war noch nicht mündig. Lysias aber ertrug den niedrigen Ränkeschmied nicht mehr. Ihm versprach Menelaos ganz Jerusalem, dazu den Kopf des Judas Makkabäus, wenn man ihn, den Freund der Heiden, zurückbrächte in das Amt Aarons. Da sagte Lysias zu seinem König: »Wir könnten mit den Juden Frieden haben, wenn es nicht diesen Unruhestifter gäbe.« Der König ließ darauf Menelaos nach Beröa ans Meer schaffen. Dort stand ein Turm, von unten bis oben mit Asche gefüllt, und auf der Asche lief ein Rad aufrecht im Kreis, das schaukelte und schlug hin und her. In diesen Turm stieß man große Übeltäter, die man töten und hernach nicht mehr sehen und nicht begraben wollte. Dort endete Menelaos sein Leben.

Der junge König Antiochos, der außer Menelaos noch nie einen Juden gesehen hatte, beschloß nun, das ganze Volk, das für ihn das Gesicht dieses Menelaos hatte, zu verderben. Aber auch dieser Antiochos starb und mit ihm

Lysias: Beide wurden ermordet von Demetrios, der nach der Krone des unmündigen Königs griff. Der König Demetrios aber sandte seinen Feldherrn Nikanor mit einem großen Heer. Der Heide blähte sich mächtig auf, jedoch auch ihn besiegte der Makkabäer. Noch auf eines andern Mannes Tod wartete Judas, auf den Tod des Hohenpriesters Alkimos. Der hatte sich bei Demetrios, nicht anders als früher Menelaos bei Antiochos, die Würde des Hohenpriesteramtes gekauft. Aber Judas duldete nicht, daß dieser Abtrünnige, dieser Greuel von einem Menschen, das Amt Aarons bekleidete. Judas' Kampf gegen Nikanor war ein Kampf gegen Alkimos. Als nun der König Demetrios noch einmal einen Feldherrn schickte, diesmal den Bakchides, um den Alkimos mit Gewalt in sein Amt einzusetzen, rückte Judas wieder ins Feld, denn er wollte den Tempel und das Amt Aarons vor solcher Schändung bewahren. Aber Alkimos redete zu den Juden von Frieden und sprach: »Ich bin ein Priester aus dem Geschlecht Aarons, wie könnte ich euch Untreue erweisen!« Und er schwor hohe Eide, daß er nicht gegen das Volk, sondern nur gegen Judas und die Seinen kämpfe. Sie öffneten Alkimos die Tore der Stadt, und er nahm sich die Würde des Hohenpriesters mit Gewalt, da Bakchides ihm einen Teil des königlichen Heeres unterstellt hatte. Von diesem Hohenpriester und seinen Taten sprachen die Frommen damals und blickten einander an, wenn sie den Psalmvers sangen: »Das Fleisch deiner Heiligen haben sie den Tieren vorgeworfen. Sie haben Blut ausgeschüttet in Jerusalem wie Wasser. Und es war niemand, der die Gemordeten begrub.«

Da nun Judas sah, daß Alkimos und die Abtrünnigen aus Israel dem Volk viel größeren Schaden zufügten als die Heiden, zog er wieder umher durch das Land Juda, strafte die Anhänger des Alkimos und hinderte sie daran, im Land frei hin und her zu ziehn. Da reiste Alkimos wieder zum König Demetrios, und wieder brachte er Krieg über Israel. Judas aber, der so viele seiner Feinde hatte untergehen sehen, wartete vergebens auf den Tod dieses Mannes, der im hohenpriesterlichen Amt das Volk zum Abfall verführte.

Judas Makkabäus war in seinem Geist betrübt, als er gegen Bakchides in die letzte Schlacht zog, sie wurde geschlagen am Meer, an einem Hügel vor Asdod. Es war eine sehr blutige Schlacht. Judas fand den Tod. Er betete, da er starb: »Was Gott im Himmel will, das geschehe.«

Jonathan, der Retter

Nach dem Tod des Judas traten die Abtrünnigen in ganz Israel wieder aus ihrem Dunkel hervor. Die Herrschaft der Gottlosen war begleitet von einer großen Teuerung im ganzen Land. Jeder Widerstand gegen die Fremden hörte auf, alle ergaben sich in die Hände des Bakchides. Der kümmerte sich um nichts, sondern ließ das Land von abgefallenen Juden und allerlei gottlosem Gesindel verwalten. Da begann für die Freunde und Anhänger des Makkabäers eine schlimme Zeit. Die Schergen pochten Tag und Nacht an die Haustüren, und aus den Gerichtshöfen drang an das Ohr der Vorübergehenden das Gestöhn der Gefolterten. Es war eine Zeit, von der die Weisen sagten, daß sie von allen schlimmen Zeiten, die über Israel gekommen waren, die schlimmste sei. Und es gab keine Propheten.

Der grenzenlose Jammer wurde allein durch den Hunger gemildert, der die Leiber schwach und den Kopf leer machte. In dieser Not suchten die Anhänger des Makkabäers nach seinen Brüdern. Sie entdeckten Jonathan in der Einöde und flehten ihn an, die Dinge in die Hand zu nehmen. Sie überreichten ihm das Schwert seines Bruders. Als Bakchides erfuhr, daß Jonathan am Leben sei und sich zum Kampf rüste, zog er, um ihn zu fangen, selber mit Truppen über den Jordan. In einem Gelände voller Wasser und Sumpf, das Jonathan nicht fremd war, kam es zu einem Treffen. Jonathan lockte Bakchides, Fluchtbewegungen vortäuschend, noch tiefer in das weglose, morastige Feld und kämpfte im Rückzug. Bakchides verlor über tausend Mann, und Jonathan entzog sich der Übermacht, indem er mit seinem kleinen Heer durch den Jordan schwamm.

Bakchides war durch das Erscheinen dieses Makkabäerbruders in große Unruhe versetzt. Er zog nach Jerusalem und dann durch ganz Judäa, befestigte überall die Städte und legte in die Burgen und Türme seine Söldner, die das Volk pressen und plagen sollten, bis ihnen Jonathan und jeder Gedanke an einen Widerstand zum Ekel würden. Und Bakchides nahm überall aus den vornehmen Familien Kinder als Geiseln mit sich und hielt sie in der Burg von Jerusalem fest. Alkimos, der Hohepriester, unterstützte den Bakchides bei diesem Werk der Unterdrückung. Er befahl nämlich, die Mauer des inneren Vorhofes niederzureißen, damit der Tempel, falls das Volk gegen die Fremden aufstünde, nicht zu einer Festung werde. Das war dieselbe Mauer, die auf das Wort des heiligen Propheten von Serubbabel errichtet worden war. Als aber der erste Stein aus der Mauer gebrochen war, fiel Alkimos der Arm, den er gegen die Mauer gerichtet hielt, jäh herab, er konnte kein Wort mehr hervorbringen, lallte nur noch, schwankte und stürzte hin und war tot. Als Bakchides das gemeldet wurde, zog er anderntags aus Jerusalem fort zu seinem König, und zwei Jahre lang hatte das Land Ruhe.

Die Abtrünnigen nützten diese Zeit und planten, Jonathan und seinen Anhang zu vernichten. Sie schickten Boten an Bakchides und schrieben ihm: »Jonathan und seine Leute sitzen still und fühlen sich sicher. Komm heimlich in die Stadt, verkleide dich und deine Soldaten als Tempelpilger. Wir zeigen euch den Weg. Und du kannst ihn und seine Leute abführen.«

Bakchides machte sich auf den Weg. Aber Jonathan hatte gute Kundschafter im Land, die ihm den Plan seiner Feinde mitteilten. Da ließ Jonathan fünfzig Männer aus dem gottlosen Haufen seiner Widersacher fangen und alle sofort enthaupten. Und Jonathan, sein Bruder und all seine Anhänger verließen über Nacht die Stadt und zogen sich in die Wüste zurück. Es gab da irgendwo einen halbzerstörten Ort, der hieß Bethbasi. Jonathan richtete sich in dem elenden Gemäuer ein, befestigte den Platz mit Mauern und Türmen, erneuerte die Brunnen, schaffte viel Speise zusammen und verlegte sich aufs Warten. Bald schon zog Bakchides mit einem großen Heer herbei und belagerte Bethbasi. Jonathan überließ die Verteidigung der Veste seinem Bruder Simon. Er selber zog durch das Land, eroberte Flecken und Dörfer und zwang die Männer in sein Heer. Und da sein Name zu leuchten begann, folgten sie ihm gern. Mit diesen Leichtbewaffneten griff Jonathan das Belagerungsheer des Bakchides im Rücken an. Zur gleichen Zeit machte Simon einen Ausfall, und Bakchides wurde zur Flucht gezwungen. Der Grieche war über diese Niederlage so beschämt und voll des Grimms, daß er nach Jerusalem zog und alle, die ihm als Gegner des Jonathan und als seine eigenen Freunde entgegenzogen, gefangennahm und hinrichten ließ, weil sie ihm einen falschen Rat gegeben hätten. Während sich Bakchides zur Heimkehr rüstete, erreichten ihn Boten des Jonathan. Die schlugen ihm vor, mit ihrem Fürsten Frieden zu schließen, Bakchides solle nur alle Kriegsbeute und seine Gefangenen herausgeben. Das bewilligte der Grieche gern. Und er schwor Jonathan einen Eid, daß er nie mehr den Kampf gegen ihn aufnehme.

Also schuf Jonathan aufs neue Frieden in Israel. Er nahm seine Wohnung in Michmas, nahe bei Jerusalem. Er regierte das Volk und vertilgte die Abtrünnigen aus Israel. In dieser Zeit wurde Jonathans Herrschaft gefestigt durch den Streit, der um den Thron des Demetrios anhob. Dieser selbst war durch die Ermordung seines Vetters und Vorgängers zur Herrschaft gekommen. Nun war die Reihe an ihm. Alexander, ein unehelicher Sohn des Antiochos Epiphanes, streckte die Hand nach der Krone Syriens aus. In diesem Streit wandten sich Demetrios und Alexander an Jonathan, weil beide ihn zum Bundesgenossen haben wollten. Demetrios ermunterte Jonathan, sein Heer stark zu machen, und erbot sich sogar, ihm die jüdischen Kinder, die als Geiseln auf der Burg lebten und herangewachsen waren, zurückzugeben. So rüstete Jonathan ein gewaltiges Heer, zog nach Jerusalem, forderte die Geiseln und gab die Kinder ihren Eltern zurück. Seit dieser Zeit ließ sich auch Jonathan in Jerusalem nieder und befestigte die Stadt. Die Soldaten, die Bakchides in die festen Plätze des Landes gelegt hatte, verließen heimlich das Land.

Aber auch Alexander schrieb an Jonathan, ernannte ihn zum Hohenpriester und schickte ihm den königlichen Purpur und eine goldene Krone und nannte ihn seinen Freund.

Als nun des Antiochos Sohn Alexander in dem Kampf um die Krone als Sieger hervorging, erwies er sich Jonathan und den Juden gegenüber sehr freundlich. Doch schon trat der Sohn des in der Schlacht erschlagenen Demetrios als neuer Bewerber um die Krone Syriens auf den Plan. Diesmal war es Alexander, der unterlag. Wiederum mußte Jonathan das Steuer herumwerfen. Es gelang ihm, sich bei dem jungen Demetrios verdient zu machen, indem er ihm jüdische Hilfstruppen schickte. Damals war das Haus der Makkabäer in ganz Israel und in allen angrenzenden Ländern hoch geehrt. Und da der Name der Makkabäer auf Judas zurückging, dieser aber ohne Erben gestorben war, wurden die Makkabäer damals schon nach dem Urgroßvater des Mattathias die Hasmonäer genannt.

Jonathans Herrscherblick reichte weit über das Land der Juden hinaus. Er schickte Gesandte an die Römer und andre Völker, befriedete mit mancherlei Kriegszügen das Land und seine Grenzen. Er war ein gerechter, vornehm denkender und gewandter Herrscher mit einer starken Hand, und das Glück war auf seiner Seite. Bis Tryphon, der Feldherr des jungen Königs Antiochos, über dem Horizont auftauchte. Der war ein an nichts gebundener, wahrhaft teuflischer Abenteurer. Er hatte es sich in den Sinn gesetzt, den jungen Antiochos zu töten und sich selber zum König zu machen. Da er in Jonathan einen aufrichtigen und starken Freund des kleinen Königs erkannte, beschloß er, zuerst ihn aus dem Weg zu räumen. Tryphon schmeichelte Jonathan mit Lügen und gleisnerischen Reden, so daß er sein Heer entließ und nur ein Geleit von dreitausend Mann bei sich zurückbehielt. Als Jonathan nun in die Stadt Ptolemaïs einrückte, die ihm Tryphon angeblich übergeben wollte, ließ der Verräter die Tore schließen, nahm Jonathan gefangen und ließ sein Ehrengeleit abschlachten. Ganz Israel trauerte um Jonathan in der Gefangenschaft. Und die Heiden begannen sogleich, das verwaiste israelitische Volk an den Grenzen zu bedrängen und zu peinigen.

Simon, der Friedensfürst

Simon, der Bruder Jonathans, trat, vom Volk gerufen, ohne Zögern an die Stelle des Gefangenen. Tryphon drohte, mit seiner Macht ganz Judäa in eine Wüste zu verwandeln. Da rief Simon das Volk zu den Waffen. Während er mit seinem Heer gegen Tryphon auszog, befahl er, daß die Mauern der Stadt in aller Eile verstärkt würden. Als Tryphon das Heer des Simon hinter sich herziehen sah, schickte er Unterhändler. Sie sollten Simon sagen: »Ich habe Jonathan wegen einer Summe Geldes, die er noch dem König schuldete, festgehalten. Schickst du mir zweihundert Zentner Silber und seine zwei Söhne als Geiseln, so will ich dir deinen Bruder freigeben.« Simon wußte, daß Tryphon nur aus Lüge und Trug bestand. Aber er konnte dem Unhold den Betrug nicht eher nachweisen, als er begangen war. Und die Hasmonäer hatten im Volk viele Feinde. Die hätten alsbald den Leuten erzählt, Simon habe seinen Bruder nicht ausgelöst, weil er selber an die Herrschaft kommen wolle. So blieb Simon keine Wahl. Er beschaffte das Silber und segnete die Söhne Jonathans, ehe er sie in das Lager des Feindes schickte. Simon weinte, und im Dunkel lag vor seinem Geist alles Künftige.

Tryphon bedankte sich voll Hohn bei Simons Boten dafür, daß ihm die Juden den Krieg, den er gegen sie führen wolle, nun auch noch selber bezahlt hätten. Simon aber blieb dem abziehenden Heer des Feindes auf den Fersen. Wenn dieser Satan es versuchte, von der Straße abzukommen und das Land zu plündern und zu verwüsten, stand Simons Heer bereit, es mit Tryphons Nachhut aufzunehmen und ihn zur Grenze abzudrängen. Da fiel Schnee über Nacht. Tryphon versuchte sich von Simons Heer zu lösen. Bei Baskama ließ er Jonathan ermorden. Dann zog er sein Heer aus Judäa ab. Simon schickte Leute nach Baskama und ließ den Leichnam des Bruders holen. Sie bestatteten Jonathan in Modin im Grab seines Vaters Mattathias. Ganz Israel trug Trauer um Jonathan, viele Monate lang, und Simon ließ ein Grabmal aus behauenen Steinen errichten für seinen Vater, seine Mutter und seine Brüder. Dieses Denkmal erhob sich hoch über der Begräbnisstätte, so hoch, daß die Schiffer vom Meer her es sahen.

Darauf begann Simon, viele befestigte Plätze in Judäa zu errichten und mit allerlei Vorrat zu versehen. Denn Tryphon, der den jungen Antiochos ermordet und sich zum König aufgeworfen hatte, konnte zurückkehren — oder irgendein anderer Tryphon konnte auf ihn folgen. Simon regelte auch sein Verhältnis zum König von Syrien, einem neuen Demetrios, und Israel atmete auf im Gefühl einer neuen Sicherheit vor dem Übermut der Heiden. Simon stand vor dem Volk als der Hohepriester und Fürst, zugleich war er sein eigner Feldherr. Auch die Burg in Jerusalem, in welcher noch immer die Besatzung aus Anhängern des Tryphon lag, mußte sich, abgeschnitten und dem Hunger ausgeliefert, endlich ergeben. Die Söldner flehten um Gnade. Simon schenkte ihnen Leben und Freiheit. Er ließ die Burg reinigen von den Greueln der Heiden. Diesen Tag feierte Simon mit Lobgesang und Saitenspiel. Alle, die in die Burg hinaufzogen, trugen Palmzweige. Groß war der Jubel dieses Tages, weil mit ihm die lange und schändliche Tyrannei ein Ende fand. Simon und seine Nachkommen wohnten nun selber droben in der festen Burg. Simon machte auch die Israeliten, die zuvor unterdrückt waren, an den Grenzen wieder frei. In dieser Zeit baute jedermann sein Feld in gutem Frieden. Das Land war fruchtbar, und reichlich trugen die Bäume. Die Ältesten saßen unbehindert auf ihren Richterstühlen und pflegten der Ordnung, die Bürger aßen und tranken besser als zuvor. Und Simon wahrte den Frieden, daß eitel Freude im Land herrschte. Ein jeder besaß seinen Weinberg und seinen umzäunten Garten. Die Armen im Lande standen in der Zeit der Herrschaft Simons im Schutz des Gesetzes und erlitten keinerlei Gewalt, denn Simon strafte alles Unrecht.

Die Römer erneuerten ihr Bündnis, das sie mit Jonathan eingegangen waren. Da erstand Simon ein Feind, wo kein Mensch ihn vermuten konnte. Simon hatte seine Tochter dem Befehlshaber von Stadt und Land Jericho zur Frau gegeben. Er hieß Ptolemaios und war ein sehr reicher Mann. Niemand konnte ahnen, daß dieser Mann, dem es wohl erging und der Simons besondere Gunst genoß, in seinem Herzen krank war von Herrschgier und nach Simons Amt und Würden strebte. Obwohl Simon alt und schwach geworden war, verließen ihn die Kräfte nicht, und er erfüllte seine Herrscherpflichten treulich. Noch zog er durch die Städte Israels und prüfte, ob seinen Anordnungen gehorcht und das Gesetz Gottes erfüllt würde. So kam er nach Jericho. Ptolemaios, sein Schwiegersohn, führte ihn und seine Schwäger, Simons Söhne Mattathias und Judas, auf die Stadtburg und richtete ihnen ein herrliches Mahl zu. Als Simon und seine Söhne vom Wein getrunken hatten und fröhlich beisammen saßen, ließ Ptolemaios sie von seinen Söldnern hinterrücks niedermachen. Er hatte auch Mörder nach Gazara geschickt, wo Johannes, einer der Söhne des Simon, Stadthauptmann war. In dieser Nacht kamen Freunde zu Johannes, auf rascheren Pferden als die gedungenen Schergen. Sie berichteten ihm in Eile, wie sein Vater und seine Brüder umgekommen waren und wer zu ihm unterwegs sei. Als die Mordgesellen am Stadttor ankamen, ließ Johannes sie festnehmen, überführte sie ihres Vorhabens und übergab sie dem Henker. In derselben Nacht eilte er mit Truppen nach Jerusalem und bemächtigte sich der Stadt. So wurde er durch seine Entschlossenheit jener Johannes Hyrkanos, der letzte Überlebende seines Geschlechts.

Das Ende der Hasmonäer

Die erste Kriegstat des Johannes Hyrkanos war, daß er Mutter und Schwester den Händen seines Schwagers Ptolemaios zu entreißen suchte. So zog er nach Jericho und belagerte die Burg. Da ließ Ptolemaios die Mutter des Johannes auf die Mauer führen und drohte, sie hinabzustürzen. Die stolze Frau flehte ihren Sohn, der vor ihr auf dem Belagerungswall stand, von Herzen an, keine Rücksicht auf sie zu nehmen und Ptolemaios zu strafen. Als nun Johannes zum Sturm ansetzte, ließ Ptolemaios die Fürstin auf der Burgmauer vor den Augen ihres Sohnes mit Geißeln zerfleischen. Von diesem Tag an währte die Belagerung endlose Zeit. Da brach das Jubeljahr an, das alle sieben Jahre von den Juden wie der Sabbath gefeiert wurde. Johannes mußte die Belagerung der Burg von Jericho abbrechen. Er kehrte nach Jerusalem zurück, Ptolemaios floh aus dem Land.

Zwar war Johannes Hyrkanos der Hohepriester der Juden, aber er führte unaufhörlich Krieg. Antiochos Eusebes, der lange vor Jerusalem lag, fand er mit

Gold ab. Als dieser Antiochos starb, zog Johannes sofort nach Syrien und besetzte alle verlorengegangenen Gebiete. Er zerstörte auch die Tempel der Samariter in Sichem und Garizim. Die Nachkommen Esaus in Idumäa unterwarf er und machte sie mit Gewalt zu Juden. Hyrkanos erneuerte die mit den Römern geschlossenen Bündnisse und erhielt die von Antiochos Eusebes eroberten Ländereien zurück. Während in Syrien die Krone wieder einmal von zwei Anwärtern umstritten war, zerstörte Hyrkanos die starke Stadt Samaria. Die Belagerung hatte ein Jahr gedauert. Der Haß der Juden gegen die Samariter war so groß, daß Hyrkanos sich nicht begnügte, die Stadt nur durch Schwert und Feuer zu zerstören. Er ließ reißende Gebirgsbäche umlenken, welche die Stadt überfluteten, die Häuser unterwühlten und alles Mauerwerk in die Tiefe spülten, so daß auf dem Berg Samaria nur der nackte Fels zurückblieb. Seit dieser Zeit überfielen die Samariter jeden nach Norden durchreisenden Juden. Darum machten die Juden, wenn sie nach Galiläa oder Syrien unterwegs waren, einen Bogen um Samaria. Sie fürchteten sich, von den Samaritern erschlagen oder durch das Einatmen der Luft Samarias unrein zu werden.

Hyrkanos zog sich in jener Zeit auch noch den Haß der Pharisäer zu. Der aber war ebenso unversöhnlich und mörderisch wie der Haß der Samariter. Der Name Pharisäer bedeutete »die Abgesonderten«, sie nannten sich auch einfach »die Frommen«. Nach der Zeit des Exils standen immer wieder Männer auf, die für das Gesetz eiferten. Meist waren es wie Esra Schriftgelehrte und Gesetzespfleger. Als nun von Syrien her griechischer Glaube und griechische Sitte in das Judentum eindrangen, spaltete sich das Volk in die Gesetzestreuen und jene, die sich vom Gesetz ganz und gar oder zum Teil befreien und der neuen Zeit angleichen wollten. In der Zeit der Makkabäer scharten sich die Gesetzestreuen zu einer kämpfenden und leidenden Gemeinde um ihre Anführer zusammen. Als aber die Zeit der Kämpfe vorüber war und aus den Makkabäern die Hasmonäer geworden waren, die Israel als Hohepriester und Fürsten vorstanden, versuchten die Pharisäer die Schicksale ihres Volkes mitzubestimmen. Hyrkanos ergriff in den ersten Jahren seiner Regierung die Partei der Pharisäer, und sie ergriffen die seine. Nun geschah es, daß ein Pharisäer den Hyrkanos aufforderte, das Amt des Hohenpriesters niederzulegen, weil die Mutter des Hyrkanos in der Zeit des Antiochos Epiphanes eine Gefangene gewesen sei. Hyrkanos sei also als ein Unfreier geboren worden, auch stamme Mattathias nicht aus einer hohenpriesterlichen Familie. So redeten die Pharisäer zum Volk. In Wirklichkeit aber wurden sie zu Gegnern der Hasmonäer, weil diese sich mehr als weltliche Fürsten denn als Priester betätigten. Seit jenem Tag haßte Hyrkanos die Pharisäer, schritt gegen sie, wo er es konnte, mit Verboten und Strafen ein und wandte sich den Sadduzäern zu. Dieser jüdischen Partei gehörten meist die Priesterfamilien an, die besitzende Oberschicht. Die Sadduzäer beobachteten zwar das Gesetz, aber nicht die zum geschriebenen Gesetz des Mose hinzugekommenen Bestimmungen der Gesetzeslehrer und Pharisäer. Sie verwarfen auch gewisse Lehren, die erst seit der Zeit des Exils in das Bewußtsein der Frommen gedrungen waren. So glaubten sie nicht an die Auferstehung der Toten, nicht an das Gericht und die Ankunft des Messias.

Der Haß der Pharisäer gegen Johannes Hyrkanos übertrug sich auf seine Söhne. Aristobul, der älteste Sohn, legte sich eigenmächtig den Königspurpur um. Da er aber nicht aus dem Hause Davids stammte, hatten es die Pharisäer leicht, sein Königtum als Anmaßung zu bezeichnen. Außerdem war Aristobuls Verhalten gegen seine Mutter und seine Brüder dem Volk ein Ärgernis, denn er hielt seine Mutter in Gefangenschaft, und einen seiner Brüder ließ er töten.

Jannäus

Unter Alexander Jannäus, der seinem Bruder Aristobul auf dem Thron folgte, wuchs das Reich Juda noch einmal über Nacht zu alter Größe auf. Aber im Innern herrschte Zwietracht. Die Pharisäer stritten mit den Sadduzäern und unterwühlten Alexanders Thron. Bei einem Gottesdienst — es war am Laubhüttenfest, als der Tempel übervoll war von Palmenzweigen und Früchten — bewarf das Volk seinen Hohenpriester, als er zum Altar trat, mit Zitronen und rief ihm Schmähungen zu. Alexander Jannäus schäumte. Er befahl seinem ausländischen Feldherrn, Rache zu nehmen. Über sechstausend Juden wurden im Vorhof des Tempels und in den angrenzenden Straßen niedergemacht. Als er im nächsten Jahr von einem Kriegszug gegen die Araber geschlagen heimkehrte, verwehrten ihm die Pharisäer den Eintritt in die Stadt. Alexander nahm sie mit Gewalt und wütete in der Stadt wie ein fremder Eroberer. Die Pharisäer riefen schließlich den König von Syrien zu Hilfe. Der besiegte zwar Alexander, zog sich dann aber in seine Heimat zurück. Da kehrte Alexander Jannäus mit seinen Anhängern zurück, warb Söldner und drängte seine Gegner in die Stadt Bethoma. Von hier führte er sie gefangen nach Jerusalem, das ihm nun die Tore öffnete. Da ließ Alexander auf der Schädelstätte achthundert Kreuze errichten. Für sich und seine Buhldirnen waren vor den Kreuzen Tische bereitet, ein üppiges Mahl wurde aufgetragen. Als nun das geistliche Oberhaupt der Juden mit den Weibern das Gelage begann, führten Söldner die achthundert Pharisäer herbei und nagelten sie vor den Augen der Zechenden ans Kreuz. Dann führte man die Frauen und Kinder der Gemarterten herbei und stach sie nieder, eine jede Familie unter dem Kreuz des Vaters, der noch lebte, als die Seinen bereits tot waren, und noch lebte, als das Fest des trunksüchtigen Tyrannen zu Ende ging. Auf solche Weise verschaffte sich ein Enkel des weisen Fürsten Simon, der Großneffe des Judas Makkabäus, Ruhe in Jerusalem.

Aber diese Ruhe war ein Schlaf voll böser Träume. Die Spaltung im Volk war unheilbar. Die Sadduzäer glaubten an die Macht und hielten zu dem, der sie in den Händen hatte und nutzte. Und sie sahen das Heil Israels im Anschluß an die Völker, in Bündnissen, Verträgen, Gesandtschaften, im Überreichen von Geschenken, in Bestechungen, Zugeständnissen. Die Pharisäer dagegen stellten das Gesetz zwischen sich und die Welt. Es gab für sie außer den Juden keine Mitmenschen, und innerhalb des Volkes der Juden gab es keinen Nächsten, den sie lieben sollten wie sich selbst, es wäre denn ein gesetzeskundiger und für das Gesetz eifernder Mann, also ein Pharisäer. Das Volk mußte sich für eine dieser beiden Parteien entscheiden. Indes — die große Menge war im stillen des ewigen Haderns und Hassens müde. Man dachte abends bei der Öllampe der Tage unter dem Friedensfürsten Simon und sehnte sich nach einem, der das Volk liebte, nach einem sanftmütigen Helden, der, wie der Prophet Sacharja es verheißen hatte, demütig war und arm und auf einem Esel ritt, auf dem Füllen einer Eselin.

Unter den Söhnen des Alexander Jannäus entbrannte der Kampf um die Herrschaft folgenschwerer als je zuvor. Und während sich in Jerusalem die Parteien bekämpften, erhoben sich die judaisierten Edomiter und die Araber und wollten mitbestimmen und die neue Schwäche Judäas ausnutzen. Zum Krieg der Parteien trat der Krieg an den Grenzen. Städte und Landschaften wurden verwüstet. Grausige Nachrichten flogen durchs Land. In dieser Not schickte jene Partei, die sich in dem Streit der Jannäus-Söhne weder dem Hyrkanos noch dem Aristobul anschließen wollte, eine Gesandtschaft nach Damaskus. Die dort herrschende Macht wurde gebeten, das Amt des Schiedsrichters auszuüben. Auch die beiden Brüder schickten Botschaften nach Damaskus, und ein jeder von beiden bot große Geldsummen, um von dem starken Mann in Damaskus die Krone Judäas zu erhalten. Dieser Mann hieß Pompejus. Seit Syrien römische Provinz geworden war, regierte er hier im Namen Roms. Pompejus entschied sich für Hyrkanos, den Älteren und Unbegabteren. Darum zog er gen Jerusalem, um Aristobul gefangenzunehmen und aus dem Weg zu räumen. Die Stadt fiel und mit ihr der Tempel, in dem sich Aristobul verteidigte. Pompejus, der mancherlei über die jüdische Religion vernommen hatte, brannte vor Neugier, in den Tempel, in das Allerheiligste einzudringen. Er werde, so dachte er, dort ein großes goldenes Bild des jüdischen Gottes finden. Jedoch, als er eintrat, war da nichts, nichts als die Leere und das Schweigen.

Der König der Juden

Pompejus beließ Hyrkanos die Hohepriesterwürde. Als weltlicher Herrscher war er nicht mehr König, sondern Ethnarch. Dieser Titel wurde Fürsten verliehen, die unter der Oberhoheit eines Königs oder Kaisers ein Land selbständig verwalteten. Judäa mußte an Rom Tribut zahlen und war nunmehr ein Vasall Roms. Die Küstengebiete und die griechischen Städte im Innern waren abgetreten und der Herrschaft des Ethnarchen entzogen worden. Aristobul und seine Familie lebten in Rom in der Verbannung. Von hier entkamen sie. Noch einmal hoben sie in Judäa Truppen aus, und aufs neue entbrannte der Krieg der Parteien. Doch da griffen die Römer ein. Sie gaben dem unfähigen Hyrkanos einen Mann zur Seite, der das Heer befehligte und alle Handlungen und Unterlassungen des Hyrkanos nach Rom zu berichten hatte. Dieser Mann stammte aus Idumäa und hieß Antipater. Er hatte Judäa völlig in seiner Hand. Sein Vater, der ebenfalls Antipater hieß, lebte als ein Wüstenscheich, bis er von Johannes Hyrkanos als Statthalter in Idumäa eingesetzt wurde. Sein Sohn Antipater gewann durch geschickte und glückliche Wagnisse als Feldherr und Verwalter so viel Macht und Ansehen, daß Pompejus ihn zum Aufpasser des Hyrkanos machte. Dieser unter Zwang zum Judentum bekehrte Idumäer Antipater war entschlossen, sich zum Herrn von Judäa aufzuwerfen — und zwar als ein Werkzeug in der Hand der Römer. Das war ein nicht leicht erreichbares Ziel, denn im Römischen Reich tobte der Bürgerkrieg. Der Mann, auf den Antipater und später sein Sohn Herodes jeweils setzten, konnte schon wenige Tage später nicht mehr am Leben sein.

Herodes, Antipaters junger Sohn, erwies sich in der Hand der Römer als ein solides Werkzeug, um das aufsässige und hin und her schwankende Judenvolk niederzuhalten. Schließlich ließ sich Herodes von seinen römischen Freunden gegen alles Geschrei der Juden zum Tetrarchen erheben. Das Wort bedeutet »Vierfürst«, weil ihrer vier sich in die Herrschaft eines Landes teilten. Nach Cäsars Tod aber wurde Herodes, der vor den Nachstellungen des letzten Hasmonäers nach Rom geflohen war, im Senat zum König der Juden ernannt. Die Römer in jener Zeit hatten andre Sorgen und waren froh, daß es einen Herodes gab, der allein imstande war, in Judäa Ordnung zu schaffen. Herodes war damals dreiundzwanzig Jahre alt. Er stammte nicht aus königlichem Blut, aber er war klug und entschlossen, ein tüchtiger Feldherr, überdies ein Freund des verstorbenen Cäsar und mit Mariamne, einer Prinzessin aus dem Hause der Hasmonäer, verheiratet. Herodes reiste nach Judäa zurück, rottete in drei Jahren den Stamm der Hasmonäer aus und schüchterte alle seine Gegner ein. Im Rat zu Jerusalem saßen seine Feinde, die Pharisäer, und sprachen Recht. Als die hohen Ratsherren sein Königtum nicht anerkennen wollten, erschien er im Synedrium und ließ jeden zehnten Ratsherrn auszählen und enthaupten. Darauf erkannte ihn der Hohe Rat an.

So wurde Herodes, den seine Feinde einen idumäischen Sklaven nannten, zum König der Juden. Sein Reich war fast so groß wie das Salomons. Und wenn ihn auch seine Feinde als einen Dienstmann und Steuereintreiber des Augustus bezeichneten — Herodes trieb auch für sich selbst hinreichend Steuern ein. Außer den Römern hatte er keinen Herrn über sich. Denn der Gott, der in Jerusalem angebetet wurde und neben dessen Tempel er auf der uneinnehmbaren Burg wohnte, jener Gott war diesem wilden und tückischen Sproß Esaus immer gleichgültig gewesen. Er herrschte in Jerusalem wie in Feindesland. In seinen Untertanen erblickte er nur mögliche Empörer, in den Mitgliedern seiner eigenen Familie nur Nebenbuhler um seinen Thron. Seine Polizei entdeckte täglich Verschwörungen, tatsächliche und aus Angst und Gewinnsucht erdachte, und die Henker in der Burg verwalteten das Recht. Herodes ließ Mariamne, seine fünfte Frau, eine Tochter des Alexander Jannäus, hinrichten. Die stolze Hasmonäerin hatte ihm oft sein Wüten gegen ihre Familie vorgehalten und ihn seine niedrige Herkunft spüren lassen. Herodes aber hatte Mariamne mehr als alle seine übrigen Frauen geliebt. Als sie durch das Schwert des Henkers von ihm genommen war, wurde aus Herodes ein kranker und halb wahnsinniger Mann, der mehrere seiner eigenen Söhne und viele Freunde hinrichten ließ. Seine Zeitgenossen nannten ihn den Großen. Auf dem Altar der Macht opferte er alles: seine Klugheit, seine Menschlichkeit, seine Freundschaft, seine Liebe und zuletzt die Gesundheit seines Leibes und seiner Seele. Er starb als ein einsamer, aus seinen Wunden stinkender, bis zuletzt gegen seine wirklichen und eingebildeten Feinde wütender, halb irrer Greis. Von seiner Größe war ihm nichts geblieben als der Wurm der Erinnerung.

Die Geburt Jesu

Es begab sich nun zu jener Zeit, daß ein Gebot vom Kaiser Augustus ausging, daß das Volk in allen Ländern seines Reiches geschätzt werde. Diese Volkszählung fand statt, als Quirinus Statthalter von Syrien war. Und jedermann ging in seine Geburtsstadt, um sich dort anzumelden. Da machte sich auch Joseph auf und zog aus Nazareth, einem Städtchen in Galiläa, nach Bethlehem im Lande Juda, denn er stammte aus dem Geschlecht Davids. Mit ihm reiste Maria, seine junge Frau, die ein Kind erwartete. Als sie nun in Bethlehem ankamen, überkam sie ihre Stunde. Und sie gebar ihren ersten Sohn, wickelte ihn in Windeln und legte ihn in eine Futterkrippe, denn sie hatten keinen Platz in der Herberge gefunden.

In der Nacht, als das geschah, wachten in der Nachbarschaft Hirten bei ihren Herden. Da trat der Gottesbote zu ihnen, und hinter ihm erblickten sie das klare Licht des Herrn. Und die Hirten verbargen erschreckt ihre Gesichter. Doch der Engel sprach zu ihnen: »Fürchtet euch nicht! Ich verkünde euch eine große Freude für alles Volk. In dieser Stunde ist euch in der Stadt Davids ein Kind geboren worden. Es ist der Retter, der Gottgesalbte, euer Herr. Habt dies zum Zeichen: Ihr findet in eurem Stall ein Wickelkind in der Futterkrippe.« Da sahen die Hirten aus dem klaren Licht die Boten des Höchsten hervortreten. Die sangen: »Ehre sei Gott in der Höhe! Und auf Erden Friede den Menschen, die guten Willens sind.« Als nun die Stimmen verklungen und die Sterne wieder an die Stelle des Lichts getreten waren, fand der älteste der Hirten endlich seine Stimme wieder. Er sagte: »Kommt, gehn wir schnell nach Bethlehem hinunter!« Und sie ließen ihre Herden allein, alle liefen sie hinab zu ihrem Stall. Sie fanden Maria und Joseph und das Kind in der Krippe. Da sie es lange betrachtet hatten, erzählten sie, was sie über dieses Kind aus der erleuchteten Nacht vernommen hatten. Maria aber behielt all diese Worte und bewegte sie in ihrem Herzen.

Die Magier aus dem Morgenland

Um diese Zeit kamen nach Jerusalem sternkundige Magier aus dem Morgenland. Sie fragten: »Wo ist der neugeborene König der Juden? Wir haben an unserm Himmel seinen Stern aufgehn sehen und sind gekommen, ihm unsere Verehrung zu erweisen.« Da erschrak ganz Jerusalem. Jedermann fürchtete den Zorn des Königs Herodes. Die Kunde von einem neugeborenen König der Juden werde ihn zum Rasen bringen, so dachten sie. Aber Herodes empfing die Magier voller Freundlichkeit. Da er sich in den heiligen Büchern der Juden nicht auskannte, ließ er die Schriftgelehrten kommen und befragte sie, aus welcher Stadt Judas der Messias-König hervorgehen solle. Sie sagten ihm: »Aus Bethlehem im Lande Juda. Denn so steht bei dem Propheten Micha: Und du, Bethlehem Ephrata, zu klein, um unter den Fürstenstädten Judas zu erscheinen, aus dir soll mir der aufstehn, der in Israel Herr ist: dessen Ausgang von Anfang und von Ewigkeit her gewesen ist.« Herodes schickte die Magier nach Bethlehem und sagte ihnen: »Forscht nach dem Kind. Und habt ihr es gefunden, kommt her zu mir und führt mich hin, daß auch ich dem neugeborenen Messias-König huldige.«

Als die Magier Jerusalem verlassen hatten, erblickten sie wieder den Stern, dem sie gefolgt waren. Sie freuten sich, fragten überall umher, und die Hirten zeigten ihnen das Haus, in dem Maria und Joseph und das Kind waren. Sie huldigten dem Kind kniefällig und brachten ihm ihre Geschenke dar: Gold, Weihrauch und Myrrhe. Im Traum der nächsten Nacht befahl ihnen eine Stimme, daß sie nicht zu Herodes zurückkehren sollten. So zogen sie auf einem andern Weg heim in ihr Land.

Die Flucht nach Ägypten

Da die Magier Abschied genommen hatten, erschien dem Joseph, während er schlief, ein Engel und sprach zu ihm: »Steh auf, nimm das Kind und seine Mutter und flieh mit ihnen nach Ägypten. Komm nicht eher in dies Land zurück, bis ich es dir sage. Denn Herodes sucht nach dem Kind und will es umbringen.«

Joseph stand auf und floh noch in derselben Nacht und entwich nach Ägypten. Als nun Herodes vergebens auf die Magier wartete, geriet er in Wut und schickte seine Schergen aus, daß sie in Bethlehem und in den Gehöften ringsum alle Knäblein töten sollten, die um die zwei Jahre und weniger alt erschienen. Da war die Stadt vom Wehklagen der Mütter voll, und ringsumher liefen die Frauen, ihre Kinder auf dem Arm, ins Gebirge. Und so erfüllte sich, was der Prophet Jeremia vorhergesehen hatte.

Da nun Herodes gestorben war, erschien der Engel, wie er es versprochen hatte, Joseph, der im Ägypterland lebte, und sagte zu ihm: »Steh auf und zieh mit den Deinen heimwärts. Die dem Kind nach dem Leben trachteten, sind gestorben.« Noch in der gleichen Stunde stand Joseph auf, nahm das Kind und seine Mutter und zog mit ihnen hinauf in das Land Israel. Er kam nach Nazareth, von wo er damals nach Bethlehem gezogen war, um sich anzumelden. Er blieb dort und ernährte die Seinen als ein Zimmermann.

Der Knabe Jesus im Tempel

Zum Osterfest zogen sehr viele Juden hinauf nach Jerusalem, um im Tempel zu opfern. Joseph und Maria hielten sich an diesen frommen Brauch und reisten jedes Jahr hinauf in die heilige Stadt. Als Jesus zwölf Jahre alt war, nahmen sie ihn mit. Der Knabe sollte den weiß und golden glänzenden Berg aus Marmor sehen, den noch Herodes zu errichten begonnen hatte. Nun war der schlimme König tot, aber noch immer wurde an diesem Tempel gearbeitet. Der gewaltige Bau war noch größer und schöner als der des Königs Salomon. Da nun das Osterfest vorüber war, gingen Joseph und Maria zurück zu der Reisegesellschaft, der sie sich angeschlossen hatten. Es war in diesen Tagen in Jerusalem ein solches Gedränge, daß Leute vom Land sich leicht darin verloren. Als sie am Schaftor, bei dem sich alle Pilger aus Nazareth treffen wollten, erst in den Abendstunden anlangten, befand sich der Knabe Jesus nicht bei den Bekannten. Einige sagten, er sei mit jungen Verwandten weitergereist. Aber am nächsten Tag fanden die Eltern an der verabredeten Herberge die Vettern allesamt, nicht aber ihren Sohn. Noch in der Nacht wanderten sie nach Jerusalem zurück. Wo sie auf einen Bekannten oder Verwandten stießen, fragten sie nach dem Knaben. Aber keiner hatte ihn gesehen. So irrten sie drei Tage durch die Stadt, bis sie in ihrer Not beschlossen, noch einmal den Tempel abzusuchen. Wieder überquerten sie den Vorhof der Heiden. Das war ein weiter Platz voller Menschen und Tiere. Nah dem Tor schrien die Viehhändler und priesen den Vorübergehenden ihre Ochsen und Schafe als Opfertiere an. Joseph und Maria waren von dem Lärm ganz verstört. Sie begriffen nicht, wie es möglich war, daß an einem solch heiligen Ort, wo niemand ungestraft auf die Fliesen spucken durfte, die Tiere misteten und die Händler feilschten, als wäre dieser Vorhof nur ein Marktplatz. Unter den Säulenhallen, die den Hof umschlossen, klirrten die Wechsler mit ihren Münzen. Sie tauschten das unreine heidnische Geld gegen reines jüdisches Opfergeld ein. Unaufhörlich riefen sie Zahlen vor sich hin, die bedeuteten, wieviel für eine bestimmte römische oder für eine ägyptische Münze sie einzutauschen bereit waren. Und da standen auch die Käfige der Händler, die den Frauen Tauben und Sperlinge verkauften für das Reinigungsopfer nach dem Kindbett.

Joseph und Maria waren unter dem Säulendach bis zu der sogenannten Tempelhalle gekommen. Hier wurde es stiller. Im Schatten der dicken Säulen erblickten sie langbärtige Männer. Sie wußten: Das waren Schriftgelehrte, welche hier saßen und miteinander, aber auch mit Fremden, über schwierige Stellen des Gesetzes sprachen. Joseph und Maria gingen scheu an den gelehrten Männern vorüber. Sie bemerkten, wie diese Ehrwürdigen alle in dieselbe Richtung blickten. Und da seufzte Maria in seligem Erschrecken auf: Der Knabe, der neben der Säule stand und gerade eine Antwort gab und seinen Worten nachlächelte und dann schwieg, das war ihr Sohn. Aber ehe sie noch ihre Stimme erheben konnte, brachen einige der Schriftgelehrten in Worte der Begeisterung aus. Alle stimmten überein in ihrer Bewunderung, sie riefen durcheinander: Soviel Verstand in jungen Jahren, soviel Kenntnis der Schrift, das sei ihnen noch nicht vorgekommen.

Nun erst näherte sich Maria dem Knaben Jesus, und sie sagte zu ihm: »Mein Sohn, wie konntest du uns das antun! Dein Vater und ich suchen dich seit ein paar Tagen. Was haben wir an Ängsten um dich ausgestanden!« Er antwortete ihr: »Warum denn? Habt ihr nicht daran gedacht, daß ich in dem sein muß, was meines Vaters ist?« Doch die Eltern verstanden nicht, was er ihnen sagen wollte. Er aber ging sofort mit ihnen. Und sie reisten furchtlos mitten durch das den Juden feindselige Land Samaria und kamen nach Nazareth. Und Jesus war seinen Eltern ein williges Kind. Seine Mutter aber bewahrte die Worte ihres Sohnes in ihrem Herzen. Und Jesus nahm zu wie an Alter so an Weisheit und Anmut bei Gott und bei den Menschen.

Die Taufe Jesu

Im fünfzehnten Jahr der Regierung des Kaisers Tiberius, als Pontius Pilatus Landpfleger in Judäa, Herodes Antipas Vierfürst in Galiläa war, unter den Hohenpriestern Annas und Kaiphas erging das Wort Gottes an Johannes. Er lebte jenseits des Jordans in der Einöde, nährte sich von Heuschrecken und dem Honig der Wildbienen, trug den rauhen Rock aus Kamelhaaren wie die alten Propheten, um die Lenden den Ledergürtel. Das Volk aus Jerusalem und Judäa zog zu ihm hinaus. Johannes predigte Buße und rief: »Ändert euren Sinn! Bereitet dem Herrn den Weg, wie ihr ihn euren Königen bereitet, wenn sie zu euch kommen: Tragt die Hügel ab, füllt aus die Löcher! Das Himmelreich ist nahe!« Und Johannes taufte alle, die um Vergebung ihrer Sünden bangten. Er belehrte sie: »Ich taufe mit Wasser, aber nach mir kommt einer, der ist stärker als ich. Ich bin nicht genug, um vor ihm gebückt seinen Schuhriemen aufzulösen. Der wird euch taufen im Heiligen Geist mit Feuer.«

Gerade zu dieser Zeit kam Jesus von Nazareth herüber und ließ sich von Johannes taufen im Jordan. Als Jesus aus dem Wasser stieg, sah er über sich den Himmel auseinanderklaffen, sah den Geist, der über ihn herabkam — anzusehen wie eine Taube. Und dazu eine Stimme aus dem Licht: »Du bist mein Sohn, mein geliebter, an dir habe ich meine Freude.«

Die Versuchung

Alsbald drängte der Geist Jesus in die Wüste. Er blieb da vierzig Tage und vierzig Nächte und aß nicht in diesen Tagen. Da hungerte ihn, und er wurde vom Satan versucht, der sprach zu ihm: »Bist du Gottes Sohn, so sprich zu dem Stein, daß er Brot werde.« Jesus antwortete: »Es steht in der Schrift: Der Mensch lebt nicht allein vom Brot, sondern von jeglichem Wort aus Gottes Mund.« Da führte ihn Satan auf einen hohen Berg, zeigte ihm alle Macht und Herrlichkeit in einem Augenblick und sagte zu ihm: »Dies alles gehört mir. Und ich teile Glück und Macht zu, wem ich will und soviel ich will. Und dir gehört alles, wenn du mich, den Herrn dieser Welt, anbetest.« Jesus antwortete: »Es steht in der Schrift: Du sollst Gott, deinen Herrn, anbeten und ihm allein dienen.«

Darauf trug ihn der Satan nach Jerusalem, stellte ihn auf die Zinne des Tempels und sagte zu ihm: »Bist du der Sohn Gottes, so tritt ins Leere und schwebe in die Tiefe. Oder steht nicht in der Schrift: Er hat seinen Engeln befohlen, daß sie dich behüten, ja daß sie dich auf Händen tragen?« Jesus antwortete: »Gewiß, das steht in der Schrift. Doch steht da auch: Du sollst Gott, deinen Herrn, nicht versuchen!« Da wich der Satan von ihm und ließ von ihm ab für eine Zeit. Von da an lebte Jesus mit den Tieren. Engel dienten ihm.

Die Zeit ist erfüllt

Als Jesus nach Galiläa zurückkam, vernahm er, daß Herodes Antipas Johannes den Täufer hatte verhaften lassen. Der Vierfürst hatte Herodias, die Frau seines Bruders, während dieser noch lebte und gegen dessen Willen geheiratet. Da war Johannes zu dem Vierfürsten gegangen und hatte ihm ins Gesicht gesagt: »Es ist dir nicht erlaubt, deines Bruders Weib zu haben!« Herodes Antipas handelte, wie sein Vater, der König Herodes, gehandelt hätte: Er ließ Johannes den Täufer auf die Festung Macherus schaffen, die jenseits des Toten Meeres lag, und ihn dort in ein Verlies werfen.

Da begann, als die Stimme des Täufers verklungen war, Jesus in Galiläa umherzuziehen und die frohe Botschaft vom Reich Gottes zu verkünden. Wie er nun am See Genezareth vorbeikam, erblickte er Simon und dessen Bruder Andreas, sie waren Fischer und warfen gerade das Zugnetz aus. Jesus rief ihnen zu: »Kommt, bleibt bei mir! Ich mache euch zu Menschenfischern.« Auf der Stelle verließen sie Schiff und Netz, kamen ans Land und folgten, wie er weiterging, seinen Schritten. Und als sie ihn fragten: »Meister, wo wohnst du?« antwortete Jesus: »Kommt und seht!« Da sie so ein Stück gegangen waren, blieb Jesus stehen und sah, wie Jakobus und dessen Bruder Johannes, die Söhne des Zebedäus, im Schiff saßen und ihre Netze flickten. Und Jesus rief über das Wasser hinüber und forderte sie auf, mit ihm zu kommen. Auch sie erhoben sich sofort von ihren Sitzen, ließen ihren Vater Zebedäus mitsamt den Tagelöhnern in der großen Barke zurück, wateten ans Land und gingen mit Jesus und den andern fort.

Sie kamen nach Kapharnaum. Es war Sabbath. So ging Jesus in die Synagoge und lehrte. Er sprach: »Die Zeit ist erfüllt. Das Reich Gottes ist nahe. Tut Buße und nehmt an die frohe Botschaft.« Seine Zuhörer waren vor Staunen stumm über die Art, wie er sprach. Er lehrte nicht wie die Schriftgelehrten, sondern gewaltig wie einer, der eins mit dem ist, was er sagt. Nun hatte sich ein Mann, der von einem bösen Geist besessen war, in die Synagoge gedrängt. Plötzlich schrie er los: »Nicht doch! Was haben wir mit dir zu schaffen, Jesus von Nazareth. Du bist gekommen, unsere Macht zu brechen. Ich weiß, wer du bist: Der Heilige Gottes!« Jesus fuhr ihn an: »Kein Wort mehr! Hinweg mit dir!« Und der Dämon riß den Mann hin und her und fuhr mit Gewalt von ihm aus. Da erschraken alle, sie flüsterten miteinander und fragten: »Was ist denn das? Er lehrt nicht nur mit Macht, er hat auch Gewalt über die Dämonen.«

Jesus verließ darauf mit seinen Jüngern die Synagoge und ging in das Haus des Simon und Andreas. Jakobus und Johannes kamen mit. Die Mutter von Simons Frau hatte Fieber, sie lag in einer Kammer nebenan. Simon teilte es Jesus mit, kaum daß er eingetreten war. Jesus trat an ihr Bett, richtete sie auf und hielt sie bei der Hand. Da wich das Fieber von ihr, sie stand auf und bediente sie. Als die Sonne untergegangen war, brachten sie ihm allerlei Kranke und Besessene. Die ganze Stadt hatte sich vor der Tür des Simon versammelt. So schnell war es herumgekommen, was sich in der Synagoge zugetragen hatte. Jesus neigte sich über die Kranken und half vielen. Er trieb auch Dämonen aus, ließ aber keinen zu Wort kommen, denn sie kannten ihn.

Noch lange vor Tag stand Jesus auf, ging aus der Stadt hinaus und begab sich an einen stillgelegenen Ort. Dort betete er. Aber Simon und die andern drei liefen suchend umher, bis sie ihn fanden. Sie sagten zu ihm: »Jedermann will dich sehen und hören!« Er antwortete ihnen: »Laßt uns fort in die umliegenden Städte gehen, daß ich auch dort verkündige, dazu bin ich ja gekommen.« Sein Weg führte ihn von Synagoge zu Synagoge. Und er rührte die Aussätzigen an, heilte sie voll Erbarmen und schickte sie zu den Priestern, daß sie rein gesprochen würden nach der Vorschrift des Gesetzes.

Jesus in seiner Vaterstadt

Es war ein Sabbath, als Jesus nach Nazareth kam, wo er seine Jugend im Hause Josephs als Zimmermann verbracht hatte. Er ging seiner Gewohnheit gemäß in die Synagoge, um einen Text aus der Schrift zu lesen und ihn, wie es der Brauch wollte, zu erklären. Als er auf den erhöhten Platz trat, reichte ihm der Diener eine Rolle, Jesus sah, es war das Buch des Jesaia. Er rollte es also auf und stieß auf die Stelle: »Der Geist des Herrn liegt auf mir, ich bin sein Gesalbter. Er hat mich gesandt, die frohe Botschaft zu bringen den Demütigen, zu heilen die gebrochenen Herzen. Ich ruf' den Gefangenen zu: Ihr kommt frei! den Blinden: Bald könnt ihr wieder sehen! den Zerschlagenen: Ihr sollt ledig sein eurer Last! Denn das Gnadenjahr des Herrn ist da.« An dieser Stelle brach Jesus die Lesung ab. Er rollte das Buch zusammen, gab es dem Diener und setzte sich. Und aller Augen waren auf ihn, den man von Jugend auf so gut kannte, voller Neugier gerichtet. Da erhob Jesus seine Stimme und sagte: »Heute ist diese Stelle der Schrift erfüllt vor euren Augen.« Und redete zu ihnen.

Sie wunderten sich sehr über die Kraft und Anmut seiner Worte und begannen alsbald, es einander zu bestätigen, daß er wirklich eine gute Art zu reden und die Stelle trefflich erklärt und ausgelegt habe – daß er aber jener sei, den sie kennten, er habe doch für sie gearbeitet. Und sie schüttelten die Köpfe und sagten: »Wie ist das nur möglich! Ist er nicht der Zimmermann, Marias Sohn und der Bruder des Jakobus, des Judas und des Simon? Sind nicht auch seine Schwestern hier bei uns?« Andre sagten: »Wie große Dinge haben wir gehört, die er angeblich in Kapharnaum getan hat. Warum tut er sie nicht auch hier, wenn er es kann? Kranke haben wir genug. Warum wirkt er kein Wunder hier in seiner Vaterstadt?«

Jesus hörte ihnen zu. Dann antwortete er ihnen: »Es ist doch wahr: Ein Prophet gilt nirgendwo weniger als im Vaterland und daheim bei den Seinen.« Und Jesus vollbrachte in Nazareth nicht eine einzige seiner Taten, nur einigen Siechen legte er die Hände auf und tröstete sie. Und er wunderte sich über den Unglauben. Darum sprach er ihnen vom Propheten Elia, der zur Zeit der Teuerung nicht zu einer Witwe in Israel ging und ihr den Ölkrug füllte, sondern zu einer Witwe in Sarepta. Zu einer Sidonierin also ward er gesandt und half ihr. Jesus hörte sie murren, aber er sprach weiter: »Und zu den Zeiten des Elisa gab es viele Aussätzige in Israel, aber keinen hat der Prophet geheilt, nur den Naëman, aber der war ein Syrer.«

Da brach der Zorn aller, die in der Synagoge waren, gegen ihn los. Sie schrien, standen auf, stießen ihn zur Stadt hinaus und führten ihn auf den Absturz eines Hügels, um ihn in die Tiefe zu stoßen. Mit einem Mal ließen sie von ihm ab und schwiegen still. Er aber ging mitten durch sie hinweg.

Der Tod des Täufers

Herodias, die Frau des Philippos, die bei Herodes Antipas lebte, haßte den Johannes. Herodes aber fürchtete den Täufer um des Volkes willen, er hörte ihm auch gern zu und gehorchte ihm in vielen Sachen. Nun hatte Herodes zu seinem Geburtstag auf die Festung Macherus viele Gäste eingeladen. Am Abend, als sie alle viel getrunken hatten, kam Salome, die Tochter der Herodias, herein und tanzte. Sie gefiel dem Herodes über die Maßen und allen, die mit ihm zu Tisch saßen. Da rief der Vierfürst: »Salome, wünsch dir etwas, ich will's dir geben, was es auch sei.« Herodias fragte ihn, ob das sein Ernst sei. Ob er Salome einen Eid darauf gebe. Da schwor Herodes, denn er war trunken: »Beim Tempel meines Vaters in Jerusalem, und wär's die Hälfte meines Reiches, ich geb's dir, Salome.« Herodias stand auf und ging mit Salome zur Tür hinaus. Alsbald eilte Salome wieder herein, trat vor den Tisch des Vierfürsten und lächelte ihn an. Herodes rief: »So sag's doch, was soll ich dir schenken?« Und die junge Salome sagte: »Das Haupt Johannes des Täufers.« Als Herodes erschrak, wiederholte Salome ihren Wunsch: »Das Haupt des Johannes! Auf einer Schüssel – in dieser Stunde!«

Da die Obersten des Heeres und soviel angesehene Leute an den Tafeln ringsum saßen, schien es Herodes seiner unwürdig, ein gegebenes Versprechen nicht zu halten. Auch hatte er beim Tempel geschworen. Niemand unter den würdigen Männern, die sich im Gesetz wohl auskannten, sagte dem Herodes, daß ein Eid nie zu einer bösen Tat verpflichten könne. Als sie alle so schweigend dasaßen, trat Herodias zum Vierfürsten und blickte ihn an. Da winkte er einem der Hauptleute und schickte ihn fort. Es dauerte nicht lange, da kam der Henker herein, trug eine Schüssel auf dem Arm und reichte sie der jungen Salome. Sie aber reichte die Schüssel ihrer Mutter.

Als die Jünger des Täufers hörten, daß ihr Meister tot sei, kamen sie, nahmen seinen Leib und legten ihn in ein Grab. Da nun eine Zeit danach Herodes von den Taten Jesu hörte, erschrak er und sagte: »Das ist Johannes, den ich habe enthaupten lassen. Er ist von den Toten auferstanden!«

Heilung und Sündenvergebung

Jesus kam in diesen Tagen mit seinen Jüngern wieder nach Kapharnaum und kehrte im Haus des Simon ein, es war Sabbath. Kaum hatten die Leute erfahren, daß Jesus von Nazareth in der Stadt sei, drängten sie in das Haus des Simon hinein. Weil ihrer zu viele waren, standen sie bis auf die Straße. Jesus verkündete ihnen die Botschaft.

Nun kamen vier Männer daher, die zwischen sich auf einer Bahre einen Gichtbrüchigen trugen. Sie wollten ihn zu Jesus bringen, aber es gelang ihnen nicht, durch die Menschenmenge durchzukommen. So stiegen sie die Außentreppe, die zum flachen Dach des Hauses führte, hinauf, nahmen eine Hacke und begannen, das Lehmdach aufzugraben. Denn sie dachten: Unser Kranker ist wichtiger als das Dach des Simon. Als nun der Lehm in den großen Raum darunter fiel, wurde es still. Sie sahen durch das Loch, wie Jesus zu ihnen heraufblickte und lächelte. Da ließen sie an den Seilen die Bahre mit ihrem Kranken hinunter, daß er genau vor Jesu Knien auf dem Boden zu liegen kam. Indem Jesus nun ihren Glauben sah, beugte er sich über den Gichtbrüchigen und sprach: »Mein Sohn, deine Sünden sind dir vergeben.« Einige der Schriftgelehrten, die da saßen und diese Worte hörten, verzogen die Mienen und dachten bei sich: »Wenn das keine Gotteslästerung ist! Sünden vergeben — das kann Gott allein.« Jesus blickte sie an, er konnte ihnen ansehen, was sie dachten. Und er sprach zu ihnen: »Da liegt dieser gichtbrüchige Mann vor mir. Ich kann zu ihm sagen: Deine Sünden sind dir vergeben. Oder: Steh auf, nimm dein Bett und wandle. Was zu sagen ist leichter?« Und als sie nicht antworteten, sprach Jesus: »Damit ihr wißt, daß der Menschensohn die Macht hat, Sünden zu vergeben, befehl' ich jetzt diesem gichtbrüchigen Mann: Steh auf, nimm dein Bett und geh heim!« Sofort sprang der Mann von seinem Bett in die Höhe, rollte es zusammen und ging hinaus. Alle waren entsetzt, wichen zurück und machten dem Geheilten Platz — sie kannten ihn und seine Krankheit seit vielen Jahren. Als sie wieder sprechen konnten, priesen sie Gott und riefen: »So etwas haben wir noch nie gesehen!«

Jesus und die Sünder

Jesus verließ darauf das Haus des Simon und ging, um die Kühle des Abends zu genießen, ans Meer. Seine Jünger und viel Volk umdrängten ihn. Da sie an die Uferstraße kamen, sahen sie den Schlagbaum des Wegzolls, denn Kapharnaum lag nahe am Jordan, wo die Straße das Land Galiläa verließ. Jesus ging auf das Zollhäuschen zu. Dort saß Levi, der Sohn des Alphäus, und schrieb Zahlen auf eine Tafel. Da hörte er das Scharren vieler Füße, blickte auf, sah Jesus mitten ins Gesicht. Und er hörte ihn sagen: »Folge mir nach!« Levi ließ die Zahl halbgeschrieben stehen, stand auf, trat aus seinem Verschlag heraus und ging mit den andern hinter Jesus her. Am Abend übergab er die Zollstation seinem Mitzöllner und bat ihn und andre Zöllner zu einem Abschiedsmahl. Aber er lud auch den römischen Hauptmann, den er gut kannte, ein, dazu jüdische Geschäftsleute, die sich nicht um das Gesetz des Mose kümmerten, ebenso einige Frauen, die Jesus von Nazareth aus der Nähe sehen und hören wollten. Dann trat Levi vor Jesus und bat ihn, ihm die Ehre anzutun und mit ihm und seinen Freunden zu Tisch zu liegen. Am andern Morgen wolle er alles zurücklassen und für immer bei ihm bleiben.

Da nun Jesus mit seinen Jüngern in das Haus Levis trat, standen die Pharisäer und Schriftgelehrten auf der Straße, schüttelten die Köpfe und hielten einige vom Gefolge Jesu zurück und sagten zu ihnen: »Euer Meister und ihr geht also in dieses Haus und eßt und trinkt und macht euch unrein. Ihr wißt doch, was für Leute dieser Zöllner Levi eingeladen hat?« Da gingen die Jünger zu Jesus hinein und sprachen mit ihm. Jesus trat auf die Schwelle und rief zu denen auf der Straße: »Ihr haltet euch für gesund. Warum soll ich also bei euch sein? Nicht die Gesunden bedürfen des Arztes, sondern die Kranken. Und ihr haltet euch für gerecht. Ich bin aber gekommen, die Sünder zur Umkehr zu rufen.« Und er aß und trank mit den Zöllnern und Sündern.

Anderntags suchten die Pharisäer wieder nach Jesus, sie fragten ihn: »Was ist das? Die Jünger des Johannes fasteten, und wir Pharisäer fasten häufig und streng. Warum fasten deine Jünger nicht?« Jesus antwortete ihnen: »Wie können die Hochzeitsleute fasten, solange der Bräutigam da ist? Es wird die Zeit kommen, daß der Bräutigam von ihnen fortgenommen wird, dann werden sie fasten. Und wer näht, um das Loch zu flicken, auf ein altes Kleid ein Stück neues Tuch? Das alte Kleid kann den neuen Lappen nicht halten, er reißt ab, und der Riß ist ärger als zuvor. Und wer gießt jungen Wein in alte Schläuche? Der junge Most zerreißt den alten Schlauch, der Wein läuft aus, und der Schlauch ist ebenfalls hin.« Da blickten die Pharisäer einander fragend an. Und einer von ihnen sagte zu Jesus: »Du redest immer nur in Bildern und Gleichnissen.« Jesus aber ließ sie stehen und ging davon.

Der Herr des Sabbaths

Nach dem Gesetz des Mose war es gestattet, auf dem Kornfeld des Nächsten mit der Hand Ähren abzurupfen und sie aus den Hüllen zu reiben, um sich mit den Körnern zu sättigen. Da ein solches Tun kein Ernten darstellte, war es auch am Sabbath erlaubt. Oft stillten die Armen und die Reisenden in jener Zeit auf diese Weise ihren Hunger. Auch Jesus und seine Jünger hielten sich an diesen alten Brauch, denn sie waren arm und zugleich immer unterwegs.

Als die Jünger nun wieder einmal Ähren rupften — es war an einem Sabbath —, traten einige Pharisäer aus dem Hinterhalt auf sie zu und fragten Jesus: »Siehst du nicht, was deine Jünger tun? Heute ist Sabbath, und sie ernten!« Jesus nahm ihre Anklage, daß Ährenraufen gleich Ernten sei, ruhig entgegen und antwortete also: »Habt ihr nie gelesen, was David tat, als er vor Saul floh und ihn hungerte? Wie er in die Stiftshütte ging und den Hohenpriester bat, ihm die Schaubrote auszuliefern, daß er und die mit ihm waren essen könnten? Und die Schaubrote waren heiliges Brot, wie ihr wißt, und durften nur von den Priestern gegessen werden.« Nun wußten sie: David war kein Priester, und er aß doch mit den Seinen das heilige Brot. Davids Tat aber war in der Schrift aufgeschrieben als eine Tat ohne Tadel! Darum wandten die Pharisäer ihre Gesichter ab und schwiegen. Jesus aber sprach: »Und nun wißt auch dies noch: Der Sabbath ist um des Menschen willen da, nicht aber der Mensch um des Sabbaths willen. Der Menschensohn ist Herr über den Sabbath.«

Noch am selben Nachmittag ging er in die Synagoge. Es stand da ein Mann, der hatte eine verkrüppelte Hand, die wie verdorrt aussah. Die Pharisäer, die im Ährenfeld aufgepaßt hatten, schoben den Mann immer dichter vor Jesus hin. Sie lauerten darauf, daß er ihn heile. Dann hätten sie, weil er am Sabbath geheilt hätte, eine schwere Anklage gegen ihn gehabt. Denn jemand am Sabbath zu heilen war nur gestattet, wenn sich der Kranke in Lebensgefahr befand. Auf der Verletzung des Sabbaths aber stand die Todesstrafe. Wenn sie nun Jesus bei dem Vierfürst Herodes als Sabbathschänder anklagten, durften sie ihn steinigen — diesen Auflöser des Alten! Da sprach Jesus zu dem Mann mit der verdorrten Hand: »Komm her — und stell dich dorthin in die Mitte.« Und er wandte sich ihnen zu mit den Worten: »Soll man am Sabbath Gutes tun — oder Böses? Das Leben erhalten — oder töten?« Sie schwiegen. Da sprang sein Blick voll Zorn im Kreis umher, und Trauer umfing ihn über die Verdorrtheit und Härte ihrer Herzen. Und er sprach zu dem Menschen vor ihm: »Strecke deine Hand aus!« Der Mann tat so — und alle sahen: Die kranke Hand war so gesund wie seine andere.

Sofort standen die Pharisäer auf, verließen die Synagoge und trafen sich heimlich mit den Anhängern des Herodes, um mit ihnen zu beraten, wie sie Jesus, ohne einen Aufruhr zu erregen, aus dem Volk, das ihm anhing, herausholen und den Schergen des Herodes überliefern könnten.

Die Stimme vom Berg

Aber es gelang ihnen nicht, an Jesus Hand zu legen, so viel Volk folgte ihm: Anhänger aus Galiläa, aus Judäa, sogar aus dem fernen Idumäa und aus der Gegend der Heiden, die in Tyrus und Sidon wohnten und in den zehn Städten der Griechen. Es war eine große Menge. Von seinen Taten herbeigezogen, folgten sie ihm, wohin er auch ging. Denn er heilte ihrer viele. So drängten sie sich dicht an ihn heran, als wollten sie ihn überfallen, und rührten ihn an, damit seine Kraft auf sie, die Geplagten, überginge. Da sie ihm aber zu nahe kamen und ihn gegen das Wasser hinschoben, bat er seine Jünger, ein Boot herbeizuschaffen, daß er darin sitzend zum Volk am Ufer sprechen könne.

Am andern Morgen, noch vor Tag, verbarg er sich mit Petrus und Andreas, Johannes und Jakobus auf einem Hügel. Dann schickte er sie hinab, daß sie zu ihm jene heraufbringen sollten, die er bei sich haben wollte. Sie kamen mit den Gerufenen herauf, es waren im ganzen zwölf. Er nannte sie seine Apostel, denn sie sollten als seine Sendboten durch die Lande ziehen und die frohe Botschaft ausstreuen. Und er verlieh ihnen die Macht, Krankheiten zu heilen und Dämonen auszutreiben. Simon gab er den Zunamen Kephas, das heißt auf griechisch Petrus, also: Felsenmann. Jakobus und Johannes, den Söhnen des Zebedäus, gab er den Beinamen: Kinder des Donners. Zu den Zwölfen gehörten außerdem: Andreas, Philippus, Bartholomäus, Matthäus, der Zöllner, Jakobus, des Alphäus Sohn, Judas, mit Zunamen Thaddäus, Simon von Kana und Judas, der Mann aus Karioth in Judäa, der ihn später verriet. Aber noch ehe er seine Apostel ausschickte, hieß er sie, das Volk auf den Berg heraufzulassen. Denn er wollte seinen Aposteln und allen, die ihn zu hören bereit waren, den Kern seiner frohen Botschaft verkünden. Als alle sich am Abhang des Berges gelagert hatten, erhob Jesus laut seine Stimme und rief: »Selig sind die in ihren Herzen freiwillig Armen, ihrer ist das Himmelreich. Selig sind, die das Leid der Welt tragen, sie sollen getröstet werden. Selig sind, die sich in Sanftmut üben, sie werden am Ende die Erben sein. Selig sind, die nach Gerechtigkeit hungern und dürsten, sie sollen gesättigt werden. Selig sind die Barmherzigen, sie werden Barmherzigkeit erlangen. Selig, die lauter sind in ihres Herzens Sinn, sie sollen Gott anschauen. Selig sind, die für den Frieden wirken, sie werden Gottes Kinder heißen. Selig sind, die als Hüter der gerechten Sache verfolgt werden, ihrer ist das Himmelreich.

Ihr seid das Salz der Erde. Wenn nun das Salz schal würde, womit sollte man dann salzen? Solches Salz schüttet man fort, der Fuß der Leute geht darüber. Ihr seid das Licht der Welt: Eine Stadt, die auf dem Berg liegt, kann nicht verborgen bleiben. Man zündet auch kein Licht an und stülpt sodann ein Gefäß darüber, sondern setzt das Licht auf den Leuchter, so leuchtet es allen, die im Hause sind. Lasset also euer Licht leuchten vor den Leuten, daß sie eure guten Taten sehen und euren Vater im Himmel preisen. Ich sage euch aber: Wenn eure Gerechtigkeit nicht über das öde Gesetzesdenken hinausgeht, so werdet ihr nicht in das Reich meines Denkens eintreten.

So habt ihr gehört, daß zu den Altvordern gesagt wurde: Du sollst nicht töten. Wer aber tötet, soll vor Gericht gestellt werden. Ich sage euch: Schon wer seinem Bruder zürnt, bringt sich ins Gericht. Wer aber seinen Bruder beschimpft und erniedrigt, kommt vor ein noch höheres Gericht. Wer aber seinen Bruder verteufelt und ihm ›Gottloser‹ ins Gesicht schreit, der soll sich auf das Schlimmste gefaßt machen. Darum: Wenn du zum Altar trittst, um Gott zu opfern, und dich erinnerst, daß dein Bruder etwas wider dich hat, dann laß dein Opfer noch eine Weile anstehn und gehe zu deinem Bruder und söhne dich mit ihm aus. Alsdann komm und bring dein Opfer dar.

Ihr habt gehört, daß den Altvordern geboten wurde: Du sollst nicht ehebrechen. Ich aber sage euch: Wer eine Frau anschaut, um sich durch diesen Blick mit ihr zu verbinden, der hat bereits in seinem Herzen die Ehe gebrochen. In eurem Gesetz steht auch: Wer sich von seiner Frau scheiden will, der soll ihr den Scheidebrief geben und sie aus seinem Hause fortgehen lassen. Ich aber sage euch: Wer sich von seiner Frau scheidet (es wäre denn, sie hätte die Ehe gebrochen), der macht seine Frau zur Ehebrecherin. Und wer eine Geschiedene heiratet, auch der bricht die Ehe. Ihr habt gehört, daß im Gesetz steht: Du sollst keinen Meineid schwören und sollst deine beschworenen Versprechen halten. Ich aber sage euch: Ihr sollt eure Aussagen überhaupt nicht beschwören. Eure Rede sei so, daß Ja: Ja und Nein einfach Nein ist. Alles Beschwören ist vom Übel. Es steht auch im Gesetz: Auge um Auge, Zahn um Zahn. Ich aber sage euch: Widersteht nicht dem Übel! Du halte dem, der dich auf die rechte Backe schlägt, die linke hin. Und dem Mann, der mit dir um den Rock rechtet, überlaß auch noch den Mantel. Höre auf den Bittsteller, und will jemand bei dir borgen, wende dich nicht gleich ab. Es steht geschrieben im Gesetz: Du sollst deinen Nächsten lieben wie dich selbst. Aber ihr liebt nur eure Nächsten, eure Feinde haßt ihr. Ich aber sage euch: Liebet eure Feinde. Segnet, die euch fluchen! Tut wohl denen, die euch hassen! Betet für eure Widersacher, wenn sie euch beleidigen und verfolgen, auf daß ihr Kinder seid eures Vaters! Seht, er läßt seine Sonne aufgehen über die Bösen und die Guten und läßt regnen über Gerechte und Ungerechte. Was ist daran Besonderes, wenn ihr nur die wiederliebt, die euch lieben? Tun das nicht auch jene, die sich um Gott nicht kümmern? Ihr aber, ihr sollt heilig leben, um eurem Vater ähnlich zu werden, der da ist vollkommen.

Teilt nicht eure Almosen in der Öffentlichkeit aus! Seht doch, diese Heuchler, in den Synagogen und in den Straßen, wie sie den Mann mit der Posaune vor sich herschicken, damit alle Leute ihn, den frommen Wohltäter, loben. Wenn du also ein Almosen gibst, mach es so unauffällig, daß deine eigne linke Hand nicht merkt, was deine rechte tut. Die Hauptsache, wenn dein Vater im Himmel es sieht und an dir Freude hat.

Auch wenn du betest, mach's nicht wie die Heuchler und Frömmler, die da vorn in den Synagogen stehn und kein Ende finden. Du geh in dein Kämmerlein und schließ hinter dir zu und sag alles deinem Vater, der in deiner Verborgenheit bei dir ist. Und so du nun betest, sollst du nicht schöne Sätze dahinplappern, wie das die Heiden tun, welche meinen, je mehr Worte sie machen, desto eher werden sie erhört. Denen sollt ihr euch nicht ähnlich machen. Überlegt doch, daß euer Vater, eh ihr den Mund auftut, längst weiß, was ihr alles nötig habt. So sollt ihr beten: Vater unser, der du bist im Himmel, geheiligt werde dein Name! Es komme dein Reich. Dein Wille geschehe, wie im Himmel also auch auf Erden. Unser täglich Brot gib uns heute. Und vergib uns unsere Schuld, wie auch wir vergeben unseren Schuldigern. Und führe uns nicht in Versuchung, sondern erlöse uns von dem Übel.

Und noch einmal: Vergib uns unsere Schuld! Denn wenn ihr den Menschen ihre Fehler vergebt, so wird auch euer himmlischer Vater euch vergeben. Vergebt ihr nicht, wird auch euch euer Vater nicht vergeben. Ihr sollt euch auch nicht Schätze sammeln hier auf Erden, Schätze, die in jeder Hinsicht vergänglich sind und euch jeden Augenblick entrissen werden können. Darum hängt nicht euer Herz an Geld und Gut. Denn wo euer Schatz ist, da ist euer Herz. Seht vielmehr, daß euer Auge licht bleibt und nicht verfinstert in den Sorgen um die Dinge dieser Welt. Entscheidet euch: Niemand kann Diener zweier Herren sein. So könnt auch ihr nicht zugleich Gott und dem Mammon dienen. Und legt auch die Bekümmertheit und Unruhe um Erwerb und Alltag ab. Laßt eure Sorge nicht immerzu kreisen um Essen und Trinken und die tausend Sachen. Ist das Leben selbst denn nicht mehr als die Speise? Der Leib nicht mehr als das Kleid? Darum trachtet zuerst nach dem Reich Gottes und nach seiner Gerechtigkeit, alles übrige wird euch als Beigabe geschenkt werden. Ihr solltet euch nicht einmal um den nächsten Tag ängstigen. Er kommt, und er fordert das Seine schon ein. Ist es nicht genug, daß jeder Tag seine eigene Plage hat?

Richtet nicht, auf daß ihr nicht deswegen selbst gerichtet werdet. Denn mit welcher Art von Gerechtigkeit ihr richtet, werdet ihr selber gerichtet werden. Und mit welchem Maß ihr meßt, wird euch zurückgemessen werden.«

Es begab sich aber, daß das Volk, das alle diese Reden aus dem Munde Jesu vernahm, sich entsetzte über solch eine Lehre und fortging.

Die Speisung des Volkes

Nachdem sich das Volk verlaufen hatte und die Apostel weggegangen waren, um die empfangene Botschaft in den ringsum liegenden Städten auszubreiten, blieb Jesus in der Einöde allein. Dort fanden ihn die Apostel, als sie auf den Berg zurückkehrten. Und sie berichteten ihm, was sie getan und gelehrt hatten. Mit den Aposteln aber war wiederum viel Volk herbeigelaufen, Leute, die ihnen zugehört hatten. Da sagte Jesus: »Auf, ziehen wir uns in eine noch größere Einsamkeit zurück, denn ihr sollt euch ein wenig ausruhen von euren Mühen.« Angesichts der vielen Menschen, die sich um sie drängten, fanden die Apostel nicht einmal die Zeit, zu essen. So zog Jesus mit den Seinen am frühen Morgen heimlich vom Berg herab. Und er nahm am See ein Schiff und ließ es Kurs nehmen auf eine sehr entlegene Stätte. Das Volk, das noch am See beisammenstand, bemerkte, wie sie vom Ufer abstießen. Da nun viele Jesus kannten, liefen sie am Seeufer entlang, denn sie hatten von einem aus der Nachbarschaft Jesu den Ort erfahren, wo das Boot hinsteuerte. Da nun Jesus mit den Seinen im Boot herankam, sah er die Menge Volks am Ufer, die still auf ihn wartete. Der Anblick jammerte ihn, denn sie waren wie eine Herde, die keinen Hirten hat. Und Jesus blieb im Boot, ließ es nahe ans Ufer kommen und verkündete die Botschaft, wie er es am Tag zuvor auf dem Berg getan hatte. Es war sehr heiß, er hatte den ganzen Tag zum Volk geredet, und jedermann hatte Hunger und Durst. Da nun der Tag fast dahin war, traten seine Jünger zu ihm und sagten: »Es wird Abend, und die Gegend ist wüst, es wächst nichts in der Nachbarschaft. Entlaß darum jetzt die Leute, daß sie noch vor Nacht in die nächsten Städte und Dörfer gehen und sich etwas Brot kaufen. Sie haben nichts zu essen bei sich.«

Jesus antwortete: »Gebt ihr ihnen doch zu essen!« Da hoben die Jünger die Hände, sie riefen: »Da müßten wir schon eine Menge Brot kaufen, sicher für zweihundert Groschen!« Jesus aber fragte: »Wie viele Brote habt ihr? Schaut nach!« Sie suchten im Boot umher und sagten schließlich: »Wir haben noch fünf Brote und zwei geröstete Fische.« Da gebot er ihnen, sie sollten das Volk sich lagern lassen auf dem Gras, wie um Tische herum. Sie setzten sich darauf in Gruppen von fünfzig oder hundert Personen um eine Mitte. Und Jesus nahm die fünf Brote und die zwei Fische, schaute zum Himmel auf, sprach den Segen, brach das Brot und gab die Brocken den Jüngern, daß sie hinüber ans Land gingen und ihnen vorlegten. Die zwei Fische verteilte er auf die gleiche Weise. Und alle aßen und wurden satt. Die Jünger hoben die Brocken auf und füllten damit zwölf Körbe, auch von den Fischen war viel übriggeblieben. Die da gegessen hatten, schätzten die Jünger auf fünftausend.

Jesus wandelt auf dem Meer

Alsbald trieb Jesus seine Jünger an, daß sie das Schiff bestiegen und ohne ihn nach Bethsaida hinüberführen. Das Volk wollte er allein verabschieden. Als er sie endlich von sich geschafft hatte, stieg er auf den nahe gelegenen Hügel, um allein zu sein und zu beten. Am Abend war das Schiff mitten auf dem See und er auf dem Land. Und er sah von fern, wie sie sich mühten beim Rudern, denn der Wind stand gegen sie. Um die vierte Nachtwache kam er über die Flut hinwandelnd zu ihnen. Als sie ihn erblickten, schrien sie auf: »Ein Gespenst! Ein Gespenst!« Jesus kam näher und redete sie an und sprach: »Seid doch ruhig! Ich bin's! Fürchtet euch nicht!« Da rief Petrus: »Herr, wenn du es bist, dann ruf mich zu dir und laß mich auch über die Flut wandeln.« Jesus antwortete: »So komm zu mir!« Petrus sprang über Bord und machte ein paar Schrittchen auf dem Wasser und näherte sich Jesus. Als er aber eine hohe Woge auf sich zukommen sah, fürchtete er sich. Da merkte er, wie er langsam absank, und er schrie: »Ich geh' unter, Herr! Hilf mir!« Jesus streckte Petrus die Hand hin und sprach zu ihm: »So kleingläubig bist du! Warum hast du gezweifelt?«

Kaum waren sie beide in das Boot gestiegen, da legte sich der Wind. Die übrigen im Boot aber waren entsetzt und vor Verwunderung so außer sich, daß sie kein Wort hervorbrachten. Sie waren über dem Brot, das Jesus vermehrt hatte, nicht verständiger geworden, ihr Herz war noch immer nicht in Bewegung geraten. Sie fuhren über den See und legten in der Gegend an, die Genezareth heißt. Die sie nun aus dem Schiff stiegen und ans Ufer wateten, wurde Jesus von Herumstehenden sofort erkannt. Darauf liefen sie in die umliegenden Dörfer und schafften die Kranken herbei. Als Jesus weiterzog, durch die Dörfer, Flecken und Städte, legten sie die Kranken auf die Marktplätze, damit im Vorbeigehen sein Schatten über sie falle oder daß der Saum seines Gewandes sie berühren könnte — und sie so gesund würden.

Menschensatzung und Gottesgebot

Da Jesus und die Seinen in Galiläa umherzogen, aßen sie und schliefen, wo es sich gerade traf. Und es war nicht immer Wasser zur Stelle, daß sie sich vor dem Essen nach der Vorschrift des Gesetzes hätten die Hände waschen können. Die Juden, vor allem die Pharisäer, hielten streng auf diese Vorschrift. Sie wuschen sich, wenn sie vom Markt kamen, wuschen sich, ehe sie zu Tisch traten, und wuschen ihre Trinkgefäße oft, ihre Krüge, Töpfe und die Tische, an denen sie aßen. Nun waren einige Pharisäer und Schriftgelehrte von Jerusalem gekommen, um Jesus zu sehen. Und da sie die Jünger mit ungewaschenen Händen essen sahen, fragten sie Jesus: »Warum handeln deine Jünger nicht nach der Vorschrift des Gesetzes?« Er antwortete ihnen: »Trefflich hat Jesaia euch Heuchler beschrieben, wenn er in seiner Weissagung spricht: ›Dies Volk ehrt mich nur mit seinen Lippen, fern hält es von mir sein Herz. Und seine Gottesfurcht besteht in angelernter Menschensatzung.‹ Ihr wascht

Krug und Trinkschale und seid in dergleichen eifrig und sehr genau, aber ihr überseht darüber mit Fleiß Gottes Gebot. Ja, darin seid ihr Meister, die Gesetze des Himmels hinter euren Paragraphen verschwinden zu lassen. Mose hat gesagt: ›Du sollst Vater und Mutter ehren‹, und das heißt auch, für sie sorgen, wenn es notwendig ist. Ihr aber laßt die Kinder den Unterhalt, den sie den Eltern schuldig sind, dem Tempel vermachen. So ein sauberer Sohn braucht nur ›Korban‹ zu sagen: Es ist Gott geschenkt! – und für euch ist alles in Ordnung. Ihr lehrt also: Wer den Tempel bereichert, ist seiner Sorgepflicht gegenüber den Eltern ledig. Er gilt sogar als ein frommer Mann. So hebt ihr Heuchler das Wort Gottes mit euren Praktiken auf, und ihr habt deren viele!« Und Jesus wandte sich von ihnen ab, rief das Volk herbei und sprach zu ihm: »Laßt es euch tief ins Herz prägen: Nichts, was von außen in den Menschen hineingeht, kann ihn gemein machen, sondern nur, was aus seinem Innersten hervorgeht.«

Als sie nun hernach in einem Hause beieinander saßen, fragten ihn die Jünger, was das für ein Gleichnis gewesen, die Worte von dem Innen und Außen. Jesus sagte: »Gleichnis? Seid ihr so unverständig? Seht doch, was von außen in den Menschen kommt, aus den gewaschenen und ungewaschenen Schüsseln und Bechern, das geht nicht in sein Herz, sondern in den Bauch und geht weiter bis zu dem natürlichen Ausgang. Seht dagegen, was alles aus des Menschen Inneren hervorkommt, aus seinem Herzen: All die bösen Gedanken, die hinführen zu all den bösen Taten. So versteht mich doch, wenn ich sage: Das Böse kommt nicht über die ungewaschenen Hände in den Menschen. Das Böse geht aus dem Menschen hervor, und nur dies Böse, das aus ihm selbst hervorgeht, macht ihn gemein.«

Die Heiden

Er stand auf und ging mit den Seinen von dannen und kam an die Grenze von Tyrus und Sidon. Da war eine Frau, die hatte die Jünger gefragt, wer ihr Meister sei. Als sie hörte, es sei Jesus aus Galiläa, drängte sie sich durch die Menschenmenge heran und fiel vor Jesus nieder. Sie war eine Griechin aus Syrophönizien und hatte zu Hause eine Tochter, die von einem Dämon geplagt wurde. Sie flehte Jesus an, daß er ihre Tochter heile. Jesus tat, als wolle er sie nicht ansehen. Er sprach: »Ich bin gesandt zu der verlorenen Herde des Hauses Israel. Und soll man das Brot den Kindern wegnehmen und es den Hunden geben? Zuerst müssen die Kinder gesättigt sein.« Die Frau sagte darauf: »Gewiß, Herr! Aber auch die Hündlein unter dem Tisch essen von den Brosamen der Kinder.« Da wandte sich Jesus ihr zu: »Frau, dein Glaube ist groß. Um dieses Wortes willen: Geh hin, deine Tochter ist geheilt.« Die

Frau lief nach Hause und fand die Tochter, wie sie ruhig dalag auf ihrem Bett und schlief.

An diesem Tage erreichten Jesus einige Männer aus Kapharnaum. Sie hatten nach ihm gesucht, um ihn in ihre Stadt zu bringen. Es gab da einen römischen Hauptmann, von dessen Knechten einer krank war. Nun hatte sich der Hauptmann an die Gemeindeältesten von Kapharnaum gewandt, daß sie für ihn bei Jesus von Nazareth Fürbitte einlegten. Er selbst als Mitglied der Besatzungstruppen und als Heide wagte es nicht, in seiner Angelegenheit selber Jesus zu bitten. Die Ältesten lobten den Hauptmann und sagten: »Er ist es wert, daß du dich ihm freundlich zeigst. Denn er liebt unser Volk, hat uns die Synagoge gebaut und kommt oft in unsere Versammlungen und hört zu.« Jesus ging sofort mit ihnen. Da sie sich nun Kapharnaum näherten, kamen Freunde des Hauptmanns, die Jesu Ankunft abgewartet hatten. Sie traten heran und richteten Jesus aus, der Hauptmann lasse ihm sagen: »Bemühe dich nicht, Herr. Ich bin nicht würdig, daß du einkehrst unter mein Dach. So bin ich auch nicht selber zu dir gekommen, weil ich mich deiner Gegenwart nicht für wert erachte. Sprich du nur ein Wort, und mein Knecht wird gesund. Ich weiß ja, wie das geht. Ich habe Obere und habe Untergebene. Wenn ich zu einem Kriegsknecht sage: Dorthin! dann geht er dorthin. Sag ich: Komm her! dann kommt er. Und sag ich: Tu das! dann tut er's. So kannst du den Krankheiten befehlen.«

Da Jesus diese Botschaft des Hauptmanns hörte, verwunderte er sich, wandte sich um und sprach zu dem Volk, das hinter ihm herkam: »Wirklich, ich sage euch: Solchen Glauben hab' ich in Israel nicht gefunden.« Und er schickte die Abgesandten des Hauptmanns zurück. Sie fanden den Knecht, und er war gesund.

Die Nachfolge

Während Jesus in den Städten und Marktflecken umherzog und die frohe Botschaft verkündete, waren bei ihm die Zwölf und einige Frauen, die er geheilt hatte von Krankheiten. Unter ihnen befand sich Maria von Magdala, von der waren sieben böse Geister ausgefahren. Es gab auch unter ihnen wohlhabende Frauen, so Johanna, die Frau des Chusa, der das Vermögen des Vierfürsten Herodes Antipas verwaltete. Ebenso die Susanna und andere noch. Diese Frauen halfen Jesus und den Seinen, da diese keinerlei Erwerb nachgehen konnten, mit ihrem Vermögen.

Eines Tages nahm Jesus die Richtung nach Cäsarea Philippi. Der Vierfürst Philippos hatte, um den Römern zu schmeicheln, der Stadt diesen Namen gegeben. Während sie nun nach Cäsarea Philippi gingen, fragte Jesus seine

Jünger: »Für wen halten die Leute den Menschensohn?« Sie antworteten: »Man sagt, du seiest Johannes der Täufer. Andre sagen, du seiest Elia. Wieder andre halten dich für irgendeinen der zum Leben zurückgekehrten Propheten.« Jesus fragte weiter: »Und ihr, für wen haltet ihr mich?« Noch eh die andern antworten konnten, rief Petrus: »Du bist der Messias, der Sohn Gottes!« Jesus hörte diese Antwort und gebot den Seinen streng, daß sie zu niemandem darüber sprächen. Dann setzte er mit neuer Stimme an und unterrichtete sie über den Menschensohn, er sprach: »Er muß viel leiden und wird verworfen von der Priesterkaste, von den Ältesten und den Schriftgelehrten. Sie werden ihn töten. Drei Tage später aber steht er auf von den Toten. Wer mir nun nachfolgen will, der verleugne sich selbst!«

Als er so offen geredet hatte, zog ihn Petrus auf die Seite und sagte: »Niemals, Herr, du sollst nicht leiden, nicht sterben. Wir alle werden dich verteidigen, wenn nötig mit dem Schwert.« Da wandte sich Jesus zu seinen Jüngern herum, sah sie fragend an, schüttelte Petrus von sich ab und drohte ihm: »Du sprichst wie der Verführer! Du hast nicht im Sinn, was Gottes ist, du siehst nur das Irdische.« Und er erhob seine Stimme und rief noch einmal: »Wer mir will nachfolgen, der verleugne sich selbst, er nehme sein Kreuz auf sich und bleibe auf meinem Weg. Denn wer sein Leben sichern will und bewahren, der wird es verlieren. Wer aber sein Leben hingibt um meinetwillen, der erhält es zurück. Was nützt es dem Menschen, wenn er die ganze Welt gewinnt, aber sein Leben einbüßt.«

Er stellt ein Kind in ihre Mitte

Als sie am folgenden Tag in Kapharnaum anlangten und im Haus des Petrus eingekehrt waren, fragte Jesus seine Jünger: »Worüber habt ihr unterwegs so heftig geredet?« Sie schwiegen, denn sie hatten sich gestritten, wer von ihnen der größte sei. Da rief Jesus die Zwölfe zusammen, nahm ein Kind bei der Hand, kam und setzte sich vor sie hin. Und er herzte das Kind und stellte es mitten unter sie und sprach: »Wenn ihr nicht werdet wie dieses Kind, könnt ihr in das Reich meines Geistes nicht eintreten.« Die Frauen, die umherstanden, sahen das Kind und brachten nun auch ihre Kinder, daß er ihnen die Hände auflege und sie segnen solle. Die Jünger aber fuhren die Frauen hart an und sagten: »Seht ihr denn nicht, wie müde er ist? Und daß er keine Zeit hat, mit Kindern zu spielen?« Jesus aber rief ihnen zu: »Warum wehrt ihr ihnen? Laßt doch die Kinder zu mir kommen. Ihrer ist das Reich Gottes.«

Das Reich Gottes

Jesus verließ das Haus, wo er zu Gast war, und ging hinab an den See. Es versammelte sich alsbald soviel Volk, daß er in ein Boot trat, es vom Ufer ein wenig abstoßen ließ, um das Volk besser sehen zu können. Und er sprach zu ihm vom Reich Gottes und stellte es ihnen dar in vielen Gleichnissen. So sprach er zu ihnen: »Die Lehre vom Reich Gottes, die ich euch bringe, ist gleich dem Samen, den ein Landmann nahm und auf seinen Acker säte. Wie er so das Saatgut auswarf, fielen Körner auf den Weg. Die Vögel des Himmels flogen herbei und pickten sie fort. Andre Körner fielen dorthin, wo der Boden steinig war. Hier ging der Samen schnell auf, weil der Boden glühte unter der Sonne. Aber bald welkten die Keime, weil nicht genug gute Erde da war und das Korn keine Wurzeln schlagen konnte. Andre Körner fielen unter die Dornen. Die wuchsen mit auf und erstickten die Saat. Andre Körner fielen auf guten Boden, gingen auf und trugen Frucht.«

Als Jesus sah, daß sie das Gleichnis nicht bewältigen konnten, deutete er es ihnen und sprach: »Das Saatgut, das auf den Weg fällt, das sind die Worte vom Reich Gottes, die der Geist der Verführung den Vögeln gleich aus den oberflächlichen und harten Herzen hinwegträgt. Was auf die Steine gesät ist und gleich aufgeht, das ist das freudig aufgenommene Wort. Aber im Herzen eines wetterwendischen Menschen geht es nicht in die Tiefe und kann nicht Wurzeln schlagen. So einer läßt in der Zeit der Trübsal und Verfolgung das empfangene Wort allein und bietet ihm keinen Boden im Herzen. Das unter die Dornen gefallene Korn ist das Wort, das in die Herzen der Reichen, der in die Händel dieser Welt Verstrickten fiel. Der Reichtum betrügt sie, und die irdischen Sorgen ersticken das Wort, kaum daß es keimt und grün wird. Das Korn aber, das in gutes Erdreich gesät wird, ist das Wort, das in einem zubereiteten Herzen treulich bewahrt und erwogen wird. Und es kommt der Tag, da es Frucht trägt: verschieden nach Graden und Gnaden.«

Und er trug ihnen ein Gleichnis vor vom guten Sämann und dem Geist der Verführung. Das lautete so: »Da war ein Landmann, der guten Samen auf seinen Acker säen ließ. Wie nun die Knechte, die gesät hatten, im Mittagsschlaf dalagen, kam heimlich der böse Nachbar des Landmanns, huschte über den Acker und ließ den Samen von Unkraut aus seinem Gewand fallen. Und ging davon. Als nun die Saat aufging, erschien auch das Unkraut in allen Farben. Da führten die Knechte den Hausvater vor den Acker und sagten: ›Herr, dein Saatgut war doch ganz rein und gesund. Wo kommt dieses Unkraut her?‹ Er antwortete ihnen: ›Das hat mir einer angetan, der mir übel will.‹ Die Knechte fragten: ›Sollen wir das Unkraut nicht gleich ausjäten?‹ Er wehrte es ihnen: ›Wie soll das gehen? Ihr zertrampelt alles und rauft außerdem auch die Weizenhalme mit aus. Nein, laßt beides miteinander wachsen bis zur Ernte. Dann sag' ich den Schnittern: Zuerst holt aus dem Gemähten das Unkraut heraus und bündelt es. Wenn es trocken ist, wird es verbrannt. Dann sammelt den Weizen in meine Scheuer.«

Er gab ihnen auch ein Gleichnis, um sie zu trösten. Er machte ihnen deutlich, wie unansehnlich die Lehre vom Gottesreich aussehe, wie stark aber dieses Saatkorn sei, stark wie das Senfkorn, das einer nimmt und in seinen Garten streut. »Ihr wißt«, rief er, »dieses Senfkorn ist wirklich sehr klein. Aber wenn es herangewachsen ist, überragt es die übrigen Gartenpflanzen. Ja, es wird ein Baum, und die Vögel kommen und wohnen in seinem Geäst.« Und Jesus sprach weiter über seine Lehre vom Gottesreich. Die Menschen sollten in dieser Lehre nicht nur wohnen wie die Vögel im Senfbaum, nein, sein Wort müsse alles durchdringen, alles, was zum Menschen gehört. So sprach er: »Meine Lehre vom Gottesreich ist darum dem Sauerteig zu vergleichen, den eine Frau nimmt und ihn unter drei Eimer Mehl vermischt und so lange rührt und knetet, bis der Teig ganz durchsäuert ist.«

Und er wollte ihnen auch sagen, wie kostbar seine Lehre sei und wie sie alles daransetzen müßten, sie zu besitzen. Auch das drückte er in einem Gleichnis aus: »Ein Mann stieß zufällig auf einen verborgenen Schatz. Der Acker aber, in dem er ihn gefunden hatte, gehörte ihm nicht. In aller Stille verkaufte er alles, was er besaß, und erwarb diesen Acker.«

Der reiche Jüngling

Als Jesus sich am Abend erhob und ans Land kam, brach ein junger Mann durch die Reihen der Zuhörer, fiel vor ihm nieder und fragte ihn: »Guter Meister, was soll ich tun, daß ich das ewige Leben erwerbe?« Jesus hielt sich zurück und antwortete: »Was nennst du mich gut? Niemand ist gut als Gott allein. Willst du aber zum Leben eingehen, so halte die göttlichen Gebote, die du ja kennst.« Der junge Mann rief: »Meister, das habe ich alles gehalten von Kindsbeinen auf.« Da blickte ihn Jesus voll Liebe an, und er sagte zu ihm: »Eins fehlt dir. Geh hin, verkauf alles, was du hast, verteile den Erlös unter die Notleidenden, dann komm und sei mein Jünger.« Da blickte der junge Mann voll Verdruß auf Jesus, senkte sein Gesicht und ging traurig davon, denn er besaß viel Hab und Gut. Jesus sah um sich, blickte die Jünger an und sprach zu ihnen: »Wie schwer fällt es doch einem Reichen, in das Reich Gottes zu finden!« Sie standen stumm umher und waren ganz niedergeschlagen über die Worte ihres Meisters. Aber Jesus trat auf sie zu und sagte noch einmal: »Liebe Kinder, wie schwer fällt es doch dem, der sein Vertrauen auf die Güter dieser Welt setzt, in das Reich Gottes zu gelangen. Leichter geht ein Kamel durch ein Nadelöhr, als daß ein in seinen Besitz verstrickter Mensch in das Gottesreich eingeht.« Da entsetzten sich seine Jünger, flüsterten miteinander, und einer fragte: »Ja, wer kann dann noch selig werden?« Jesus blickte sie an und sprach: »Für den Menschen allein ist's unmöglich, aber nicht für Gott. Für ihn ist alles möglich.«

Die fordernden Jünger

Da stellte Petrus diese Frage: »Meister, wir haben alles verlassen und sind dir nachgefolgt.« Er wollte noch etwas sagen, aber Jesus kam ihm zuvor: »Seid getrost. Niemand, der um meinetwillen und um des Reiches Gottes willen alles verläßt: Weib und Kind, Vater und Mutter, Bruder und Schwester und seinen Hausstand, niemand, der nicht alles hundertfältig zurück empfängt. Hier in dieser Welt schon hat er Brüder und Schwestern, Mütter und Kinder, sogar Häuser, aber inmitten von Verfolgungen. In jener Welt aber erbt er das ewige Leben. Doch merkt euch: Viele, die sich für die Ersten halten, werden die Letzten sein, die Letzten aber sind dann die Ersten.«

Jesus sagte diese Worte über seine Schulter zurück. Sie kamen hinter ihm her und verstanden wenig von dem, was er sagte, und sie waren sehr bedrückt. Jesus aber nahm die Zwölf beiseite und suchte ihre Herzen vorzubereiten auf die schlimmen Tage in Jerusalem, die ihnen und ihm bevorstanden. Er sprach: »Wir gehen jetzt hinauf nach Jerusalem. Und des Menschen Sohn wird übergeben in die Macht der Hohenpriester und Schriftgelehrten. Sie werden ihn zum Tode verurteilen und den Heiden zur Hinrichtung überlassen. Sie werden ihn verspotten, anspeien, töten. Aber am dritten Tag wird er von den Toten auferstehen.« Als die Söhne des Zebedäus vom Tag der Auferstehung hörten, traten sie, der eine von rechts, der andre von links an Jesus heran. Johannes sagte: »Meister, unsere Mutter hat uns aufgetragen, daß wir dich um etwas Besonderes bitten sollen. Du kannst und wirst uns den Wunsch erfüllen, so sagte unsere Mutter.« Jesus fragte: »Was ist es denn, das ich für euch tun soll?« Da sagte Jakobus: »Gib uns, wenn du auferstehst und in der Herrlichkeit des Messias lebst, gib uns, daß wir beide neben dir sitzen, der eine zu deiner Rechten, der andre zu deiner Linken.« Jesus schüttelte den Kopf und schwieg. Endlich antwortete er: »Ihr wißt nicht, um was ihr bittet. Könnt ihr denn aus meinem Kelch trinken?« Sofort sagten sie alle beide: »Ja doch! Das können wir.« Und darauf Jesus: »Ja, ihr werdet zwar aus dem Kelch trinken, den ich leeren muß. Aber die Plätze zu meiner Rechten und Linken zu verteilen, steht mir nicht zu.« Als die übrigen Apostel diesem Gespräch zuhörten, wurden sie unwillig über Jakobus und Johannes. Jesus wandte sich allen zu und sprach: »Ihr wißt, wie das bei den Fürsten und Gewalthabern dieser Welt zugeht — nicht so unter euch! Wer unter euch gewaltig sein will, der diene. Wer sich durch Vornehmheit auszeichnen will, sei euer Knecht. Der Menschensohn ist ja auch nicht gekommen, um sich bedienen zu lassen, sondern daß er diene, ja daß er sein Leben hingebe zur Erlösung für viele.«

Gespräch mit der Samariterin

Auf seiner Reise nach Jerusalem kam Jesus nach Samaria. Er machte keinen Umweg, sondern ging mitten durch das den Juden verhaßte Land. Und er kam nach Sichar, das nahe bei Sichem liegt, dort wo der Patriarch Jakob den Acker kaufte. Dort war auch Jakobs Brunnen. Da Jesus müde war von der Reise, setzte er sich auf einen Stein nahe dem Brunnen, es ging gegen Abend. Da kam eine Frau aus der Stadt herunter, sie trug einen Krug auf dem Kopf. Jesus sagte zu ihr: »Gib mir zu trinken.« Seine Jünger waren in die Stadt gegangen, um etwas zum Essen zu kaufen. Die Samariterin fragte erstaunt: »Wie, du bittest mich um Wasser, und du bist doch ein Jude, ich aber bin eine Tochter dieses Volkes, das euch Juden so verhaßt ist.« Jesus antwortete ihr: »Wenn du wüßtest, wer das ist, der vor dir sitzt und dich um einen Trunk Wasser bittet, und wenn du das Geschenk Gottes erkenntest, das er dir vermitteln kann, so würdest du sofort ihn bitten – und er gäbe dir lebendiges Wasser.« Darauf die Frau: »Aber wie willst du mir lebendiges Wasser geben, Herr? Du hast doch kein Gefäß zur Hand, mit dem du schöpfen könntest.« Und Jesus: »Wer von diesem Wasser trinkt, bekommt aufs neue Durst. Wer aber das Wasser trinkt, das ich ihm gebe, den dürstet nie mehr.« Die Samariterin mußte darüber lachen und rief: »Ei, Herr, dann gib mir von diesem Wunderwasser. Dann werde ich nie mehr Durst haben, und ich brauche auch nicht mehr herzukommen, um zu schöpfen.« Da blickte Jesus sie an und befahl ihr: »Geh und ruf deinen Mann. Und komm mit ihm her.« Die Frau antwortete: »Ich habe keinen Mann.« Und Jesus: »Recht so! Du hast keinen Mann. Fünf Männer hast du gehabt, der jetzt bei dir lebt, ist nicht dein Mann.« Da senkte sie das Gesicht und sagte: »Ich sehe, du bist ein Prophet. Dann kannst du mir auch die Frage beantworten, die uns und die Juden trennt. Unsere Väter haben dort auf dem Berg Garizim angebetet. Ihr aber sagt, nur in Jerusalem solle man Gott verehren.« Jesus antwortete: »Es kommt die Zeit, da ihr weder auf diesem Berg noch in Jerusalem den Vater anbetet. Dann werden alle, die Gott wirklich anbeten, ihn im Geist und in der Wahrheit anbeten, wie es der Vater will.« Und die Frau: »Ja, ich weiß, das wird sein, wenn der Messias kommt, der von Gott Gesalbte. Wenn der da ist, wird er uns alles verkündigen.« Jesus sprach zu ihr: »Ich bin's, der mit dir redet.«

Über dem kamen seine Jünger, und es nahm sie wunder, daß er allein mit einer Frau dasaß und mit ihr redete. Da ließ die Frau ihren Krug stehn, eilte in die Stadt und rief nach allen Seiten: »Kommt heraus an den Brunnen Jakobs. Da sitzt einer, der hat mir ins Herz geblickt. Kommt und seht, ob es nicht der Messias ist.«

Aussendung der Siebzig

Als sie den Boden Judäas betreten hatten, sonderte Jesus aus der Schar derer, die ihm folgten, noch andre siebzig Männer aus. Er sandte je zwei und zwei vor sich her in alle Städte und Ortschaften, durch die er kommen wollte. Und er unterrichtete sie: »Die Ernte ist groß, und es gibt wenig Schnitter. Bittet den Herrn der Ernte, daß er Arbeiter schickt. Geht hin! Ich sende euch wie Lämmer unter Wölfe. Tragt keinen Beutel, keine Tasche, auch keine Schuhe. Laßt euch auch nicht aufhalten auf dem Weg durch Hinundhergegrüße. Wo ihr ein Haus betretet, sprecht: Friede sei diesem Haus. Eßt und trinkt, was sie haben und was man euch vorsetzt, denn ein Arbeiter ist seines Lohnes wert. Heilt die Kranken, die ihr vorfindet, und verkündet überall: Das Reich Gottes ist nahe. Wer euch hört, hört mich, wer euch verachtet, verachtet mich. Wer aber mich verachtet, verachtet den, der mich gesandt hat.«

Der barmherzige Samariter

Ein Schriftgelehrter, der dabeistand, als Jesus die Jünger entließ, wollte ihn in die Enge treiben und fragte ihn: »Meister, was muß ich tun, um das ewige Leben zu erben?« Jesus antwortete: »Was steht denn im Gesetz? Du kennst es ja.« Und der Schriftgelehrte: »Du sollst den Herrn, deinen Gott, von Herzen lieben und ihn lieben aus deiner ganzen Seele und mit allen Kräften des Gemütes. Und liebe deinen Nächsten wie dich selbst.« Jesus sprach zu ihm: »Recht so. Tu's, und du wirst leben.« Der Schriftgelehrte wollte sich aber nicht abweisen lassen, sondern fragte: »Wer ist das denn — mein Nächster?« Da sprach Jesus über ihn fort, zu allen gewandt: »Ein Mann ging von Jerusalem hinab gen Jericho und fiel unter die Räuber. Die schlugen ihn nieder, raubten ihm alles, sogar seine Kleider, ließen ihn halbtot am Wegrand liegen und machten sich davon. Da kam ein Priester des Wegs, er sah den Mann daliegen und ging vorüber. Ebenso kam ein Levit an den Ort, sah den Mann und ging vorüber. Da begab es sich, daß ein Mann aus Samaria zu der Stelle kam, wo der Halbtote lag. Und wie er ihn erblickte, jammerte es ihn. Er trat auf ihn zu, verband ihm seine Wunden, goß ihm Öl und Wein darauf, hob ihn auf sein Reittier, brachte ihn in die nächste Herberge und pflegte seine Wunden. Am andern Morgen mußte der Mann aus Samaria weiterreisen. Er zog beim Abschied seinen Geldbeutel und sagte dem Wirt: ›Hier, nimm das und pfleg ihn gesund. Und wenn es länger dauern sollte und du mehr brauchst, ersetz' ich's dir, wenn ich zurückkomme.‹ Welcher, so frage ich dich, der du mich gefragt hast, ist nun der Nächste des Mannes, der unter die Räuber gefallen war?«

Die drei Gleichnisse vom barmherzigen Gott

Auf der Reise nach Jerusalem nahten sich Jesus viele Zöllner und auch jene Menschen, die von den Pharisäern und allen Gesetzestreuen schlechthin ›Sünder‹ genannt wurden. Die meisten von ihnen waren einfache Leute vom Land, die das mosaische Gesetz kaum kannten. Zu den ›Sündern‹ rechneten aber auch wohlhabende Juden, Gutsbesitzer und Kaufleute, die das Leben nach dem Gesetz als rückständig und lästig ansahen. Für die Pharisäer und Schriftgelehrten standen diese Sünder unter dem Tier, alle Gesetzestreuen mieden sie, als wären es Leichname.

Jesus hatte, seit er öffentlich lehrte, nie einen Unterschied zwischen den Menschen gemacht, die seine Zuhörer sein wollten. Darum auch stand Jesus vor den meisten Pharisäern und Schriftgelehrten von Anfang an selber als ein Sünder da. Als sie nun sahen, wie die Zöllner und Sünder nach Bethel eilten, wo Jesus sich einige Tage aufhielt, da murrten sie laut und riefen höhnisch ins Volk: »Dieser Mensch gibt sich mit Sündern ab und sitzt mit ihnen zu Tisch!« Jesus hatte diesen Vorwurf schon oft vernommen. Diesmal antwortete er öffentlich. Aber er stritt nicht mit ihnen, sondern sagte ihnen einige Gleichnisse, damit sie das Wort, das sie vernommen, nie vergessen sollten.

»Hört doch! Wer unter euch handelt denn anders als dieser Hirte, von dem ich euch erzähle. Er besaß hundert Schafe. Als er sie eines Abends zählte, merkte er, daß eins fehlte. Er wußte gleich, welches Schaf sich verirrt hatte, er kannte sie ja alle. Sofort machte er die Hürde zu und ließ die neunundneunzig Schafe allein in der Wüste und ging dem verlorenen nach, bis er es fand. Da freute er sich sehr, legte es auf seine Schultern, trug es heim, rief seine Freunde und Nachbarn herbei und sagte: ›Da ist der kleine Racker. Freut euch mit mir, ich hab's wieder, mein Schäfchen.‹ Ich versichere euch, ebenso wird im Himmel Freude sein über einen Sünder, der Buße tut, ja mehr noch als über neunundneunzig Gerechte, die der Buße nicht bedürfen. Und welche Frau unter euch Frauen handelt nicht wie diese, die zehn Denare besaß, aber einen verlor. Da sie den Verlust bemerkt, zündet sie die Lampe an, sucht in allen Ecken, kehrt das Unterste zuoberst und fegt schließlich die Stuben aus, bis sie den verlorenen Denar findet. Kaum hat sie ihn gefunden, teilt sie es ihren Freundinnen mit und ruft: ›Freut euch mit mir! Hier ist der Denar, den ich verloren hatte.‹ Und so wie die Frauen freuen sich die Engel Gottes über einen Verlorenen, der sich finden läßt und Buße tut.«

Und noch ein Gleichnis trug er ihnen vor: »Da war ein wohlhabender Mann, der hatte zwei Söhne. Eines Tages sagte der jüngere zum Vater: ›Zahl mir mein Erbteil aus.‹ Der Vater tat's und teilte das Vermögen unter die beiden Söhne. Nicht lange danach machte der jüngere seinen Besitz zu Geld, packte alles zusammen und reiste in die Welt. Und er vertat und verpraßte in schlechter Gesellschaft nach und nach alles, was er besaß. Nun kam auch noch eine Teuerung über das Land, in dem er lebte, und er fing an zu hungern und zu darben. Da sah er sich um und verdingte sich einem Gutsbesitzer. Der schickte ihn auf einen seiner Höfe, wo er als Schweinehirt diente. Er hatte solchen Hunger, daß er sich manchmal heimlich am Schweinefraß vergriff, denn die Teuerung hielt noch immer an. Da ging er in sich und überlegte: Mein Vater hat viele Tagelöhner, die haben alle genug zu essen, und ich komme hier um vor Hunger. Ich will mich aufmachen und zu meinem Vater gehn. Und er machte sich wirklich auf, kam in seine Heimat und ging auf seines Vaters Haus zu. Da er aber noch ein gutes Stück vom Tor entfernt war, hatte ihn seine Mutter, die Tag um Tag auf die Straße hinunterschaute, erspäht. Und sie rief den Namen des Sohnes. Der Vater hörte das, verstand sofort und lief noch schneller als die Mutter zum Tor. Und als er seinen Sohn in Lumpen vor sich auf dem Boden sah, griff er sich ans Herz. Er fiel seinem Kind um den Hals, zog es an seine Brust und küßte das verwilderte Gesicht. Der Sohn aber seufzte: ›Vater, ich habe gesündigt. Ich bin hinfort nicht mehr wert, dein Sohn zu heißen. Halte mich nur wie einen deiner Tagelöhner!‹ Und während die Mutter ohne ein Wort den Sohn streichelte, rief der Vater den Knechten zu: ›Bereitet ein Bad! Legt ihm einen Feiertagsrock hin! Und Schuhe! Und macht ihn mir schön! Und das gemästete Kalb — her mit ihm! Und den besten Wein! Wir wollen essen und fröhlich sein. Denn dieser unser Sohn war tot — und ist wieder lebendig. Er war verloren — und ist gefunden worden.‹ Und sie setzten sich zu Tisch und feierten und wurden fröhlich.

Der ältere Bruder weilte, während das geschah, draußen auf den Feldern. Als er sich nun dem Haus näherte, hörte er Musik, Gesang und das Klatschen der Hände zum Reigentanz. Verwundert rief er einen der Knechte zu sich und fragte ihn, was da vor sich gehe. Der Knecht berichtete, was geschehen war, auch daß der Vater das gemästete Kalb für diesen Anlaß geopfert habe. Da wurde der ältere Bruder zornig, und er wollte nicht ins Haus gehen. Als sein Vater vernahm, wer draußen sei, ging er hinaus und bat ihn, doch hereinzukommen. Der Älteste aber sagte zu seinem Vater: ›Nun schaffe ich schon so viele Jahre für dich, rackere mich ab und tu' dir alles nach deinem Willen — aber nicht einmal ein Böckchen hast du mir geschenkt, daß ich mal mit meinen Freunden hätte ein kleines Fest feiern können. Nun kommt dieser Kerl heim, der sein Geld vergeudet, mit Huren verpraßt hat, und du schlachtest ihm das Mastkalb!‹ Darauf antwortete der Vater seinem Ältesten: ›Schau, Junge, du warst doch jeden Tag bei mir, und alles, was ich besitze, gehört doch auch dir. Du solltest das Ereignis begreifen und fröhlich sein: Er ist doch dein Bruder! Und er war tot, nun ist er wieder lebendig. Er war verloren, und nun haben wir ihn wieder.‹«

Pharisäer und Zöllner

Jene aber, die sich für fromm hielten und die Sünder und Zöllner verachteten, rümpften die Nase über Jesu Gleichnisreden vom barmherzigen Gott. Sie sprachen zueinander: »Es ist die Stunde des Gebets. Laßt uns zuerst ein Bad nehmen, wegen der zahlreichen Sünder, die uns vielleicht durch ihre Berührung verunreinigt haben. Dann treffen wir uns in der Synagoge.«

Aber ehe sie in der Menge davongehn konnten, gab ihnen Jesus noch folgendes Gleichnis mit auf den Weg: »Es gingen zwei Menschen hinauf in den Tempel, um zu beten. Der eine war ein Pharisäer, der andre ein Zöllner. Der Pharisäer stand vorn vor dem Heiligtum und betete also: ›Ich danke dir, Gott, daß ich nicht bin wie die übrigen Menschen, wie die Räuber, Ehebrecher oder auch wie dieser Zöllner da hinten. Ich faste zweimal in der Woche und gebe den Zehnten von allen meinen Einnahmen.‹ Der Zöllner jedoch schlug sich an die Brust und seufzte: ›Gott, sei mir Sünder gnädig.‹ Ich sage euch aber: Dieser Zöllner ging mit Gott im Herzen davon, jener nicht.«

Zachäus

Jesus zog mit den Seinen weiter nach Jericho. Da er nun durch das Stadttor trat, drängte sich sogleich das Volk um ihn. Unter der Menge stand auch der Oberzöllner Zachäus. Aber er konnte Jesus nicht sehen, denn Zachäus war klein von Gestalt. Da stahl er sich rückwärts aus dem Gewühl, lief auf dem Weg, den Jesus nehmen mußte, voraus und kletterte auf einen Maulbeerbaum, daß er ihn von oben herab sehe. Als Jesus nun in den Schatten des Baumes trat, blickte er hinauf, sah den Zachäus und lächelte ihm zu. Er rief: »Mein Freund, steig hurtig herab, denn ich muß heute in deinem Hause einkehren.« Zachäus ließ sich eilends am Stamm des Baumes herabgleiten, führte Jesus zu seinem Haus und empfing ihn mit Freuden.

Die Pharisäer, die mitgezogen waren, sahen es, holten ihresgleichen herbei und sagten: »Seht doch, so macht er's überall, dieser Fresser und Säufer. Von Zöllnern läßt er sich einladen, Sünder bezeichnet er als seine Freunde!« Jesus antwortete ihnen: »Johannes kam; er aß nicht und trank nicht, und ihr sagtet, er habe einen Dämon. Da kam der Menschensohn, aß und trank, und ihr nennt ihn einen Fresser und Säufer.« Während sie nun zu Tisch saßen, trat Zachäus vor Jesus hin und sagte: »Meister, weil du zu mir gekommen bist, geb' ich die Hälfte meines Vermögens den Armen. Und jedem, den ich betrogen habe, ersetze ich den Verlust vierfach.« Jesus sprach: »Heute ist auf dieses Haus Heil herabgekommen. Der Menschensohn ist erschienen, zu suchen und selig zu machen, was verloren war.« Zu den Tischgenossen sprach er, den Blick auf Zachäus gerichtet, von den Geschenken des Himmels, die einem jeden auf den Weg mitgegeben seien. Und von der Abrechnung sprach er, die jeder Beschenkte für sein Geschenk ablegen müsse.

Und Jesus gab ihnen, um ihnen seine Lehre einzuprägen, folgendes Gleichnis: »Da war ein reicher Mann, der mußte eine lange Reise tun. Er rief also seine Gutsverwalter zusammen und vertraute ihnen sein Geld in den Kästen an, daß sie es in seiner Abwesenheit mehrten. Dem einen gab er die große Summe von fünf Talenten, dem zweiten gab er zwei Talente, dem dritten nur eins. Denn er kannte ihre sehr verschiedenen Fähigkeiten und gab darum einem jeden nach dessen Kräften und Vermögen. Als er alles auf diese Weise geordnet hatte, zog er davon. Der Verwalter nun, der fünf Talente empfangen hatte, trieb mit dem Geld Handel und gewann fünf Talente hinzu. Der mit den zwei Talenten gewann zwei hinzu. Der dritte aber, der am wenigsten empfangen hatte, ging in den Garten, schaufelte ein tiefes Loch und vergrub sein Talent. Als nun der reiche Mann plötzlich heimkehrte, ließ er die drei Verwalter kommen und rechnete mit ihnen ab. Der erste sagte: ›Du hast mir fünf Talente anvertraut, ich habe damit gehandelt und weitere fünf hinzugewonnen.‹ Der Herr sagte: ›Ei, du bist mir ein guter und treuer Verwalter. Über wenig warst du gesetzt und doch sehr eifrig und zuverlässig. Darum will ich dir ein sehr großes Vermögen anvertrauen. Bleib in meinem Haus, es soll dir bei mir gut gehn.‹ Der zweite kam, zeigte seine zwei Talente, die er empfangen hatte, und trug die zwei hinzugewonnenen herbei. Und der Herr sprach zu ihm dieselben freundlichen Worte wie zu dem ersten, nannte ihn einen guten und treuen Verwalter und belohnte auch ihn auf dieselbe Weise. Da kam der Verwalter herein, der nur ein Talent empfangen hatte. Er schaffte es herbei und sagte dann: ›Es war mir klar, was für ein harter Mann du bist. Ja, du mähst, wo du nicht gesät hast. So war ich voller Sorge für das Geld, das du mir anvertrautest. Um ganz sicherzugehen und nichts zu verlieren, vergrub ich dein Talent im Garten. Da liegt es nun vor dir, nimm's zurück, und ich bin entlastet.‹ Der Herr aber sprach: ›Knechtsnatur, Fauler! Du wußtest also, daß ich ernte, wo ich nicht gesät habe? Warum hast du dann nicht mein Geld den Wechslern überlassen, ich hätte jetzt das Meine zurückbekommen mit hohen

Zinsen.‹ Und der Herr schenkte das Talent des faulen Verwalters dem tüchtigen, der fünf Talente hinzugewonnen hatte, und sagte: ›Dem, der hat, wird gegeben werden, damit er die Fülle habe. Dem aber, der wenig hat, wird auch noch fortgenommen werden das Wenige.‹ Und der Herr ließ den unnützen Knecht aus seinem Haus in die Finsternis hinauswerfen.«

Die Steuermünze

Die Pharisäer kamen darauf zu einer Beratung zusammen. Sie überlegten noch einmal, wie sie Jesus durch Fragen zu einer Antwort verlocken könnten, die ihn auch als Feind der weltlichen Behörden hinstellte, dann wäre es möglich, ihn heimlich noch vor dem Passahfest oder aber nach den Feiertagen öffentlich zu verhaften. Sie wollten aus Angst vor den Römern jede Möglichkeit zu einem Aufruhr vermeiden. Es gab zu den Feiertagen sehr viel Volk in Jerusalem, und die meisten, zumal Leute aus Galiläa, kannten Jesus und hingen ihm an.

So schickten die Pharisäer ihre Schüler zu Jesus. Es waren bei ihnen auch Beamte des Herodes, dessen Untertan Jesus war. Sie kamen nach Bethanien, wo Jesus wohnte, sprachen mit heuchlerischem Augenverdrehen: »Meister, wir wissen, daß du die Wahrheit über alles liebst. Du lehrst den geraden Weg zu Gott und fragst nach niemandem; denn dir ist es gleich, wie dich die Menschen beurteilen. Darum gib uns eine Entscheidung, damit wir uns künftig richtig verhalten, sage uns: Ist es erlaubt, dem Kaiser Steuern zu zahlen, oder ist es unerlaubt?« Nun reckten die Beamten des Herodes die Ohren, denn der Vierfürst Herodes war's, der in Galiläa die Steuern für den Kaiser eintrieb. Aber Jesus erkannte ihre Verschlagenheit. Er blickte sie ruhig an und sprach: »Ihr Heuchler, ihr wollt mich fangen mit meinen eigenen Worten. Zeigt mir eine Münze, wie ihr sie benützt, um die Steuern zu zahlen.« Sie suchten in ihren Beuteln und zeigten ihm römische Münzen. Jesus nahm eine entgegen, es war ein Denar. Er fragte: »Wessen Bild ist das? Wessen Schrift steht darauf?« Sie antworteten: »Des Kaisers.« Und er reichte ihnen den Denar mit zwei Fingern zurück, sagte, sich von ihnen abwendend: »So gebt dem Kaiser, was dem Kaiser gehört; und gebt Gott, was Gott gehört!« Da sie diese Antwort vernahmen, blickten sie sich untereinander verstört an und gingen schweigend davon.

Die Ehebrecherin

Die Pharisäer und Schriftgelehrten aber gaben sich nicht geschlagen. Gleich anderntags, als Jesus in aller Stille nach Jerusalem heraufgekommen und auf den Ölberg gegangen war und nun im Vorhof der Heiden saß und lehrte, da brachten sie eine Frau, die hatten sie im Ehebruch ergriffen. Sie stellten sie dicht vor Jesus hin und sagten: »Meister, dieses Weib da ist eine Ehebrecherin, wir haben sie auf frischer Tat ertappt. Nun hat uns Mose im Gesetz geboten, Ehebrecherinnen zu steinigen. Was sagst du?«

Das fragten sie Jesus, weil sie wußten, daß er von Gott als einem Vater sprach, der die Bekehrung des Sünders will und nicht seinen Tod. Wenn sie nun Jesus nötigten, sich dem Gesetz zu beugen und in den Tod der Ehebrecherin einzuwilligen, hätten sie seine Lehre besiegt; nötigten sie ihn aber zu der Antwort: »Steinigt sie nicht, damit sie Zeit hat, sich zu bekehren!« dann hätten sie geschrien: »Er predigt gegen das Gesetz — er ist ein Umstürzler!« Und sie hätten einen Grund gehabt, ihn vor das oberste Gericht zu stellen und ihn selber zum Tod durch Steinigung zu verurteilen. So saß denn Jesus da, schwieg und blickte zu Boden. Dann bückte er sich und begann mit dem Finger in den Staub zu schreiben. Als sie nicht aufhörten, ihn zu fragen, und auf eine Antwort drängten, richtete er sich auf, blickte sie der Reihe nach an und sprach: »Wer unter euch ohne Sünde ist, der werfe den ersten Stein auf sie.« Wieder bückte er sich, schrieb weiter in den Staub. Sie schwiegen verwirrt. Und sie schauten ihm über die Schulter, was er da schreibe — und gingen davon, beschämt und erzürnt in ihrem Innern, einer nach dem andern, bis Jesus allein war mit dem Weib, das noch immer unbeweglich vor ihm stand.

Wieder richtete sich Jesus auf. Da er niemand mehr in seiner Nähe gewahrte als die junge Frau, sprach er zu ihr: »Weib, wo sind deine Ankläger? Hat dich keiner von ihnen verdammt?« Sie hob ihr Gesicht und schüttelte den Kopf: »Keiner, guter Meister!« Darauf sprach Jesus: »So will auch ich dich nicht verurteilen. Geh in Frieden, aber sündige fortan nicht mehr!«

Die Salbung

Jesus ging am Abend von Jerusalem nach Bethanien zurück. Da wohnte ein wohlhabender Pharisäer namens Simon, den man wegen einer Hautkrankheit, die längst geheilt war, noch immer ›den Aussätzigen‹ nannte. Er hatte Jesus und seine Jünger eingeladen, denn er wollte sich ein Urteil über Jesus bilden, ganz aus der Nähe. Aber Jesu Begleiter waren in der Schrift ungelehrte Fischer und Handwerker. Außerdem stammten sie aus Galiläa, dem Heidengau, wie man in Judäa sagte, und wirkten mit ihrer breiten Mundart sehr wie Leute vom Lande. Darum erwies Simon auch seinem Besuch nicht die üblichen Artigkeiten, wie sie die Sitte vorschrieb. Sie sollten sich satt essen, Simon aber wollte derweilen über Jesus ins klare kommen. Da sie nun so, wie es die Mode von feineren Leuten neuerdings forderte, auf Polstern rings um die niedrige Tafel lagen, da nahte sich eine verschleierte Frau und trat von hinten auf die Polsterstatt zu, auf der Jesus lag. Sie trug ein dünnwandiges Gefäß, in dem man Duftwässer und Salböle aufbewahrte. Und sie knickte den Hals des Gefäßes ab und goß auf Jesu Haupt das Salböl. Das ganze Haus war voll von Nardenduft. Wie Simon die Frau sah, hatte er sie sofort erkannt: Es war Maria von Magdala, eine Frau, die vor einem Jahr noch als Kurtisane bekannt war. Schon in Galiläa hielt sie sich gelegentlich in Jesu Nähe auf. So murmelte Simon zu seinem Nachbar, aber so laut, daß es Jesus hören konnte: »Wenn dieser Mann ein Prophet wäre, müßte er wissen, daß die Frau noch immer eine Sünderin ist. Und er dürfte sich nicht von ihr anrühren lassen.« Inzwischen hatte sich die Frau über Jesu Füße gebeugt, benetzte sie mit ihren Tränen und trocknete sie mit ihrem Haar.

Da wandte sich Jesus dem Simon zu: »Darf ich dir etwas sagen, Simon?« Der Pharisäer antwortete: »Nur zu, Meister!« Und Jesus: »Es hatte ein Wucherer zwei Schuldner. Der eine schuldete ihm fünfzig Denare, der andere fünfhundert. Da sie aber nicht zahlen konnten, erließ er beiden die Schuld. Sag mir nun, welcher von den beiden wird den Geldverleiher am meisten lieben?« Und Simon: »Ich denke, der, dem er am meisten nachgelassen hat.« Und Jesus: »So ist's.« Und er wandte sich um, wies auf das Weib, das noch immer, über seine Füße gebeugt, weinte. Er sprach zu Simon: »Sieh dir diese Frau an. Ich bin in dein Haus gekommen, und du hast mir und meinen Begleitern nicht die Füße waschen lassen. Diese Frau aber hat meine Füße mit ihren Tränen genetzt und mit ihrem Haar getrocknet. Du hast mir auch, wie das doch die Sitte will, keinen Kuß gegeben, als ich in dein Haus eintrat; sie aber hat nicht aufgehört, meine Füße zu küssen. Du hast mir auch nicht, wie man das doch vor einem Gastmahl tut, Salböl aufs Haupt gegossen; sie aber hat auch meine Füße mit Narden gesalbt. Darum sage ich dir: Ihr sind viele Sünden vergeben worden, denn sie hat viel geliebt. Wer aber glaubt, daß er wenig gesündigt habe und ihm darum wenig Sünden vergeben werden, der liebt euch wenig.« Zu der Frau gewandt, sprach er: »Maria! Geh in Frieden, dir sind deine Sünden längst vergeben. Deine Liebe hat dich rein gemacht.« Da stand die Frau auf und eilte weinend hinaus.

Die mit Jesus zu Tisch saßen, sprachen bei sich selbst: Wer ist dieser Mann, daß er Sünden vergeben kann? Jesus hatte auch gehört, wie einige seiner Jünger über die Tat der Frau unwillig geworden waren. Sie redeten sogar von Verschwendung. So wandte sich Jesus nun seinen Jüngern zu und sprach: »Laßt sie in Frieden, diese Frau. Die Armen habt ihr immer bei euch, und

ihr könnt so oft Gutes tun, als ihr wollt. Mich aber habt ihr eines Tages nicht mehr bei euch. Maria hat meinen Leib im voraus zur Beerdigung gesalbt. Glaubt es mir: Überall in der Welt, wo die Frohbotschaft verkündet wird, hält man das Gedächtnis wach an das, was hier soeben geschah.«
Judas, der Mann aus Karioth, hörte das und wurde bitter in seinem Herzen. Das Salböl, das er gerochen hatte, machte seinen Haß gegen dies überschwengliche Weib noch größer. Als er nun gar vernahm, wie Jesus von seiner Beerdigung sprach und daß die Frohbotschaft überall von der Tat dieser Sünderin berichten werde, konnte er vor Grimm und Enttäuschung kein Wort mehr hervorbringen. Er entfernte sich heimlich vom Mahl und ging nach Jerusalem hinauf zu einigen Priestern aus dem Hohen Rat und sagte: »Mein Meister hat mich enttäuscht. Er ist nicht da für die Gerechten, sondern für die Sünder. Und er ist nicht der Messias-König, der Israel groß macht, sondern er will leiden und hat es nun deutlich gesagt, daß sein Reich nicht von dieser Welt ist. So soll er denn leiden und Platz machen dem Starken und Gerechten, der da kommt und die Welt mit dem Schwert ordnet.« Da die Mitglieder des Hohen Rates das hörten, freuten sie sich und versprachen Judas sogar Geld, wenn er ihnen Jesus heimlich in die Hände spielte, daß sie ihn festnehmen könnten, ohne einen Aufruhr zu erregen. Denn der Landpfleger Pontius Pilatus haßte und verachtete die Juden, und bei jeder Gelegenheit, die sich ihm bot, ließ er seine Soldaten auf das Volk los, und es floß viel Blut. Darum wurden die Mitglieder des Hohen Rates mit Judas einig, daß er ihnen den Ort ansage, wo sich Jesus bei Nacht aufhielt, damit er im geheimen könnte verhaftet und verurteilt werden, ehe das Volk davon erführe.

Einzug in Jerusalem

In diesen Tagen erinnerte Jesus seine Jünger noch einmal an alle Vorhersagen, die er ihnen über sein Leiden und seinen Tod in Jerusalem gemacht hatte. »Ihr wißt es nun«, so schloß er seine Rede, »daß in wenigen Tagen Ostern ist. Der Menschensohn aber wird in die Hände der Heiden überliefert und gekreuzigt werden.« Die Jünger konnten und wollten es nicht begreifen. Ihnen lag das Wort des Propheten Sacharja im Sinn: »Tochter Sion, freue dich von Herzen! Jauchze, du Tochter Jerusalem. Sieh, dein König wird kommen. Er reitet auf einem Esel, auf dem Füllen einer Eselin.« So brachten sie eine Eselin herbei und ihr Füllen, legten ihre Kleider auf das Tier und setzten Jesus darauf. Und sie zogen mit ihm Psalmen singend gegen den Ölberg. Viele Osterpilger wohnten in Hütten und Zelten in Bethanien und Bethphage, und sie schlossen sich den Jüngern an. Als sie sich Jerusalem näherten, war der Zug stark geworden. Die Leute breiteten ihre Kleider vor Jesus aus, warfen

frisch geschnittenes Grün auf den Weg, andere trugen Palmenzweige in der Hand. Und sie schrien in frommer Freude und riefen zum tausendsten Mal: »Hosianna, Davids Sohn! Hocherhoben sei, der da kommt, ein König, im Namen des Herrn. Hosianna! Es kommt wieder das Reich unseres Vaters David! Friede auf Erden! Gott die Ehre! Hosianna, Hosianna!«
Als der Zug in Jerusalem durch das Tor drängte, geriet die Stadt in Erregung. Die Juden, die aus Rom und Griechenland und Asien zum Osterfest gekommen waren und Jesus nicht kannten, fragten: »Wer ist dieser?« Das Volk rief: »Das ist Jesus, der Prophet aus Nazareth in Galiläa.« Die Pharisäer aber machten sich an Jesus heran und riefen: »Meister, heiß doch deine Jünger schweigen!« Jesus antwortete: »Wenn diese jetzt schweigen, dann redeten die Steine!« Als er nun hinüber zum Tempel sah und seine schimmernd weiße und goldene Herrlichkeit betrachtete und all die Häuser, die sich unter ihm zusammendrängten, da wurde Jesus erschüttert, und er weinte. Er sprach: »Wenn doch auch du, Jerusalem, es zu deiner Zeit noch erkenntest, was dir zum Frieden dient. Aber nun ist es deinen Augen verborgen. Denn es wird eine andere Zeit über dich kommen, da werden deine Feinde dich rings mit einem Wall einkreisen, dich belagern und ängstigen von allen Seiten her. Und sie werden deine Mauern schleifen, Tochter Sion, und keinen Stein auf dem andern lassen, darum weil du diese Zeit, da du noch heimfinden könntest, nicht erkannt hast.«

Darauf zog Jesus mit seinem Gefolge in den Tempel. Als er das vorösterliche Treiben im Hof der Heiden sah und das Geschrei der Händler hörte, die ihre Ochsen und Schafe feilboten und um die Preise feilschten, und hörte die werbenden Stimmen der Wechsler und das Klirren des Geldes, und als er den Gestank des Viehs roch an heiliger Stätte, da wallte es auf in seinem Gemüt, und er rief zornig: »Mein Haus, so steht es geschrieben, ist ein Haus des Gebets. Ihr habt es zu einer Räuberhöhle gemacht!« Und er jagte die Händler mit ihrem Getier zum Tor hinaus, stürzte die Tische der Wechsler um. Darauf stellte er sich in die Säulenhalle und lehrte das Volk, das ihn umdrängte. Die Pharisäer und Priester standen von fern und schauten zu ihm hinüber, aber sie sahen keine Möglichkeit, sich seiner zu bemächtigen.

Jesus predigt gegen die Pharisäer und Schriftgelehrten

Jesus hob nun seine Hand, wies gegen sie, die da in langen, feierlichen Gewändern beisammenstanden, und sprach zu seinen Jüngern und zum Volk, das sich immer dichter versammelte: »Auf Moses Stuhl sitzen die Schriftgelehrten und Pharisäer. Tut alles, was sie euch über die Einhaltung der Gebote Gottes lehren. Aber richtet euch nicht nach ihren eigenen Werken! Sie machen aus dem Gesetz eine Bürde, die niemand tragen kann, und legen sie den Menschen auf die Schulter, aber sie selber rühren mit keinem Finger daran. Ihre frommen Werke tun sie, um von den Menschen gesehen zu werden. Zettel mit heiligen Sprüchen hängen sie sich an den Arm und drücken sie gegen die Stirn und machen sich Fransen an ihre Gewänder, um sich als die Frommen, die Abgesonderten von den andern abzuheben. Bei Tisch und im Gotteshaus nehmen sie die Ehrenplätze in Anspruch. Und sie haben es gern, wenn sie ehrerbietig gegrüßt werden und man zu ihnen sagt: ›Ehrwürdiger Meister‹. Aber so sollt ihr, meine Jünger, euch nicht nennen lassen. Nur einer ist euer Meister, Christus. Ihr seid untereinander alle Brüder. Und ihr sollt auch keinen — es wäre denn euer leiblicher Vater — mit dem Namen Vater ehren, denn nur einer ist euer Vater, der im Himmel. Der Größte unter euch soll euer Diener sein. Weh euch, ihr Schriftgelehrten und Gesetzesfrommen! Ihr schließt das Himmelreich mit Vorschriften und Gesetzen zu, selber tretet ihr nicht hinein, die aber hineinwollen, haltet ihr zurück. Weh euch, ihr Heuchler! Ihr freßt der Witwen Häuser auf und leiert lange Gebete herunter. Ihr zieht über Land und Meer, um einen zu euerm Glauben zu bekehren. Ist er übergetreten, macht ihr aus ihm ein Kind der Finsternis. Ihr seid so gerecht, daß ihr sogar den Zehnten gebt von den Küchenkräutern, ihr Heuchler! Aber um Gerechtigkeit, Barmherzigkeit und das auf Gott gerichtete Herz kümmert ihr euch nicht. Jerusalem, Jerusalem! Stadt, die du tötest die Propheten und steinigst, die zu dir gekommen sind als Gesandte Gottes. Wie oft habe ich deine Kinder zu mir sammeln wollen, so wie eine Glucke ihre Küken unter ihre Flügel preßt. Aber du, Jerusalem, hast nicht gewollt. So wird denn dein Haus dir wüst zurückgelassen werden.«

Als Jesus den Tempel verließ, wies er auf die Säulen und Simse und auf die Gewalt der Mauern hin und sprach: »Seht, von all dieser Herrlichkeit bleibt kein Stein auf dem andern.«

Das letzte Abendmahl

Am Tag vor dem Osterfest, da die Juden beginnen, ungesäuertes Brot zu essen, kam Jesus nach Jerusalem und saß mit den Zwölfen zu Tisch. Da sie das Osterlamm miteinander aßen, sprach Jesus: »Ich muß es euch sagen, es ist so: Einer von euch, der mit mir zu Tisch sitzt, wird mich verraten.« Da erschraken sie sehr, wurden über die Maßen betrübt, und einer um den andern fragte Jesus: »Bin ich es, Herr?« Und er antwortete: »Derselbe, der sein Brot mit mir in die Schüssel tunkt, der ist's.« Da sagte Judas: »Bin ich es, Meister?« Und Jesus: »Du hast es gesagt.« Da stand Judas auf und ging hinaus in die Nacht.

Nun nahm Jesus das Brot, blickte zum Himmel, dankte, brach es und gab es den Jüngern mit den Worten: »Nehmet hin und esset, das ist mein Leib.« Und er nahm den Kelch, dankte, reichte ihn einem jeden und sprach: »Das ist mein Blut, das Opferblut des Neuen Testaments, das für viele vergossen wird.« Und da sie das Dankgebet gesprochen hatten, gingen sie hinaus an den Ölberg. Unterwegs sagte Jesus zu ihnen: »In dieser Nacht werdet ihr mir alle untreu!« Da rief Petrus: »Auch wenn alle abfallen, ich nicht!« Und Jesus: »Ach, Freund! In dieser Nacht wirst du mich, ehe der Hahn zweimal kräht, dreimal verleugnen.« Petrus aber wollte das nicht hören, er redete weiter: »Und wenn ich gleich zusammen mit dir sterben müßte, niemals wende ich mich von dir ab, niemals!« Und alle beteuerten dasselbe.

Sie langten an dem Gutshof an, der Gethsemani heißt. Jesus nahm aus den Zwölfen nur Petrus, Jakobus und Johannes mit sich und hieß die andern warten. Er ging weiter mit den dreien. Da begann er zu zittern und zu zagen. Als sie das nicht begriffen, sagte Jesus: »Meine Seele ist betrübt – bis in den Tod betrübt.« Und er ließ auch sie zurück, ging allein weiter, fiel auf die Erde und betete, daß die Stunde, wenn es möglich wäre, an ihm vorüberginge. Er sprach: »Abba, mein Vater, es ist dir alles möglich. Laß den Kelch an mir vorübergehen. Doch nicht, was ich will, sondern was du willst, geschehe.« Er stand auf und kam zu den Jüngern zurück, doch sie schliefen. Er weckte Petrus: »Simon«, sagte er, »du schläfst? Konntest du nicht eine Stunde mit mir wach bleiben? Wachet und betet, damit ihr standhaft bleibt. Der Geist, der ist willig, aber das Irdische an uns ist schwach.« Und wieder machte er sich von ihnen los, entfernte sich einen Steinwurf weit, brach wiederum zur Erde nieder und betete: »Abba, mein Vater, laß ihn mich nicht leeren, diesen Kelch! Doch nicht, was ich will – dein Wille geschehe.« Er rang um Atem wie ein Sterbender. Und er betete heftiger. Kalter Schweiß brach ihm aus und stand wie Blut auf seiner Stirn. Da spürte er einen Engel, der ihn stärkte. Wieder stand er auf und ging zu den dreien, und wieder waren sie eingeschlafen vor Traurigkeit. Er stand vor ihnen und sagte: »Wie könnt ihr nur schlafen! Seht, die Stunde ist gekommen. Der Menschensohn wird in die Hände der Sünder gegeben. Steht auf, laßt uns gehen. Der mich verraten hat, ist nicht mehr weit.«

Jesus verraten und gefangen

Kaum hatte er das gesagt, als aus der Nacht ein kleiner Lärm rasch näher kam. Sie gewahrten Fackeln, und in ihrem Licht sahen sie Judas herantreten. Hinter ihm bewegte sich eine Schar von Männern mit Schwertern und Knüppeln, die Knechte des Hohen Rates. Judas hatte mit ihnen ein Zeichen ausgemacht:

»Den ich küssen werde, der ist es. Ihn müßt ihr festnehmen, und laßt ihn nicht aus den Augen!« So ging er auf Jesus zu und rief: »Meister, Meister! Sei gegrüßt!« Und er küßte ihn. Jesus blickte Judas an und sprach leise: »Freund, was hast du getan? Mit einem Kuß verrätst du den Menschensohn!« Sofort legten die Büttel Hand an Jesus. Er rief ihnen zu: »Ihr seid gegen mich ausgezogen mit Schwertern und allerlei Waffen, als wäre ich ein Raubmörder. Und ich saß doch täglich im Tempel und habe gelehrt, und ihr habt mich nicht ergriffen. Aber das ist eure Stunde und die Macht der Finsternis.« Indem zog Petrus sein Schwert und schlug einem der Knechte das rechte Ohr ab. Jesus wehrte ihm: »Steck dein Schwert an seinen Ort. Wer zum Schwert greift, soll durchs Schwert umkommen!«

Da verließen ihn die Jünger allesamt und flohen. Nur ein Jüngling war da, der folgte Jesus von fern. Er hatte nur ein Linnentuch umgeschlungen und nichts darunter. Da bemerkten ihn die Knechte und griffen nach ihm, er aber ließ das Tuch in ihren Händen und floh nackt davon.

Jesus vor dem Hohen Rat

Sie brachten Jesus in das Haus des Hohenpriesters, wo sich der Hohe Rat in der Nacht versammelt hatte. Petrus folgte seinem Herrn von fern bis in den Hof des hohenpriesterlichen Palasts. Er näherte sich dem Feuer und setzte sich zu den Knechten, die sich da wärmten.

Der Hohepriester und der ganze Rat suchten nach einer Anklage, mit der sie Jesus zum Tode bringen könnten. Nun mußten aber nach der jüdischen Gerichtsordnung die zwei Zeugen, von denen die Anklage erhoben wurde, in allen Einzelheiten ihrer Aussagen übereinstimmen. Die Zeugen jedoch, die gegen Jesus auftraten, widersprachen einander. Und die Versammlung fand keine Anklage wider ihn, die standhielt. Da erhob sich Kaiphas, der Hohepriester, näherte sich Jesus und fragte ihn: »Und auf all das, was die da gegen dich vorbringen, antwortest du nichts?« Jesus schwieg weiter. Noch einmal fragte ihn der Hohepriester: »So beschwör' ich dich bei dem lebendigen Gott, daß du uns sagst: Bist du der Messias, der Sohn des Hochgelobten?« Da antwortete Jesus: »Du hast es gesagt. Ich bin es. Und ich sage euch zudem: Von jetzt an werdet ihr den Menschensohn zur Rechten des Allmächtigen sitzen und auf den Wolken des Himmels kommen sehen.«

Darauf zerriß der Hohepriester seinen Rock und rief: »Er hat Gott gelästert. Wir bedürfen keiner Zeugen. Jetzt habt ihr seine Gotteslästerung selbst gehört. Was dünkt euch?« Und die meisten Ratsherren verdammten Jesus zur Strafe des Todes. Die Richter wußten aber, daß der Hohe Rat, wenn er nachts zusammenkam, kein Todesurteil fällen durfte. Außerdem hatte das Passahfest begonnen, und eine Gerichtssitzung am Sabbath war gegen das Gesetz. Die Römer hatten außerdem ein Gesetz erlassen, wonach der Hohe Rat zwar ein Todesurteil fällen konnte, die Vollstreckung aber war dem römischen Landpfleger überlassen.

Noch ehe die römische Gerichtsbarkeit in das Verfahren eingetreten war, fielen nun einige der Pharisäer und Schriftgelehrten in ihrer Wut über Jesus her, spien ihm ins Gesicht und gaben ihm Ohrfeigen. Dann überließen sie ihn den Bütteln. Die stießen ihn hin und her und schlugen ihn, hielten ihm die Augen zu und riefen: »Weissage du, unser König, du Gottgesalbter, wer war's, der dich diesmal schlug?«

Als der Hahn krähte

Petrus saß noch immer im Hof am Feuer, als eine Magd des Hohenpriesters zu den Männern trat. Sie betrachtete Petrus und sagte: »Kenn' ich dich nicht? Bist du nicht einer von den Jüngern des Galiläers? Hast du ihm nicht geholfen, die Wechseltische umzustoßen? Ich hab' dich gesehen!« Petrus schüttelte heftig den Kopf: »Du irrst! Ich weiß gar nicht, wovon du redest.« Und er stand auf und ging langsam, damit man ihm seine Angst nicht ansähe, in den Vorhof. Da krähte der Hahn. Petrus mußte durch ein Tor. Die Magd, die es bewachte, betrachtete ihn genau und rief ihrer Umgebung zu: »Seht doch, das ist einer von den Anhängern des Jesus von Nazareth.« »Was denn!« sagte Petrus und ging, um zu zeigen, daß er nur ein Neugieriger sei, in den Innenhof zurück und hockte sich wieder ans Feuer. Und er begann sogar, sich mit den Gerichtsdienern und den Bütteln zu unterhalten. Da sagte einer: »Die Weiber haben recht, du bist einer von seinen Jüngern. Du brauchst ja nur den Mund aufzutun, da merkt man's. Oder leugnest du gar, aus Galiläa zu sein?« Alle lachten. Petrus stand auf und fing an, sich zu verfluchen. Und er schwor: »Was wollt ihr von mir? Ich kenne diesen Menschen nicht! Ich hab' von ihm allerlei gehört, das ist alles.« Da krähte der Hahn zum zweitenmal. Petrus fiel das Wort ein, das ihm Jesus gesagt hatte: In dieser Nacht wirst du mich, ehe der Hahn zweimal kräht, dreimal verleugnen. Und er ging hinaus und weinte bitterlich.

Jesus vor Pilatus

Am Morgen trat der Hohe Rat noch einmal zusammen. Und sie schickten Jesus gefesselt in das Gerichtshaus des Pilatus. Der fragte Jesus: »Ein König der Juden bist du?« Jesus antwortete ihm: »Ja, du sagst es.« Die Mitglieder des Synedriums aber ließen, um sich im heidnischen Gerichtssaal nicht zu verunreinigen, Pilatus zu sich herauskommen. Sie klagten Jesus der Gotteslästerung an, die nach dem Gesetz der Juden mit dem Tod bestraft wurde. Nun verachtete Pilatus das Gesetz der Juden. Aber sein Freund Sejanus, auch er ein Verächter alles Jüdischen, war damals beim Kaiser Tiberius in Ungnade gefallen. Darum war Pilatus unsicher und fürchtete sich, dem Hohen Rat zu widerstehn; denn der Hohepriester konnte ihn beim Kaiser verklagen.

So ging der Landpfleger wieder zu Jesus hinein und fragte ihn: »Weißt du, wie schwer die Anklage gegen dich ist?« Jesus gab von nun an keine Antwort mehr. Sein Schweigen verwunderte den Landpfleger. Es bestand ein Brauch, daß am Passahfest den Juden ein Gefangener freigegeben werde. Die Römer hielten einen Mann namens Barabbas, der bei einem Aufruhr einen Soldaten getötet hatte, gefangen. Das Volk kam nun gerade, um sich zum Fest einen Gefangenen loszubitten. Da rief Pilatus von seinem erhöhten Platz über das Volk hin: »Wen soll ich euch zum Fest freigeben: den König der Juden oder diesen Totschläger Barabbas?« Die Mitglieder des Hohen Rates und die Pharisäer hatten sich unters Volk gemischt und schrien nun zu Pilatus hinauf: »Den Barabbas, gib uns den Barabbas frei!« Pilatus war verwirrt und fragte spöttisch: »Und was soll ich mit eurem König machen?« Da schrien sie: »Kreuzige ihn! Kreuzige ihn!« Pilatus wußte, daß die Priesterklasse, die Pharisäer und die Schriftgelehrten Jesus nur aus Neid und Gehässigkeit dem Tode überliefern wollten. So tat er erstaunt: »Euren König soll ich kreuzigen?« Sie aber schrien zurück: »Wir haben keinen König, wir erkennen nur den Kaiser an! Und wenn du diesen Mann freigibst, bist du kein Freund des Kaisers mehr. Wir werden dich in Rom verklagen.« Da setzte sich Pilatus auf den Richterstuhl, gab ihnen den Barabbas frei und verurteilte Jesus zum Kreuzestod. Er wusch sich darauf die Hände und rief: »Ich habe keine Schuld am Blut dieses Unschuldigen.« Da schrien sie zurück: »Sein Blut komme über uns und unsere Kinder!« Nun wurde Jesus, wie es das römische Gesetz für den zum Tod Verurteilten vorschrieb, zuerst gegeißelt. Und als ihn die Kriegsknechte nach der Geißelung von der Säule losbanden, verhöhnten sie Jesus, legten ihm einen roten Soldatenmantel um, flochten eine Krone aus Dornen, setzten sie ihm auf, fielen vor ihm auf die Knie und riefen: »Sei gegrüßt, du König der Juden!« Sie beteten ihn an, spien ihm ins Gesicht. Darauf zogen sie ihm wieder seine Kleider an und führten ihn hinaus vor das Tor auf die Richtstätte. Unterwegs begegnete dem Zug ein Mann, der aus Kyrene zum Passahfest nach Jerusalem gekommen war. Er hieß Simon. Sie zwangen ihn, Jesu das Kreuz zu tragen, Jesus war von der Geißelung sehr geschwächt. So kamen sie auf dem Richtplatz an, der Golgatha heißt, das bedeutet: ›Schädelstätte‹. Da nahten sich mitleidige Frauen mit Wein, der mit Weihrauch und Myrrhe gemischt war. Dieser die Schmerzen betäubende Trank wurde allen zum Tod Verurteilten gereicht. Jesus kostete, wies aber dann den Trank zurück.

Und sie kreuzigten ihn. Er betete: »Vater, vergib ihnen, sie wissen nicht, was sie tun.« Als er am Kreuz hing, teilten sie seine Kleider unter sich, indem sie darum würfelten. Es war noch lange nicht Mittag, als er gekreuzigt wurde. Sie brachten, wie es die Vorschrift verlangte, ein Schild über dem Kreuz an, auf welchem die Schuld des Gekreuzigten zu lesen war. Und da stand nun auf griechisch, lateinisch und aramäisch: Jesus von Nazareth, der König der Juden. Die Priester und Pharisäer ärgerten sich über diese Inschrift des Pilatus und schickten zu ihm und ließen ihm sagen: »Ändere die Inschrift und schreibe: Er hat gesagt, ich bin der König der Juden.« Aber Pilatus schickte sie fort und rief: »Geschrieben ist geschrieben!«

Die Feinde Jesu, die zur Hinrichtung heraufgekommen waren, begannen ihn zu verhöhnen. Sie riefen: »Seht doch, andern hat er geholfen. Nun soll er sich selber helfen, er, der Messias, der Auserwählte Gottes!« Mit Jesus hatten sie noch zwei Verbrecher gekreuzigt, einen zu seiner Rechten, einen zu seiner Linken. Nun begann der eine der Übeltäter, Jesus mit denselben Worten zu lästern wie die Pharisäer unter dem Kreuz. Da unterbrach ihn der andere Schächer und rief: »Still, du! Wir beide empfangen den Lohn für unsere Taten. Dieser aber, das kannst du doch sehen, hat nichts Böses getan.« Und er bat Jesus: »Herr, denk an mich, wenn du in dein Königreich kommst.« Und Jesus antwortete ihm: »Heute noch, glaube mir, wirst du bei mir sein im Paradies.«

Um das Kreuz Jesu standen seine Mutter, seiner Mutter Schwester Maria, des Kleophas Frau, und Maria Magdalena. Da nun Jesus seine Mutter sah und den Jünger neben ihr, sprach er zu seiner Mutter: »Frau, sieh den da, das ist dein Sohn!« Und zu dem Jünger sagte er: »Sieh, das ist deine Mutter!« Darauf rief Jesus: »Mich dürstet!« Es stand da ein Gefäß, in dem war mit Wasser verdünnter Essig, wie ihn die Soldaten gegen den Durst tranken. Sie füllten einen Schwamm mit Essig, steckten ihn auf einen Isopstengel und netzten damit seinen Mund. Es ging gegen Mittag, da bedeckte eine Finsternis das ganze Land bis gegen drei Uhr. Und Jesus setzte an mit lauter Stimme und sprach den Psalm Davids, jenen, den die Frommen in Israel beten, wenn der Tod ihnen naht, und der da beginnt mit den Worten: »Mein Gott, mein Gott, warum hast du mich verlassen?« Als Jesus diese Worte gesprochen hatte, rief er in die Finsternis: »Es ist vollbracht!« Nach einer langen Zeit sprach Jesus, seine Stimme röchelte: »Vater, in deine Hände empfehl' ich meinen Geist.« Und das Haupt fiel ihm auf die Brust, er verschied. Der Mittag wurde zur Nacht, die Erde bebte. Unter den Kreuzen stand der Hauptmann des Hinrichtungstrupps mit den Soldaten, welche die Gekreuzigten bewachen mußten, daß niemand sie befreien konnte. Dieser Hauptmann blickte in der Dunkelheit hin und her, hörte das Rollen unter der Erde und spürte das Beben. Er blickte zum Kreuz Jesu hinauf und rief: »Bei allen Göttern, dieser Mensch war ein Gerechter!«

Nun war es aber der Vorabend des Sabbaths und zugleich der Rüsttag des

Passahfestes. Nach dem Gesetz durften am Sabbath die Leichen der Hingerichteten nicht am Kreuz hängen. Darum schickte der Hohe Rat eine Abordnung zu Pilatus, damit die Kreuze geräumt würden. Waren die Hingerichteten noch nicht tot, dann wurden ihnen die Knochen zerschlagen oder man stach ihnen mit einer Lanze ins Herz. So kamen nun die Kriegsknechte und brachen den Schächern das Gebein, denn sie lebten noch. Als die Knechte sahen, daß Jesus schon gestorben war, brachen sie ihm nicht die Knochen, sondern einer öffnete seine Seite mit einer Lanze, es floß Blut und Wasser heraus.

Am Abend noch kam zu Pilatus Joseph von Arimathäa, ein Anhänger Jesu, der im Hohen Rat saß, aber aus Furcht vor den Juden sich nicht öffentlich zu ihm bekannt hatte. Er erbat sich die Erlaubnis, den Leichnam Jesu vom Kreuz abnehmen zu dürfen. Pilatus gestattete es ihm. Es kam auch Nikodemus, der einst bei Nacht zu Jesus gekommen war. Er brachte Myrrhe und Aloë durcheinandergemischt, ungefähr hundert Pfund. Sie nahmen den Leichnam vom Kreuz, wickelten ihn zusammen mit den Spezereien in linnene Tücher, wie es der Begräbnisbrauch der Juden verlangte. In der Nähe der Kreuzigungsstätte besaß Joseph von Arimathäa einen Garten, und in diesem Garten gab es eine in den Felsen gehauene Grabkammer, in der bisher noch nie ein Toter beigesetzt worden war. In dieses neue Grab legten sie den Leib Jesu. Die Frauen, die bei der Kreuzabnahme zugegen waren, folgten den Männern, die den Leichnahm Jesu trugen. Und sie betrachteten die Grabkammer und die Ruhestatt darinnen und sahen, wie die Männer Jesu Leib auf den Stein betteten. Die Frauen gingen nach Hause und wollten noch mehr Salben und Spezereien bereiten. Den Sabbath über waren sie still, nach dem Gesetz.

Die Auferstehung

Aber gleich am ersten Tag der Woche kamen sie sehr früh zum Grab, gerade als die Sonne aufging. Sie trugen die Spezereien, die sie gemischt hatten, und überlegten miteinander: »Wer wird uns den Stein vom Eingang der Grabkammer wegwälzen?« Der Stein war nämlich sehr groß. Da sie aber näher traten, sahen sie, daß der Stein auf die Seite gewälzt war. Sie gingen in die Grabkammer. Aber dort, wo der Leib des Herrn gelegen hatte, erblickten sie einige zusammengefaltete linnene Tücher. Wie sie nun bekümmert umherblickten, stand vor ihnen ein Jüngling in strahlend weißem Gewand. Die Frauen erschraken. Der Jüngling sprach: »Was sucht ihr den Lebendigen bei den Toten? Er ist nicht hier, er ist auferstanden. Denkt doch daran, was er euch vorhersagte, als er noch bei euch war: daß der Menschensohn gekreuzigt werde, aber am dritten Tag auferstehe von den Toten.«

Jesu Worte kamen den Frauen wieder in den Sinn. Sie zitterten und flohen, denn sie fürchteten sich und waren sehr verwirrt. Sie suchten die Jünger und verkündeten ihnen und allen andern, was sie erlebt hatten. Die Elf aber blickten die Frauen nichtsverstehend an, und sie glaubten ihnen nicht. Nur Petrus und Johannes liefen zum Grab. Sie blickten hinein und sahen die linnenen Tücher. Und sie gingen fort und waren ebenso verwirrt wie die Frauen. Maria Magdalena war nicht davongelaufen. Sie blieb vor dem Grab. Als nun Petrus und Johannes wieder fortgeeilt waren, saß sie allein da und weinte. Sie schaute nicht mehr in die Grabkammer, sie wußte ja, daß sie leer war. Und den weißgekleideten Jüngling hatte sie über ihrem Schmerz vergessen. Da blickte sie auf und sah Jesus vor sich stehen. Ihre Augen waren aber so voller Tränen, daß sie ihn nicht erkannte. Jesus sprach zu ihr: »Frau, warum weinst du?« Sie meinte, es sei der Gärtner des Joseph von Arimathäa, und sagte: »Hast du den Leichnam aus dem Grab fortgetragen, so sag mir, wo du ihn hingelegt hast.« Jesus aber sprach mit einer Stimme, die sie kannte: »Maria!« Da wandte sie sich aus ihrer Traurigkeit zu ihm und rief: »Meister, guter Meister!« Und sie wollte seine Knie umschlingen. Aber Jesus wehrte ihr: »Rühre mich nicht an, denn ich bin noch nicht aufgefahren zu meinem Vater. Geh vielmehr hin zu meinen Brüdern und verkünde ihnen alles.«

Emmaus

In diesen Tagen gingen zwei seiner Jünger von Jerusalem nach dem nahe gelegenen Emmaus. Sie sprachen nur von dem, was sie verwirrte und bedrückte: vom Leiden und Tod ihres Meisters. Da sie redeten und einander Fragen stellten, nahte sich Jesus und wanderte mit ihnen, aber ihre Augen waren gehalten, daß sie ihn nicht erkannten. Er sprach: »Was erzählt ihr da? Und warum seid ihr so traurig?« Da antwortete der eine mit Namen Kleophas: »Du bist wohl der einzige Fremdling in Jerusalem, der nicht weiß, was in diesen Tagen geschehen ist.« Und sie sprachen ihm beide von Jesus von Nazareth, der ein Prophet gewesen sei, mächtig in Wort und Tat. Und wie ihn der Hohe Rat den Heiden zur Kreuzigung überliefert habe. Kleophas seufzte: »Wir aber hatten unsre Hoffnung auf ihn gesetzt, daß er Israel groß mache. Und jetzt haben uns unsere Frauen und Brüder tief erschreckt. Sie sind beim Grab gewesen und haben seinen Leib nicht gefunden. Sie haben aber angeblich einen Engel gesehen, einen Engel, der ihnen gesagt hat, daß Jesus lebe, daß er auferstanden sei. Nun sind einige von uns zum Grab hinausgegangen und haben es wirklich leer gefunden, aber ihn sahen sie nicht. Eine mit Namen Maria Magdalena aber behauptet, ihn gesehen und mit ihm gesprochen zu haben.«

Jesus unterbrach ihr Reden und sprach zu ihnen: »Wie töricht ihr doch seid! Und wie herzensträge, daß ihr nicht glaubt, was die Propheten über Jesus von Nazareth vorhergesagt haben. Mußte denn nicht der Gottgesalbte all dies erleiden, um in den Stand seiner Herrlichkeit zu gelangen?« Und er begann, ihnen von Mose und den Propheten zu reden, und legte ihnen jene Sätze aus, die auf den Messias Bezug hatten. So kamen sie nach Emmaus. Jesus tat so, als wollte er weitergehen. Sie hielten ihn aber fest: »Bleibe bei uns, es will Abend werden, der Tag hat sich geneigt.« Er ging mit ihnen in die Herberge und blieb bei ihnen. Als er mit ihnen zu Tisch saß, nahm er das Brot, dankte, brach es und gab es ihnen. Da wurden ihnen die Augen geöffnet, sie sahen, wer er war. Doch er entschwand vor ihnen. Und sie sprachen zueinander: »Entbrannte nicht unser Herz, da er zu uns redete auf dem Wege?« Sie standen noch in derselben Stunde auf, kehrten nach Jerusalem zurück, fanden die Elf versammelt und viele der Jünger. Die Elf kamen ihnen entgegen und riefen: »Der Herr ist wahrhaft auferstanden und ist dem Simon erschienen.« Die beiden Jünger erzählten nun, wie Jesus auf dem Weg nach Emmaus zu ihnen gekommen war, und wie sie ihn, da sie zu Tisch saßen, erkannt hätten, als er das Brot brach.

Da sie noch redeten, trat er selbst, Jesus, mitten unter sie. Sie erschraken sehr, denn sie hatten aus Angst vor den Juden die Türen verschlossen. Sie glaubten, er sei ein Geist. Doch er zeigte ihnen die Wundmale an seinen Händen und Füßen und sprach: »Ich bin es. Ein Geist hat nicht Fleisch und Bein.« Vor lauter Freude konnten sie es noch immer nicht recht glauben. Nun sprach Jesus: »Habt ihr etwas zu essen da?« Und sie legten ihm ein Stück gebratenen Fisch vor, der in Honig eingelegt war. Er nahm ihn und aß ihn vor ihren Augen. Er schalt ihren Unglauben und sprach zu ihnen. Und er öffnete ihnen die Herzen und den Geist für das Verständnis der Schrift. Und schickte sie als Zeugen dessen, was geschehen war, in alle Welt. Sie sollten in seinem Namen Buße und Vergebung der Sünden predigen. Und er sprach: »Ich will auf euch senden die Verheißung meines Vaters. Ihr aber sollt in Jerusalem bleiben, bis daß ihr angetan werdet mit der Kraft aus der Höhe.«

Darauf führte Jesus die Seinen hinauf bis nach Bethanien. Er hob die Hände auf und segnete sie. Und es geschah, da er sie segnete, daß er von ihnen schied und ward aufgehoben in den Himmel. Sie aber fielen auf ihr Gesicht und beteten ihn an. Und sie kehrten allein wieder nach Jerusalem zurück. Sie predigten an allen Orten. Und der Herr, der da sitzet zur Rechten des Vaters, wirkte mit ihnen und bekräftigte das Wort der Verkündigung durch viele Zeichen und die Heiligkeit derer, die sich seine Jünger nannten.

Die Wahl des Matthias

Nach der Himmelfahrt des Herrn lebten die elf Apostel in Jerusalem einmütig beieinander im Gebet und in der Feier des Brotbrechens. Maria, die Mutter Jesu, und andre fromme Frauen und Verwandte des Herrn waren bei den Elfen. In diesen ersten Tagen versammelte sich um die Apostel eine Schar von etwa hundertzwanzig Menschen. Petrus trat vor sie hin und sprach von Judas, dem von Jesus erwählten Apostel, der sein Verräter wurde: wie der Unselige mit dem Blutgeld den Acker Hakeldama, das heißt ›Blutacker‹, erwarb und sich an einem Baum auf diesem Acker erhängt habe und wie sein Leib aufgerissen und das Eingeweide zu Boden gestürzt sei. Petrus forderte, daß die vom Herrn gesetzte Zwölferzahl der Apostel beibehalten werden müsse. Er sprach: »So muß nun einer von diesen Männern, die bei uns gewesen sind all die Zeit, da der Herr unter uns aus und ein ging, dieser zwölfte werden.« Sie beteten, warfen das Los, und es fiel auf Matthias. So ward er zugeordnet den Aposteln.

Das erste Pfingsten

Am jüdischen Fest der Getreideernte, das fünfzig Tage nach Ostern begangen wurde, waren die Apostel um die Mutter Jesu versammelt. Da erhob sich ein Brausen, als fiele ein gewaltiger Wind vom Himmel herab, und erfüllte das ganze Haus, wo sie saßen. Feuer loderte über ihnen, teilte sich in Zungen, die sich über ihren Häuptern niederließen. Alle wurden voll des heiligen Geistes. Sie traten aus dem Söllerzimmer auf das Dach und fingen an zu predigen zum Volk, welches, von dem Feuer auf dem Haus angelockt, in Scharen herbeieilte. Sie redeten, ohne es zu wissen, in Sprachen, die sie nie erlernt hatten, der Heilige Geist gab sie ihnen ein. Das bestürzte die zuhörenden Juden, die zum Osterfest aus der ganzen Welt nach Jerusalem gekommen waren. Sie fragten einander: »Was ist das? Diese Männer, die da reden, sind ungebildete Leute aus Galiläa. Wir aber hören sie in unserer Sprache reden, ein jeder in der seinen. Und wir sind Parther, Meder, Elamiter. Wir kommen aus Mesopotamien, Judäa, Kappadozien, Pamphylien, Ägypten, von den Rändern Libyens und Kyrenes. Wir sind aus Rom und hören sie Lateinisch reden. Juden sind wir und Judengenossen, Kreter, Araber – und wir hören sie in unserer Sprache die großen Taten Gottes verkünden.« Und sie alle wurden geschüttelt von heiligem Staunen und begriffen nicht, was vor ihnen geschah. Es gab aber auch Spötter unter den zuhörenden Männern, die sagten: »Diese Zwitscherer und Donnermacher da oben auf dem Dach sind offenbar voll des süßen Weins.« Da trat Petrus vor, seine Freunde schwiegen, als er seine Stimme erhob und zu denen auf dem Platz drunten redete: »Ihr lieben Männer, diese meine Brüder sind nicht trunken von Wein, wie einige von euch annehmen, es ist ja erst Vormittag. Sondern was da geschieht, ist durch den Propheten Joël vorhergesagt: Es soll geschehen in den letzten Tagen, spricht der Herr, da will ich ausgießen meinen Geist auf alles Fleisch.« Und Petrus verkündigte Jesu Lehre und bezeugte seine Auferstehung von den Toten und schloß: »So wisse nun das ganze Haus Israel, daß Gott diesen Jesus, den ihr gekreuzigt habt, zu unserm Herrn und zu seinem Gesalbten gemacht hat.«

Da sie das hörten, ging's ihnen durchs Herz. Sie sprachen zu Petrus und den übrigen Aposteln: »Ihr Männer, liebe Brüder, was sollen wir tun?« Petrus gab ihnen zur Antwort: »Tut Buße! Und laßt euch taufen auf den Namen Jesu zur Vergebung eurer Sünden. So werdet ihr empfangen den Heiligen Geist. Denn für euch und eure Kinder gilt diese Verheißung und für alle, die fern sind, welche aber Gott herzlich rufen wird.« Es gab nun viele, die das Wort des Petrus annahmen und sich taufen ließen, am Pfingsttag allein über dreitausend.

Sie lebten in der Apostellehre, in inniger Gemeinschaft und kamen zusammen zum Gebet und zur Feier des Brotbrechens. Es geschahen durch die Apostel Zeichen und Wunder, und fromme Furcht erfüllte die Menge. Alle aber, die zum Glauben gekommen waren, lebten miteinander und hatten allen Besitz gemeinsam. Sie verkauften ihre Güter, verteilten alles, und jeder erhielt so viel, als er bedurfte.

Petrus und Johannes im Gefängnis

Eines Tages gingen Petrus und Johannes um die Mittagszeit zum Tempel hinauf, um dort zu beten. Da lag ein Bettler am Schönen Tor, den einige Männer jeden Morgen an diesen Platz brachten und abends heimschafften, denn er war von Geburt an gelähmt. Da er nun Petrus und Johannes vorbeigehen sah, bat er sie um ein Almosen. Petrus blieb stehen, sah den Bettler an, Johannes tat ebenso. Petrus sprach: »Sieh uns an!« Der Bettler gehorchte und saß erwartungsvoll da, er erhoffte sich eine Gabe. Petrus aber sprach: »Über Silber und Gold verfüg' ich nicht. Was ich aber habe, das geb' ich dir: Im Namen unseres Herrn Jesus Christus, steh auf und wandle!« Und griff ihn bei der Rechten und richtete ihn auf. Der Mann machte einige Schritte, sprang in die Höhe und ging mit ihnen in den Tempel hinauf. Er zeigte jedermann seine geheilten Beine, sprang vor ihnen her und lobte Gott.

Nun war dieser Bettler stadtbekannt. Da sie ihn herumhüpfen sahen, wie er fröhlich war und Gott für seine Heilung immerzu dankte, liefen sie herbei und wußten nicht, was sie vor Verwundern tun sollten. Petrus ergriff die Gelegenheit und rief: »Ihr Männer von Jerusalem, warum verwundert ihr euch so über alle Maßen? Was blickt ihr auf mich oder meine Begleitung, als hätten wir aus eigener Kraft diesen Mann geheilt?« Und er sprach zu ihnen vom Leben und Leiden und der Auferstehung Jesu Christi, er rief ihnen zu: »Ihr habt den Heiligen verleugnet! Den Mörder Barabbas habt ihr vom Tod freigesprochen, den Fürsten des Lebens aber habt ihr getötet. Gott jedoch hat ihn auferweckt, dessen sind wir die Zeugen.« Aber Petrus wollte mit seiner Anklage niemand verwunden und in den Trotz treiben, so fuhr er fort: »Ich weiß, liebe Brüder, ihr und auch eure geistliche Obrigkeit, ihr habt das Böse ausgeführt, wußtet aber nicht, was ihr tatet. Darum hat auch Jesus Christus, während sie ihn kreuzigten, für euch zum Vater gebetet. Aber nun tut Buße und bekehret euch, daß eure Sünden getilgt werden.« Während Petrus noch redete, nahte der Tempelhauptmann mit einigen Knechten. Die alten Gegner Jesu schickten nun gegen seine Jünger dieselben Knechte, die Jesus verhaftet hatten. Denn es verdroß die Priesterkaste und die Pharisäer und Schriftgelehrten, daß die Apostel das Volk über Jesu Leiden und Sterben belehrten, vor allem aber, daß sie seine Auferstehung bezeugten. Die Bewaffneten nahmen Petrus und Johannes fest und brachten sie in das Gefängnis. Viele von denen, die zugesehen und zugehört hatten, wie sie von den Knechten abgeführt wurden, bekannten sich zum Glauben an Jesus. Es waren ihrer bei fünftausend.

Am andern Morgen versammelte sich der Hohe Rat unter dem Vorsitz von Annas und Kaiphas. Sie ließen den geheilten Bettler herbeibringen und stellten den Aposteln dieselbe Frage, die sie Jesus gestellt hatten: »Aus welcher Machtvollkommenheit und in wessen Auftrag habt ihr das getan?« Da ward Petrus voll des Heiligen Geistes, er sprach: »Ihr Obersten des Volkes, ihr Ältesten in Israel. Ihr stellt uns vor Gericht wegen dieser Wohltat, die wir dem zuvor lahmen Manne erwiesen haben. So sei nun euch und dem ganzen Volk Israel kundgetan: Dieser Mann, der hier geheilt vor euch steht, wurde durch die Kraft des Namens geheilt, den wir über ihn riefen, durch den Namen dessen, den ihr gekreuzigt habt. Gott aber hat ihn auferweckt von den Toten. Er, der Stein, der von euch Bauleuten verworfen wurde, ist zum Grund- und Eckstein geworden. Und in keinem andern Namen ist Heil.«

Die im Hohen Rat betrachteten diese drei Männer vor sich mit Unbehagen. Dieser Petrus und Johannes, die so ruhig und freudig aussahen, waren ungelehrte Leute, in der Kenntnis der Schrift Laien. Man wußte von ihnen nur, daß sie mit Jesus gewandelt waren. Und da stand der geheilte Mann, von dem nichts zu sagen war, als daß er früher gelähmt war. Sie wußten nun nicht, worauf sie ihre Anklage gründen sollten. So schickten sie die drei hinaus aus dem Saal und begannen zu ratschlagen. Sie kamen zu diesem Beschluß: Was da geschehen ist, kann nicht geleugnet werden, jedermann in Jerusalem kennt den Mann, der einst lahm an der Schönen Pforte lag und bettelte. Andrerseits darf das Unwesen dieser Lehre nicht weiter einreißen unter dem Volk. So müssen wir also diese Anhänger des Jesus unter schwere Drohung setzen, daß sie hinfort niemals mehr den Namen des Galiläers erwähnen noch auch, ohne seinen Namen zu nennen, in seinem Sinn lehren. Sie riefen Petrus und Johannes zurück in den Saal und banden ihnen diese Drohung auf die Seele. Aber Petrus und Johannes antworteten: »Urteilt doch selbst, ob das erlaubt ist: den Menschen mehr zu gehorchen als Gott. Wie könnten wir es fertigbringen und schweigen über das, was wir gesehen und gehört haben?« Noch einmal drohte ihnen der Hohe Rat mit scharfen Worten. Doch sie konnten sie nicht bestrafen und peinigen mit Rücksicht auf das Volk, das die Heilung des Lahmen noch lange erregte.

Die erste Verfolgung

Unter den Mitgliedern des Hohen Rates waren es vor allem die Sadduzäer, welche sich gegen die Gemeinde des Herrn wandten. Sie sahen es aus nächster Nähe, wie die Menge der Gläubigen ein Herz und eine Seele war und in stiller Freudigkeit dem Herrn diente. Zu den Sadduzäern gehörten die Reichen und vor allem die wohlbegüterte Priesterklasse. Nun sahen sie, daß die Anhänger Jesu allen Besitz gemeinsam hatten. Das ging so weit, daß sie nicht sagten: »Das ist mein Haus — mein Acker — mein Esel«, sondern sie sagten: »Das ist unser Haus — unser Acker — unser Esel.« Es war auch keiner unter den Anhängern Jesu, der an irgend etwas Mangel litt. Denn wenn einer Geld nötig hatte, verkaufte ein andrer seinen Acker, nahm den Erlös und legte ihn zu den Füßen der Apostel. Und sie verteilten es und gaben einem jeden, wessen er bedurfte. Da fürchteten sich die Sadduzäer, solche Brüderlichkeit möchte sich in ganz Jerusalem verbreiten und die alte Ordnung, wie sie im Gesetz festgelegt war, umstürzen. So drückte die Partei der Sadduzäer im Hohen Rat ihren Willen durch, daß die geistliche Obrigkeit gegen die Anhänger Jesu endlich mit Gewalt vorgehe. Sie schickten also eines Tages ihre Gerichtsdiener und Büttel aus. Die legten Hand an die Apostel und warfen sie ins Gefängnis. Am andern Morgen nun, als der Hohe Rat zusammentrat und die Apostel vorführen lassen wollte, kam der Tempelhauptmann und erklärte, über Nacht sei etwas Unerklärliches geschehen. Die Türen und Schlösser des Gefängnisses seien unversehrt und in Ordnung gewesen, die Wachen hätten an ihren Plätzen gestanden, aber die Zelle des Gefängnisses habe er leer gefunden. Und da eilte auch schon einer mit der Nachricht herbei: »Dieselben Männer, die ihr eingekerkert habt, gehen frei umher und lehren das Volk. Geht hinaus, und ihr werdet sehen, daß ich wahr gesprochen habe!«

Da wurde die hohe Versammlung sehr schweigsam, und einer blickte betreten den andern an. Schließlich schickten sie den Tempelhauptmann mit den Dienern hin, daß er die Jünger des Galiläers herbeihole. Aber er solle sie, um das Volk nicht zu erregen, weder fesseln noch zerren. Und sie kamen freundlich und unbefangen herbei. Doch der Hohepriester fuhr sie an: »Haben wir euch nicht mit allem Nachdruck geboten, daß ihr nicht weiter lehren sollt in diesem Namen? Statt dessen habt ihr ganz Jerusalem angefüllt mit eurer Lehre. Und es sieht so aus, als wolltet ihr dieses Menschen Blut über uns bringen.« Petrus antwortete im Namen der Zwölf, er rief: »Schon einmal habe ich an dieser Stelle gesagt: Man muß Gott mehr gehorchen als den Menschen! Der Gott unserer Väter hat Jesus, den ihr ans Schandholz gebracht habt, von den Toten auferweckt. Gott hat ihn erhöht und zu seiner Rechten gesetzt, hat ihn erhöht zu einem Fürsten und Heiland, damit Israel umkehre und die Vergebung seiner Sünden erhalte.« Da die im Hohen Rat das hörten, ging es ihnen quer durchs Herz, und viele waren entschlossen, die Anhänger Jesu zu töten.

Da stand im Rat auf Gamaliel, ein Schriftgelehrter, in Ehren gehalten von allem Volk. Er hieß die Apostel vor die Tür führen und sprach: »Ihr Männer von Israel, seid vorsichtig und überlegt wohl, wie ihr mit diesen Männern verfahrt. Denkt doch an all jene, die sich als etwas Besonderes vor Israel ausgaben. Es ist noch nicht lange her, da stand dieser Theudas auf und gab vor, ein Prophet zu sein. Er schuf sich eine Handvoll Anhänger, etwa vierhundert, und wurde erschlagen, seine Getreuen wurden ihm untreu und verkrochen sich. Danach kam dieser Judas aus Galiläa. Er zog viel Volk hinter sich her, auch er ist umgekommen, und seine Anhänger sind zerstreut. Nun sage ich euch: Laßt ab von diesen Schülern des Jesus von Nazareth. Ist's Menschenwerk, was sie da verrichten, so wird's von selber untergehn. Ist's aber aus Gott, so könnt ihr's nicht kleinhalten. Und seht zu, daß ihr hernach nicht auf der Seite derer steht, die gegen Gott kämpfen.« Da stimmten sie ihm bei. Sie riefen die Apostel herein, ließen sie auspeitschen und schärften ihnen nochmals ein, daß sie nicht predigen sollten im Namen Jesu. Und ließen sie gehn.

Die Apostel gingen fröhlich davon, weil sie gewürdigt wurden, um seines Namens willen Schmach zu erleiden. Und hörten nicht auf, alle Tage im Tempel und reihum in den Häusern zu lehren und zu verkünden das Evangelium von Jesus Christus.

Stephanus

Als die Gemeinde von Tag zu Tag größer wurde, vermochten es die Apostel nicht mehr, sich um jeden einzelnen zu kümmern. Da entstand ein Murren unter den Brüdern aus dem Heidentum. Sie sagten, daß ihre Witwen und Waisen von den Hebräerbrüdern nicht gerecht bedacht würden. Darauf riefen die Apostel eine Vollversammlung der Gemeinde ein und sprachen: »Es ist nicht ziemlich und angebracht, daß die Apostel Almosen austeilen, statt zu predigen. Darum, liebe Brüder, sucht unter euch sieben Männer aus, deren Ruf und Wandel gut ist, die weise sind und voll des Heiligen Geistes. Diese Männer bestellen wir dann als Diener der Hungrigen, Armen und Verlassenen in der Gemeinde.« Die Rede gefiel. Sie erwählten Stephanus, einen Mann kraftvoll im Glauben und voll des Heiligen Geistes. Ihn und noch sechs andere brachten sie vor die Apostel. Die sprachen und beteten mit ihnen und legten ihnen die Hände auf. So verbreitete sich das Wort Gottes. Auch aus der jüdischen Priesterkaste wurden viele gehorsam und glaubten an Jesus.

Stephanus aber, voll des Glaubens und der Kraft, tat Wunder und Zeichen unter dem Volk. Da standen Schriftgelehrte auf aus den verschiedenen Synagogen, die ausgewanderte und nach Jerusalem heimgekehrte Juden in der Stadt errichtet hatten. Sie stellten Stephanus ihre Fragen und stritten wider ihn. Aber sie unterlagen in jedem Streitgespräch. Der Geist, der aus ihm redete, war unwiderstehlich. Da richteten sie einige Männer als falsche Zeugen her, die mußten immer dasselbe sagen: »Wir haben ihn gehört Lästerungen ausstoßen gegen Mose und gegen Gott.« Gleichzeitig wiegelten sie das Volk auf. Eines Tages dann fielen sie über ihn her, banden ihn und führten ihn vor den Hohen Rat, die falschen Zeugen waren gleich zur Stelle. Die redeten, wie abgemacht, daß Stephanus nämlich nicht aufhöre, täglich das Gesetz zu lästern, daß er behauptet habe, Jesus von Nazareth werde den Tempel zerstören und die Gesetze umstoßen, die Mose seinem Volk gegeben habe. Der Hohepriester fragte ihn, ob diese Aussagen wahr seien. Stephanus begann zu reden. Und alle, die im Rat saßen, blickten auf ihn und sahen: Sein Angesicht leuchtete wie das eines Engels. Stephanus begann seine Rede bei der Berufung Abrahams, und er wollte seinen Zuhörern zeigen, wie Gott das Volk Israel aussonderte aus den Heiden, um aus ihm den Messias Jesus hervorsprießen zu lassen. Aber Stephanus gelangte nicht bis zu diesem Ziel seiner Rede. Aus dem Kreis der einundsiebzig Ratsherren kamen Zwischenfragen, schrille Rufe, Gelächter. Und er sah die bleichen, wutverzerrten Mienen der Priester, denn er hatte soeben das Wort des Jesaia zitiert: »Der Himmel ist mein Stuhl, die Erde der Schemel meiner Füße. Was für eine Art Haus wollt ihr mir denn bauen? Was für ein Ort könnte die Stätte meiner Ruhe sein?« Die Priester hörten daraus nur die Absage an den Tempel. Und ihre Augen funkelten. Aber Stephanus rief: »Ihr Halsstarrigen und an Herz und Ohren Unbeschnittenen, ihr widersteht allzeit dem Heiligen Geist, gestern eure Väter, heute ihr.« Da sie im Rat das hörten, ging es ihnen kalt durchs Herz, und im Saal der Versammlung wurde kein Laut gehört. Stephanus blickte nun in die Höhe und rief, vom Heiligen Geist ergriffen: »Ich seh' den Himmel offen, ich seh' den Menschensohn stehen zur Rechten Gottes!« Da brach das Schreien aus ihnen allen. Sie hielten sich die Ohren zu, schrien weiter, stürmten auf ihn zu, stießen ihn ohne Urteil zur Stadt hinaus und steinigten ihn. Die Zeugen, die den ersten Stein werfen mußten, zogen ihr Obergewand aus und legten es zu den Füßen eines jungen Mannes nieder, der als Gelehrtenschüler der Sitzung des Hohen Rates beigewohnt hatte. Der junge Mann hieß Saulus. Und sie steinigten Stephanus. Der betete: »Herr Jesus, nimm meinen Geist auf!« Dann kniete er nieder. Als ihn der erste Stein traf, schrie er laut: »Herr, vergib ihnen diese Sünde!« Sagte es und hauchte sein Leben aus.

Saulus

Der junge Mann Saulus, der die Kleider der Zeugen bewachte, beurteilte den Tod des Stephanus als heilsam und gerecht und notwendig. Gottesfürchtige Männer bestatteten den Leichnam des Stephanus und hielten ihm die Totenklage. Saulus aber drang mit Vollmacht des Hohen Rates in die Häuser, suchte nach Anhängern Jesu und schleppte die Männer und Frauen ins Gefängnis. Da verließen die Bedrängten und Bedrohten über Nacht Jerusalem und flohen ins Land hinein, bis nach Samaria und Galiläa. Nur die Apostel blieben in der Stadt zurück, denn sie glaubten, das Evangelium müsse seine Mitte in Jerusalem haben. Die nun aus der Stadt geflohen waren, zogen umher und streuten das Wort weiter aus. Saulus' Zorn schnaubte mit Drohen und Gewalttat gegen die Jünger des Herrn. Er ging zum Hohen Rat und ließ sich von ihm Vollmacht geben gegen die Angehörigen der Synagogen in Damaskus. Denn der Hohe Rat hatte in Fragen des Glaubens das Recht, Abtrünnige und Lästerer auch im Ausland festnehmen und nach Jerusalem bringen zu lassen. Die Anhänger Jesu, soweit sie jüdischer Abstammung waren, galten noch als Juden. Sogar die Jünger aus dem Heidentum rechnete man in der ersten Zeit als zum Judentum Bekehrte. Viele ließen sich sogar auf die Forderung einiger Apostel und Ältesten hin beschneiden. Denn noch war die Trennung zwischen Juden und den Anhängern Jesu nicht vollzogen. So gedachte Saulus, nach Damaskus zu ziehn, um hier die Saat des Evangeliums auszurotten.

Er war ein Schriftgelehrter, ein Schüler des Gamaliel, und hielt es für seine heilige Pflicht, die Spuren des Galiläers, wo er sie auch finde, auszutilgen — mit allen Mitteln. Saulus war noch jung, und da er wie jeder junge Schriftgelehrte ein Handwerk gelernt hatte – er war Zeltmacher –, konnte er in jeder Stadt auch ohne Unterstützung des Hohen Rates unabhängig leben und seinem Werk der Erhaltung des Glaubens dienen. Von Damaskus wollte er in seine Heimatstadt Tarsus im Süden von Kleinasien eilen, dann nach Zypern, Kreta, Antiochien und überallhin, wo sich der Same der neuen Lehre ausgebreitet hatte. Zwar wußte Saulus wenig von dieser Lehre, eigentlich nur soviel, als hinreichte, um seinen, wie er glaubte, heiligen Zorn weiter in Brand zu halten. Welcher Weisheit bedurfte auch einer noch, der das Gesetz besaß und es liebte? In solchen Gedanken näherte sich Saulus inmitten seiner Begleiter Damaskus. Und er ermahnte sie, kein Mitleid gegenüber den vom Gesetz Abgefallenen aufkommen zu lassen. Solche Menschen seien von Gott verworfen, und sie hätten sich selbst zum Tode verurteilt, noch ehe der Hohe Rat sie der gerechten Strafe übergab.

Mitten in einer solchen Grimmrede blickte Saulus jäh zum Himmel auf. Er sah ein Licht, das stürzte auf ihn zu, drückte ihn zu Boden. Und aus dem Licht donnerte eine Stimme: »Saulus! Saulus! Warum verfolgst du mich?« Im Staub der Straße liegend stammelte Saulus: »Wer bist du?« Die Donnerstimme wurde nun leise, und Saulus hörte die Worte, die ihn wie ein mildes Licht durchdrangen: »Ich bin Jesus, den du verfolgst. Es wird dir schwerfallen, meiner Stimme, die dich führt, zu widerstehen.« Saulus antwortete mit Zittern und Zagen: »Herr, was willst du, das ich tun soll?« Die Stimme sprach: »Steh auf und geh in die Stadt. Da wird man dir sagen, was ich von dir will.« Die Begleiter, die Saulus umstanden, waren erstarrt: Sie hatten etwas wie einen Donner gehört, sahen aber nichts. Saulus richtete sich von der Erde auf. Als er die Augen aufschlug, war um ihn Nacht. So nahmen sie ihn bei der Hand und brachten ihn hinein nach Damaskus. Und er blieb drei Tage blind, aß nicht und trank nicht.

Es lebte in der Stadt ein Jünger mit Namen Ananias. Zu dem sprach der Herr in einem Gesicht und befahl ihm, zu Saulus zu gehen, daß er ihm die Hand auflege und ihn von seiner Blindheit heile. Sogar der Name der Straße, welche ›Die Gerade‹ hieß, erfuhr Ananias in seinem Gesicht. Doch der Jünger war furchtsam und antwortete: »Herr, ich hab' so viel Übles gehört von diesem Saulus. Er will alle vernichten, die deinen Namen anrufen!« Der Herr aber sprach zu Ananias: »Geh nur hin. Dieser ist mir ein auserwähltes Werkzeug. Er soll meinen Namen tragen zu den Heiden.«

Ananias ging in die Gerade Straße, trat in das angegebene Haus, fand Saulus, der im Gebet versammelt war, legte ihm die Hände auf und sprach: »Lieber Bruder Saulus, der Herr hat mich zu dir geschickt, derselbe, der dir erschienen ist vor dem Tor der Stadt. Er will dich sehend machen und erfüllen mit dem Heiligen Geist.« Alsbald fiel es Saulus wie Schuppen von den Augen, er konnte wieder sehen. Er stand auf, ließ sich taufen und nahm Speise zu sich und stärkte sich. Darauf lebte Saulus eine Zeitlang bei den Brüdern in

Damaskus. Und alsbald erschien er in der Synagoge und verkündigte Jesus, den Messias, und lehrte, daß dieses Gottes Sohn sei. Alle, die das hörten, entsetzten sich und sprachen: »Ist das nicht derselbe Saulus, der in Jerusalem gegen alle, die den Namen Jesu anrufen, wütete? Und ist er nicht nach Damaskus gekommen, um sie alle gebunden nach Jerusalem zu treiben?« Saulus aber ward immer kräftiger im Verkünden des Wortes. Er trieb die Juden von Damaskus mit seiner Beweisführung in die Enge und legte ihnen aus der Schrift dar, daß Jesus der Messias sei. Darum kamen die Juden zusammen, beratschlagten wider Saulus und faßten den Beschluß, ihn zu töten. Das wurde Saulus hinterbracht. Sogar die Tore von Damaskus, so warnte man ihn, seien bewacht. Da taten die Jünger bei Nacht den Saulus in einen großen Korb und ließen ihn außen an der Stadtmauer hinab. Und Saulus kam nach Jerusalem und versuchte in den Kreis der Jünger, die sich vor den Verfolgungen des Hohen Rates verbargen, aufgenommen zu werden. Sie aber zogen sich vor Saulus zurück und fürchteten sich vor ihm und glaubten ihm nicht, daß er ein Jünger Jesu sei. Nur Barnabas wagte es und nahm ihn in sein Haus und führte ihn später zu den Aposteln und berichtete ihnen, wie der Herr dem Saulus erschienen sei und zu ihm geredet habe, und wie Saulus in Damaskus den Namen des Herrn Jesus offen verkündet habe. Da nahmen die Apostel den Saulus an. Und er war bei ihnen und ging aus und ein in Jerusalem und predigte frei den Namen des Herrn. Bald kam er wie zuvor Stephanus mit den Synagogen der griechischen Juden ins Streitgespräch. Sie suchten Saulus zu ergreifen und wollten ihn töten. Als das die Brüder erfuhren, geleiteten sie ihn heimlich nach Cäsarea und nach Tarsus, in seine Heimatstadt.

Das große Tischtuch

Die Gemeinden, die in Judäa, Samaria und Galiläa entstanden waren, hatten eine Zeitlang Frieden. Sie bauten sich auf im Wort und wandelten in der Furcht des Herrn und wurden getröstet von den Gaben des Heiligen Geistes. Zu der Zeit kam Petrus nach Jaffa und wohnte bei einem Gerber namens Simon, dessen Haus nahe am Meer lag. Eines Tages stieg Petrus um die Mittagsstunde auf das Dach des Hauses, um im Söllerzimmer zu beten. Als er hungrig wurde, wollte er essen. Während sie ihm nun das Mahl zubereiteten, hatte er ein Gesicht. Er sah, wie sich der Himmel öffnete und aus der Höhe ein Leintuch, an den vier Ecken gezipfelt und festgehalten, auf die Erde herniedergelassen wurde. Darinnen lagen allerlei vierfüßige Tiere, wilde und zahme, Gewürm und Vögel. Und er hörte eine Stimme: »Steh auf, schlachte und iß!« Petrus wies diese Aufforderung erschrocken zurück, denn die meisten Tiere in diesem Leintuch galten nach mosaischem Gesetz als unrein, und sie zu essen war streng untersagt. Da sprach die Stimme zum zweitenmal: »Was Gott gereinigt hat, nenn du nicht unrein!«

Petrus dachte nach, was die Vision wohl zu bedeuten habe. Da kam der Gerber Simon, sein Gastgeber, zu ihm aufs Dach und sagte ihm: »Petrus, da unten sind Männer aus Cäsarea gekommen, Soldaten. Sie stammen aus Italien und sind Heiden. Ihr Hauptmann hat sie geschickt. Sie suchen nach dir.« Petrus erschrak zuerst, danach spürte er sich in seinem Innern ermuntert, zu den Männern hinunterzugehen. Er fand die drei römischen Soldaten, die alsbald in Aramäisch auf ihn einredeten: ihr Herr, der Hauptmann Cornelius, habe sie gesandt, ein gottesfürchtiger Mann, aber kein Jude. Der habe in seinem Herzen den Befehl empfangen, nach Petrus zu suchen und ihn in sein Haus nach Cäsarea zu bringen, um von ihm das Wort, das sich über das ganze Land ausbreite, aus der Quelle zu empfangen.

Da dachte Petrus an seine Vision von dem großen Leintuch mit all dem unreinen und reinen Getier. Und er zog am andern Tag mit den Soldaten und einigen Brüdern aus Jaffa am Meer entlang gen Norden und kam nach einer Tagesreise in Cäsarea an. Cornelius saß wartend mit seiner Familie, einigen Freunden und Bekannten da. Als Petrus hereintrat, sprang Cornelius auf, eilte ihm entgegen und begrüßte ihn kniefällig. Petrus richtete ihn auf und sprach: »Knie nicht vor mir, ich bin nur ein Mensch.« Er blieb eine Weile mit Cornelius allein, dann ging er hinein zu den Wartenden. Er sprach zu ihnen: »Ihr wißt, daß es einem jüdischen Mann nicht erlaubt ist, in das Haus eines Nichtjuden einzutreten und mit ihm zu essen. Aber Gott hat mich unterwiesen, und ich werde keinen Menschen mehr gemein oder unrein nennen. Darum habe ich mich nicht geweigert, als ihr mich rieft, zu euch zu kommen. So frage ich euch nun: Warum habt ihr mich herkommen lassen?« Cornelius antwortete, wie er gefastet, gebetet und Almosen gegeben habe, damit ihm der rechte Weg gewiesen werde. Und da sei ihm kundgemacht worden, wo sich Petrus aufhalte. Alsbald habe er die Boten zu ihm geschickt. Petrus rief in freudiger Bewegung: »Nun erfahre ich, was für mich zu wissen so notwendig war: Gott sieht nicht auf das Äußere, auf Herkommen, Volk und großen Namen. Sondern wer Gottes Heiligkeit vor Augen hat und, sie verehrend, recht tut, der ist Gott angenehm.« Und Petrus verkündigte die frohe Botschaft, die das ganze jüdische Land aus dem Munde Jesu vernommen habe. Er sprach auch davon, wie Gott diesen Jesus von Nazareth salbte mit dem Heiligen Geist und mit Kraft. Wie er umherzog und allen wohltat, die zu ihm kamen, denn Gott war mit ihm. Und wie sie ihn verfolgten und an das Schandholz brachten. Petrus erhob seine Stimme: »Wir sind Zeugen all dessen, wir, mit denen er gegessen und getrunken hat, nachdem er auferstanden war von den Toten. Er ist bestellt von Gott, daß durch seinen Namen alle, die ihm vertrauend nachfolgen, Vergebung der Sünden empfangen.« Kaum hatte Petrus das gesprochen, da kam der Heilige Geist über alle, die dem Wort zuhörten. Die jüdischen Brüder, die mit Petrus aus Jaffa herübergekommen waren, entsetzten sich, daß sich der Heilige Geist auch auf die Heiden ausgoß. Aber sie mußten es hören, wie die Heiden in neuen Sprachen redeten und Gott voller Seligkeit priesen. Da sprach Petrus: »Wie kann das Wasser der Taufe jenen verwehrt werden, die den Heiligen Geist gleich uns empfangen haben?« Und er befahl, sie alle zu taufen. Cornelius und die Seinen baten ihn, noch etliche Tage ihr Gast zu sein.

Als Petrus danach wieder nach Jerusalem heraufkam, überfielen ihn die jüdischen Brüder, noch ehe sie ihn angehört hatten: »Du hast mit Heiden Umgang gehabt, hast sogar mit ihnen gegessen, unter ihrem Dach geschlafen!« Petrus ließ sie ausreden, dann erzählte er von seinem Gesicht auf dem Dach in Jaffa. Und von Cornelius erzählte er, seiner Frömmigkeit und seiner Begierde, die frohe Botschaft zu erfahren. Er stellte ihnen die Versammlung im Hause des Cornelius dar, wiederholte ihnen den Wortlaut seiner Verkündigung – und wie plötzlich der heilige Gottessturm über die Heiden gekommen sei, über die ganze Versammlung, und wie er nun, von Gott dergestalt unterwiesen, nicht mehr gezögert habe, den Versammelten die Taufe zu spenden und sie zu Brüdern in Christo zu machen, welcher ja auch ein Freund der Zöllner und Sünder gewesen, ein Bruder aller Menschen geworden sei. Da schwiegen jene, die das Neue und ganz andere im Wort der frohen Botschaft nicht begreifen wollten, und wußten keine Erwiderung. Einige lobten Gott und sprachen im Ton großen Verwunderns: »So hat also Gott auch der Heiden gedacht und ihnen durch die Buße den Weg zum Leben aufgetan.«

Bis dahin hatten alle, die durch den Tod des Stephanus aus Jerusalem hinausgetrieben worden und bis nach Phönizien, Zypern und Antiochien gekommen waren, die frohe Botschaft nur zu den Juden gebracht. Seit aber Petrus das Haus des Heiden Cornelius in die Gemeinde aufgenommen hatte, verkündeten einige Brüder, die aus Zypern und Kyrene stammten, das Wort auch den Heiden, vor allem in Antiochia. Und die Hand des Herrn war mit ihnen, eine große Zahl unter den Heiden bekehrte sich zum Herrn. Die Apostel schickten darauf den Barnabas nach Antiochien, daß er die Gemeinde dort aufbaue. Barnabas war ein frommer Mann, voll des Heiligen Geistes und fest im Glauben. Und er freute sich, als er die Gnade Gottes über den Heiden sah. Da dachte Barnabas an Saulus und seinen weitblickenden Geist, der das Evangelium verkünden wollte bis an die Grenzen der Erde. Barnabas gedachte vor allem des Wortes, das Saulus zu ihm gesprochen hatte: »Christus hat uns erlöst vom Fluch des Gesetzes.« Und so reiste Barnabas eines Tages nach Tarsus und brachte Saulus mit sich nach Antiochien. Sie blieben bei der Gemeinde ein Jahr und lehrten. Und es war zuerst in Antiochien, daß die Juden und Heiden die Jünger Jesu mit dem Namen ›Christen‹ belegten.

Um die Zeit nun, da der Vierfürst Herodes Antipas, um den Juden zu schmeicheln, sich gegen die Kirche in Jerusalem erhob und den Jakobus, den

Bruder des Johannes, enthaupten und Petrus festsetzen ließ, geschah es in Antiochien, daß der Heilige Geist einigen Lehrern und Propheten seinen Willen kundtat. Während nämlich Barnabas, Simon, genannt Niger, Lucius von Kyrene, Manahen, der mit dem Vierfürsten Herodes aufgezogen worden war, und Saulus sich abgesondert hatten und fasteten und beteten, hörten sie die Stimme: »Gebt Barnabas und Saulus frei für das Werk, zu dem ich sie berufen habe.« Da versammelten sich die Ältesten der Gemeinde zum Gebet, legten Barnabas und Saulus die Hände auf und entließen sie auf den Weg, den ihnen der Heilige Geist wies. Saulus, der das römische Bürgerrecht besaß, gab seinem Namen lateinischen Klang und nannte sich von nun an Paulus. Er tat dies nicht, weil er seine jüdische Herkunft verbergen, sondern weil er damit bedeuten wollte, daß er von allen Vorurteilen des Gesetzes frei und allen alles werden wollte. Als sich Paulus zusammen mit Barnabas und ihrem Schüler Johannes, auch Markus genannt, unter dem Stadttor von Antiochia von der Gemeinde verabschiedete, sprach er das Wort: »Ich vergesse jetzt, was hinter mir liegt, und strecke mich aus zu dem, was vor mir liegt. Ich jage nach dem mir vom Geist vorgesetzten Ziel. Ich möchte es ergreifen, nachdem ich von Christus Jesus ergriffen bin.«

Nachwort

> Ich ließ mich finden von denen, die mich nicht gesucht,
> wurde denen offenbar, die nicht nach mir gefragt. *Jesaia 65,1*

Ich hatte gerade den »Mann im Fisch« abgeschlossen, einen Roman über den Propheten Jonas, und lebte noch ganz in der Welt des Alten Testaments, als ich, angeregt durch das Gespräch mit einem Freund, eine neue, besondere Aufgabe vor mir sah: für den heranwachsenden Menschen und den theologischen Laien ein Buch zu schreiben, das ihn in die Welt der Bibel hineinführen könnte.

Bevor ich noch erkannte, wie dieses Buch aussehen müßte, standen alle Schwierigkeiten des Unternehmens vor mir, Schwierigkeiten, die nicht in seinem Aufbau, sondern im Stoff, nicht in der Beschaffenheit des Wegs, sondern im Ziel dieses Wegs bestanden. Um keinen Zweifel über dieses Ziel aufkommen zu lassen, wählte ich den Titel: »Die Biblische Geschichte«, also nicht: Biblische Geschichten, was Auswahl bedeutet hätte, eine Zusammenstellung schöner, mehr oder minder erbaulicher Geschichten. Freilich, auch ich mußte auswählen, zusammenfügen, kürzen, aber jeder Satz sollte als Stein im Bogen eines Ganzen stehn. Und dieses Ganze heißt: Heilsgeschichte. Was Heilsgeschichte ist, begreift der Leser, wenn ihm bewußt wird, daß die Biblische Geschichte nicht allein vom jüdischen Volk handelt, ebensowenig allein von Gott, sondern von Gott *und* dem jüdischen Volk, das zunächst noch stellvertretend steht für alle übrigen Völker. Denn von Gott allein könnten die Verfasser der Bibel nichts berichten, hätte er sich nicht mit diesem Volk und durch dieses Volk mit allen übrigen Völkern verbunden. Und von den Juden allein hätten diese Autoren, die so rücksichtslos die Laster und Elendigkeiten ihres Volks der Nachwelt überlieferten, sicherlich nicht geschrieben. Wäre dieser aramäische Nomadenstamm mit den Göttern Chaldäas oder Ägyptens in die Geschichte eingetreten, so wäre er ein x-beliebiges Volk geworden und hätte diese seine Autoren nicht hervorbringen können. »Gott hatte Lust an ihm« (dem jüdischen Volk), heißt es zu verschiedenen Malen in der Schrift. Dieser Satz enthält mehr als eine völkische Selbstgefälligkeit, welche allerdings auch in solchen Äußerungen mitklingt; er enthält vielmehr die harte Wahrheit, daß Gottes erwählende Lust an Völkern und Personen unserm menschlichen Verstehen und Urteil entzogen ist. Dieser Gott spricht durch den Mund des Propheten Jeremia: »Verflucht, wer des Herrn Werk nachlässig betreibt; verflucht, wer sein Schwert zurückzieht vom Blutvergießen.« Das ist die Sprache des Herrn der *Geschichte,* der die Völker gegeneinander führt und die Erbauer der Weltreiche wie Ochsen im Göpelwerk benutzt — zu den Zwecken, die der Mensch nicht kennt, die nur wenige Erwählte ahnen. Die politische Geschichte der Völker mündet, nach der Auffassung dieses Propheten, im Leeren, im Nichts. »Für nichts mühen sich ab die Völker!« (Jerem. 51,58.) Aber unter diesem alle irdische Größe verachtenden Pessimismus rauscht immer aufs neue die Unterströmung herauf, das leise Fluten der Heilsgeschichte.

Der Herr der Geschichte, der gesprochen hat: »Ich schone euer nicht. Ich rufe das Schwert herauf wider alle Bewohner der Erde!«, derselbe Gott spricht zu seinem Volk: »Ihr werdet mein Volk und ich werde euer Gott sein.« Die Propheten des AltenTestaments hatten eine sehr einfache und sehr harte Theologie. »Das Böse kommt wie das Gute aus des Höchsten Mund«, heißt es in den Klageliedern, und bei Amos steht: »Es gibt kein Unheil, das nicht der Herr veranlaßt hat.« Auch Hiob sagt, daß »das Böse wie das Gute von Gott kommt«. Die Theologen des Alten Testaments unterscheiden noch nicht zwischen einem Gott, der das Böse will und hervorbringt – und einem Gott, wie ihn die christliche Theologie vor uns hingestellt hat, einem Gott also, der zwar die erste Ursache von allem ist, mithin auch vom Bösen und von jedem Übel, der aber das Übel nur in der Möglichkeitsform schuf – zusammen mit der Freiheit. Auf dieses herrliche und folgenschwerste Geheimnis wird zwar in mystisch verhüllter Form bereits unter dem Baum des Paradieses hingewiesen, als der erste Mensch seine Freiheit gebrauchte und mißbrauchte und damit erfährt, was gut ist und böse – »scientes bonum et malum«. Was uns im übrigen an diesen Theologen des Alten Testamentes ergreift, ja aufrührt, ist ihr durch keine Furchtbarkeit Gottes erschütterter Glaube an seine Heiligkeit.

Um die Gottesauffassung des Lesers unserer Tage nicht zu verwirren, habe ich aus meinem Buch alle Lug- und Truggeister verbannt, die Gott persönlich aussendet, um den Menschen zu verführen, ja in Sünde fallen zu lassen – und zwar deshalb, weil es sich dabei um eine theologische Bildsprache handelt, welche uns, die wir dem Vater Jesu Christi begegnet sind, nur noch schwer verständlich ist. Im übrigen wollen wir uns über die Theologen des Alten Testaments nicht erheben: Unsere geübtere Vernunft weiß über die Entstehung des Bösen ebensowenig Schlüssiges auszusagen wie Mose oder Hiob. Das Böse ist Gegenstand unserer täglichen Erfahrung – und bleibt doch ein Geheimnis. Aber auch Gott war für die Menschen des AltenTestaments kein Glaubensartikel, dessen Existenz durch einen Willensakt vom einzelnen angenommen und dadurch in sein Leben aufgenommen wurde. Nicht einmal, daß die Juden sich wie die griechischen und orientalischen Philosophen als Gottsucher betätigt hätten. Abraham, Jakob, Mose, Elia, Jesaia – das waren Fenster im dunklen Haus der Menschheit, durch die Gott hereinschaute, allein weil es ihm so gefiel. Erst durch den hereinschauenden Blick des ganz Andern, des Unendlich-Fernen, Unbegreiflichen wurden aus diesen trostlosen Fenstern Augen: die Augen der Menschheit, gerichtet in die einzige, alles Denken übersteigende Wirklichkeit Gottes.

Seit Abraham war Jahwe einfach da: Bald als Freund, bald als Feind, bald als Heiland, bald als Pest und würgendes Schwert. Glaubenslose gab es in einer noch ganz im Mythischen sich bewegenden Welt nicht, sondern nur Überläufer von einem Gott zum andern. Der unaufhörliche, bis in die Zeit des Exils andauernde, geradezu rhythmisch sich vollziehende Abfall des Volkes von Jahwe läßt nur ahnen, wie schwer es die noch junge Seele des Judentums hatte, ihrem bildlosen Gott inmitten einer von Götterbildern angefüllten Welt treu zu bleiben. Statt uns über die Anfälligkeit dieses Volkes für die Götzen der andern herablassend zu äußern, sollten wir uns eher dankbar verwundern, daß der Monotheismus durch dies in mancher Hinsicht über die Maßen seltsame Volk für die Welt gerettet wurde.

Oft genug wird gegen den jüdischen Monotheismus der Einwand erhoben, er sei keineswegs ein Monopol des Alten Testaments, denn auch die Heiden hätten zu den verschiedensten Zeiten und sogar vor dem Entstehen der Bücher Moses zum Ein-Gott-Glauben gefunden. In dieser Behauptung ist Wahres und Falsches gemischt. Immer wieder und schon in frühen Zeiten hat der Mensch den Versuch gemacht, aus der Vielgötterei zum Ein-Gott-Glauben zurückzufinden. Aber *dieser* Gott entstammte entweder dem Ordnungswillen irgendeines Herrschers, der die Einheit seines Reiches durch die Ein-Gott-Idee festigen wollte, oder die Philosophen gelangten auf dem Weg des Nachdenkens zur Idee des Unendlichen und des Einen, das zu verschiedenen Zeiten verschiedene Namen trug, aber immer dasselbe war: die von der Vernunft inthronisierte Weltvernunft. Nun mögen wir die Vernunft des Menschen – und ganz zu Recht – noch so hoch schätzen: Ein Gott, der aus der menschlichen Vernunft hervorgeht, ist und bleibt Menschenwerk, gewissermaßen eine Weltenuhr, die zwar alle Werte auf ihrem Zifferblatt anzeigt, aber vom Menschen reguliert wird und jederzeit rückwärts oder vorwärts gestellt werden kann. Ein solcher, aus dem Menschen hervorgegangener Gott steht, so nützlich er sich im übrigen erweisen mag, dem Menschen nie wahrhaft gegenüber, weder fordernd noch schenkend, weder schrecklich noch gütig. Es fehlt ihm alles, was das Göttliche ausmacht: Das Geheimnis seines Alles-Seins, also die Unendlichkeit, die Furchtbarkeit, die Heiligkeit. Vor allem: Ein solcher Vernunft-Gott liebt nicht und kann nicht geliebt werden. Darum beteuert der große, einsame Geist Pascal: Nicht der Gott der Philosophen, sondern der Gott Abrahams, Isaaks und Jakobs war es, der ihm begegnet ist. Dieser dem Denken unfaßbare, über alle Vernunft erhabene Gott entstand nicht durch geschichtliche Umstände, nicht durch den Schrecken von Erdkatastrophen; er wurde nicht verordnet durch den Willen eines Fürsten und nicht erdacht durch die Denkgewalt der Philosophen: Dieser Gott offenbarte sich einem Menschen, dem jungen Aramäer Abram, der damals noch in Ur lebte, das war schon zweitausend Jahre vor Christus.

Die Offenbarung Gottes an Abram ist der eigentliche Anfang der Bibel, hier beginnt die Heilsgeschichte. Was uns an dieser Begegnung Abrams mit Gott am meisten verwundert und mit Lust, aber ebenso mit Schrecken erfüllt, sind die Bewegungen Gottes hinter dem Vorhang seiner notwendigen Verborgenheit. Die wenigen Bewegungen, soweit sie uns überliefert sind, lassen auf ein Wesen schließen, das, wie wir mit Sicherheit aussagen können, nicht ein Produkt des Menschen ist. Dieses sich offenbarende, den Menschen als sein Eigentum überflutende, ihn heimholende Wesen ist vom Menschen her gesehen das schlechthin Andere. Es führt Abram aus der ihm bekannten und vertrauten Welt heraus ins Nirgendwo. Es fordert und verspricht und schiebt die Einlösung seiner Versprechen immer wieder hinaus. Abrams Vernunft zerschellt an diesen Forderungen und Versprechungen. Aber seine Seele erkennt ihren Ursprung: Glaube ist Wiedererkennen. Abram kann in seinem Glauben die Welt seines Denkens und Wertens überschreiten. Durch den Glauben gelangt er über die unendliche Kluft, die den Menschen als Naturwesen von Gott trennt: Abram wird Gottes Knecht und schließlich Gottes Freund. Er wird Abraham, der Vater vieler, der Vater all jener, die Gott in der Entscheidung des Wiedererkennens annehmen.

An dieser Stelle scheint es mir angezeigt, darauf hinzuweisen, daß die wesentlichen religiösen Ideen im Alten Testament nicht als geistig zusammenhängende und bereits geordnete Glaubensvorstellungen auf einmal sichtbar werden. Sie sind zwar als Samen in den Seelen der großen religiösen Naturen innerhalb – und auch außerhalb – des erwählten Volkes vorhanden, gehen aber jeweils erst auf, wenn ihre Jahreszeit gekommen ist. So erwachte der Glaube an die persönliche Unsterblichkeit nach der Zeit des Exils. Vorher fuhr diese Idee zwar einige Male wie eine Sternschnuppe durch den adventlichen Himmel Israels, erlangte aber zunächst keine dauernde Bedeutung. Selbst noch für die frühen Propheten ist Jahwe allein ewig, das Meer, in welchem der einzelne wie eine Welle weiß aufrauscht und vergeht. Wird von Unsterblichkeit gesprochen, ist das Volk Gottes gemeint. Durch die Berührung mit den Glaubensvorstellungen anderer Völker zur Zeit des Exils war der Glaube an die persönliche Unsterblichkeit geradezu plötzlich und ganz deutlich vorhanden. Besonders in der Sekte der Pharisäer wurden diese Glaubenssätze lebendig, während die Sadduzäer sie von sich wiesen.

Nun noch ein Wort an den schriftkundigen Leser, dem dies Buch vielleicht unter die Augen gerät. Wenn er bemerkt, daß ich die Bücher der Makkabäer um einige Seiten über das Haus der Hasmonäer und Herodes, den »König der Juden«, vermehrte, rechne er mir das nicht als Anmaßung an. Er möge vielmehr bedenken, warum ich diesen Schritt wagte und in »Die Biblische Geschichte« einen Text einfügte, den die Heilige Schrift nicht enthält. Allerdings gelten schon die Verfasser der makkabäischen Bücher für einen Teil der Christenheit als nichtinspirierte Autoren, so viel und so wenig also wie Flavius Josephus, aus dem ich die geschichtlichen Fakten schöpfte, um die Lücke von etwa hundertundfünfzig Jahren zu schließen, die sich zwischen dem Tod Simons, des Hohenpriesters, und der Geburt Christi in der Biblischen Geschichte auftut. Die Profangeschichte Palästinas berichtet über diese hundertundfünfzig Jahre vor Christi Geburt so viele und grauenhafte Einzelheiten, daß wir auf dem Hintergrund einer so hoffnungslosen Finsternis den aufgehenden »Morgenstern, der keinen Untergang kennt«, erst recht in seinem reinen Strahlen begreifen.

Was nun das Neue Testament angeht, so wollte ich zu den vielen vorhandenen keine neue Evangelienharmonie liefern. Unter dem Prägestempel des Titels »Die Biblische Geschichte« habe ich vielmehr versucht, einzelne Erzählungen des Neuen Testaments miteinander ursächlich zu verbinden, daß sie nicht mehr als in sich abgeschlossene Einzelkapitel nebeneinander stehen, sondern daß eine Geschichte die andre gewissermaßen hervorbringt und somit eine durchgehende Handlung entsteht. In der Auswahl des Stoffes ließ ich mich bestimmen allein von der Absicht, die Gestalt Jesu – gewissermaßen sein Gesicht – den Menschen meiner Zeit nahezubringen und seine Lehre, rücksichtslos und von aller (auch von sakraler) Mundart befreit, auf den Markt zu bringen. Das bedeutete für mich nicht, die Bibel der Gasse anzunähern, ich habe vielmehr versucht, das Neue wie das Alte Testament in der gleichen unvergilbten, schlichten und natürlichen Sprache zu erzählen, die wir als die Sprache der Bibel kennen und lieben. Jesus selbst hat, wie wir wissen, sich keines sakralen Tonfalls bedient. Er sprach ein im Satzbau schlichtes, bilderreiches, dem Alltagsleben nahes Aramäisch. Der theologische Wortschatz seiner Sprache bestand aus Wörtern wie: Vater, Himmel, Gottesreich, Kinder, Heuchler, Weinberg, Tröster, Verwalter, Hochzeitsmahl, Brot, Wein, Groschen, des Leibes Ausgang usw.

Wenn der Geist der Schrift mit dem Feuer verglichen wird, dann ist die Sprache das Holz. Vom Holz verlangt man, daß es gut brenne.

Wenn nun die Bibelkundigen bemerken, daß ich auch in die Erzählungen des Neuen Testaments eingegriffen habe, so mögen sie nicht übersehen, daß in keinem Fall der Sinn der Erzählung abgeschwächt oder gar abgeändert wurde, und daß die Zusätze nichts anderes sind als in den Text hineinverlegte Exegese. Sollte man mich aber doch mangelnder Ehrfurcht beschuldigen, müßte ich mich auf jene mehr als zweitausendjährige Übung der Schriftgelehrten berufen, wie sie in dem Wort *Targum* enthalten ist.

Was ist ein Targum? Als die Juden nach dem Exil in ihre Heimat zurückkehrten, fanden sie dort das Aramäische als herrschende Sprache vor. Da die heiligen Texte auf hebräisch geschrieben waren, das einfache Volk aber bald schon das Hebräische nicht mehr verstand, mußte der Vorleser in der Synagoge den heiligen Text gleich beim Vorlesen übersetzen. Aber damit war seine Aufgabe nicht erschöpft. Seine Übersetzung mußte zugleich eine deutende und verdeutlichende Umschreibung sein. Was dabei nicht unwichtig war: Der Vorleser mußte zugleich darauf achten, daß er Härten und Anstößigkeiten des alten Texts ausließ, um die Zuhörer nicht zum Lachen oder in Verlegenheit zu bringen. Es gehörte also viel Geistesgegenwart dazu, mündlich ein gutes Targum zu machen. Ich hatte es leichter, da ich mir meine Aufgabe beim Schreiben wohl überlegen konnte. Und doch stellt diese »Biblische Geschichte« etwas wie ein schriftliches Targum dar. Da diese Art der Schriftdarbietung selbst bei den überlieferungstreuesten Verfechtern der heiligen Texte in Ansehen stand, müßte sie auch heute noch gestattet sein.

Ich wäre glücklich, wenn die Leser dieses Buchs die in ihm enthaltene Heilige Schrift wie einen atemberaubenden Roman läsen, und vielleicht ist sie es sogar: ein roman fleuve mit vielen Autoren. Falls es mir gelungen sein sollte, davon den Leser zu überzeugen, entstünde mir daraus mehr als nur literarische Genugtuung.

Rom, im Frühjahr 1965   St. A.